21世纪法学系列教材

民商法系列

商法总论

张保红 著

北京大学出版社
PEKING UNIVERSITY PRESS

图书在版编目(CIP)数据

商法总论/张保红著. —北京:北京大学出版社,2019.6
21世纪法学系列教材
ISBN 978-7-301-29213-6

Ⅰ.①商… Ⅱ.①张… Ⅲ.①商法—中国—高等学校—教材 Ⅳ.①D923.99

中国版本图书馆CIP数据核字(2018)第024604号

书　　　　名	商法总论 SHANGFA ZONGLUN
著作责任者	张保红　著
责任编辑	李　倩
标准书号	ISBN 978-7-301-29213-6
出版发行	北京大学出版社
地　　　　址	北京市海淀区成府路205号　100871
网　　　　址	http://www.pup.cn
电子信箱	law@pup.pku.edu.cn
新浪微博	@北京大学出版社　@北大出版社法律图书
电　　　　话	邮购部 010-62752015　发行部 010-62750672　编辑部 010-62752027
印　刷　者	三河市北燕印装有限公司
经　销　者	新华书店
	730毫米×980毫米　16开本　20印张　381千字
	2019年6月第1版　2020年10月第2次印刷
定　　　　价	51.00元

未经许可,不得以任何方式复制或抄袭本书之部分或全部内容。
版权所有,侵权必究
举报电话:010-62752024　电子信箱:fd@pup.pku.edu.cn
图书如有印装质量问题,请与出版部联系,电话:010-62756370

作者简介

张保红,男,汉族,1978年生,河南信阳人;法学博士,教授,中国商法学研究会理事,中国证券法学研究会理事,广东省民商法学研究会理事,广东省高等学校优秀青年教师,广东省地方立法研究评估与咨询服务基地专家,广东外语外贸大学土地法制研究院研究员。主要从事民商法学、土地法律制度研究。主持国家社科基金项目1项,省部级课题5项;在《法商研究》《法学家》《现代法学》《法律科学》等刊物发表论文五十余篇,其中《论人格与人格权二元区分》一文获第十一届法学家论坛征文二等奖。另有独著《商法新论》《证券法论》等。

重 印 说 明

　　蒙读者厚爱,本书第一次印刷已经售罄。本次重印根据《民法典》和新修订的《证券法》对全书相关条文进行了替换,同时对发现的字词错误进行了更正。

张保红

于广州白云新月居

2020年10月中秋

目 录

引言　商法的价值与品格 ……………………………………………… (1)

第一篇　导　论

第一章　商法的一般理论 …………………………………………… (5)
 第一节　商法的内涵 …………………………………………… (5)
 第二节　商法的体系 …………………………………………… (7)
 第三节　商法的渊源 …………………………………………… (9)
 第四节　商法的特征 …………………………………………… (13)

第二章　商法的历史与模式 ………………………………………… (17)
 第一节　国外商法的历史 ……………………………………… (17)
 第二节　国内商法的历史 ……………………………………… (25)
 第三节　商法的模式 …………………………………………… (27)
 第四节　中国商事立法模式的选择 …………………………… (31)

第三章　商法的性质和界限 ………………………………………… (35)
 第一节　商法的私法性 ………………………………………… (35)
 第二节　商法与民法 …………………………………………… (45)
 第三节　商法和经济法 ………………………………………… (51)
 第四节　商法与消费者法 ……………………………………… (59)

第四章　商法的价值和原则 ………………………………………… (61)
 第一节　商法的价值 …………………………………………… (61)
 第二节　规范原则 ……………………………………………… (65)
 第三节　外观原则 ……………………………………………… (72)
 第四节　严格责任 ……………………………………………… (78)

第二篇 商 人 法

第五章 商人法的一般理论 (82)
  第一节 商人的内涵 (82)
  第二节 商人法与商人法原则 (95)
  第三节 商法法定的商人类型 (100)

第六章 商人人格的法律塑造 (111)
  第一节 商人人格与商人人格的塑造 (111)
  第二节 有限责任和两权分离 (114)
  第三节 商人人格元素的塑造 (126)
  第四节 商人的能力 (152)

第七章 商业登记和商业簿记 (162)
  第一节 商人人格塑造的法律技术 (162)
  第二节 商业登记 (165)
  第三节 商业簿记 (177)

第八章 商人人格的消灭 (194)
  第一节 解散 (194)
  第二节 清算 (195)
  第三节 破产 (197)

第三篇 商 行 为 法

第九章 商行为法的一般理论 (210)
  第一节 商行为的内涵 (210)
  第二节 商行为的性质 (214)
  第三节 商行为的类型 (221)

第十章 商行为的法律规制 (224)
  第一节 法律调整商行为的模式 (224)
  第二节 商事合同的法律规制 (227)

第三节　营业行为的法律规制……………………………………（238）

第十一章　商事交易制度……………………………………………（245）
　　第一节　交易市场………………………………………………（245）
　　第二节　交易类型………………………………………………（249）
　　第三节　交易形式………………………………………………（254）

第十二章　商特别交易法……………………………………………（260）
　　第一节　证券法…………………………………………………（260）
　　第二节　票据法…………………………………………………（280）
　　第三节　保险法…………………………………………………（288）

参考文献……………………………………………………………（300）

后记…………………………………………………………………（308）

引言　商法的价值与品格

一

中世纪意大利地中海沿岸的城邦,濒临平静的大海①,又有先民商业文化的浸润,贸易十分发达。"哪里有贸易,哪里就有法律。"②近代商法即起源于此。

商法完全是自发产生的。农业社会的静态现实不需要商法,基督教思想也鄙视商业。教会"对商业的态度,不只是消极,而是积极的仇恨"③。"商人很少能使上帝高兴,甚至永远都不能使上帝愉悦。"④社会、政府和教会对商业的压抑激起了商人反抗和自治的欲望。商人自发组织起来,制定商业法规,组成交易市场、商事法院和行会组织,实行商人自治。商法的出现是一场法律革命。商法不仅成就了商业革命,而且对于塑造近代社会的、国家的性格功不可没。⑤

近代商法形成之时近代民法尚未形成。近代商法早于近代民法。⑥

二

商法一度迷失了自己的价值。"商法的内容是朦胧的,商法的边界是模糊的,商法的位置在哪里?……我们知道它的过去,但却说不清它的现在,也看不透它的未来,我们似乎被笼罩在商法的烟雾中。"⑦

---

① "古代世界的一切文明都是围绕着这个伟大的内海而诞生的。它们凭借地中海相互沟通并且四处传播自己的思想与商业……"〔比利时〕亨利·皮郎著:《中世纪欧洲经济社会史》,乐文译,上海人民出版社2001年版,第1页。

② 拉丁语格言。转引自范健著:《德国商法:传统框架与新规则》,法律出版社2003年版,第27页。

③ 〔比利时〕亨利·皮郎著:《中世纪欧洲经济社会史》,乐文译,上海人民出版社2001年版,第46页。

④ 〔美〕哈罗德·J.伯尔曼著:《法律与革命》,贺卫方等译,中国大百科全书出版社1993年版,第410页。

⑤ 赵万一教授指出:"肇端于中世纪,成型于资本主义时代的商法对推动社会经济的发展和现代意识的培养,曾发挥了其他部门法所不可取代的巨大作用。"赵万一著:《商法基本问题研究》,法律出版社2002年版,第1页。

⑥ 即便从成文法算起,近代商法也早于近代民法。法国路易十四于1673年和1681年分别颁布了共12章111条的《陆上商事条例》与共5编的《海上商事条例》。而此时,法国法律尚未完成成文法化,普通民事关系尚适用罗马法与习惯法。范健、王建文著:《商法的价值、源流及本体》,中国人民大学出版社2004年版,第37页。

⑦ 赵旭东:《商法的困惑与思考》,载《政法论坛》2002年第1期。

商法的价值原本是营业自由①和契约自由。营业自由和契约自由肇始于中世纪的商人法。② 如果说近代私法的躯体来源于罗马法③,那么其灵魂则来源于商人法。近代私法的根基是平等和自由。平等是商业的内在要求。④ 而自由最核心的部分即契约自由则主要是由商人实践出来的。"历史地观察,商法是合同自由的积极领路人。"⑤传统的法律,程序拘泥而狭隘,仍使用神判与司法决斗。⑥ 商法的出现改变了这些落后封闭的神判法、封建法。其时,罗马法尚未复兴。商法使私法从神决走向自决。

随着人人平等观念的倡导和社会生活的普遍商化,商法的领域不断被民法侵蚀。民法以"帝国主义"的姿态,先摄取商法的灵魂,即营业自由和契约自由,这些价值轻易地被民法包装成意思自治原则⑦;再掠食商法的精华,将商法的商事合同拿走,法人制度拿走,等等。⑧ 糟糕的是,民法只愿意摄取商法的灵魂,享受商法的精华,至于剩下的残肢剩体,则任凭其散落一地。商法之所以能够继续

---

① 仍然将营业自由作为商法的基本原则(叶林、黎建飞主编:《商法学原理与案例教程》,中国人民大学出版社 2006 年版,第 15 页)是不恰当的。自由是民法的理念,商法强调营业自由不过是商法意思自治原则的重申。如果不能与民法的理念有所区别,商法将无法取得立足之地。

② 商法有独特的法律传统,"它没有明显的与罗马法有关联的祖先"。〔美〕艾伦·沃森著:《民法法系的演变及形成》,李静冰等译,中国政法大学出版社 1992 年版,第 166 页。

③ 罗马法轻意思而重形式。"古代法一致拒绝废除一个单独动作,不论它是如何地荒诞;一个单独的音节,不论其意义可能是早已被忘却了;一个单独的证人,不论他的证词是如何地多余。全部的仪式应该由法律上所规定的必须参加的人们毫不苟且地加以完成,否则让与便归无效,而出卖人亦恢复其权利,因为他移转的企图并未生效。"〔英〕梅因著:《古代法》,沈景一译,商务印书馆 1996 年版,第 154 页。梅因将契约区分为粗糙形式的契约和成熟形式的契约。"粗糙形式的契约存在于古代法之中,毫无'允诺'之思想存在,其十分重视仪式,一旦某一仪式被误用或被忽略,其相应的契约就不能够产生法律上的效力。相反,若仪式的所有要素已经被完备,即便其相应的契约是在欺诈或胁迫的情形下作出的,该契约的效力也不会因此而受到任何影响。这种在近现代民法看来不能理解的现象在当时并不为奇,因为近现代民法之中,人们重视的是一个包含特定允诺的意思,而在古代法中,其所强调的是一个完整无缺的仪式。"刘保玉、郭栋:《权利外观保护理论及其在我国民法典中的设计》,载《法律科学》2012 年第 5 期。

④ "商会反映了商业活动和商人的一项最基本的特征,即商人阶层内部的平等性。"徐金海著:《商法源流论》,中国经济出版社 2011 年版,第 53 页。"凡是有等级组织存在的地方,行会就完全成为多余。"〔德〕马克斯·韦伯著:《经济通史》,姚曾廙译,上海三联书店 2006 年版,第 86 页。

⑤ 〔德〕C.W.卡纳里斯著:《德国商法》,杨继译,法律出版社 2006 年版,第 8 页。

⑥ "传统的法律,程序拘泥而狭隘,仍使用神判法、司法决斗,其法官是从农村居民中选拔出来的,这种法律只是一些逐渐形成的惯例,其作用是处理以耕种土地或土地所有权为生的人们的关系,这种法律不能适应以工商业为生计的人们。需要一种更为灵活的法律,一种更为迅速、更不依赖偶然性的证明方法,需要熟悉受审者的职业情况,能够凭借对案情的知识迅速结束争论的法官。"〔比利时〕亨利·皮郎著:《中世纪欧洲经济社会史》,乐文译,上海人民出版社 2001 年版,第 49 页。

⑦ 法国 1791 年以法律的形式宣布"工商自由原则",并制定"勒沙佩里耶法"(loi Le Chapelier),重申行会的消灭。此后,人人皆商的理论深入人心,商人也不再得到行会的保护。〔法〕伊夫·居荣著:《法国商法》,罗结珍、赵海峰译,法律出版社 2004 年版,第 17 页;张国键认为,商法首创自由主义,"即契约自由,与方式自由。自 19 世纪起,法、德、奥、瑞士诸国,对从前所加于契约自由的各种限制,都先在商事方面予以废除"。张国键著:《商事法概要》,台湾三民书局 1986 年版,第 7 页。

⑧ 本书认为,商事合同依然属于实质商法的范畴。

存在,在于民法不愿也不能吞下整个商法。商法,"与其说它被真正接受了,不如说是被容忍了。"① 商法总是在对抗民法的战斗中节节失利。追求"个体自由的田园牧歌式的民法"总能引起人们的共鸣;民法的正统性、普适性和理论性总能引起立法者的好感。近代民法是继受了《法学阶梯》或《学说汇纂》的罗马法嫡传弟子。平等、自由本是商人的追求,但当平等扩大到所有人时,商法已难以抗衡民法的步步紧逼。民法的抽象能力无与伦比,令无数法律学者为之痴迷。渊源于罗马,形成于德国的物权和债权制度,几乎具有概括所有财产权利的能力;法律行为,更是德国私法学的巅峰之作,"几乎可以包容人世间任何性质的行为和交易关系"②。而民法商法化后,商法只能给出一些配方,却无法提出一般理论。③ 商法的价值一日不重建,商法在私法体系中一日得不到应有的地位。

失去的无须留恋。商法没有必要夺回营业自由和契约自由等价值。社会生活的商化使得普通生活与一般商务难以区分。商法不可能去介入大众生活,而民法却可堂而皇之地介入经济领域。今天市场经济的精细化给了商法重聚理念的机会。经济领域愈发依赖法律技术规范对各种具体的商事关系进行精巧的设计和规范。在民事生活中,人们不会每天订一份婚约或购买一份房产。因此,人们面临此等合同,总有充裕的时间综合考量,以制定一份对于自己可谓是"量体裁衣"的契约。但在商业活动中,时间就是金钱,商事交易迅速而又大量重复,交易人没有时间也没有必要去思考交易细节。交易人也不在乎交易是否能够满足个人生活的需要,只要交易能够带来财富。此种情形下,交易人只有信任已经建立起来的交易机制。④ 这种交易机制必然建立,无论它是基于个人不断的实践,还是基于习惯、法律⑤,因为它是市场的内在规律和商主体的内在需要。商法上的这些技术规范背后的理念不是管制,而是对效率和安全的追求。效率和安全即新时期下商法的价值。此种商法价值,是市场经济深化后独有的价值,不能被民法和经济法所掠夺。民法无论如何也不能只讲效率和安全,而忽视对万千生活的规范。效率安全尽管最终的追求是自由,但很难完全等同于自由。商法在价值上,完成了对民法的又一次超越。商法价值和规范的形成依赖于自治,这种自治不同于民法,民法是一种特别任意的自治,而商法则是一种规则自治。商法中对效率和安全的追求实际上是商主体自治的结果,商法规则也多是由商主体实

---

① 〔法〕克洛德·商波著:《商法》,刘庆余译,商务印书馆1998年版,第16页。
② 施天涛:《商法学》(第三版),法律出版社2006年版,第46页。
③ 〔法〕伊夫·居荣著:《法国商法》,罗结珍、赵海峰译,法律出版社2004年版,第12页。学者范健、王建文认为:"商法起源于商事交易和惯例,不像民法起源于罗马法,它是一门实践性法学,从一开始就没有完整的理论,许多国家是先有商事习惯后有商事法律,再有商法理论。"范健、王建文著:《商法的价值、源流及本体》,中国人民大学出版社2004年版,第2页。这些论述不无道理,但商法没有完整的理论,更多的是民法掠取的结果。
④ 〔法〕伊夫·居荣著:《法国商法》,罗结珍、赵海峰译,法律出版社2004年版,第11页。
⑤ 商法发源于习惯法,绝大部分商法规范是商业习惯的规范化。

践中的习惯法编撰所致。经济法也难以撼动商法的价值。经济法难以抛弃公权。只要经济法不放弃公权这只有形之手,那就应该将其从私法中驱赶出去。

商法或许永远无法像民法那样有精美的体系和缜密的理性。但这未必是商法的缺点。诚如罗科斯·庞德所言:"就抽象体系而言,普通法略逊一筹。但若考察单个纠纷的实际解决,普通法却总占上风。"① 商法借助其形式灵活、身段柔软的优势,可以大量吸收商业习惯以补充成文法的不足,从而达到与普通法类似的效果。同时,商法做到价值重聚之后,形散而神不散,使得商法的骨架和皮肉立即有了灵魂,有了灵魂,也就有了生气。

三

商法是文明的产物。②

现代财富是通过交易创造或实现的,同样地,社会生活进一步商化,现代各种文明无不以交易为底色。交易文明从各个方面塑造社会生活,一度使"商人的行为举止、待人态度和生活方式潜移默化地成为大多数法国人的行为举止、待人态度和生活方式"③。交易的基础是自由和平等,这正是近代启蒙思想的三大口号中的两个;商人的强大势力,使得商人不断争取更大的自治权力,以致后来建立了许多以商人为主体的共和国。这反过来促进了商法和商业的发展。不可否认,现代生活的节奏越来越快,现代人越来越注重诚信,但又越来越冷漠。交易文明冲破了世故的藩篱,但也侵蚀了传统生活的宁静和温情。交易文明奠定了现代文明,但又似乎埋葬了我们的理想和乐趣。这一切或与商法作为交易规则之法有关,但也取决于我们的自由选择。

人的终极目的是人格的发展和完善,这需要自由和财富的支撑。自由和逐利同样是人的本性。立法者把自由留给民法,把逐利留给了商法。"天下熙熙,皆为利来,天下攘攘,皆为利往。"④ 我们需要商业带来的财富,但不能成为财富的奴隶。个人的一生不应当行进在高利益之诱惑的征途中。我们需要自由的挥洒。这就是民法留给我们的天地,它从不禁锢自由⑤,它需要自由去创造一切美丽的事物,以发展我们的人格。⑥

---

① 〔美〕罗科斯·庞德著:《普通法的精神》,法律出版社 2001 年版,第 3 页。
② 商法"寻求一致而不是煽动分歧",商法渴求和平而不是发动战争。参见〔法〕克洛德·商波著:《商法》,刘庆余译,商务印书馆 1998 年版,第 4、32 页。
③ 〔法〕克洛德·商波著:《商法》,刘庆余译,商务印书馆 1998 年版,第 15 页。
④ 司马迁著:《史记·货殖列传》。
⑤ 这里仅就核心民法而言,不包括特别民法。
⑥ 民法主要面对的是生活,而商法面对的是交易。生活的追求是多样性、多维度的,这样的追求需要民法制度给人们提供多样化的自由选择。而交易的追求是财富,财富的取得需要效率和安全。

第一篇 导 论

第一章 商法的一般理论

第一节 商法的内涵

一、商法的定义

商法,是为促进交易效率和保障交易安全而调整商事关系的法律规范的总称。第一,效率和安全是商法追求的价值。商法调整商事关系的主要目的在于通过规范或限制意思自治以促进交易效率和保障交易安全。第二,效率和安全限定了商法的范围。起初,商法调整商人的经济活动,而民法调整市民的社会生活。民法商法化后,一些普通的经济活动被纳入到民法的调整范围之中。但那些过于强调效率和安全,不适合由民法调整的一些经济活动,仍然由商法去调整。如果强行把所有调整经济活动的法律都纳入到民法中,不但会破坏民法的体系,而且也会分散民法的价值。今天的经济活动是由民法和商法共同调整的。

商法在大陆法系为相对独立的部门法。多数大陆法系国家特别是法国、德国、日本制定了《商法典》。没有制定《商法典》的大陆法系国家和地区也对诸如公司、证券、保险、海商等领域进行单独立法。英美法中,商法是有关商业法律的概括性称谓。[①] 一些给学习商业和从事商业的人开设的课程名称或教科书名称

---

① 英美法中的商法有许多称谓:商人法 lex mercatoria,the lawmerchant,das Kaufmannsrecht;商业法 commercial law,Droitcommercial,das Handelsrecht;商法、商务法 business law,Droit desaffaires。

以商法命名。① 英美法上商法内容非常丰富。② 在美国,商法还进行了法典化的尝试。由美国法学会和美国统一州法委员会两个民间机构制定并被各州所采用的《美国统一商法典》(Uniform Commercial Code,UCC),对现实中的商事规则与商事惯例进行了归纳和制度层面上的架构。③《美国统一商法典》采总分结构,各编环环相扣,体例严谨。④《美国统一商法典》之所以能够自成一体,与英美法中没有严格意义上的民法典相关。

二、商法的调整对象

商法的调整对象是商事关系。商法调整的商事关系,突出效率与安全的一面。⑤ 为此,商法对商法上的人的意思自治进行限制。在商人法方面,为实现商人人格的标准化、透明化和稳定化,商法直接对作为商人人格元素的名称、意思及意思治理机制和财产及财产独立机制进行塑造;在商行为法方面,为实现商事交易的标的定型化、行为趋同化和结果确定化,商法通过强制性条款直接参与并规范商事法律行为。不宜简单认为商事关系仅由商法单独调整。民法商化之后,商法的意思自治原则被民法吸收,商法不再强调意思自治而是基于效率与安全的价值追求强调对意思自治进行限制。这意味着,营利性商事关系要同时受到民法和商法的调整。商法无法做到单独调整商事关系,因为调整商事关系,一方面要借助民法的基本制度,如权利能力、法律行为制度等;另一方面,商法不可能将行为人的意思自治完全限制。例如,商事买卖合同中,商法一般不限制标的、标的的价格和数量,而只限制这之外的影响效率和安全的因素。有意思自治的地方即有民法的存在。民法与商法的调整目的不同,商法通常只考虑营利性,

---

① 〔英〕戴维·M.沃克编:《牛津法律大辞典》,邓正来等译,光明日报出版社1998年版,第120页。
② 事实上,英美商法的内容相当丰富。兹列如下,英国方面:1667年《防止欺诈条例》、1862年《公司法》、1882年《票据法》、1885年《载货证券法》、1889年《行纪法》、1890年《合伙法》、1893年《商品买卖法》、1894年《商船法》《破产法》、1906年《海上保险法》、1907年《有限责任合伙法》、1909年《保险公司法》、1924年《海上货物保险法》、1925年《信托法》、1960年《公路运输法》、1971年《海上运输法》、1973年《公平交易法》、1974年《消费信用法》、1977年《不公平合同条款法》等;美国方面:1896年《统一证券流通法》、1906年《统一买卖法》《统一仓库收据法》、1909年《统一载货证券法》《统一股份转让法》、1922年《统一信托收据法》、1928年《统一商事公司法》《统一动产按揭法》《统一附条件买卖法》等。与财产法、合同法、侵权法等领域多判例法不同,英美商法多成文法,当然,这些成文法是法院判例的成文法。英美商法还形成了一些价值原则。英国大法官伏拉斯巴勒于1791年在一份判决书中写道:"商法的基础是公平原则,应遵循正义与公平所支配的衡平法准则。"转引自何勤华著:《英美法律发达史》,法律出版社1999年版,第252页。
③ 许中缘著:《商法的独特品格与我国民法典编纂》(上),人民出版社2017年版,第53页。
④ 〔美〕约翰·L.戈蒂德:《〈统一商法典〉的方法论:现实主义地看待〈商法典〉》,徐涤宇、吴淑萍、陈华庭译,载《私法研究》(第2卷),中国政法大学出版社2002年版,第65页。
⑤ 有学者指出,商法"调整的是一个追求简便、快捷、顺利并充满信息的能够安全地从事商事交易活动的社会生活领域"。范健、王建文著:《商法基础理论专题研究》,高等教育出版社2005年版,第36页。

而民法除了营利性，还要考虑其他因素。①

一些学者将商事监管关系纳入商法的调整对象。②严格地说，商事监管关系是经济法或行政法的调整对象而不是商法的调整对象。之所以被包括于商事法律文件之中，主要在于立法的方便。这种做法不值得赞成。鉴于私域极易受到公权侵扰，立法应该特别注重私法和公法的区分，私法轻易不要掺杂公法规范，特别不要轻易引入公权。

第二节 商法的体系

商法，有实质意义的商法和形式意义上的商法之分。前者指包含所有商法规范的商法；后者指仅包含了商事法律文件中的商法规范的商法。不能将商事法律文件等同于商法，否则会发生诸如"为什么《海商法》中的法律规范属于商法，而《民用航空法》《铁路法》《公路法》中的商法规范不属于商法"的疑问。商法研究的范围应当突破商事法律文件所设置的樊篱。商法不应当放弃民事法律文件之中的商法规范。这并不是商法的得失问题，而是商事活动效率与安全价值能否得以坚守的问题。本书采实质意义上的商法。商法规范不但分布于商事法律文件和商业习惯之中，而且也分布于民事③及其他法律文件④之中。众多的商法规范需要体系化。良好的体系不仅可以体现形式美，还可以起到限制公权的作用。民法如此，商法也应如此。

有学者认为现代商法应当包括商事身份法、商事组织法、商事管理法、商事行为法、商事秩序法。⑤本书认为管理法和秩序法不应当构成商法的组成部分。管理法是把商法混同于行政法，无法体现商法的私法地位；秩序法忽视了我国已经建立了经济法这一事实。实际上，管理法和秩序法（包括反垄断法和反不正当竞争法等）体现了国家对经济的干预，应当是属于经济法调整的范围。

根据商法的调整对象，商法的体系应当包括三个部分：

（一）商法总则

商法总则包括商法的概念、调整对象、调整范围、商法的价值和原则等。商

---

① 田中耕太郎博士主张商的色彩论："在一般私法的法律事实中具有商的色彩的即是商法上的事实。""所谓商的色彩是指作为专门化营利性活动的投机买卖所演绎出的特征。集团性以及个性的丧失是其特点。"〔日〕近藤光男著：《日本商法总则·商行为法》，梁爽译，法律出版社2016年版，第4页。

② 雷兴虎主编：《商法学教程》，中国政法大学出版社1999年版，第4页。

③ 以《民法典》合同编最为典型。包含大量商法规范是民法商法化的结果。对于那些并不过分强调效率和安全的商法规范，民法在形式上可以将其吸收在内。

④ 《商业银行法》为经济法法律文件，其第三章第29、30、33条和第四章第37、42等条款即属于商法条款。

⑤ 范健主编：《商法》，高等教育出版社2002年版，第13页。

法总则并不等于《商法通则》,有关商人和商行为的概念和原理的规定应当归入商人法和商行为法中。如果我国制定《商法通则》而不是《商法典》,商法总则的内容、商人和商行为的概念和原理都应当规定于《商法通则》中。

（二）商人法

商人法包括商人的概念、商人资格的取得、商号、商业登记、商业账簿、商事代表（经理权和代办权）、表见商人、拟制商人、公司、合伙、特殊商主体（如交易所、证券公司、商业银行等）。商人法的存在并不是要赋予商人特殊地位和利益[1]，而是因为商人具有有限责任、两权分离、拟制人格等特性需要进行登记、披露、强制规则等以维护交易安全。商人法主要是组织法,也有一些必要的行为法。

（三）商行为法

商行为法,包括普通商行为法和特殊商行为法。商行为应当分为普通商行为和特殊商行为。普通商行为,指可以规定于民法典或其他民事法律文件中的商行为,如各种商事合同;特殊商行为,指规定于各种商事法律文件中的商行为。如交互计算、商事代理、居间、信托、运输、仓储、银行、票据、保险及海商等。这种区分未必很严谨。例如,《民法典》合同编中的融资租赁合同,从特性上而言,仅是少数的商人所从事的,更应当归属于特殊商行为法。普通商行为本应当规定于《商法典》之中。由于我国没有制定《商法典》,普通商行为已经融入民法规范之中。特殊商行为包括票据、证券、银行、保险、信托和证券等,规则与民法规范相差较大,有特别规定之必要。

商的本质是交易。在商事单行法中,《票据法》《证券法》和《保险法》是比较纯粹的交易法。《公司法》和《破产法》则是为交易安全服务的。《公司法》中的内部治理、资本制度、责任形式等多是为债权人服务的。商法中的交易除了包括我们所认知的商品交易和服务交易,也包括投资者的投资行为。《公司法》中的交易相对人不仅仅是债权人,其实也应当包括投资人。《公司法》有许多保护投资安全的法律规定。保护投资者,保护投资安全,实际上就是在保护交易安全。经济学上,公司的本质也被看作是交易的集约,目的是为了节约交易成本。[2]《破产法》则起到了公平清偿、清理问题主体的作用,也有为交易相对人服务的目的。商法对主体的规定并不意味着国家要干预主体自治,这些规则都是中性的,都是市场主体的要求。

商法并不是调整商业和商人唯一的法,即使在民商分立的国家也是如此。

---

[1] 〔德〕C. W. 卡纳里斯著:《德国商法》,杨继译,法律出版社2006年版,第3页。
[2] 〔美〕弗兰克·伊斯特布鲁克、丹尼尔·费希尔著:《公司法的经济结构》（中译本第二版）,罗培新、张建伟译,北京大学出版社2014年版,第1—22页。

无论商事关系和商人再特殊，它都必须要受到民法基本原则的约束，必须强调自愿、公平等基本民法价值。不赞成单独说商法是市场经济的基础法。持这种观点的说法，如同说经济法是市场经济的基本法一样不合事理。

第三节　商法的渊源

一、商法渊源

商法渊源是商法的表现形式。目前的商法渊源如下：

（一）商事法律规范

商事法律规范是商法最常见的法律渊源。

第一，商事法律文件中的商法法律规范。一定要区分商法与商事法律文件。商法是商法规范的总称；商事法律文件则是商法规范的载体。当然，并不排除商事法律文件中含有一些非商法法律规范。我国没有商法典，目前的商法法律规范主要存在于商事单行法律文件之中，有《公司法》《合伙企业法》《票据法》《证券法》《保险法》《海商法》《商业银行法》等。必须指出，这些商事单行法律文件也包含了一些经济法以及刑法等其他法律规范。

第二，民事法律文件中的商法法律规范。我国奉行所谓的民商合一，民事法律文件中有大量的商事法律规范。例如，《民法通则》中个体工商户、个人合伙的规定，企业法人和联营的规定，商业名称权转让的规定等属于商事法律规范。[①]《民法典》合同编中商事法律规范更多。总则中的格式条款规定，分则中的供用电、水、气、热力合同、借款合同、融资租赁合同、建筑工程合同、运输合同、技术合同、仓储合同、行纪合同等规定也是商事法律规范。必须强调的是，尽管这些商事法律规范规定于民事法律文件之中，但是在适用时，必须要考虑商法的价值和原则。商事合同规则并不因规定于民事法律文件之中就改变了其性质。一些商事合同规则与民事合同规则的区别是明显的。[②]

第三，其他法律文件中的商事法律规范。其他法律文件中也存在有少量的商事法律规范。例如，《民用航空法》第九章公共航空运输部分的法律规范属于商事法律规范。与《海商法》不同，《民用航空法》并不属于商事法律文件。《海商法》之所以属于商事法律文件，是因为大部分的法律规范属于商事法律规范。《海商法》共计278条，除极少数公法条款（例如，《海商法》第4、5、6条）外，几乎全部是私法条款。反观《民用航空法》，共计215条，属于商事法律规范的条款是

[①]　《民法总则》保留了《民法通则》中的个体工商户的规定。《民法总则》通过后，《民法通则》继续有效。

[②]　参见第十章第二节相关论述。

第九章公共航空运输共计 39 条,即便连同第三章民用航空器权利共计也不过 63 条,还不到总条款的 1/3。

第四,国际条约和公约中的商事法律规范。这也是商法国际性的体现。不过,由于国际间的商事条约和公约具有任意性,因此,某些情况下,条约或公约中的条款要经当事人在法律行为中选用,才对他们具有法律强制力。例如,《1980 年联合国国际货物买卖合同公约》第 6 条规定,双方当事人可以减少该公约中的任何规定或改变其效力。①

第五,司法解释、行政法规、地方性法规、指导性案例中的商法法律规范。司法解释、行政法规、地方性法规中的商法规范为商法渊源自不待言。遵循先例有一个明显的优点,那就是能够保持法律适用的统一。在大陆法系国家,如何保证成文法法律适用的统一,始终是一个很难解决的问题。法院可能会定期出版一些案例选,这些案例可能会对其他案例有一定的意义。德国承认最高法院的判决有先例约束力。日本最高法院出版的案例选有一定的约束力。② 值得注意的是,我国的司法实践开始注意到了案例的作用。2010 年 11 月 26 日发布的《最高人民法院关于案例指导工作的规定》第 7 条明确规定:"最高人民法院发布的指导性案例,各级人民法院审判类似案例时应当参照。"③

(二)商业习惯

商业习惯是商法非常重要的渊源,包括成文的和不成文的未被国家立法正式编撰的商业规则,一般指那些"流行时间很久、众所周知的、恒定的行业行为或做法"。④ 商业习惯的确认一般需要具备三个条件,普遍的即基本没有例外被遵守的事实运行,适当的时间段和有关交易领域的自愿承认。⑤ 商业活动具有反复性,很容易形成商业习惯。⑥ 商业习惯有适用地域比较广泛的,也有适用地域不广泛的。其中,国际贸易惯例属于广义上的商业习惯,适用最为广泛。国际贸易惯例,指国际商事主体重复类似的行为而上升为对其具有拘束力的规范。《1980 年联合国国际货物买卖合同公约》第 9 条规定:"国际贸易惯例在国际贸易上已为有关特定贸易所涉同类合同的当事人所广泛知道并为他们所经常遵守。"贸易惯例是经过漫长时间形成的习惯。一旦形成,这些贸易惯例便成为商事主体的"世界通用的语言。"目前影响最大的国际贸易惯例是国际商会制定的《1990 年国际贸易术语解释通则》和《商业跟单信用证统一惯例》。国际贸易惯

---

① 沈四宝、王军、焦津洪编著:《国际商法》,对外经济贸易大学出版社 2002 年版,第 2 页。
② 叶林、黎建飞主编:《商法学原理与案例教程》,中国人民大学出版社 2006 年版,第 24 页。
③ 不同观点参见王保树著:《商法总论》,清华大学出版社 2007 年版,第 54 页。
④ 〔法〕伊夫·居荣著:《法国商法》,罗结珍、赵海峰译,法律出版社 2004 年版,第 25 页。
⑤ 〔德〕C. W. 卡纳里斯著:《德国商法》,杨继译,法律出版社 2006 年版,第 548 页。
⑥ 〔日〕近藤光男著:《日本商法总则·商行为法》,梁爽译,法律出版社 2016 年版,第 8 页。

例的拘束力是强大的。如果不承认这些惯例,那么国际间的贸易便没有了交易的基础。

商业习惯的规范性质存在争议。一部分学者不承认其规范性。例如,卡纳里斯认为,商业习惯属于"事实的法律产生渊源,但并非规范性的法律适用渊源",因为其"法律效力仅仅通过法律行为的解释和补充的间接途径来实现。"①另一部分学者认为应当区分商业习惯法和商业习惯。日本学者一般认为,商业习惯法具有"法律确信",即社会普遍认为其具有规范性,而商业习惯仅是解释意思表示时的事实或参考资料。② 王保树教授认为商业习惯法和事实上的商业习惯不同。商业习惯法虽不像制定法一样明文规定,但为一般公众所确信,且在许多国家由有权机关予以确认,国际上也有专门组织确认,甚至将其编纂起来。事实上的商业习惯可以用作解释商主体意思表示的依据,但不能成为一种法律规范的渊源。③ 对此,日本学者大隅健一郎和鸿常夫认为,二者区分并无实际价值。④ 本书赞同区分无价值论。《日本商法典》第1条原规定:"关于商事者,本法无规定者,适用商习惯法,无商习惯法,适用民法典。"新修订的《日本商法典》将商习惯法修订为商习惯,其立法意旨不言自明。

商业习惯应当纳入商法渊源:第一,最初的商法本身就是习惯法。事实上,今天的商事法律规范其实就是过去商业习惯的总结。《民法典》第509条第2款和第510条确定了交易习惯的法源的地位,但该法仅限于合同法领域。对于其他广阔的商事领域,法律还需要进一步的明确。第二,建构主义的不足使得司法必须以习惯为补充。一方面,制定法很难做到面面俱到。另一方面,商主体在实践中重视效率与持续性技术革新。制定法中的不合理之处随着时代变迁会逐渐凸显,最终导致其无法适用。⑤ 这些给了商业习惯适用的空间。没有一个立法者有能力做到创造一部庞大的无所不包的规则群。商法更是如此。商业活动的复杂多变,商事立法永远无法跟得上商业实践不断演进的需要,司法实践此时必须以商业习惯为补充。正因如此,《德国商法典》第346条规定:"在商人之间,在行为和不行为的意义和效力方面,应注意在商业往来中适用的习惯和惯例。"日本学者也认为,商业习惯对于滞后于急速变化的商事现象的商事制定法有补充之功能。⑥

---

① 〔德〕C. W. 卡纳里斯著:《德国商法》,杨继译,法律出版社2006年版,第550、559页。
② 《日本最新商法典译注》,刘成杰译注,柳经纬审校,中国政法大学出版社2012年版,第7—8页。
③ 王保树著:《商法总论》,清华大学出版社2007年版,第47页。
④ 《日本最新商法典译注》,刘成杰译注,柳经纬审校,中国政法大学出版社2012年版,第7—8页。
⑤ 〔日〕近藤光男著:《日本商法总则·商行为法》,梁爽译,法律出版社2016年版,第8页。
⑥ 王保树著:《商法总论》,清华大学出版社2007年版,第46页。

由于商业习惯和一般交易条款类似,都是对人数众多的行为适用,具有典型化和标准化的特征。因此,商业习惯既考虑了交易效率和安全,也考虑了平等对待的公平性因素。①

（三）商法法理

商法法理是商法的非正式渊源。法理,又称一般法律原则,如法律的指导思想、逻辑起点和价值倾向等。②《美国商法典》第1—103条规定:"一般法律原则应作为该法的补充。"商法法理,既包括宏观方面的商法的价值与原则,也包括微观方面的某一具体制度所蕴含的原理。学理是学者对商法法理的阐释,并不是正式的法律渊源。但是,学理可以对法官的自由裁量产生影响。法官在论证其判决理由时,也常常引证相关学理。

商人自治规则并不是法律渊源。商人自治规则,指商人为了规范其内部运作而自主制定的适法性内部自治规则。主要指公司章程、行会规约等。这些规则在一定范围内具有约束力但非法律渊源。③

二、法律适用

商法的适用,应当遵循商事法律规范优先、其次商业习惯、再次商法法理的顺序。④ 商事法律规范（包括制定法和指导性案例中的商法规范）虽多为商业习惯的总结,但体现了立法者的意志,自应优先适用。商业习惯也是商法规范的组成部分。商业习惯应当由主张的当事人举证。⑤ 在法国,商人通常使用商会和其他具有签发证明书资格的机关开出的证明,但是否适用最终取决于法官的自由衡量权。法国还为此在法院设立了"行业惯例处"以登记各种行业惯例。⑥ 商法法理的适用要特别慎重。作为一般原理,商法法理具有概括性的特点。法律适用上,要特别防止向一般条款逃逸。

商业习惯有的是有约定才适用;有的不反对即适用;有的商业习惯具有强制

---

① 〔德〕C.W.卡纳里斯著:《德国商法》,杨继译,法律出版社2006年版,第547页。
② 范健、王建文著:《商法基础理论专题研究》,高等教育出版社2005年版,第87页。
③ 不同观点参见王保树著:《商法总论》,清华大学出版社2007年版,第47页。
④ 有学者将日本法源的适用顺序总结如下:"商事自治法—商事条约—商事特别法—商法典—商习惯—民事特别法—民法典。"《日本最新商法典译注》,刘成杰译注,柳经纬审校,中国政法大学出版社2012年版,第8页。
⑤ 《合同法司法解释（二）》第7条规定:"下列情形,不违反法律、行政法规强制性规定的,人民法院可以认定为合同法所称'交易习惯':（一）在交易行为当地或者某一领域、某一行业通常采用并为交易对方订立合同时所知道或者应当知道的做法;（二）当事人双方经常使用的习惯做法。对于交易习惯,由提出主张的一方当事人承担举证责任。"
⑥ 沈达明编著:《法国商法引论》,对外经济贸易大学出版社2001年版,第27页。

性。商业习惯在例外的情况下,可能优先于商法法律规范适用。商事制定法相比之下较为固化,存在一些未考虑商人间合理交易习惯的死条文,有些规定因与实际发生在商主体间的交易活动不相适应而导致其丧失了自身的价值。此种情况下,也可能存在商业习惯优先于商法强制性规范适用的例外情况。① 至于任意性规范,则基本上商事习惯优先。②

一般认为,商法没有规范的,适用民法。《日本商法典》第1条第2款规定:"关于商事活动,本法无规定的事项适用商习惯;无商习惯的,适用民法规定。"将商业习惯优先于民法适用,体现了日本法对商业习惯的重视。但关于民法规范的适用,就具体的法律关系而言,鉴于商法法理的存在,除非有法律明确规定,不宜声称商法和商习惯法未规定的,适用民法规范。③ 实际上,商业习惯包罗万象,很少会出现没有商业习惯而适用民法规范的情况。

第四节 商法的特征

学者对商法特征的论述大同小异。④ 这里主要有两处不同意见。一是不认为私法性或兼具公法性是商法的特征。私法性应当是商法的性质。性质于内而特征于外。二是认为商法还具有架构分散的特征。商法特征如下:

一、分散性

民法以物权和债权作为双轴构建出逻辑严整的体系。物权与债权联系紧密,物权是债权的标的,债权是物权的手段。商法并不是体系化的。商法是碎片化的,组成部分彼此间并无严密的逻辑关系。商法组成部分如公司、破产、证券、票据、保险和海商放在一起看时,看不出彼此间有什么逻辑关系。商法这种情况与商法的分工有关。民法和商法共同调整市场经济。民法调整市场经济中可以体系化的部分。当民法将市场中最能抽象化的部分抽走之后,商法则调整民法

---

① 附空白委托书的记名股转让案。大判昭和十九年(1944年)2月29日民集第23卷第90页。〔日〕近藤光男著:《日本商法总则·商行为法》,梁爽译,法律出版社2016年版,第12页。不同观点:卡纳里斯认为"强制性法律永远优先"。〔德〕C. W. 卡纳里斯著:《德国商法》,杨继译,法律出版社2006年版,第559页。

② 〔德〕C. W. 卡纳里斯著:《德国商法》,杨继译,法律出版社2006年版,第560页。卡纳里斯给出的理由是:"当事人有权变更处分性法律。"本书认为,商人所遵守的商业习惯通常更能体现效率与安全的价值。

③ 除非法律明确规定某一具体民法条款的适用于商事关系。《德国商法典》第105条第3款有关无限公司部分没有规定的适用《德国民法典》上有关合伙的规定即是如此。但我国并不存在这种现象。

④ 赵万一主编:《商法》,中国人民大学出版社2006年版,第5—6页;覃有土主编:《商法学》,高等教育出版社2008年版,第5—7页;工作全主编:《商法学》,北京大学出版社2006年版,第6—7页。

不愿意或不能调整的经济关系中具体的交易主体和特别的市场交易。民法对自由这一价值的追求,使得其不能调整那些特别强调效率和安全的众多的商事关系。从某种程度上说,民法是性感的,而商法则是乏味的。①

二、营利性

商法具有营利性,是说商法通过促进交易效率和保障交易安全以实现交易主体的双赢。交易可以使双方变好,从而使双方获利。例如,一人将汽车卖与他人,如卖价高于预期,他就获利了;同时,对方如果买的价格低于其预期,他也获利了。② 商法上大到对效率和安全的价值追求,坚持规范、外观和严格责任原则,小到准则主义、商业登记、商业账簿、商业名称制度,以及仓储、票据、证券、保险、海商等特别法规则,都是商法营利性特征的反映。正如张国键先生所言:"商事法颇多带有营利之性质。商事法与民法,虽同为规定关于国民经济生活之法律,有其共同之原理,论其性质,两者颇不相同。盖商事法所规定者,乃在于维护个人或团体之营利,民法所规定者,则偏重于保护一般社会公众之利益。"③

商法的营利性是建立在规则公正的基础上。现实中,石油电信行业长期垄断高价,无不是法律偏袒纵容,甚至直接介入的结果。营利还是需要交易主体去创造。交易可以创造价值,这是现代经济学的基本观点。商法应当具有中立性,它不应当帮助一方获得优势地位,法律本身不能成为一方谋利的工具。④

三、演进性

商业仍在不停地演进,相应地,服务于商业的商法也在不停演进中。因此,商法规则极易过时老化。商法不能像民法一样,仅归纳出少数原理以不变应万变。商法的技术性决定了商法规则的易变性。商法规则为满足科技化和现代化的要求,经常会进行修订。因此,商法的不断更新并不是商法自身的缺陷,相反,体现了商法的进步性,因为其较好地适应社会经济形势变化的需要。正如拉德布鲁赫所述:"没有任何领域能比商法更能使人清楚地观察到经济事实是如何转

---

① "有的人满足于民法的概念化逻辑化的思维方式,享受着傲慢的高高在上的民法的优越,不舍得离开民法的暖巢,对于企业帝国的来临、企业界的需求采取视而不见的鸵鸟政策;有的人陶醉于潘德克顿民法理论的精巧结构,沉溺于细枝末节的考究,似乎忘记了法和经济现实的关系,对民法充满盲目的乐观,而对商法存在着轻视甚至蔑视。"参见张谷:《商法,这只寄居蟹》,载《清华法治论衡》2005 年第 2 期。这种傲慢并占优势的民法妨碍了商法的发展。"民法作为高尚的法,农村性的法,有关不动产保守不变的法,想成为普通法,认为一切超民法的规则,其性质是不完整的,其作用是异端的,其目的是有害的。"参见〔法〕克洛德·商波著:《商法》,刘庆余译,商务印书馆 1998 年版,第 16—17 页。
② 财产在交易中增值。这是交易安全优位于静态安全的法经济学基础。
③ 张国键著:《商事法论》,台湾三民书局 1980 年版,第 23 页。
④ 与经济法相比,商法的私法性也决定了商法规则一般是中性的。但是,商法也可能基于效率的考虑偶尔牺牲公正。《保险法》中的最大诚信原则对投保人即不具有公正性。

化为法律关系的","表现了经济历史观对经济与法律关系的解释。"①经济、科技的不断发展,正是商法变迁、发展和完善的推动力量。这一情况不因《商法典》的存在而有所减缓。例如,《日本商法典》自施行以来已经过了35次修订或补充,创设了许多新的商事法律制度,并大量吸收了英美商法的立法成果,体现了商法的创新性。②卡多佐引用的一位英国法官的话更为生动:"商人法,不是固定的和僵硬的,它的生长并没有因为被装进法典而受到了抑制;用首席大法官柯克伯恩伯爵在古德温诉罗伯特(Goodwin v. Robert L. R. 10 Exch. 346)一案中的话来说,它能够被延伸和扩大来满足贸易的需要。"③

四、国际性

商法从一产生就具有国际性。中世纪的商人法不是一国之立法,它是在地中海沿岸各自治城市贸易往来中形成的,效力不受国界的限制。④商品、商人天生具有扩张性。全球化使得商人更渴望统一商事交易规则。及至商法国际立法时期,各国商法的规则也非常近似。⑤比较法上,民法的财产法的规则五花八门,而商法规范则大致趋同。美国的法律规则之统一首先实现于商法规则。"交易中不存在任何国界,正如个人主义只承认世界公民和世界市场一样。"⑥恰如曼斯菲尔德法官所言:"商法在全世界都是相同的。因为从同样的前提出发,从推理与正义所得出的结论也应是普遍相同的。"⑦美国学者威廉·米歇尔认为,"每一个国家,甚至还可以说每一个城镇,都有它自己的一种商法,但所有这些商法都不过是同一种类的各个分支而已。在每个地方,商法的主要原则和最重要

---

① 〔德〕古斯塔夫·拉德布鲁赫著:《法学导论》,米健等译,中国大百科全书出版社1997年版,第74—75页。
② 钱玉林:《商法的价值、功能及其定位》,载《中国法学》2001年第5期。
③ 〔美〕本杰明·卡多佐著:《司法过程的性质》,苏力译,商务印书馆1998年版,第36页。
④ 陈本寒主编:《商法新论》,武汉大学出版社2009年版,第23页。
⑤ 近藤光男教授认为,商法的技术性是其国际性的基础。"商法中的技术性的规定居多,尤其有很多以经济上的合理性为基础的规定。换言之,商法并不是一个必须在很大程度上受国家的历史、传统、习惯影响的法律部门。其次,其受到政治上的影响也不大。因此,如果某个国家的制度相对较为优越,就较容易为他国所采用。另外,在跨国交易日益增多的现代社会,统一商法的呼声日渐高涨。因此,商法的统一也展现出国际化的趋势。"〔日〕近藤光男著:《日本商法总则·商行为法》,梁爽译,法律出版社2016年版,第6—7页。
⑥ 〔德〕古斯塔夫·拉德布鲁赫著:《法学导论》,米健等译,中国大百科全书出版社1997年版,第73页。作者继续写道:"中世纪意大利南方和汉萨同盟北方的商法已颇具国际影响。应德意志交易需要而设立的德意志关税协会,约于德意志帝国诞生前30年就已存在。基于同样的需要,普通德意志商法典的制定早于民法典近40年。保罗教派(Paulskirch)尚不能统一德意志,但无需太大努力,就使一部统一的德意志票据法的制订成为现实。"
⑦ 1757年《Burr判例汇编》第341,347页,转引自〔英〕施米托夫著:《国际贸易法文选》,赵秀文译,中国大百科全书出版社1993年版,第11页。

的规则都是一样的,或者说是趋于同一的。"①"商法较之其他部门法更能超越国家与民族的界限,弱化各国国内政治、经济文化的差异,一国成功的商法制度往往会迅速被他国借鉴、效仿,一项成熟的国际商事条约也更易为各国(地区)所承认、参加。"②1999 年颁布的《澳门商法典》便鲜明地体现了这一思想:兼容并包,在吸取大陆法最现代的商业法例的经验的同时又吸取了英美法法律体系的经验,还体现了商法国际统一的趋势。新法典"跟随了最现代之比较法之趋势,从而使本地区立足于最现代化之商法体系之列。"③迄今,商法国际化的步伐远未停止。④

相比之下,民法的差异要大得多。伏尔泰描述下的法国的状况是:"此事在这个村庄是正确的,而在另一个村庄却变为错误的。在这个王国里,每当你从一个驿站到另一个驿站就出现这种情况。在每次换乘马匹的时候,适用的法律也就变了。"伏尔泰概叹:"难道这不是一桩荒唐可笑而又令人畏惧的事情吗?同胞们不是在同一法律下生活,这是多么奇特的野蛮状态!"⑤时至今日,各国的婚姻制度千奇百怪,但也并不严重干扰人们的生活。原因很简单,这些规则保护的是静态的权利秩序而非动态的交易安全。

---

① William Mitchell, *An Essay on the Early History of the Law Merchant* (Cambridge, 1904), p. 9,转引自〔美〕哈罗德·J. 伯尔曼著:《法律与革命》,贺卫方等译,中国大百科全书出版社 1993 年版,第 417 页。

② 赵中孚主编:《商法总论》(第四版),中国人民大学出版社 2009 年版,第 24 页。

③ 钱玉林:《商法的价值、功能及其定位》,载《中国法学》2001 年第 5 期;澳门政府法令:第 40/99/M 号(1999 年 8 月 3 日)。

④ 体现:1883 年《营业财产保护议条》、1910 年《船舶碰撞及海难救助统一法公约》、1922 年《商事公断条款及税务形式简化公约》、1924 年《共同海损规则》、1924 年《统一提单若干法律规则的国际公约》、1964 年《国际货物买卖统一法公约》、1980 年《联合国国际货物多式联运公约》、1974 年《国际销售货物时效期限公约》、1978 年《联合国海上货物运输公约》、1980 年《联合国国际货物销售合同公约》、国际商会 1936 年制定并经多次修订的《贸易术语解释国际通则》、1931 年《支票统一法公约》、1930 年《汇票和本票统一法公约》、1991 年《联合国国际贸易运输港站经营人赔偿责任公约》、1988 年《联合国国际汇票和国际本票公约》《国际融资租赁公约》和《国际保付代理公约》、2005 年《联合国国际合同使用电子通信公约》等。

⑤ 转引自〔德〕K·茨威格特·H. 克茨著:《比较法总论》,潘汉典等译,贵州人民出版社 1992 年版,第 152 页。有学者认为,法律统一的实际需要和民法的不能包容,使制定独立的商法典顺理成章。李永军:《论商法的传统与理性基础》,载《法制与社会发展》2002 年第 6 期。

第二章 商法的历史与模式

第一节 国外商法的历史

一、商法的诞生

一般认为,商法诞生于公元 11 世纪的中世纪后期的欧洲,以商人法的形成作为标志。商人法首先在意大利地中海沿岸形成,并被称为欧洲各国商法的"母法"。法国、德国、西班牙等国的商人法多是把意大利商人法中适合本国情况的内容收集起来,加以汇编适用。① 商法的诞生是多种因素共同作用的结果。

(一)产生背景

欧洲中世纪是一个典型的农业社会。自给自足的自然经济使得贸易长期处于半消亡状态。到了 11 世纪,情况有了一些好转。当时商业已经了具备一些发展条件。商人们迫切需要统一、明确的贸易规则以扫除商业发展的制度障碍。但是,当时的社会环境和法律环境于贸易十分不利。"商人是社会与法律的弃儿。"②

社会环境。一方面,自然经济排斥商业。在自 6 世纪到 10 世纪的中世纪长夜里,封闭而又静止的自然经济占据了欧洲。③ 商业并不占据中世纪社会的舞台中心,占据中心的是农业和土地。土地主要用来经营农业,变动不居的土地很难获得持续的农业收益。为维持农业的发展,社会倾向于维持土地的静止不动。受自然经济的影响,中世纪与商业有关的法律也处于长期的消亡时代。④ 另一方面,教会贵族鄙视商业。亚里士多德认为,财富应当分为由劳动所获得的自然财富和由商业所获得的人造财富。前者是为了维持家庭生活而创造的真正财富,后者则是为富而作为手段的伪善的财富。将获利作为生活的目的,不但本末倒置,更是人类邪恶产生的原因。⑤ 后来受此影响的基督教认为高利贷等商业行为是不道德的。教会"反对贸易,反对科学技术进步,认为贸易鼓动人们的发财致富欲望,科技进步动摇人们固有的思想。教会认为贷款要利息,即商业的灵

---

① 何勤华主编:《法国法律发达史》,法律出版社 2001 年版,第 245 页。
② 李永军:《论商法的传统与理性基础》,载《法制与社会发展》2002 年第 6 期。
③ 〔法〕克洛德·商波著:《商法》,刘庆余译,商务印书馆 1998 年版,第 6 页。
④ 同上。
⑤ 樊涛、王延川著:《商法总论》,知识产权出版社 2010 年版,第 23 页。

魂,是犯了渎圣罪。"贵族同样蔑视商业,但不无讽刺的是,"他们的十字军东征和奢华使这些活动重获新生,他们对黄金的渴望与追求利润非常相像。"①

法律环境。第一,欧洲当时占统治地位的封建法和寺院法无法完成促进商业发展的使命。封建法"否认无因行为,认许连带债务得分别偿还,卖主得以低于市价半数为理由而撤销其买卖行为等规定,皆非商人阶级所能忍受";寺院法"不仅严禁放款生息,且不准借本经商,其不加息于货物而转换得利者,亦认为违法,商人阶级,尤难接受该法律的支配"②。第二,囿于当时的社会氛围,期待国家立法调整商业行为极不现实。立法以土地为中心,其中心在于维护地主对土地的稳定拥有。那些复杂的交易形式和善意取得迟迟未能确立,即是基于这些原因。因此,很难指望国家对商业进行立法。第三,罗马法无法解决当时的现实问题。一方面,罗马法当时刚被发现,多数内容注重繁琐形式而排斥意思自治。更重要的是,罗马法富于逻辑而深邃绵密,未必适应简单多变的商业实践。商法规则应当从商业实践中总结。

所幸,有贸易便会有习惯的产生。这些长期形成的商业习惯内容主要有六个方面:第一,诚实信用原则;第二,商业合伙;第三,票据制度;第四,保险制度;第五,法律方式自由;第六,对善意第三人之保护。③ 在商人法产生之前,商人们主要依靠这些商业习惯作为处理商业纠纷的依据。这些商业习惯不系统、适用地域也有限制,彼此也常常存在冲突之处,显然有进一步整理的必要。

(二) 商人法的形成

中世纪欧洲分裂的政治现实给了在法律整体敌视环境中的商业一隙发展空间。11世纪意大利地中海沿海的一些城邦,一方面位于商业贸易的交接点上,另一方面又处于"封建关系最薄弱、封建统治鞭长莫及或权力真空的地带"④。商法即起源于这些城邦。到了12世纪,港口贸易带动了法国和西班牙的城市发展,出现了马赛、巴塞罗那等著名港口商业城市。与海商发展的同时,陆商也得到了发展。全欧许多城市和城镇都出现定期举办的国际集市和国际市场。⑤ 商法在这些地区也开始出现。这些地区的商法都不同程度地受到了意大利商人法的影响。⑥

商法的形成是商人自身争取的结果。商人自发组织起来,制定各种商业法

---

① 〔法〕克洛德·商波著:《商法》,刘庆余译,商务印书馆1998年版,第6页。不同意见认为教会的布道不过是说说而已,并未真正付诸实施。〔美〕哈罗德·J.伯尔曼著:《法律与革命》,贺卫方等译,中国大百科全书出版社1993年版,第412页。
② 张国键著:《商事法论》,台湾三民书局1980年版,第11页。
③ 同上书,第11—12页。
④ 金观涛、唐若昕著:《西方社会结构的演变》,四川人民出版社1985年版,第174页。
⑤ 徐强胜著:《商法导论》,法律出版社2013年版,第31页。
⑥ 何勤华主编:《法国法律发达史》,法律出版社2001年版,第245页。

规，这些法规源自长期商业实践形成的商业习惯，被称为商人法（Lex Mercatoria/Law of Merchant）。同时，商人自己组成交易市场、商事法院和行会组织，实行商人自治。① 商人行会组织（基尔特，Merchant Guild）②通过认可和接纳商人，在这一特定和相对独立的人群中建立了属于商人自己的王国。这个王国中的法庭和法官制度，审判和强制执行程序，都不是当时刑事、民事或教会等官方司法制度的一部分。③

商法的出现是一场法律革命，它与当时深入发展的商业革命相互影响。"商业革命有助于造就商法，商法也有助于成就商业革命。实际上，所发生的不仅是商业的革命性转变，而且还是整个社会的变迁。在这种整体变迁中，商法也像封建法和庄园法一样，有它自身的各种渊源，并且像它们一样，从这种变迁中获得了自己的特性。"④商法不仅仅出色地完成了在商业领域中的使命，而且对于塑造近代私法的性格，和整个社会的、国家的性格都功不可没。商法正是在那时在西方逐渐被人们看作是一种完整的、不断发展的法律体系。⑤

（三）小结

商法诞生的标志是商人法的形成。对此需要补充几点：

第一，不宜将商法诞生的历史追溯到 10 世纪意大利商人法之前。一方面，将商法追溯到罗马法不恰当。罗马法对后世影响深远，所谓"言必称罗马"。⑥不过，商法与罗马法至少没有直接的关系。商法"没有明显的与罗马法有关联的祖先"。⑦ 罗马法文献的确有一些调整简单交易关系的契约规则。但是，这些契约没有概念化，且没有商业契约和非商业契约区分，"所有的契约都被当作民事契约"。并且，罗马时代的许多契约不是由市民法支配，而是由包括万民法在内的习惯法支配。但是，"无论是重新发现的罗马市民法，还是仅仅残存的罗马习惯法，包括万民法，都不足以应付 11 世纪晚期和 12 世纪出现的各种国内和国际的商业问题。"仍然构成今天商法主要内容的制度，如票据、保险、商业合伙、银

---

① "商人们自发聚集到一起，制定共同的游戏规则。商业法律由此诞生。它没有得到国家的承认，完全是自发产生，自行裁决并强制实施，就像一个俱乐部的规章制度一样。"〔美〕麦特·里德雷著：《美德的起源：人类本能与协作的进化》，刘珩译，中央编译出版社 2004 年版，第 221 页。

② 商会的存在，反映了商人阶层内部的平等性。"凡是有等级组织存在的地方，行会就完全成为多余。"〔德〕马克斯·韦伯著：《经济通史》，姚曾廙译，上海三联书店 2006 年版，第 86 页。

③ 〔英〕梅里曼著：《大陆法系》，顾培东、禄正平译，知识出版社 1984 年版，第 116 页。

④ 〔美〕哈罗德·J.伯尔曼著：《法律与革命》，贺卫方等译，中国大百科全书出版社 1993 年版，第 409 页。

⑤ 同上书，第 406 页。

⑥ "罗马法摆脱了民族的局限，使自身在后世作为超越时间与空间的成文理性出现，并且具备了在另一个世纪控制另一个民族的能力。"〔德〕古斯塔夫·拉德布鲁赫著：《法学导论》，米健等译，中国大百科全书出版社 1997 年版，第 72 页。

⑦ 〔美〕艾伦·沃森著：《民法法系的演变及形成》，李静冰等译，中国政法大学出版社 1992 年版，第 166 页。

行、商业账簿和商业登记等,都是来源于那个时期。① 事实上,调整简单商事交易的法律规则不惟罗马法有之,甚至可以上溯至公元前18世纪的《汉谟拉比法典》。这些零散的、不系统的贸易规则并不能作为部门法商法诞生的标志,因为它们同样对近代商法的形成几无影响。质言之,"尽管商法中的某些制度与商业本身一样古老,可是,西欧的商法只是在中世纪才得到了根本性的发展"②。

第二,商法起源于中世纪已有定论。我国已故著名学者谢怀栻指出:"近代资本主义国家的商法典产生于封建社会末期,是从封建制度之内逐渐形成的,它与原来的民法根本没有关系。"③在国外,伯尔曼认为,"近代商法体系的结构性要素如果不是绝大多数形成于这个时期,那么至少也是很多形成于这个时期。"④马克斯·韦伯指出,近代法上资本主义的一切特有的制度都不是起源于罗马法。"无论出自私人债务或战争贷款的有息债券都起源于中世纪的法律。"⑤不仅现代资本主义法律制度"是由居住在具有自治的法律体系的(中世纪)独立城市中的商人们发展起来的",而且商人们还创设了一个精致并且有序的交易市场,发展了一个自由身份社会。⑥

第三,商法的形成过程反映了商业活动的内在规律。一方面,商法的形成需要一个足以支撑形成相应法律现象的商业环境和商人阶层。⑦ 直到中世纪,商人组建自己行会乃至城邦之后,这个条件才得以形成。另一方面,商业活动的本身特点要求其必然是自治的。商业的复杂性决定了其发展早期主要是靠习惯而不是立法来规范商业活动。立法者无法洞悉商业规则,也无法预测商业发展的方向。当时的主要商业城市的统治当局⑧,虽也尝试通过编纂商业习惯(如1056年的《热那亚习惯》,1161年的比萨的《法律与习惯》和1216年的米兰的《习惯全书》)以促进商法体系的发展⑨,但并没有打算将这些商业习惯编纂为成文法,个

---

① 本部分资料来自于伯尔曼所著《法律与革命》。作者还认为:"无论是可流通信用票据的概念还是做法,对于古罗马法都是未知的,它在8世纪和10世纪之间地中海的穆斯林商人和其他商人中也不是一种发达的概念或做法。它由11世纪晚期和12世纪的西方商人创立,而这当然是对那时出现的发达商品市场的一种反映。"〔美〕哈罗德·J. 伯尔曼著:《法律与革命》,贺卫方等译,中国大百科全书出版社1993年版,第413—414、427页。
② 徐强胜著:《商法导论》,法律出版社2013年版,第30、32页。
③ 谢怀栻著:《外国民商法精要》,法律出版社2002年版,第55页。
④ 〔美〕哈罗德·J. 伯尔曼著:《法律与革命》,贺卫方等译,中国大百科全书出版社1993年版,第430—438页。
⑤ 〔德〕马克斯·韦伯著:《经济通史》,姚曾廙译,上海三联书店2006年版,第214页。
⑥ 〔瑞〕理查德·斯威德伯格著:《马克斯·韦伯与经济社会学思想》,何蓉译,商务印书馆2007年版,第21页;徐金海著:《商法源流论》,中国经济出版社2011年版,第54页。
⑦ 徐强胜著:《商法导论》,法律出版社2013年版,第30、32页。
⑧ 应当指出的是,当时并不是所有的政府当局都敌视商业。一些城邦本身即是由商人建立的。当然,这是商人自身努力的结果。欧洲的政治分裂也提供了这样的条件。
⑨ 〔美〕哈罗德·J. 伯尔曼著:《法律与革命》,贺卫方等译,中国大百科全书出版社1993年版,第432页。

中原因也在于此。商法不能在罗马法中诞生也在于此。可以想象,从 11 世纪到 13 世纪中有热情的罗马法学家有意愿也有能力从罗马法的文献里创立一种商法体系。① 但他们没有这样做,原因是商法只能尊重商业规律,只能从商人的无数实践中提炼规则,而不是相反。否则,将是徒劳的。即使到今天,商业习惯也是商法的重要来源,甚至在某些情况下优先于商法法律规范的适用。可见,大陆法系的商法产生有其历史、社会和理论背景。既与商业不兼容于当时的社会环境和政治制度有关,也与商业活动自身特点有关。后者是商法之所以独立产生的根本原因。

总之,与由学者撰写的带书卷气的罗马法和教会法不同,商法的形成,不是来自国家立法,不是来自学者演绎,而是来自实践。② 商人法产生后几百年间,罗马法已经复兴,国家也插手商事立法。结果是罗马法并未吃掉商法,国家也尊重商法的存在。个中原因更能说明,商法是实践总结而非简单的历史形成。

二、商法发展的高峰

随着近代民族中央集权国家的形成,王权开始争夺商事立法权和商事裁判权。1563 年,法国设立商事法院。1673 年,法国颁布了《陆上商事条例》。③ 这是世界上第一个由国家颁布的商法④,"事实上是一部生效的商法典"⑤。1681 年,法国颁布《海上商事条例》。⑥ 1807 年《法国商法典》和 1897 年《德国商法典》的颁布标志着商法发展达到了高峰。

《法国商法典》将中世纪的商人法发展为商行为法。⑦ 法典是商法国内化的产物。⑧ 受法国大革命的自由、平等思想的感召,《法国商法典》认为,人人皆可为商,法律应当打破当时的商人这一特殊阶层对商业的垄断,一切从事商行为的

---

① 〔美〕哈罗德·J. 伯尔曼著:《法律与革命》,贺卫方等译,中国大百科全书出版社 1993 年版,第 414 页。

② 即便曾经造成一种错觉,"整个商法体系都处在一种演化的过程之中,这一过程表现在数个世纪中不断地把过去展现于未来,表现为一种自主的发展。至少存在着一种错觉,即不仅错误地以为商人制定用来支配其活动的法律体系具有基本的统一性,而且错误地以为连续有几代商人为了这种法律体系的存在和发展进行了持续不断的合作。"〔美〕哈罗德·J. 伯尔曼著:《法律与革命》,贺卫方等译,中国大百科全书出版社 1993 年版,第 433 页。

③ 该条例共计 14 章,包括商人、票据、破产、商事审判的管辖等规定。王保树著:《商法总论》,清华大学出版社 2007 年版,第 83 页。

④ 谢怀栻著:《外国民商法精要》,法律出版社 2002 年版,第 55 页。

⑤ 〔美〕艾伦·沃森著:《民法法系的演变及形成》,李静冰等译,中国政法大学出版社 1992 年版,第 166 页。

⑥ 该条例共计五编,包括海事法院、海员及船员、海上契约、港湾警察、海上渔猎。王保树著:《商法总论》,清华大学出版社 2007 年版,第 83 页。

⑦ 《法国商法典》的实质是特殊的商事契约法。〔法〕克洛德·商波著:《商法》,刘庆余译,商务印书馆 1998 年版,第 11 页。

⑧ 张谷:《商法,这只寄居蟹》,载《清华法治论衡》2005 年第 2 期。

人均应当适用商法的规范。商法典这一做法不仅对促进人人平等有重要的意义,同时也与当时的环境相契合。当时,公司等现代企业并未成为市场上处于主导的主体,法律所面对的仍然是一些经营传统商业的小商人。① 对于这些商人,法律没有特别可以调整之处。商法的民族化的另一个结果是国家兼并了商事审判权,这使得传统商人法彻底没有了存在的必要。②

《德国商法典》重新回归到商人法。《德国商法典》就是规范商人之间商业交易的法。③ 为此,立法者不惜让票据④、证券和保险等人人皆可为的法定商行为游离于商法典之外。德国商人法并不是商人法的全面回归。法典既没有赋予商人对于商业的垄断权,也没有使得商事审判权回归到商人的手中。法典回归商人法的重要原因是当时商业的进一步发展和深化,产生了一批仅负有限责任的商人。有限责任的出现是现代社会史和法律史上的重大事件。它使得商人投资能力和风险隔离能力空前提高,但也给交易相对人和市场带来空前的风险。为了平衡相关方之间的风险,商法通过商人法定原则强加给商人以较大的义务,大大提高了商主体的生存能力,相应地降低了交易对手的交易风险。

《法国商法典》和《德国商法典》在语言、结构、模式等方面大受质疑。⑤ 两部商法典没有经过长期的理论准备,仓促法典化存在问题在所难免。不过,即使经过长期的理论准备,制定一部精良的事无巨细的商法典也不太可能。一是商事规范的易变性,商法典完成之时或许即是其落后之时;二是商法不可能像民法那样有公式化的体系。这并不是说商法缺乏理论深度,而是商法的体系特点是形式分散但具有统一的价值。同时,商法的精深的理论体现于一些具体规则之中。民法与商法的理论并无高下之分。

由于法国、德国两个主要的大陆法系国家选择了法典化作为商法的民族化

---

① 《法国商法典》被批评为革命立法,立法者坚持纯粹的个人主义,关心小商业和手工业,而对促进大工业发展了无兴趣。范健、王建文著:《商法的价值、源流及本体》,中国人民大学出版社 2004 年版,第 37 页。这种指责没有道理。法国的工业革命只到 19 世纪 20 年代才刚刚开始,而此时《法国商法典》已经诞生十几年了。

② 法国至今仍保留商事法院(一审),其法官由商人而不是由职业法官组成。但其他国家就没有这样幸运了。〔法〕伊夫·居荣著:《法国商法》,罗结珍、赵海峰译,法律出版社 2004 年版,第 7 页。

③ 〔德〕C. W. 卡纳里斯著:《德国商法》,杨继译,法律出版社 2006 年版,第 2 页。德国的立法者认为:"一个社会中的不同职业构成了相互独立的身份集团,而每一集团都有其专门的法律。"〔德〕罗伯特·霍恩、海因·科茨、汉斯·G. 莱塞著:《德国民商法导论》,楚建译,中国大百科全书出版社 1996 年版,第 232 页。

④ 德国有单行的《汇票本票法》。《德国商法典》仅有第 363 至 365 条涉及商业有价证券的规定。

⑤ 〔法〕Danis Tallon 著:《民商分立的沿革》,方流芳编译,载《外国民法论文选》(第二辑),中国人民大学法律系民法教研室(校内用书)1985 年版,第 9—10 页。学者对两部法典的评价均不高。《法国商法典》是拿破仑在军火商供货屡屡出现麻烦时一怒之下颁布的,"起草匆忙,杂乱无章,一开始生效就显得过时与不全","缺乏预见性和灵感"。相反,司汤达一直把《法国民法典》视为写作的典范。〔法〕克洛德·商波著:《商法》,刘庆余译,商务印书馆 1998 年版,第 10—11、20 页。

的工具,最终使得民商分立成了大陆法系私法的主流。法典化运动使得《法国商法典》或《德国商法典》在欧洲、拉丁美洲和亚洲被许多国家作为楷模去效仿。《法国商法典》对荷兰、意大利、西班牙、葡萄牙、土耳其、波兰、希腊、罗马尼亚、巴西、智利、阿根廷和埃及等国产生了影响;《德国商法典》对日本、中国、奥地利、瑞典、挪威、丹麦、土耳其(1956年之后)、韩国等国产生了影响。

三、商法典的衰落和商法的新生

商法通过商法典在形式上获得了独立。但商法典的地位日趋尴尬。德国学者论述道:商法典"曾被设计为民法典的一颗卫星,而今天它与它的辅助法律一起更像是一片陨石了。"①《德国商法典》的条文几经修改,目前还有效力的已经所剩无几。《法国商法典》颁布时有648条,继续有效的条款仅有140条,保留1807年行文仅30余条。② 此外,还有一些原属于商法典的内容后来逐步从商法典中独立出来。法国、德国和日本的公司法或全部或部分从商法典独立出来。以德国为例,在当时构成商法的许多内容中,今天被学界视为商法而加以研究的只剩下《德国商法典》第一编和第四编中的部分内容了。③

商法典的窘境源于商法的价值难寻。商法典各个内容的内在联系性远远不如民法。商事规则原本是民法的"弃儿",商法典是对游离于民法之外的"散兵游勇"的收容。将票据、证券、保险、破产等放在一起,使人对这些商行为之间是不是有机联系的整体产生了怀疑。④ 即便长于思考的德国人,也未能于商法典中列明商法区别于民法的原则和标准⑤,而只能将商法规范与商人概念简单联系起来。这显然不是基于某种内在的必然。当然,德国学界仍然在为商法规范寻找着内在的标准。例如,Heck认为商法规范属于大批量从事的法律行为的法律规范。⑥ 这不足以揭示商法真正的价值所在。迟至今日,大陆法学者仍旧在孜孜不倦地寻找商法规范的核心标准。⑦

商法的技术性与多变性也决定了商法典稳定性不够。商法不能像民法一样,可以抽象出有限的统一的原则与原理,以统辖千差万别的商业活动。不能不是做不到,而是商业的性质决定。事实上,就法律与商事关系而言,法律抽象的

---

① 转引自范健、王建文著:《商法的价值、源流及本体》,中国人民大学出版社2004年版,第36页。
② 《法国商法典》,金邦贵译,中国法制出版社2000年版,"译者的话"。
③ 范健:《德国商法的历史命运》,载《南京大学法律评论》2002年秋季号。
④ 李永军:《论商法的传统与理性基础》,载《法制与社会发展》2002年第6期。
⑤ 〔德〕C. W. 卡纳里斯著:《德国商法》,杨继译,法律出版社2006年版,第8页。
⑥ Cappelle/ Canaris, Handelsrecht, 20. Auflage, § 1 Ⅱ.
⑦ 认为各国商法立法技术水平远不及民法典是不公平的。民法典只留给商法难以体系化的技术化规则,统合这些自然有难度。此外,将一些私法中本应当共有的制度规定于民法之中,如人、物和法律行为等制度,商法为避免重复规定,只能略显单薄。

次数越多,纸上法律与商业实践中的法律之间的距离就越远,"在法律适用上就越容易出现偏差。"①如果商法把这些易变的规则统一在一起,基于商业活动的演进性,商法规范极易变动,商法典形成之时,可能也就是过时之时。诚如有学者所言:"将各种法律人为地编纂在一起,是理性的愚昧。"②

商法典衰落了,商事单独立法却日益膨胀起来。③ 以公司法为例,各国公司法不论条文数量还是理论研究,都足以和任何一个部门法匹敌。2005 年,日本立法机构将原来分散在《日本商法典》《有限责任公司法》以及《商法特例法》等诸多法律中的公司法统一为《公司法典》,法典计 8 编 34 章 979 条。④ 2006 年的《英国公司法》共有 47 部分、1300 个条文和 16 个附件。英国商法一直在单行法轨道上蓬勃发展,受世界瞩目。但是,就我国而言,由于欠缺强有力的更上位的部门法作为支撑,公司法等商法的构成部分始终无法得到如同民法等部门法一样的重视。⑤ 这与国外的实践形成鲜明的对比。在意大利,尽管只有一部民法典,但法学院仍然将商法和民法作为两门学科分设。在英国,立法从无商法的概念,但却不妨碍学者对商法进行学术研究,有影响的商法专著也不鲜见。可见,商法和商法学的存在,并不以商法典的存在为基础。我国以立法带动学科研究的现状是极不正常的,这或许是受法治信仰不足的影响。商法基本理论研究不足也是商法不受欢迎的原因。目前,必须重塑商法的价值,加强商法基本理论的研究。唯此,商法才能获得新生,商法的精神才能得以弘扬。

综上所述,商法经历了一个从商人法到商行为法,再到商人法,最后到商人法与商行为法并重的过程。商法最初只适用于商人。16 世纪时,以法国为代表,国家争夺商法的立法主导权,并随着社会全面经济化、商化,商人法演化为商行为法。19 世纪,以德国为代表,随着公司的兴起,强调法律对商人的规范,商法重归对商人的重视。自 20 世纪以来,商法单行法强势崛起,在商人法与商行为法两方面均不断深化和拓展。这是对不断变化升级的商业形势的紧密反映。

---

① 施天涛著:《商法学》(第三版),法律出版社 2006 年版,第 43—44 页。
② 同上书,第 43 页。
③ 法国在商法典之外颁布了大量的单行立法。例如,1917 年《工人参加股份公司法》、1919 年《商业登记法》、1925 年《有限责任公司法》、1930 年《保险契约法》、1935 年《票据统一令及支票统一令》、1936 年《海上物品运送法》、1942 年《证券交易所法》等等,同时对商法典作了相应的修改。德国也颁布了许多商事单行法。例如,1892 年《有限责任法》、1895 年《内河航运法》、1908 年《保险合同法》、1933 年《票据法》、1933 年《支票法》、1966 年《德国股份法》等。
④ 〔日〕前田庸著:《公司法入门》(第 12 版),王作全译,北京大学出版社 2012 年版,译后记。
⑤ 在我国,公司法迄今仍然不是一些法学院的必修课。不受重视还有一个原因,那就是这些法律充斥着公法条文和公权干预的迹象。从观感上看,研究者对这种公私掺杂的法律显然在印象上要打折扣。在法治发达国家,倒没有这种现象。如在英国,商法完全为普通法所吸收。

第二节 国内商法的历史[①]

中国古代没有商法,这并不是说古代中国没有商业。直到1800年,中国始终是世界经济的中心。[②] 但在漫长封建社会,我国民间的商事惯例始终各自为阵,或如"帮会手势、咒符、暗语般低级状态",在彰显规律、体系和规模方面与中世纪的商人法差距明显。究其原因,"中国历史上的商始终未能冲破血缘宗法关系和专制政权统治的束缚,既未有过像罗马政权鞭长莫及之下众多民族之间自由地互通有无和经商牟利的场景,也从没出现过西欧中世纪自治城市那样摆脱了人身依附和封建统治的商人乐园。"[③]

一、近代中国的商法

中国商事立法肇始于1904年1月21日由清朝政府颁布的《钦定大清商律》。[④] 其产生原因是为了收回领事裁判权。自五口通商之后,凡涉外商事纠纷,外国人均以我国没有商法为由而适用外国法。《钦定大清商律》名为商律,实际上仅包括作为商法总则的《商人通例》和《公司律》。其中《商人通例》仅9条。商部奏折说明了其中原因:"编辑商律,门类繁多,实非克期所能告成,而目前要图,莫如筹办各项公司,……此外各门商律,仍由臣等次第拟定,奏明办理。"[⑤]此后,1906年和1908年清政府先后颁布了《破产律》和《银行通行则例》。其中,前者开创了我国商事单行立法的先河。1911年清政府又编定《大清商律草案》共计1008条。但未及实施,清政府即宣告灭亡。值得一提的是,该草案条文主要来源于由民间性质的上海立宪公会发起的商法起草委员会起草的《商法总则》和《公司律草案》。《钦定大清商律》和《大清商律草案》标志着清朝实行的是民商分立的模式。

北京国民政府时期先后制定了《公司条例》(1914年)、《商人通例》(1914年)、《证券交易所法》(1914年)、《物品交易所条例》(1921年)、《海船法案》(1926年)。此外,还编定了《破产法草案》(1915年)的《票据法草案》(1925年)。北京政府还在1922年请修订法律馆法国顾问爱斯加拉起草了《商法法典》,"草案之

[①] 本部分资料主要来源于王志华著:《中国商法百年》,载《比较法研究》2005年第2期。
[②] 〔德〕贡德·弗兰克著:《白银资本:重视经济全球化中的东方》,刘北成译,中央编译出版社2001年版,第168页。
[③] 史际春、姚海放著:《再论商法》,载《首都师范大学学报(社会科学版)》2003年第1期。
[④] 《钦定大清商律》是中国法制史上第一部现代意义上的法典,具有划时代的历史意义。帅天龙:《清末的商事立法》,载徐学鹿主编:《商法研究》(第一辑),人民法院出版社2000年版,第118页。
[⑤] 《大清法规大全》(卷九),考正出版社1874年版,第3021页,转引自王志华著:《中国商法百年》,载《比较法研究》2005年第2期。

条文,不啻将中国旧有之习惯,及各国立法上之经验,合为一物也。"①上述诸法,以《商人通例》最值一提。该法分为商人、商人能力、商业注册、商号、商业账簿、商业使用人及商业学徒、代理商等7章共73条。第1条列举的商业范围包括制造业和加工业在内共17种。有关商人能力则规定,无论男女"凡有独立订结契约负义务之能力者,均得为商人。无能力者则引入代理人制度,从而使商人能力得以扩张。"此规定即便放眼世界,也至为先进。北京政府时期,既没有采民商合一,也没有采民商分立,而是在此之外走了第三条道路,即以《商人通例》统率商事立法。此种模式应当引起我们的高度注意。

南京国民政府将经理人、代办商、交互计算、行纪、仓库、运送营业、承揽运送及隐名合伙均并入民法典债编,其他不能编入的民法典的《公司法》(1929年)、《保险法》(1929年)、《海商法》(1929年)、《交易所法》(1929年)、《银行法》(1931年)、《破产法》(1935年)、《合作社法》(1934年)等单独立法。时谓"民商合一"。关于理由,一是商法乃阶级立法,二是商行为与民事行为不宜区分,三是商法不能总则贯串全体,四是如遇单方商行为则适用不便等。②然该"合一"难称恰当且有些名不符实。第一,《公司法》《保险法》《海商法》《破产法》等未列入民法典,难称真正的民商合一。形成这种局面,实乃心有余而力不足。商事各法修订频繁,如编入民法典,则修订颇为不便,并影响民法典的稳定性。商事诸法篇幅均较大,如若强硬塞入民法典,其注重技术性的特点必然影响民法典体系与价值的统一性。此外,公司、证券、票据、海商、保险在清末或有立法或有草案,因循旧例则可节约成本。第二,当时未能编入民法典债编的商法总则部分内容仍准援用1914年颁布的《商人通例》(1927年8月12日国民政府令),直至1929年《商业登记法》颁行,《商人通例》才完全失效。《商业登记法》实际上起到部分商法总则的作用。例如,其第2条规定:"本法所称商业,谓以营利为目的,以独资或合伙方式经营之事业。"结合第3条"商业及其分支机构,除第四条第一项③规定外,非经主管机关登记,并发给登记证后,不得开业"之规定,此处商业即商人之别称。正如日本学者我妻荣所言:"中国所实现之民商法统一主义,其范围实远不如瑞士债务法之广泛,……已移入民法典中者,仅保险法以外之商行为,及商法总则之一部,其他广大之部分,并未形成合一之法典,仍对民法处于特别法之地位。然则关于编订此项特别法之领域,实际上所收效果,竟与以商法为民法以外

---

① 谢振民著:《中华民国立法史》,张知本校订,中国政法大学出版社2000年版,第815页。
② 《民商法划一提案审查报告书》,转引自胡长清著:《中国民法总论》,中国政法大学出版社1997年版,第27—28页。
③ 《商业登记法》第4条规定:"下列各款小规模商业,得免依本法申请登记:(1)肩挑负贩沿街流动贩卖者。(2)家庭农、林、渔、牧业者。(3)家庭手工业者。(4)合于中央主管机关所定之其他小规模营业标准者。"

之一法典者无异,或且更甚。"①

二、现代中国的商法

1949年,根据中共中央关于废除国民党的六法全书的指示,南京政府所立法律全部废止。尽管20世纪50年代也颁布了诸如《私营企业暂行条例》等商法性质的法律,但这不过是过渡时期的临时立法而已。一俟过渡时期结束,这些法律也便归于无效。

自1978年改革开放之后,我国立即着手商事立法。与当时的有计划的商品经济体制相适应是,起初的商事立法是与经济法立法纠缠在一起的。例如,《中外合资经营企业法》(1979年)、《外资企业法》(1986年)和《中外合作经营企业法》(1988年)等。至于规范内资企业的,除了《全民所有制工业企业法》及其配套法《企业破产法(试行)》之外,则基本采用行政法规的形式规范。之所以如此,明显是为了对外开放的需要。商事真正独立立法始于市场经济确立之后的1992年《海商法》。此后,我国商事立法进入了快车道。《公司法》(1993年)、《保险法》(1995年)、《票据法》(1995年)、《商业银行法》(1995年)、《合伙企业法》(1997年)、《证券法》(1998年)、《个人独资企业法》(1999年)和《合同法》(1999年)等先后制定。我国商法的单行法已经比较齐全。商事立法尽管繁荣,但缺乏统率单行商事立法的基本法。

综观我国近现代商事立法,尽管历经曲折,但最终商事立法走向正规。而推动这一过程的根本动力,乃是商品经济发展的需要。尽管商人作为一个特殊阶级已不存在,但只要有商业的存在,只要有商业活动对效率和安全的追求,那么商法就必须存在。正如王保树教授所言:"商法、商事立法和商事司法的产生与发展,不是人有意为之的结果,而是历史发展的必然产物。在计划经济体制下,没有发达的商事关系,不存在调整商事关系的需求,人有天大的本事,也不可能创制出商法,更不可能有商事法制。相反,在市场经济体制下,已经出现了商事关系的调整需求,如果人们视而不见,甚至藐视实践的需求,不去主动适应它,则会逆历史逻辑而行,导致重大损失发生。"②

第三节 商法的模式

商法作为独立的法域既是基于历史事实,也是基于理性建构。商事立法,有民商合一和民商分立两种模式。无论采哪一种立法模式,商法都是存在的。例

---

① 〔日〕我妻荣著:《中国民法债编总则论》,洪锡恒译,商务印书馆1936年版,序言。
② 王保树著:《商法总论》,清华大学出版社2007年版,第6页。

如,意大利采民商合一的立法例,但意大利在学科设置上分别设民法学和商法学。因此,民商合一或民商分立是很有争议的概念。这里仅以一国有无商法典为标准,有商法典的,为民商分立,没有商法典的,为民商合一。

中世纪盛行教会法和封建法,这些法律对于商业并无规定,而教会和封建贵族们对商业和商事法律并无兴趣。在中世纪末期的意大利地中海沿岸,海上贸易非常发达,商人之间形成了一些商业习惯。为了解决商事纠纷,商人自己组成了行会(基尔特),这些团体适用业已存在的商业习惯。这些商业习惯经过长期适用,形成了最初的商习惯法。这是法制史上最早的商法。近代民法确立之后,民商分立与民商合一在不同历史阶段,各主导当时的时代潮流。

一、民商分立与民法的第一次商化

民商分立主张民商同源但宗旨不同、立法技术不同,商法典与民法典彼此分立。采用此立法体例的主要有法国、德国、日本、西班牙、荷兰(早期)、比利时、韩国等国家。1807 年,法国颁布了《法国商法典》。① 1897 年德国颁布《德国商法典》。② 日本③、韩国④等国也实行民商分立。⑤

近代民法的产生以 1804 年的《法国民法典》为标志。此前,商法已经以习惯法或制定法存在。因此,商法的产生先于民法。⑥ 当时,学者在改造罗马法的基础上全盘接受商法的营业自由、契约自由的价值和主要制度,形成了近代民法。可以说,商法是构成近代民法价值和制度的主要来源。⑦ 例如,近代民法上的善意取得即是来源于商法。⑧ 这个过程可以称为民法的第一次商化。在民法大规模的商化,攻占了商法大部分领地,并率先制定了民法典之后,商法的境地是十

---

① 《法国商法典》分为四卷:一般商事、海商、破产和商事诉讼。法典是由前述两个条例合并再加上其他一些内容编纂而成。
② 目前的《德国商法典》分五编:商人的身份、公司和隐名合伙、商业账簿、商行为和海商。
③ 《日本商法典》分为五编:总则、公司、商行为、票据、海商。现行法典仅有总则、商行为和海商三编。
④ 《韩国商法典》分为五编:总则、商行为、公司、保险、海商。
⑤ 实行民商分立的还有《奥地利商法典》(1938 年)、《利比亚商法典》(1954 年)、《委内瑞拉商法典》(1955 年)、《阿富汗商法典》(1955 年)、《约旦商法》(1966 年)、《哥伦比亚商法典》(1971 年)等。采民商分立立法模式的国家实际上是多数。民商合一未必是世界立法的趋势。
⑥ 谢怀栻先生认为,近代商法产生于近代民法之前,因此说商法是从民法分化出来的观点是不正确的。但谢先生同时认为,民商分立完全是历史的原因而不是理论的原因形成的。参见谢怀栻著:《外国民商法精要》,法律出版社 2002 年版,第 55 页。
⑦ 国外许多学者对此作出了十分积极的评价。卡纳里斯教授指出:"历史地观察,商法是合同自由的积极领路人"([德]C. W. 卡纳里斯著:《德国商法》,杨继译,法律出版社 2006 年版,第 8 页);意大利学者李塞尔(Rieser)曾言:"商法在交易错综的里程上,常作为民法之变导,且为勇敢之开路先锋。亦即成为民法吸收新鲜思想而借以返老还童之源泉"(郑玉波著:《民法总则》,中国政法大学出版社 2003 年版,第 43 页)。
⑧ 郑玉波著:《民法总则》,中国政法大学出版社 2003 年版,第 43 页。

分尴尬的。一方面,民法不能也不愿意全盘接受商法。商法有很多技术性规范,民法的适用对象是所有人,调整的主要领域是生活,商法当时被认为是商人的特权法,由于不可能全盘接受商法,民法鼓吹人人平等,自然不愿意与商法为伍,在将商法的主要制度和价值被拿走之后,对剩余的部分弃之不顾。① 另一方面,商法在价值被民法拿走之后,面临着价值真空,商法找不到自己的存在感,无法体系化,只能勉强依附于民法而存活。

因此,民商分立是一种地位不平等的分立。人们认为,商法典只是对无法为民法所收编的商事规则的汇编。这些规则尽管有一些特殊性,但远远谈不上体系和逻辑。与民法精密的体系相比,商法更是相形见绌,无法与民法争锋。各国总是先制定民法典之后,再制定商法典。私法的领地总是先让民法占领,剩余的才给商法。

二、民商合一和民法的第二次商化

民商合一,主张民商法部分统一,私法只设民法典,不设商法典。采用的国家主要有瑞士、意大利(自1942年起)、土耳其、瑞典、蒙古、荷兰(1992年之后)、匈牙利、南斯拉夫、俄罗斯等。② 我国台湾地区也采"民商合一"的立法例。

最早的民商合一始于瑞士法。1881年,瑞士颁布了《瑞士债务法》。③ 1907年,《瑞士民法典》将《瑞士债务法》列为民法典的第五编。④ 真正实现民商在理论上统一的是1992年《荷兰民法典》。其在债务法和主体法领域均实现了民商合一。民商合一均只是民商法典的合一,几乎所有国家在民法典之外仍需制定商事单行法,可谓名合实分。更重要的,在价值上,民商更难做到真正的合一。民商合一大致可以分为债法合一式和完全合一式。

---

① 艾伦·沃森在谈到《法国商法典》对商法"令人吃惊的疏漏"时认为:"民法典里没有商法的简单原因是商法没有被当成民法来看待。一句话,优士丁尼的《法学阶梯》里没有它,从而法国法理论里也没有它。"〔美〕艾伦·沃森著:《民法法系的演变及形成》,李静冰等译,中国政法大学出版社1992年版,第166页。

② 目前民商分立立法例远远多于民商合一。《各国宪政制度和民商法概览》,上海社会科学院法学所编辑,法律出版社1987年版,转引自任先行、周林彬著:《比较商法导论》,北京大学出版社2000年版,第74—81页。

③ 从学说上看,意大利学者摩坦尼利(Motanelli)于1847年首倡"民商合一",主张商法应一并归入民法典中。

④ 列入时还补充了公司部分。《瑞士债务法》第一、二编是契约总则、各种契约,第三编是公司与合作社,第四编是商事登记、商号与商业账簿,第五编是有价证券。《破产法》则为单行法。谢怀栻先生认为,《瑞士债务法》本来可以称之"商法典",现有名称是为了与宪法规定相一致。谢怀栻著:《外国民商法精要》,法律出版社2002年版,第57、110页。

债法合一是以 1929 年《中华民国民法典》①为代表，民法首先将商事合同纳入其中。这种做法的理由是，随着社会商化的不断深化，很难区分民事合同和商事合同。② 合同法统一之后的确给法律调整和私法主体带来一些方便。但是，合一也不可避免带来一些负面影响：第一，造成了民法与商法价值的损伤。基于统一的需要，民法与商法的价值不得不互相接近，结果造成商法与民法之间价值的模糊，给法律适用也带来了一些影响。第二，这种合一在很大程度上仍然是形式上的合一，有些合同基于商事和民事的原因，仍然会适用不同的规范。双方价值虽然靠近，但很难真正融合。司法实践也反映了这一点。例如在我国，尽管合同法统一了，但商事合同和民事合同却在不同的法庭审理，民事合同主要在民一庭，商事合同在民二庭。法庭的不同，在适用规范和法律价值方面自然也会不同。

完全合一是以《荷兰民法典》为代表，该法典在债法和主体法上实现了合一。但是，合一也带来了一些问题。就主体法而言，首先，《荷兰民法典》在第二编法人编将协会、合作社、相互保险协会、股份公司、有限责任公司和基金会等营利性组织和非营利组织放在一起，会造成一些价值冲突，以及调整上的困难；其次，《公司法》中有许多行为法，将其放在主体法中，有些不伦不类，与该编不是很协调；最后，公司法等商人法因应时势，变动非常快，如果修改极其频繁，会造成整个法典的不稳定。如果不修改，则只能于法典之外另外制定单行法，此种做法将虚置法典。从整体上说，荷兰的这种做法，试图消除民事法律与商事法律的差别。但是，法律要适应形势，如果商事活动与民事活动有差别，那么商事法律和民事法律也要有差别。即使纸面上做到了无差别，也阻挡不了司法通过判例实际改变这些规范。除此之外，《荷兰民法典》还有过于抽象之嫌。③ 过度抽象将使法律与实践脱节。这一点在商业实践中表现得更明显。商业实践是鲜活的，它需要具体化规则去指引，而不是抽象理性去指导。

民商合一时期是民法的第二次商化。第二次商化主要还是制度上的，民法还真正难以消化吸收商法对效率和安全的价值追求。当然，民法也受到了这些价值的影响，但这还不是根本性的，也很难做到根本性的改变。民商分立后，商

---

① 《中华民国民法典》将通常属于商行为的交互计算、行纪、仓库、运送营业及承揽运送、指示证券等，将属于商法总则中的经理和代办，都编入了债法，又另外制定了《公司法》《票据法》《海商法》《保险法》《证券交易法》和《商业登记法》等。范健、王建文著：《商法的价值、源流及本体》，中国人民大学出版社2004年版，第43—44页。法典"形成了一个折中的状况，名为民商法合一但又不是完全合一。"谢怀栻著：《外国民商法精要》，法律出版社2002年版，第57页。

② 存在这样的疑虑：以买卖为例，商事买卖与民事买卖虽有区别但区别很少，把两种买卖分别规定在商法典和民法典中，似乎缺乏必要性，既造成立法资源的浪费，也可能违反"同样情况，同样处理"的法治理念。但商事买卖与民事买卖的区别主要不在于条文而在于理念。

③ 一个体现是《荷兰民法典》设财产总则，以统辖物权和债权，极尽抽象之能事。

法典尽管越修改越衰落,但商法的影响却蒸蒸日上。不但各种商事单行法层出不穷,而且随着市场经济的日益深化,商法对社会影响的深度和广度不但没有缩小,反而有所扩大。所有这些,再度引起民法对商法的觊觎。第二次商化还在持续中。

综上,民商分立与民商合一各自并没有绝对的优势。法国学者丹尼斯·特伦曾说:"人们既不能从私法一元化的理论,也不能从民商分立理论中发现至关重要的原理,各持己见的学者都是适应于本国的体制,忽视了这一体制所存在的缺点。"[1]同时,由于很容易造成误导,或许摒弃民商合一或民商分立而改为"商法典取舍"这种提法更好。

第四节 中国商事立法模式的选择

学界关于中国商法的立法模式有两种观点:第一,民商合一论。又分为两派,一派认为将可以整合的商法规范整合进民法典,其余的商事规范单独立法。这种观点契合当前立法。另一派认为,制定商法通则[2],收集不能单独立法又不能吸收进民法典的商法规范。代表学者为王保树。第二,民商分立论。认为应当制定商法典。代表学者有范健、徐学鹿等。

民商完全合一很难做到。一方面,形式很难完全合一。民法典完全吸纳商法规范,有技术上的困难。一些商法规范可能正在发展之中,纳入法典尚不成熟。民法典吸收商法规范还会造成民法的价值分散。另一方面,精神无法合一,商法重效率和安全,而民法则重自由和伦理,二者很难兼容。民商完全分立也是很难做到。一方面,民法与商法相互交融,商业活动既要由民法调整,也要由商法调整,形式上很难完全独立;另一方面,在精神层面,商法即使做到形式上的完全独立,也无法挣脱民法基本价值和原则的约束。商法仅仅是对一些需要强调效率和安全的商事交易和商人法领域做出特别规定。如前所述,一个商事交易关系,即使在商法调整下,也离不开民法的调整。

鉴于完全的民商合一和完全的民商分立都很难做到,本书认为,中国商法理想的立法模式应当如下:

一、《商法通则》

本书主张制定《商法通则》以统率诸商事单行立法,并载明商法的基本价值和游离于单独商事立法之外的比较稳定的商法规范。内容包括商法的价值与原

---

[1] 《外国民法论文选》(第二辑),中国人民大学法律系民法教研室(校内用书)1985年版,第39页。
[2] 深圳市1999年曾制定《深圳经济特区商事条例》,但于2014年废止。该条例共八章65条,包括总则、商人、商事登记、商人的名称与营业转让、商业账簿、商业雇员、代理商和附则等内容。

则、商人及商行为的定义、商事代理、商业登记、商业名称、商业账簿的一般规定等。在《商法通则》中规定统一适用于所有商事规范的商主体和商行为概念，能够有效解决我国民事立法中的商化过度和商化不足的问题。商化过度的例证：第一，《民法通则》将诉讼时效统一规定为 2 年，只考虑了商业交易的需要。《民法典》虽将诉讼时效延长到 3 年，但仍旧太短。第二，仅考虑了商事买卖的需要，对买受人过于严苛（如检验条款）。商化不足的例证：没有规定商事合同中的缄默视为承诺的规则。① 造成这种情况的原因与我国没有商人和商行为的概念有关。法律找不到区别民事行为与商事行为的法律技术。

《商法通则》在我国并非没有先例，1904 年清政府颁布的《钦定大清商律》第一部分即为《商人通例》，类似于《商法通则》。此后，1914 年，北京国民政府单独颁布了《商人通例》。此外，目前的《法国商法典》和《德国商法典》实际上也更多的是起到通则或总则的作用。两部法典的大部分的内容（《德国民法典》公司和隐名合伙的内容除外，《法国商法典》票据和商事法院的规定除外），均是《商法总则》的规范范围。这种情形也表明了实质意义上的《商法典》不可行。关于《商法通则》，我国也不乏支持者。江平教授认为，依照当初《民法通则》的模式，制定《商法通则》，将有关商事总则的内容加以规定，相比制定一部商法典或者在民法典中规定，更为简便可行，并能突出商法的特点。② 商法的易变性导致未来制定商法典已无太大必要。《商法通则》的规范应当注重稳定性，不宜规定较为精细的易变的商法规范。

二、商事单行立法

商人法方面，应当维持目前的《公司法》《合伙企业法》和《个人独资企业法》等商事单行法。法律对商人的特殊调整并不是要赋予这些商人以特殊利益，而是基于其不同一般自然人的特点即其更容易积聚交易风险而对其加以调整。商事关系并非只有商人参与，非商人也可以参与商事关系，如保险业务中的投保人。③ 商行为法方面，普通商行为法如债法领域统一规定于民法典之中；而特殊商行为法应当制定商事单行法。普通商行为领域（以合同为主），商业自由使得民事和商事关系实现高度融合，二者联系远大于区别，分开调整非常困难，统一规定于民法典比较合适。这样做，一是降低了立法的难度，二是使得法律调整更加周延。特殊商行为领域维持目前的《票据法》《证券法》《保险法》《海商法》和《企业破产法》等单行法。散见于《商业银行法》《民用航空法》等法律中的银行服

---

① 张谷：《中国民法商法化举隅》，载《金融法苑》2005 年第 1 期。
② 江平：《关于制定民法典的几点意见》，载《法律科学》1998 年第 3 期。
③ 投保人可能是商人，也可能是非商人。非商人的投保人，一方面其地位类似于消费者，另一方面其也受到商法诚信规则的约束。

务规定、运输合同规定等也是商特殊行为法。① 特殊商行为迥然不同于普通商行为的特点即特别强调效率和安全,使法律有必要对其特别调整。商法无论对商人还是对商行为的调整,都是基于效率和安全的主旨。在价值和原则的适用上,应当做到既统一又分立:民法的基本原则和价值适用于整个民商事关系,商法的价值和原则优先适用商事关系,包括债法和合同法调整的一些对效率和安全有特殊追求的商事关系。

2017年3月15日,全国人民代表大会表决通过了《民法总则》。《民法总则》含有如下商法因素:第一,法律适用。《民法总则》第11条规定:"其他法律对民事关系有特别规定的,依照其规定。"这里的其他法律包括商法,由此确立了商法规范优先适用的规则。第二,商法主体。《民法总则》第54、56条规定了个体工商户;第三章将法人区分为营利法人和非营利法人,并对营利法人资格取得、组织机构、法定代表人等作了规定;第四章规定了独资企业和合伙企业这两种非法人组织,并明确非法人组织对法人一般规定的参照适用。② 其中,独资企业、合伙企业和法人为商人法上的主体,个体工商户则为商行为法上的主体。第三,商行为。《民法总则》第170条规定:"执行法人或者非法人组织工作任务的人员,就其职权范围内的事项,以法人或者非法人组织的名义实施民事法律行为,对法人或者非法人组织发生效力。法人或者非法人组织对执行其工作任务的人员职权范围的限制,不得对抗善意相对人。"该规定在商法上具有重要意义,可视对经理权和代办权的原则性规定。

《民法总则》的通过并不意味着不需要制定《商法通则》。《民法总则》虽然含有一些商法因素,但总体上仍以反映民法理念为主。这使得《民法总则》没有也不能全面体现商法的价值与理念。甚至既有反映商法因素的规范也存在不少缺陷。例如,不宜简单规定"其他法律对民事关系有特别规定的,依照其规定"。正如前述,商法领域,有商法法律规范的,适用商法法律规范,无商法法律规范的,适用商业习惯。商业习惯包罗万象,很少有适用民法法律规范的时候。再如,商法主体部分对营利法人、独资企业和合伙企业的相关规定非常粗略,相关规范基本无法直接适用。最后,有关"执行法人或者非法人组织工作任务的人员的职权行为"的效力规定,未能区分商主体与民事主体,未能就经理权和代办权作区分规定,不但对民事主体较为严苛,而且也无利于经理人的成长。更重要的是,法

---

① 有学者慨叹:"保险法为商法,为何银行法不为商法?海商法既为商法,航空、铁路等运输法为何不为商法?票据既为商法所调整,信用证为何不为商法?"赵旭东:《商法的困惑与思考》,载《政法论坛》2002年第1期。从整体上说,《商业银行法》和各运输法属于经济法,但在这些法律之中,也不乏属于商特别行为法的规范。

② 《民法总则》第108条规定:"非法人组织除适用本章规定外,参照适用本法第三章第一节的有关规定。""参照适用"表明所谓非法人组织与法人并无实质区别,立法对所谓非法人组织进行规定,反映了立法不欲承认该类主体但又不得不承认该类主体的现实。

律行为部分基本没有反映商法与商业实践的要求。此种局面并不是《民法总则》以及之后通过的《民法典》的过错,而是由于立法技术无法将两种理念有别的法律规范完全融为一体。这反映了有必要在《民法总则》之外单独制定《商法通则》,以单独反映商法的价值与理念。

中国商事立法模式之争并不重要,重要的是:第一,商法价值理念能够得到伸张,即对效率和安全的追求不能忽视;第二,商业活动的一些特殊要求,必须得到满足,统一不能漠视差异;第三,"要追踪新时期的商事活动的变化,使我们的法律不至于与现行的商业条件不相关联,成为一种不合时宜的法律。"①

---

① 叶林、黎建飞主编:《商法学原理与案例教程》,中国人民大学出版社2006年版,第14页。

第三章 商法的性质和界限

第一节 商法的私法性

商品经济孕育了市民社会,而市民社会孕育了私法。商法为私法,此乃当然和必须重申之理。

商法有许多强制性规范,因此,流行的观点认为,商法是私法,但兼具公法的性质。① 公法性反映了公法对经济生活的干预。法国学者丹尼斯·特伦曾说:"国家的干预是通过在商法中楔入公法性规则而得以实现的"②。不过,学者对商法公法化的程度看法不一。一种认识认为,商法公法化的程度已经很深。③ 另一种认识认为,商法增加了公法规范仅使商法在表象上显示出一定的公法特征。④ 公法性是内在性质,公法特征则为外在表象,两者程度不同。⑤ 流行的观点未必就是正确的或合理的观点。商法公法化的论述严重干扰了商法的私法性质,并为公权进入私域提供了借口。⑥ 本节意在澄清流行之谬误,正本清源,以扫除商法健康发展之障碍。

---

① 施天涛著:《商法学》(第四版),法律出版社2010年版,第10页;黄晓林著:《商法总论》,齐鲁书社2004年版,第12页;〔日〕松波仁一郎著:《日本商法论》,秦瑞玠等译,中国政法大学出版社2005年版,第9页。有学者明确把强制性规范与商法公法化相联系:商法在规范形态上"出现了较多的强制性规范,因此,商法被很多学者称为'公法化了的私法'"。赵万一著:《商法基本问题研究》,法律出版社2002年版,第31页。

② 《外国民法论文选》(第二辑),中国人民大学法律系民法教研室(校内用书)1985年版,第2页。"商法的公法化"即是对商法在其传统私法规则体系基础上"楔入"了相当范围的公法性规范的恰当不过的解释。董安生、王文钦、王艳萍编著:《中国商法总论》,吉林人民出版社1994年版,第27页。

③ 例如,有学者认为:"商法在其传统私法体系基础上渗入了相当范围的公法性规范,而使商法具有了公法性特征。"董安生、王文钦、王艳萍编著:《中国商法总论》,吉林人民出版社1994年版,第27页。

④ 李康宁:《论商法部门与商法公法化》,载《天津师范大学学报(社会科学版)》2004年第2期。论者欲言又止反映了论者既想排除商法的公法性但又对商法中大量的强制性条款感到困惑的矛盾性。

⑤ 有学者将商法分为商事公法与商事私法。张国键著:《商事法论》,台湾三民书局1980年版,第20页;〔德〕C.W.卡纳里斯著:《德国商法》,杨继译,法律出版社2006年版,第354页。笔者认为,这种做法没有必要,本节后述。

⑥ 王保树教授认为,商法中存在公法因素,但"将之称为'私法公法化'则在程度上有不适当之处。因为'化'具有'彻头彻尾、彻里彻外'的特点"。王保树著:《商法总论》,清华大学出版社2007年版,第25页。本书认为,若清晰区分商法与商事法律文件,那么商法中的公法因素也不存在。

一、商法私法性的价值

(一) 公法、私法区分的价值

公元前 5 世纪的罗马《十二铜表法》即有公法、私法分离的端倪。该法将行政法规和公共宗教仪式拒之门外。公元 3 世纪,乌尔比安(Ulpianus,约公元 170—228 年)第一次提出公法与私法的划分,法律"有的造福于公共利益,有的则造福于私人,公法见之于宗教事务、宗教机构和国家管理机构之中"。①

公法与私法的区分,是现代法秩序的基础。② 第一,私法为人格发展提供了必要的空间。公法与私法的区分意在界定公权活动的范围,把公权关进公法牢笼,以避免其肆意妄为损害私人权利。私法必须排除公权干扰,否则必然有害自由。第二,由私法赋予的决策自由对私法主体而言往往更为有利。③ 西方社会的进步某种意义上是公法、私法区分的结果。"私法为个人主义成长提供了制度基础,从而塑造了与东方的完全不同的西方社会结构。"④

公法与私法的区分,是政治国家和市民社会的区分的结果。市民社会(civil society)一语的使用肇始于亚里士多德,原指一种"自由和平等的公民在一个合法界定的法律体系之下结成的'城邦'(Polis)"⑤。中世纪时期,市民社会一语系指城市文明共同体及其生活状况。⑥ 黑格尔完整提出了政治国家和市民社会区分的学说。政治国家有政治国家的法律,即公法;市民社会有市民社会的法律,即私法。二者通常互不干预。正如前述,市民社会词源于城堡。城堡是自由的象征。⑦ 城堡对于市民的作用,一为居住,二为防御。市民法也就是私法的作用,一为调整人们的生活,二为防御政治国家的侵犯。"公、私法划分的实质在于它划定了一个政治国家不能插手的市民社会领域,从而为市民社会构筑了一道

---

① 〔意〕彼德罗·彭梵得著:《罗马法教科书》,黄风译,中国政法大学出版社 1996 年版,第 7 页。"这种划分反映着国家与个人对立的认识,体现以法律维护个人空间的用心。""用罗马法的话来说,是'给每个人以稳定和永恒权利的意志'。"龙卫球著:《民法总论》(第二版),法律出版社 2002 年版,第 7、9 页。
② 梁慧星著:《民法总论》(第四版),法律出版社 2011 年版,第 33 页。
③ 〔德〕迪特尔·梅迪库斯:《德国民法总论》,邵建东译,法律出版社 2000 年版,第 14 页。
④ 龙卫球著:《民法总论》(第二版),法律出版社 2002 年版,第 6 页。英美法尽管没有公法和私法的区分,但在实践中实际遵循着这样的结果。例如,英美法有民事诉讼和刑事诉讼之分。
⑤ 何增科:《市民社会概念的历史变迁》,载《中国社会科学》1994 年第 5 期。
⑥ 14 世纪欧洲的市民社会指"业已发达到出现城市的文明政治共同体的生活状况。这些共同体有自己的法典(民法),有一定程度的礼仪和都市特征(野蛮人和前城市文化不属于市民社会)、市民合作及依据民法生活并受调整以及'城市生活'和'商业艺术'的优雅情致。"〔英〕戴维·米勒、韦农·波格丹诺编:《布莱克维尔政治学百科全书》,邓正来译,中国政法大学出版社 1992 年版,第 125—126 页。
⑦ "城市基本上是自由的庇护所,……他可以随便迁出,随意往来,可以自由支配他的财产,如同自由他的人身一样,可以取得、占有、让渡、交换、出卖、馈赠和遗传他的动产和不动产,而不受领主的管制。他的土地可以转让,可以租出手抵押,可以典当,一句话,容易变成现钱,以便促进商业的一切活动。"〔法〕布瓦松纳著:《中世纪欧洲生活和劳动》,潘源来译,商务印书馆 1985 年版,第 202—203 页。

防御外来侵犯的坚固屏障。"①

我国古代诸法合一,并无公法、私法区分传统。改革开放之后,随着私人产权和市场经济制度的确立,公法、私法区分的观念也日益深入人心。但稍显遗憾的是,具体到商法领域,人们尚未意识到公、私法区分的真正价值。

(二)商法私法性的价值

商法定性为私法,可以尽量将公权排除在商事活动之外。一方面,国家应当尽量遵从市场的自发秩序。德国最高法院曾写道:"贸易交往不仅仅对个别消费者,而且对整个民族承担着满足不断变化的生活和经济利益需要的使命,为完满达到这一目的,贸易交往应尽量少受强制性法律规范的制约,而主要按自身的规律和需要发展。"②另一方面,国家应当通过经济法干预市场经济。人类思维具有局限性。公法规范和私法规范相互混合将导致规范的私法性与公法性不易区分,进而导致法律规范在适用上最终偏离其价值。

需要强调的是,除了少数领域(如金融领域)和为维护市场秩序外,公权不应当干预私域,否则,不但会扼杀市场的创造性,而且也会对市场造成不必要的风险。市场由无数种交易组成,每种交易有不同的规则,随着时间的推移也会有变化,公权对此很难适应。公权适用的领域应当越少越好,非此,不能减少公权寻租的机会。我国刚从管制经济体制走出,当前更应当减少干预而不是加强干预。

综上,所谓私法公法化的命题,是不可取的。即使商法有公法化的现实,公权力以各种借口渗入到商法中,商法研究者也应当坚决抵制这种做法,还商法以私法的本来面目。同时,维护商法的私法性还是商法学自身理论建设的需要。第一,可以维护价值的统一性和专一性,只有有稳定的学科价值和目标,学科地位才能得以巩固和发展。第二,保证商法的调整方法是私法性的,一是尽量避免在商法学中引入公权的思想,二是公权进入也要保证是服务性的。当然,商法的私法性并不取决于学者的意志和口号。归根到底,商法的私法性还是要建立在坚实的理论论述上的。

二、商法私法性:以法律规范为中心的论证

商法的性质取决于其法律规范的性质。欲论证商法的私法性,必先论证商法规范的私法性。

---

① 赵万一:《从民法与宪法关系的视角谈我国民法典制订的基本理念和制度架构》,载《中国法学》2006年第1期。

② 〔德〕古斯塔夫·拉德布鲁赫著:《法学导论》,米健等译,中国大百科全书出版社1997年版,第75页。

（一）商法法律规范之构成

各国的商事法律文件中均存在着大量的强制性规范。第一，商人法和商行为法部分。以《德国商法典》为例，其第 15 条商业登记法律效果，第 23 条商号的转让，第 25、27 条商号被使用时的责任，第 29、50 条代理权的范围，第 89b 条代理商补偿请求权事先被取消的无效性，第 126 条无限责任公司经营股东代理权范围，第 400 条行纪人介入的法律后果等规定均为强制性规范。[①] 第二，法律责任部分。我国的商事法律文件基本上都有法律责任部分。例如，《公司法》体现于第 12 章第 198—215 条；《保险法》体现于第 7 章第 158—179 条；《企业破产法》体现于第 11 章第 125—131 条等。这些法律责任主要为行政责任，也有一些民事责任和刑事责任的规定。国外也不乏商事法律文件中规定有行政处罚规范。例如，《日本商法典》第 13 条规定就规定了"公司商号的不正当使用"行政禁止性规范与处罚规范。第三，各商事法律文件还多有监管规范。我国《证券法》《保险法》中存在大量的监管规范。监管规范与法律责任部分的规范均表现为强制性规范。

商事法律文件中的强制性规范比例非常高。强制性规范多含"应当""必须"和"不得"等词语；任意性规范多含"可以"等词语。《公司法》中含有"应当"的词语共计 177 处涉及条款近 90 条，含有"必须"的词语共计 27 处涉及条款有二十余条，含"不得"的词语共计 86 处涉及条款三十余条。相比之下，含有"可以"的词语总计有 86 处。这表明公司法中强制性规范在数量上远远多于任意性规范。如果这些强制性规范均为公法性规范，那么当然可以以上述分析结果认定公司法的性质是公法而不是私法。

的确有学者持这种观点。日本学者松波仁一郎认为，商法并非纯然的私法，诸如商业登记、商业账簿等，为公法规定。[②] 这种将强制性规范视为公法规范的主张本源于罗马法。在罗马法时期，判断法律规范性质的规则被当作格言流传："公法不得被私人简约所变通"（Ius publicum privatorum pactis mutari non potest）、"私人协议不变通公法"（Privatorum convention iuri publico non derogat）。大量调整私人关系的法律规范由此被说成是公法规范。[③] 商法及商事法律文件中遍布强制性规范，而且强制性规范远远多于任意性规范。如果"强制性规范等同公法规范"的主张能够成立，那么商法就不仅仅是公法化或兼具公法性的问题，而是商法就是公法，顶多兼具私法性而已。这种主张显然是持公法化观点的商法学者也无法接受的。

[①] 范健、王建文著：《商法的价值、源流及本体》，中国人民大学出版社 2004 年版，第 134—135 页。
[②] 〔日〕松波仁一郎著：《日本商法论》，秦瑞珍等译，中国政法大学出版社 2005 年版，第 9 页。
[③] 〔意〕彼德罗·彭梵得著：《罗马法教科书》，黄风译，中国政法大学出版社 1996 年版，第 10 页。

不可否认,商法存在着大量的强制性规范,甚至主要由强制性规范构成。①根据本书的界定,商法调整商事关系中强调交易效率和交易安全的一面。欲完成这一任务,商法必须借助大量的强制性规范对意思自治进行限制。但是,这并不代表商事法律文件的强制性规范均为商法规范。商事法律文件主要由商法规范构成但也不排除有一些其他部门法的规范。不可否认,商事法律文件有一些公法规范,如规定法律责任和监管措施的法律规范,但这些法律规范实则是经济法、行政法或刑法规范。例如,《票据法》属于商事法律文件,但该法第102条规定的刑事责任条款是刑法规范。该条有保护私权的作用。与之相似的,民法规定的人身权利和财产权利往往也需要刑法去保护,但并未有人因此主张那些保护民事权利的规范为民法规范,也没有人主张民法刑法化。②

本书认为,商事法律文件中的规定法律责任和监管措施的法律规范并不是商法规范,不能因为这些法律规范规定于商事法律文件中便认为其为商法规范。除了规定法律责任和监管措施的法律规范之外,商事法律文件中的其他强制性规范主要是商法规范,其性质是私法性的。下面将对此进行进一步的分析。

(二) 强制性规范的性质

1. 公法规范与私法规范的区分标准

商法作为私法,首先要解释包含于商法规范中的强制性规范的性质。许多学者之所以将商法中强制性规范视为公法规范,在于忽视了公法规范与私法规范的区分标准。③ 本书认为,公法规范与私法规范的区分有三条标准:第一,私法规范调整私人利益,公法规范调整公共利益。④ 乌尔比安指出:"公法涉及罗

---

① 前面对我国《公司法》法律条文的分析可以印证这一结论。事实上,民法中强制性规范也占据重要地位。民法中的任意性规范主要存在于合同法之中,其他部分则多为强制性规范。当然,即便强制性规范在民法中占据重要地位,也不改变意思自治在民法中的核心地位。个中原因乃是民法中的强制性规范多为裁判性规范,大多并不对民事主体的行为产生直接影响。

② 当然也可以辩解说这些刑法规范并未规定于民事法律文件之中。但是从法律技术上也完全可以将商事法律文件中的公法排除。事实上,将商事法律文件中的法律责任条款专章规定便是一种不错的做法。现在需要更进一步将这些法律责任条款完全排除在商事法律文件之外。

③ 学者历数商法具有公法性的根本理由是商事法律文件中包括大量的公法性规范。赵中孚主编:《商法总论》(第四版),中国人民大学出版社2009年版,第24页。

④ 王轶教授将合同法协调的各种利益区分为四种:一是合同关系当事人之间的利益冲突,即合同关系一方当事人的利益和合同关系对方当事人的利益之间所出现的冲突;二是合同关系当事人的利益与合同关系以外特定第三人利益之间的冲突;三是合同关系当事人的利益与国家利益之间所出现的利益冲突;四是合同关系当事人的利益与社会公共利益之间的冲突。作者认为强制性规范调整的是第三种和第四种利益冲突。转引自张强著:《商法强制性规范研究》,法律出版社2014年版,第86页。本书将前两种利益统称为私人利益,而将后两者统称为公共利益。本书认为,该种观点在合同法上大致成立,但在公司法与票据法等其他商法上,强制性规范更多调整的是私人利益。

马帝国的政体,私法则涉及个人利益。"①这是区分公法规范与私法规范的内在根据。第二,公法规范规范公权运用,私法规范规范私人自治。这个标准与德国目前的通说即"主体说"不谋而合:"如果某个载体正是以公权载体的身份参与法律关系,则存在公法关系。"②第三,调整手段不同。私法规范的调整手段是确认或否认行为的效果;公法规范的调整手段是对行为人施以行政或刑事责任。公法规范,必须是以公法手段即以行政处罚等手段予以调整;私法规范,则是以无效、损害赔偿等手段否定私法主体间的法律行为、侵权行为等效果。③

回到罗马法判断法律条款性质的格言。根据格言判断成为公法规范的,恰恰都"出现在社会利益或一般利益与个人利益重合之时。"④例如,罗马法中妇女不得放弃嫁资的规则。这在罗马法时代或许是可以接受的,但在现代法上可能有些绝对化(该规范是否涉及公共利益值得商榷。目前,各国多没有类似规定)。罗马法时代,社会关系相对简单,法律禁止一些行为往往即是因为公共利益。现代社会关系,特别是商事关系非常复杂,绝大部分并不涉及公共利益。商法中的强制性规范主要是交易的内在规律的反映。当然,或许有人会说,交易也涉及公共利益,那这样的说法可能太泛化了。⑤

2. 商法强制性规范私法性

本书认为,商法中的强制法规范是私法规范而不是公法规范。在展开讨论之前,首先要明确的是,民法关于权利能力、行为能力的规定,关于法律行为要件和效力的规定,关于物权的许多规定,关于侵权的许多规定,都属于强制性规范,但这些强制性规范显然是私法规范。如果民法上的这些强制性规范不是公法规范,那么商法上的强制性规范也应当不是公法规范。根据前述公、私法规范区分标准,进一步的分析如下:

第一,商法强制性规范调整私人利益。私人利益分为双方当事人之间的利益关系和当事人与第三人之间的利益关系。⑥商法强制性规范一部分在于"建

---

① 学说汇纂,1.1,1.2。转引自〔德〕迪特尔·梅迪库斯著:《德国民法总论》,邵建东译,法律出版社2000年版,第11页。
② 〔德〕迪特尔·梅迪库斯著:《德国民法总论》,邵建东译,法律出版社2000年版,第11页。
③ 例如,上述《合伙企业法》第93条明确规定了该法律规范的行为后果即处罚尺度;而《公司法》第32条则规定了其私法效果:"未经登记或者变更登记的,不得对抗第三人。"易言之,未经登记,主体的法律行为可能达不到预期的法律效果。这里只是可能,反映了私法的特征。
④ 〔意〕彼德罗·彭梵得著:《罗马法教科书》,黄风译,中国政法大学出版社1996年版,第10页。
⑤ 强制性规范分为效力规范和取缔规范。"前者着重违反行为之法律行为价值,以否认其法律效力为目的;后者着重违反行为之事实行为价值,以禁止其行为为目的。强行规定,是否为效力规定抑为取缔规定,应探求其目的以定之。"史尚宽著:《民法总论》,中国政法大学出版社2000年版,第330页。
⑥ 张强著:《商法强制性规范研究》,法律出版社2014年版,第90页。

立起私法自治的基本制度框架"[1]，更多的则为促进交易效率和保障交易安全之用，无论哪一种都与公共利益无关。[2] 如证券交易中集中交易规则，本身即证券市场长期的交易习惯形成，反映证券商和证券权利人追求效率和安全的内在需求。立法不过是将长期形成的交易习惯规范化，这种反映交易市场的内在规律的立法与公共利益并没有关系。例如，《公司法》第 32 条规定即属于私法规范。尽管该条"公司应当将股东的姓名或者名称向公司登记机关登记；登记事项发生变更，应当办理变更登记"之规定属于强制性规定，但是该条规定并未涉及公共利益，法律并非要以公权力去干预股权的转让。法律的强行规定，只不过是交易习惯的法定化，之所以选择公司登记机关这个行政机关进行，也不过是认为其登记更加权威，而此登记机关被赋予登记职责，目的也是服务而非干预。应当认为，这样的条款也是为实现个人自治而制定的。相比之下，《合伙企业法》第 93 条则属于公法规范。该条规定了违法提交虚假文件或者采取其他欺骗手段，取得合伙企业登记的行政处罚条款。该规定充分体现国家以公权直接干预合伙登记事务，干预目的在于维护经济秩序。而经济秩序则无疑是一个公共利益。

　　第二，商法强制性规范规范私人自治。[3] 商法中的许多强制性规范是对意思表示内容的替代，以增加交易相对人的预期。增加交易相对人的预期意味着减少交易成本，从而提高交易的效率；同时，由于意思的不确定性的减少，交易安全性也得以加强。规范并不体现国家干预的色彩。即便坚持《德国商法典》中包含大量的公法上的内容的德国学者亦认为，这些"公法性条款"始终处于为私法交往服务的地位。[4] 要注意的是，国家机关参与的并不见得就是公法。即使国家机关参与了，也未必是运用了公权力。例如，国家机关购买办公用品，实际上就是一般民事主体。即使国家机关是在履行职责，似乎是在行使公权力，但如果这种公权力是服务性质的，也不算公法关系。商业登记即是如此。各国商业登记通常是由国家机关进行登记。但这种登记是服务性质的，而且这种登记也完

---

[1] "国家也仅仅在于作为单纯财产权的界定者及市场秩序的维护者（包括对经济活动中产生的争议、做出裁决）而存在，而并不是公共利益的界定者，也不是市场参与者。"曹兴权：《认真对待商法的强制性：多维视角的诠释》，载《甘肃政法学院学报》2004 年第 5 期。

[2] 与"着眼于社会公共利益或国家经济政策目标的实现"的经济法强制性规范相比，商法强制性规范着眼于商事效益与个体商事利益的维护。郑曙光、胡新建著：《现代商法：理论基点与规范体系》，中国人民大学出版社 2013 年版，第 222 页。

[3] 学者董钦认为，商法上的强制性规范，大多数情形下只是从另一个角度去支撑私法自治的游戏规则。"像篮球规则一样，告诉你何时由谁取得发球权，何时必须在边线发球，规则的目的在于让所有球员都能把投、跑、跳、传的体能技巧发挥到极致。"因此，商法上的强制性规范并不与私法自治绝对抵制，他们始终处于为私法制度服务的从属地位，"强制性规范的存在并不能改变商法的私法属性"。董钦：《商法的私法性质与私法公法化》，载北大法律网，http://article.chinalawinfo.com/ArticleHtml/Article_36772.shtml，最后访问日期：2017 年 10 月 13 日。

[4] 〔德〕海曼著：《商法典评纂》（第 1 卷），第 3 页。转引自范健、王建文著：《商法的价值、源流及本体》，中国人民大学出版社 2004 年版，第 135 页。

全可以由市场机构进行。例如，荷兰将地方商会作为保管当地商事注册文件的机构。再如，证券已经成为了财产的主导形式，但证券都是由市场机构登记的。商业登记等需要行政机关的参与，但这无非是看重行政机关的公信力。本书不认同这是公权力的介入，因为他们的工作完全是服务性质的，也完全可以由独立的市场机构去完成。

第三，商法强制性规范的调整手段是确认或否认行为的效果。私法对经济生活的介入则是间接的，即往往"民不告，官不理"，法官不能主动判定一个行为有效还是无效。一个行为无效，如果主体之间一直相安无事，那么私法和司法机关也不会主动去干预。"私法自治的精髓，即在自治，法律的主要功能不是指导或干预人们的生活，而是赋予人民完成的行为某种法的效力，则不论强制规定的性质为何，对违反者最理想的结果，似乎就是否定行为法的效力。"[①]而公法规范则是令行禁止，"违法必究"，不存在所谓的中间地带。违法必究应当只适用于公法。而私法中的违法性只是法律行为、侵权行为中的构成要件之一，其法律效果视其是否符合构成要件而定。[②]

3. 具体规范分析

第一，应当区分处罚条款和引致处罚条款。处罚条款为公法条款并不代表引致处罚条款也是公法条款。例如，《公司法》第 91 条规定："发起人、认股人缴纳股款或者交付抵作股款的出资后，除未按期募足股份、发起人未按期召开创立大会或者创立大会决议不设立公司的情形外，不得抽回其股本。"这是一个私法条款。公司股权投资的永久性是公司的根本特征。然而，这个条款可能引致行政处罚和刑事处罚：《公司法》第 200 条规定了公司的发起人、股东抽逃其出资的行政责任；《刑法》第 159 条规定了虚假出资和抽逃出资的刑事责任。后两条是公法条款。在这里，引致处罚条款和处罚条款的性质完全不同。如果对此还有疑义，我们不妨再做一个类比：没有人会怀疑《民法通则》第 101 条的规定"公民、法人享有名誉权，公民的人格尊严受法律保护，禁止用侮辱、诽谤等方式损害公民、法人的名誉"为私法条款，但是《刑法》有关侮辱罪和诽谤罪的规定，显然又是公法条款。需要强调的是，应当尽量鼓励市场自己监管自己，减少行政处罚；对于不得已必须要制定的公法规范，应当把这些公法规范单独立法，不再把这些规范和商法糅合到一起，以维护商法的纯洁性。

第二，商事法律文件中的一些法律规范具有双重性。例如，《公司法》第 166 条规定了公司的法定公积金，该条是一个强制性条款。如果单独看该条，为私法

[①] 苏永钦著：《走入新世纪的私法自治》，中国政法大学出版社 2002 年版，第 21 页。
[②] "商法中的强制性规范最终要靠私法途径解决，而经济法中的强制性规范则依赖行政法方式来实现。"郑曙光、胡新建著：《现代商法：理论基点与规范体系》，中国人民大学出版社 2013 年版，第 222 页。

条款无疑;不按照该条规定提取并使用公积金,所引致的是私法效果,"股东会、股东大会或者董事会违反前款规定,在公司弥补亏损和提取法定公积金之前向股东分配利润的,股东必须将违反规定分配的利润退还公司"。然而,该条如果结合《公司法》第 203 条的规定,则又完整地组成了一个公法规范:公司不依照第 166 条规定提取法定公积金的,将引致相应行政责任。前者规范的是市场主体的私人利益,而后者则调整的是市场整体的经济秩序。

如果构成商法的强制性规范是私法规范,那么商法自然是私法。补充说明的是,商法之所以是私法,还在于其价值是私法性的。商法的价值是效率和安全。[①] 商法的规范即以效率和安全价值为依归。商法规范起源于中世纪的地中海沿岸的商业习惯。商业贸易需要的是明确的交易规则,其目的在于保证交易的效率和安全。交易者希望国家尽量少而不是多去干预商业。即使后来国家夺取了商事立法权,国家的立法也是固定交易规则,使交易规则更具有权威性和统一性,绝不是为了所谓的公共利益而进行干预。或许有人会说,效率和安全的追求本身即是公益的追求,于是,效率和安全价值恰恰证明了商法的公法性。本书认为,效率和安全主要是具体的效率和安全,是交易双方的效率和安全。这与国家利用公权力维护的公共效率和公共安全不同。例如,国家通过刑法保护商人的私人财产不受侵犯,即是一种公共安全,国家拆除贸易壁垒,也是为了提供公共效率。当然,商法最终也会促进公共效率和公共安全,但这并不是直接的,而是通过制定符合商业规律,反映商人自身意愿的规则,引导人们从事自由的商业活动。千百年前,没有商法的时候,商人依然遵循这样的规则,那个时候,商人管这个叫商业习惯。

三、商法私法性的维护

商法理论和商事法律文件目前受到了公法理论和公法规范的污染。这对于实现商法的价值不无阻碍。为保护商法纯然的私法地位,本书认为在立法和理论应当采取以下措施:

(一)将公法规范逐出商事立法

商事法律文件中的公法性规范和私法性规范要分别规定。其中,最重要的是将法律责任这一部分单独立法。要制定单独的商事处罚法,不但要规定处罚的理由和标准,还要规定行政处罚的程序。如果觉得将商事处罚程序分别规定显得重复,那么就统一规定,然后在单独商事处罚法中明确规定准用条款。例如,可以将《公司法》分解为不含法律责任的《公司法》和《公司违法行为处罚法》。《公司违法行为处罚法》中要规定具体的处罚程序。或为了避免重复,另行制定

---

① 参见第四章第一节相关论述。

《商事处罚程序法》,《公司法》准用《商事处罚程序法》即可。不过本书认为,为了方便适用,还是应当将处罚程序和处罚本身规定在一起。而且,各种商事处罚程序也未必完全一致。例如,对一般公司的处罚程序可能就不同于对上市公司的处罚程序,执行处罚的主体可能也不一样。一个可能是工商行政部门,而另一个则可能是证券监管管理部门。①

(二)将公法理论逐出商法理论

如果不能在立法中完全驱逐公法规范,那么至少要在理论上加以驱逐。要在商事法律文件中完全做到没有任何公法规范可能比较困难。一则,一些法律关系兼具公法性和私法性,那么调整这些关系的法律规范可能就难以区分开来。二则,一些公法规范可能单独规定没有价值,于是商事法律文件只好将其接纳。但是,理论上不能因为这些规范规定于商事法律文件中,就认为其是商法的一部分。判断一个具体的法律规范是不是商法规范的标准不是其表面是否规定于商事法律文件之中,而是其是否反映商法的价值和精神,运用的是商法的调整方法。

从理论上排除商法的公法性,第一,即使商事法律文件中有一些公法规范,也不宜称兼具公法性或表现出公法的特征。许多商法学者尽管坚称商法具有公法性,但事实上,一般也把商法中的法律责任部分排除到商法理论之外。例如,商法学者在编写《公司法》和《破产法》等教材时,通常并不把法律责任单独列出进行论述。第二,要认清商法的价值和调整方式的私法性。商法的本质是交易法,维护的是交易效率和交易安全的价值,这些无疑是私法性的。商法的调整方法也是私法性的。尽管运用了许多强制和外观规则,但这是为了交易效率和交易安全,其最终目的还是提升意思自治的层次,从根本上说,这些方法还是私法性的。第三,把一些具有公法性质的内容排除在商法学的研究范围之外。例如,在商业银行法中,对于商业银行的监管部分,则为公法性质,它主要体现于国家利用公权力对于微观秩序的直接保护。这些是经济法学的研究范围。当然,要从理论上完全排除公法,是非常困难,但不能因为商法中有那么一丁点公法因素,就说商法具有公法性或已经公法化了。例如,公序良俗是民法的一项重要原

---

① 公法与私法都对同一对象进行调整已很普遍。有两种模式:一种是外接模式。民事立法采之。例如,公权对物权领域的干预已成必然。但是,针对物权领域的公法规范并没有直接进入物权法体系之中,而是外接于物权法之外,形成了以物权法为中心的法律群落。如我国的《土地管理法》《城市房地产管理法》即集中规定了大量公权干预规范以及法律责任专章。另一种是混合模式。商事立法采之。如《证券法》即包含许多监管性质的公法规范。公法规范直接植入商事法律文件之中,并以法律责任专章对公法后果作集中规定。张强著:《商法强制性规范研究》,法律出版社2014年版,第127页。这样做并不十分妥当。同样属于私域,应当同等对待。

则,但其反映了法律对私人空间的干预。但基本上没有人说民法具有公法性。①

坚持商法的私法性,其根本目的在于防卫。把商法建成一个私法城堡,时刻防卫公法和公权对商业和商事权利的侵袭。唯有突出其私,才能时刻提醒着,私权不是公权的奴仆,从而减少公权的干涉。须知,经济发展始终依赖于人的自主性和自利性。②

第二节 商法与民法

一、商法与民法的定位

私法并不只有商法。如欲进一步划定商法在私法中的边界,还需要详细讨论商法与民法的关系。③

(一)传统定位:商法为民法的特别法

商法为民法的特别法。一些立法对此明确规定。《西班牙商法典》第2条直接规定:"民法是基本法,商法是特别法,缺乏专门商法规范时适用民法。"④《德国商法典施行法》第2条也明确了商法与民法之间的关系:"在商事案件中,仅于商法未作相反规定时,民法典的规定始可适用。"德国法的这种做法可以上溯到1794年《普鲁士邦法》。该法在其第2部分第8节中便是将整个商法作为一种相对于一般民法的特别法加以规定的。⑤

在德国,诸如此类的论述比比皆是:商法"以民法的存在为前提,本身仅仅规定了一些纯补充性规范"⑥;"《德国民法典》中的许多规定,只有根据《德国民法典》所确立的一般性原则才能理解;而《德国商法典》的作用就是对这些一般性的原则加以变更、补充或排除"⑦;商法的规定大多都可在民法中找到自己的影子,是"民法内容的变异体"⑧。例如,《票据法》对于票据的规定,可以看作是民法上的指示证券和无记名证券的特别规定;《证券法》中有关证券交易的规定也可以

---

① 徐国栋教授认为民法具有公法性,参见彭万林主编:《民法学》(第六版),中国政法大学出版社2007年版,第21页,但其观点不具有代表性。
② 美国在与苏联的经济竞争中的胜利即是自由对强行/计划的胜利。人们常常诟病于人类的自利性,然而,人类的自利性恰恰是一切生物生存及组织的基本规则。
③ 讨论仅限于财产法,不涉及人身法。
④ 董安生、王文钦、王艳萍编著:《中国商法总论》,吉林人民出版社1994年版,第36页。
⑤ 范健:《德国商法的历史命运》,载《南京大学法律评论》2002年秋季号。
⑥ 〔德〕迪特尔·梅迪库斯著:《德国民法总论》,邵建东译,法律出版社2000年版,第17页。例如,《德国商法典》第349—351条为《德国民法典》第771—773条的例外和排除条款。
⑦ 〔德〕罗伯特·霍恩、海因·科茨、汉斯·G.莱塞著:《德国民商法导论》,楚建译,中国大百科全书出版社1996年版,第239页。
⑧ So die plastisehe Formulierung von Capelle/eanaries, handelsreeht. *Ein Studienbueh*, 20. Aufl. 1985, § 1llc, 5. sf.

看作是合同法的特别规定。又如商法上对流质条款的效力承认①,而民法则自罗马法以来始终对于流质条款不予承认。我国学者也多认同这一观点。

本书认可商法为民法的特别法,但同时认为,这一观点并不能完全反映商法与民法的关系。第一,商法中的一些法律规范的确是民法规范的特别法。但是,正如梅迪库斯所言,为什么婚姻法仅仅适用于结过婚的人,却可以规定于民法典,称之为一般法,而仅适用于商人的商法就被称之于特别法了呢?② 类似的情况在民法典有很多。梅氏由此认为商法是民法的特别法或许仅仅基于历史的因素。③ 第二,并不是所有的商法规范都是民法的补充或特别规定。例如,商业账簿制度与所有民法规范几乎都没有什么关系。第三,民事法律文件中的有些规范也会受到商法价值与原则的约束。例如,《民法典》合同编中的多式联运合同和融资租赁合同要受到商法价值和原则的支配。如果未来制定《商法通则》,用具体条款界定了商法价值和原则、商人与商行为的内涵,上述合同规范也应当看作是这些规范的特别条款。

(二)现代定位:商法的特别性与独立性

本书认为,商法与民法的关系可以表述如下:第一,商法为民法的特别法;第二,商法具有独立性。

1. 商法的特别性

商法的特别性体现为三个层次:

第一个层次,商法主要是民法中所规定的人、物和法律行为等一般制度的特别法,而不是整个民法的特别法。商法中许多制度发挥作用要借助于民法权利能力和法律行为等制度。商法的大部分精华被民法蚕食后,商法不能也没有必要重复建立与民法相同的基本制度。首先,交易中商事主体是需要权利能力和行为能力的,而这些是由民法规定的。其次,商事交易要适用法律行为制度。最后,商事权利的保护依然要适用民事权利的保护手段。违约,则需要借助违约责任法;侵权,则要借助侵权责任法;司法救济,则要借助民事诉讼。

第二个层次,民法上的许多价值和原则如自由、诚信等本来就源自于商法,在商事交易中商法自然不能完全挣脱这些价值和原则的影响。例如,意思自治,显然适用于商业活动。没有意思自由的商业活动是难以想象的。同样,民法的公平和诚信原则也适用于商业活动。但上述原则,在商业活动需要强调效率和安全时,会受到一些抑制,只是抑制而不是取消。同时,部分的限制使得另一部分的自由和整体的自由得到更大的提高。

---

① 我国台湾地区"民法物权编施行法"第 14 条。我国台湾地区"民法"承认商事流质条款的效力。
② 〔德〕迪特尔·梅迪库斯著:《德国民法总论》,邵建东译,法律出版社 2000 年版,第 17 页。正因为商人概念的非封闭性,所以特别法并非特权法、等级法。
③ 同上书,第 18 页。

第三个层次，部分商法规范是部分民法规范的特别法。此种商法规范要优先于民法的适用。例如，证券交易应当优先于民法上的买卖合同的规则适用，等等。但是，在我国，所谓商法规范要优先于民法的适用这一理论意义不大。原因是，我国相关单行商事法律文件的体系大多是相对完整的。例如，我国证券法律有关证券交易方面的规定非常详细，这些规定很难在民法上找到对应的具体规定，因而也谈不上所谓的特别法优于一般法适用的问题。

事实上，所谓的商法特别法优于民法一般法主要存在于合同法领域。然而，在我国实现民、商事合同统一立法之后，上述法理也仅具有理论意义了。在一些颁布商法典的立法例则有所不同，商法典明确规定某些条款作为民法典的特别条款。《德国商法典》第四编商行为第一章"一般规定"和《日本商法典》第二编商行为第一章"总则"即存在一些这样的规定。例如，《德国商法典》第347条对此予以明确规定："因在其一方为商行为的行为而对他人负有注意义务的人，应对通常商人之注意负责。《民法典》关于债务人在一定情形只对重大过失负责任或只对其通常在自己事务上应尽之注意负责的规定，不因此而受影响。"再如，《日本商法典》第515条规定："民法第349条之规定，不适用于担保商行为所生债权而设定的质权。"《日本民法典》第349条规定："出质人，不得以设定行为或债务清偿前的合同，使质权人取得作为清偿的质的所有权，或使质权人不按照法律规定的方法处分质物。"①需要强调的是，即便作为特别法，商法"是特殊的，但不是例外或特权的。"②

综上，商法对经济关系的调整要借助于民法上的一些基本制度。因此，即使制定单独的商法典，商法也是民法一般制度的特别法，商法依然不能完全取代民法对经济关系的调整。

2. 商法的独立性

商法具有相对于民法的独立性。"商法原理虽频频渗入民法，然商法本身仍不失其独立性。"③商法的独立或许有历史的因素，但绝不是历史的误会。④ 商法的独立性乃是民法所采取罗马法体系和固守传统的缘故。第一，罗马法法学体系太过精密，注重概念演绎和价值的统一，以至于立法很难将商事法律纳入统一的私法之中。第二，欧陆的法官因职权所在，不能根据商业要求的改变而相应改变法律，而"只能以谦逊的克制去适用传统的法律"，也是商法产生的一个重要原

---

① 王爱群译：《日本商法典》，法律出版社2014年版，第61页。
② 肖金泉主编：《世界法律思想宝库》，中国政法大学出版社1992年版，第527页。
③ 郑玉波著：《民法总则》，中国政法大学出版社2003年版，第43页。施天涛教授则言："民法绝不是凌驾于商法之上的法律，商法也不是民法的附庸，只不过（二者）在法律适用上发生一定牵连性。"施天涛著：《商法学》（第三版），法律出版社2006年版，第47页。
④ 范健、王建文著：《商法的价值、源流及本体》，中国人民大学出版社2004年版，第22页。作者转述观点：商法"既是历史的产物，也多少算得上是一个历史的误会"。

因。也正因如此,欧洲大陆的商人法"保存至我们的时代,它并非只是历史的残余物,而具有其他法律领域难以匹敌的更新能力和应变能力,不断生活反复充实,进而丰富了个整个私法秩序。……商法总在不断扮演一般私法的开拓者和急先锋的角色。"①但是,商法不应因此而沾沾自喜。"民法因'商法化'而丰富,商法因'民法化'而削弱。"②商法必须保持其相对的独立性。

商法相对于民法,既有价值和形式上的相对独立,也有学科上的独立。

(1) 价值独立

商法没有公式化的体系,但并不意味着其没有独立的价值。商法强调效率和安全,民法强调自由和伦理。正如有学者所指出的,商法调整的是"一个追求简便、快捷、顺利、充满信任的能够安全地商事交易"的领域。③商法的价值和原则不仅体现于商事法律文件之中,也体现于民事法律文件之中。由于民法和商法共同调整交易关系,许多民事法律文件中也有不少商法规范,这些商法规范也要受到商法价值和原则的统领。

(2) 形式独立

商法上的许多规范从法技术角度看与民法并不兼容。例如,商法上的商人登记制度、公示制度、破产制度、保险制度,并不能为民法所吸收。商法许多规范更技术、更具有强制性。因而有必要在立法形式上保持相对的独立性。应当在一些反映商法的价值的领域单独立法。④一些交易更需要稳定而又简易的交易制度,这一点民法常常满足不了。这就给了商事立法存在的空间。

当然,我们应当强调商法的价值独立而不是刻意强调形式的独立。如果商法的精神得到伸张,商法规范即使规定于民事法律文件,也可以接受。相反,强行把民法的东西拉入商法,反而不利于商法精神的彰显。民商法应当彼此一体,共同完成对商业活动的规范调整。

(3) 学科独立

尽管不能完全脱离于民法,但商法的价值和一些规范却是无法相容于整个民法体系。这些需要理论上单独予以研究。正因如此,商法学得以独立。

目前,各国商事立法对特别性强调的较多(参见前述),而对独立性则强调的

---

① 〔德〕古斯塔夫·拉德布鲁赫著:《法学导论》,米健等译,中国大百科全书出版社1997年版,第72—73页。
② 〔英〕梅里曼著:《大陆法系》,顾培东、禄正平译,知识出版社1984年版,第105页。
③ 范健:《德国商法的历史命运》,载《南京大学法律评论》2002年秋季号。
④ 德国学者米勒弗赖恩弗尔斯所指出:"在一个国家中,有无必要制定商法这一特别私法,这不仅取决于该国的法律传统和经济发达的状况,还取决于人们是否已经认识到,在经济生活中,就权利交往和稳定性之功利来说,一定的私人权利主体,以及是否一定的法律行为(商行为)相对于一般私法来说在法律技术上更进步和在法律适用上更简易、稳定和安全可靠。"〔德〕米勒弗赖恩弗尔斯:《商法的独立性》,载《恺梅勒纪念文集》。转引自龙卫球著:《民法总论》,中国法制出版社2001年版,第26页。

较少或者根本就没有规定。本书认为，应当在商法总则中加入强调商法独立性的条款。特别要规定商法的价值和原则，要规定这些价值和原则要适用于包括民事法律文件中商法规范在内的所有商法规范。只有如此，才能彰显商法的独立性。商法不唯给自己争取独立性，而且给商事活动争取到了独立性。

二、商法规范与民法规范

（一）特征

商法规范与民法规范存在较大区别，前者多为行为规范，后者多为裁判规范。商法的行为规范属性要求行为人在行为之前多了解商法规范，否则可能陷入不利或违法境地；民法的裁判规范属性使得行为人即使在行为之前并不具体了解民法规范，也一般不会陷入不利或违法境地。这与商法的主动性和民法的被动性是相适应的。[①] 商法规范的行为规范性质与技术性相联系，而民法规范的裁判规范则多与伦理性相联系。

为促进交易效率和交易安全，现代商法越来越强调技术性。商法在商人的设立、变更和消灭，内部治理，资本制度等方面都做了详细的规定。例如，公司法中关于董事等人事选举、公司组织的召集程序等，都体现了技术性；在一些特殊的商行为的方式、规则和具体的环节都做了详尽的规定。对这一点在票据、证券和保险等商事行为法中表现最为特别。票据法中有关出票、背书、承兑、抗辩和追索等行为的规定，证券法中关于证券的集中交易、网上交易等规则，保险法中有关保险金额、保险费用、保险标的以及免责条款、损害赔偿的规定都极具有技术性。商法的技术性使得商法的可操作性很强，更重要的是，减少了谈判成本，规范了行为程序，使得商事活动的效率和安全都大大提高了。

商法的技术性与民法的伦理性形成了鲜明的对比。民法的规范主要是伦理性的，这种规范凭借个人的简单伦理判断[②]即可确定行为的方式和内容，并不需要个人有丰富的法律知识和专业判断能力。民法这样做的原因在于民法的普适性，民法适用于所有人，但并不是所有人都具备丰富的法律知识；民法要满足所

---

① 美国学者伊斯特布鲁克和费希尔在回答"既然公司是一种以合同形式存在的企业，为何还要制定公司法"的一段论述有助于理解商法规范与民法规范的不同："公司法是一套现成的法律条款，它可以节省公司参与者签订合同时所要花费的成本。其中的众多条款，诸如投票规则以及形成法定人数的规定等，是几乎所有人都愿意采用的规则。公司法以及既有司法裁判，可以免费为每一家公司提供这些条款，从而使每个公司都能将精力集中用于公司特定的事项。即使他们一一考虑了他们认为有各种情事，也仍然可能有所遗漏，因为各种复杂的情况会在未来日渐显现。公司法，尤其是由法院实施的信义原则，可以填补法律的这些空白和疏漏；而填补这些空白和疏漏的法律条款，属于如果人们能事先预见这些问题并且可以不费成本地进行交易而达成的条款。在这个意义上，公司法补充了，但从未取代真实的谈判，它只是在出现第三方效应或后续条款的情况下才发挥作用。"〔美〕弗兰克·伊斯特布鲁克、丹尼尔·费希尔著：《公司法的经济结构》（中译本第二版），罗培新、张建伟译，北京大学出版社2014年版，第34页。

② 判断标准为一个社会最基本的伦理道德标准，因而具有常识性。

有人的日常生活需要,这些生活需要千变万化,每个人的想法又各不相同;民法要满足人们发展人格的需要,要给人们的生活以空间和自由。因此,民法不能事前规定哪些可以做,哪些不可以做,而只能在事后像家长一样辨明行为是非,以理服人。① 所以,民法多注重事后裁判,而商法则注重给人以事前指引。商法与民法的对比,还可以表述为,民法多抽象性规范,而商法则多具体性规范。② 这些技术性规范并不能简单地凭伦理道德意识就能判断其行为效果。但是,这既不意味着商法不讲法理,也不意味着商法不讲价值的统一性。商法的规范同样包含深厚的法理和价值。

（二）区分

商法与民法都是由具体的法律规范组成的。因此,区分商法与民法,应当从规范意义上进行区分。区分是为了法律规范的正确适用:商法规范重效率与安全,而民法规范重自由与伦理。由于共同调整商事关系,因此商法规范与民法规范在一些情况下并不容易区分。

大致下列法律规范属于商法规范:第一,限制意思自治以调整商事关系的强制性规范一般属于商法规范。例如,《票据法》第 46 条规定:"保证人必须在汇票或者粘单上记载下列事项:（一）表明"保证"的字样;（二）保证人名称和住所;（三）被保证人的名称;（四）保证日期;（五）保证人签章。"该条将票据保证人记载完全通过强制性条款规定下来,不允许行为人意思自治,是典型的商法规范。第二,虽不限制意思自治,但法律规范内容体现效率与安全的价值的任意性规范,也属于商法规范。例如,《公司法》第 176 条规定:"公司分立前的债务由分立后的公司承担连带责任。但是,公司在分立前与债权人就债务清偿达成的书面协议另有约定的除外。"商法虽以强制性规范居多,但也不乏任意性规范(兼具民法规范性质)。相比纯粹的民法意义上的任意性规范,这些任意性规范在内容上更强调效率和安全。商法上的任意性规范不仅仅是为了裁判,也是给行为人以范导。例如,公司法上的任意性规范,"能在人们交易的讨价还价过程中","提供现成的填补某些空白(或制定后备条款)的向导。"③第三,法律规范的对象为商法上的主体一般为商法规范。例如,《德国商法典》第 362 条第 1 款规定:"由一个商人的营利事业经营产生为他人处理事务,并且处理此种事务的要约由某人到达该商人,而该商人与此人具有交易关系的,该商人有义务不迟延地作出答

---

① "私法自治下,民众法律关系之形成,取决于行为人意志,因此,如果立法者对自治理念有足够的尊重,就不会指望通过法条来改变民众生活,而倾向于将其定位为裁判法。"朱庆育:《法典理性与民法总则——以中国大陆民法典编纂为思考对象》,载《中外法学》2010 年第 4 期。
② 范健主编:《商法》,高等教育出版社 2002 年版,第 17 页。
③ 〔美〕弗兰克·伊斯特布鲁克、丹尼尔·费希尔著:《公司法的经济结构》(中译本第二版),罗培新、张建伟译,北京大学出版社 2014 年版,第 34 页。

复;其沉默视为对该要约的承诺。处理事务的要约由某人到达一个商人,并且该商人已经向此人请求处理此种事务的,适用相同规定。"第四,一些法律规范具有中性性质,普通人适用之,为民法规范,而商法上的主体适用之,则为商法规范(兼具民法规范性质)。此以我国法律上的买卖合同规范最为典型。由于意思自治仍然存在,并不能否认此类法律规范具有民法规范的属性。这类规范是民法商化的结果。

第三节 商法和经济法

一、经济法的产生与发展

金泽良雄认为,"经济法"产生于第一次世界大战时的德国。在第一次世界大战期间和战后,德国制定了许多战时管制经济和战后经济复兴的法律。1919年发布的《煤炭经济法》,是以经济法命名的最早的法律。① 实际上,近代经济法的历史比德国经济法要早一些,可以上溯到1833年英国制定的《工厂法》以及此后的法国的《全面限价法》,瑞典的《济贫法》等。即便如此,经济法产生的历史也要晚很多。经济法强调国家对经营者的干预,是国家干预经济的产物。早期的经济法主要干预微观层面,对经营中的违法行为进行规制,关注弱者,注重社会福利。经济法一般不关注平等个体之间的交易行为。可见,当商法已经很发达之后,经济法才崭露头角。经济法最初集中关注劳工保护、社会保障、反垄断等领域。

在我国,经济法借改革开放之东风,于20世纪80年代产生。在最强盛时,大有并吞民法之势(那时还很少有人提及商法)。当时,民法的地位岌岌可危。②但到20世纪90年代我国确立了市场经济之后,作为市场经济的原生性的法律商法迅速崛起,"侵占"了经济法大部分的调整范围。如果说民法对经济法,随着《民法通则》的颁布,确立了自己的地位,乃是一种侥幸,那么商法的崛起乃是市场经济体制确立之后的必然结果。经济法的地位从此由显而微。国外也如此,"在商法传统根深蒂固的那些国家里,新的经济法仍然在为自己谋求一席立足之地,一般说来,它仍然难以有足够的力量来充实商法。"③尽管如此,经济法的地位仍然不可动摇。我国是世界上唯一以立法宣言确认经济法是独立法律部门的

---

① 〔日〕金泽良雄著:《经济法学概论》,满达人译,甘肃人民出版社1985年版,第1—2页。
② 在许多学者的回忆文章中都论及了当时民法岌岌可危的情势。周大伟:《谁是佟柔》,载中国法学网,http://www.iolaw.org.cn/showNews.asp?id=15242,最后访问日期:2017年9月24日。苏永钦教授说:"经济法在台湾原是民法的例外,是偏房,在大陆却是正室,民法很长的一段时间连个名分都没有。"苏永钦著:《走入新世纪的私法自治》,中国政法大学出版社2002年版,自序。
③ 〔美〕丹尼斯·特伦:《商法与经济法》,载《法学译丛》1986年第4期。

国家。①

目前,经济法研究者主要从事公司法、证券法、破产法、票据法、保险法等具体学科的研究,但这些学科似乎更应当属于商法的领域。经济法和商法学者对调整范围的争夺不但造成了大量的重复研究,浪费科研资源,而且造成两个部门法之间的不断内耗,导致商法和经济法双双价值迷失,彼此都无法取得完全独立的地位,最终是两败俱伤。本书认为,经济法和商法是从不同视角对市场经济进行调整,彼此都有存在的价值。"经济法的产生,就在于立法者不再满足于从公平调停经济参与人纠纷的角度考虑和处理经济关系,而侧重于从经济的共同利益,经济生产率,即从经济方面的观察角度调整经济关系。"而"商法是基于个人主义的私法本质,为那些精于识别自己的利益并且毫无顾忌地追求自身利益的极端自私和聪明的人而设计的。"②"商法以个别经济主体的利益为基础,调整其间的利益关系;经济法以国民经济利益为基础,着眼于超个别经济主体利益的全体的调整。"③因此,经济法和商法的要务不是相争,而是找到彼此独特的理念和调整手段,确定彼此的调整范围,从而不会叠床架屋而导致浪费研究资源。经济法和商法只有相容相存,才能达到共赢。

二、商法公法化或经济法吸收商法论

既然相互交错,那么为什么不把势同水火的双方合并在一起呢?的确,商法学者和经济法学者都有这样的想法。只不过他们试图把这些领域都划归到自己这一边。

(一)商法公法化

商法学者认为,商事领域大量公权的介入反映了商法公法化(或称商法兼具公法性)。④ 自 20 世纪以来,私法上意思自治和经济政策上的自由放任已构成对经济安全的威胁与残害。于是,多数国家开始在商事领域实行国家干预政策,于是开始向传统商法输入社会法、行政法、刑法等公法规范。⑤ 商法的理念已从

---

① 单飞跃:《中国经济法部门的形成:轨迹、事件与特征》,载《现代法学》2013 年第 4 期。
② 〔德〕古斯塔夫·拉德布鲁赫著:《法学导论》,米健等译,中国大百科全书出版社 1997 年版,第 72、77 页。
③ 张国健著:《商事法论》,台湾三民书局 1980 年版,第 30 页。
④ 施天涛著:《商法学》(第四版),法律出版社 2010 年版,第 10 页;董安生、王文钦、王艳萍编著:《中国商法总论》,吉林人民出版社 1994 年版,第 20 页;黄晓林著:《商法总论》,齐鲁社 2004 年版,第 12 页;赵中孚主编:《商法总论》(第四版),中国人民大学出版社 2009 年版,第 20—21 页;国外也有学者主张商法公法化。〔日〕松波仁一郎著:《日本商法论》,秦瑞玠等译,中国政法大学出版社 2005 年版,第 9 页。
⑤ 李康宁:《论商法部门与商法公法化》,载《天津师范大学学报(社会科学版)》2004 年第 2 期。

传统的意思自治走到现在的"自由放任为主,国家干预为辅"。商法公法化的实质是承认作为私法的商法也可以允许国家干预。

（二）经济法吸收商法论

经济法学者则持不同的看法,他们认为,国家大量干预生活,反映了经济法全部或部分吸收民法或商法。（1）纵横统一论。纵横统一论认为,经济法不仅调整纵向的经济管理关系,还调整横向的经济交易关系,"纵""横"统一于国家意志。① 其意在将所有的经济关系置于经济法的调整之下,大幅压缩民法的调整范围,并取消商法。（2）强制性规范公法说。面对商法强势崛起,原本坚持纵横统一论的经济法学者,不再坚持纵横统一说。但是仍然认为,调整经济的法律中大量的强制性条款是国家干预经济的体现。因此,强制性条款的大量存在已经使得商法一分为二,一部分与民法合而为一;一部分被公法化,而"公法化的商法应当归入经济法"②。

（三）评述

至少在我国,作为经济生活中国家干预和主体自治的必然反映,经济法和商法在可预见的将来都会存在。然而,商法公法化不但不能够吸纳本该属于经济法的地盘,恐怕还将使公法化后商法失去私法的自治属性。公法后的商法所充斥的无所不在的国家干预必然影响商法的私法定性。商法公法化某种意义为经济法作嫁衣裳。经济法吸收商法论与商法公法化没有本质的区别。如果说有区别也只不过是要把商法的调整范围转移给经济法。但经济法似乎也很难全部消化这些领域。它无法解释吸收后的法律规范中为何会存在一些意思自治的条款。同时,干预与自治共存于一部法律之中,必然会产生矛盾。上述理论无论对于经济法还是商法,应当说都是不幸的:它严重损害了彼此的独立地位。二者没有区分经济生活中的公域和私域,不但稀释了商法和经济法彼此的理念,而且由于公、私法理念混合还可能导致法律对经济生活的不当干预。

本书认为,经济法和商法的理念应当泾渭分明,即经济法主干预,而商法主自治。如果强行把所有调整经济活动的法律都纳入经济法或商法,将破坏经济法或商法的整体和谐,也分散了它们彼此的价值。因此,应当尽量将商法中的干预性的公法规范规定于经济法法律之中。公私分明,才能更好调整市场经济。

---

① 史际春、邓峰著:《经济法总论》,法律出版社1998年版,第45页。
② 史际春、陈岳琴:《论商法》,载《中国法学》2001年第4期。

三、经济法的理念与经济学基础

（一）经济法的理念

1. 理念的唯一性：干预

只有先确定统一的调整理念，再根据这个理念划定调整范围，才能保证这一范围内的理念的一致性。因此，确定经济法的调整范围之前，有必要先确定经济法的理念。如前所述，经济法吸收商法论主张经济法的理念是干预与自治并行。有学者对此有形象的比喻："经济法主要靠计划和合同两个功能。如果说合同是匹骏马，计划就是骑手。"①对此，本书并不认同。干预与自治的理论应当分属公法和私法。干预和自治混在一起只会模糊公、私法区分的价值，引起公权对私域的不当干预。公权必须为私域留下空间，这是人格自我发展和经济发展的必要条件。这一结论已在理论上和实践上被无数次证明，此处不须赘述。

2. 干预的目的和边界

不能认为，所有法律或法律中所有的强制性规范都是对经济生活的干预。②经济法中的干预，不是任意干预，它有明确的目的和边界，是指公权基于公共利益用行政处罚等公法责任为手段通过强制性法律规范进行干预。第一，经济法干预经济活动，必须以公共利益为目的。何谓公共利益，本书认为主要包括经济秩序和经济结构。销售缺陷产品、欺诈等商业行为不但侵犯他人权利，而且侵犯经济秩序。经济秩序事关公共利益。第二，经济法在传统商法的领域内或者涉及主体塑造和商事交易的领域内，干预的主要方法是禁止，对于违反者则采取的是行政处罚等公法手段。如上所述，销售缺陷产品、欺诈等也为商法和民法的调整范围。但二者调整的角度是不同的，也可以说调整范围是不同的。例如，金融诈骗，从私法的角度看，是法律行为，但其效果是无效，法律不承认其法律效力，返还财产，并无经济制裁；而经济法和刑法对此则要采取严厉的行政处罚和刑事处罚手段，以维护市场经济秩序。再如，对于抽逃资本的规定，如果该条款不附加行政处罚，那么其将是私法条款；如果附加上行政处罚条款，那么该条款就具有了双重属性，既有公法性，又有私法性。目前经济法律文件通常将法律责任单列一章即体现了这些条款的不同性质，但这还不够。为了避免私域被过分干预，建议将这些处罚条款另行立法。这也有利于这些行政处罚条款根据实际情况适时修订。而《公司法》等商法作为私法则更应当保持相对的稳定性。需要

---

① 周大伟：《谁是佟柔》，载中国法学网，http://www.iolaw.org.cn/showNews.asp?id=15242，最后访问日期：2017年11月12日。

② 经济法律中的强制性条款，并不一定就体现为经济法对经济生活的干预。因为经济法律中的技术性强制条款可能是市场主体的自我限制。典型的有证券交易所的集中交易规则，是商业习惯的规则化。

指出的是,经济法规范和商法规范往往混在一部法律文件之中。但这并不意味着"商法公法化",或"经济法商法化"。他们只不过是为了法律引用方便而放在一起。比较而言,故意伤害,既由民法调整,也由刑法调整,但没有人说"民法刑法化",或者"民法公法化"。

要说明的是,商法上的强制性规范多表现为技术性。这些技术规范背后的理念不是管制,而是对效率和安全的追求。商法价值和规范的形成依赖于自治,这种自治不同民法,民法是一种特别任意的自治,而商法则是一种规则自治。商法中对效率和安全的追求实际上是商主体自治的结果,商法规则也多是商人实践中的习惯法编撰所致。

(二)公权干预的经济学基础

无论经济法存在不存在,国家以公权干预经济的现象都必然是客观存在的。这些干预的理念体现于一些强制性的规范之中。这些强制性的规范则广泛存在于各种涉及市场经济规范的立法之中。

这些干预性条款背后有着深刻的背景。在早期的自由竞争资本主义时期,刚刚取得政权的资产阶级出于对专制的厌恶,加之深受亚当·斯密的"自由放任主义"的影响,他们奉自由、平等为最高原则,在经济活动中实行"私法自治",排斥任何国家公权力干预。但是不久,随着工业的快速发展,诸多民法不能解决的如劳工保护、不正当竞争等问题逐渐显现。为了形势的需要,英国制定了《工厂法》,此开近代国家干预经济生活之先河。随后各国都制定了一些此类法律,如法国的《全面限价法》,瑞典的《济贫法》等。不过此时立法还主要限于保护劳工等弱势群体。

当自由资本主义进入垄断资本主义以后,自由放任的经济理论即通过"看不见的手"("市场之手")调整经济的理论,已经不能用来解决垄断形成以后经济发展中的现实问题了。面对市场失灵,英国经济学家凯恩斯提出用间接干预的方法对经济进行宏观调控的理论。其立法实践主要有:美国在 20 世纪 30 年代颁布了《全国产业复兴法》和《农业调整法》,日本制定了《电力管理法》(1938 年)、《矿业法》(1950 年)等。更早在这之前,美国颁布了《反托拉斯法》。这一时期的经济法由保护弱者到全面介入经济生活,法律更加强调社会本位和社会整体利益。

明确干预的目的和手段,有利于明确经济法存在的价值。第一,经济法的存在,可以将多数直接体现国家干预性的条款收入其中,从而基本排除了商法等私法中的公法性。公法性的排除,有利于明确私域的界限,有利于将公权对私域的干预控制于在一定的范围内,并抵制不当干预。第二,区分私法效果和公法效果,混在一起,不利于弘扬私法或公法的精神。因为人们的认识能力是有限的。如果干预是不可避免的,那么应当尽量排除通过设置效力条款以干预私法行为。

第三,经济法的独立可以加强研究重点经济活动国家干预的必要性和力度,并对法律规范的规范化和集约化,统一干预标准,丰富经济法基础理念都有益处。

四、法律调整经济生活的层次和经济法的调整范围

(一) 法律对市场经济调整的层次

如果将经济法的理念确认为干预,而民法和商法的理念确认为自治,那么便可以给法律调整经济生活清晰的划分层次。当深入探究市场经济内部的法律关系时,可以发现法律对市场经济的调整有以下几层:第一层由民法和商法调整;第二层由经济法和刑法来调整;第三层则由经济法调整。

1. 民商法的调整层次:意思自治所形成的经济关系

民商法是市场经济原生性法律。早期的资本主义奉行自由放任主义原则,主张私法自治,民商法几乎成了唯一调整市场经济的法律。由此可见,市场经济中绝大部分经济关系应该由民商法来调整。民商法对经济关系的调整是通过把经济关系转化为法律关系来完成的。民商事法律关系的形成,实际是民商法使社会关系秩序化的目的的实现过程。[①] 民商事法律关系首先给人们复杂多样的行为提供一个合法而有效率的行为模式;其次,当人们脱离这种模式时(如违约、侵权行为的发生),民商事法律关系起到纠正的作用。这主要通过无效制度、违约责任和侵权责任等否定性条款和补偿性责任来完成,其本身并不具有惩罚性。由民商法调整经济关系的模式以保护个人权利为核心,其价值理念是自治、自由和平等。

如果细分,还可以把民商法所调整的经济关系细分为民法所调整的经济关系和商法所调整的经济关系。民法与商法有一些不同。这些不同主要体现在,民法充分体现意思自治,一切都交由当事人,法律只起到后备条款的作用;而商法则主动参与商事主体意思自治的形成。这些法律则是基于交易效率和交易安全的考虑,而不是直接基于秩序,而且多数是由交易习惯自发形成的。质言之,"商法是将市场经济的基本内容、基本原则和基本运作方式翻译成法律语言而构成的法律规则。"[②]

2. 经济法调整的层次之一:微观经济秩序

当市场经济发展到一定阶段时,会发现民法并不能解决诸如不正当竞争、弱者保护以及环境保护等问题。其原因在于:民商法,特别是民法主张私法自治,不允许公权力向其渗透[③];而上述问题显然需要公权力来干预。这个矛盾其实

---

① 彭万林主编:《民法学》,中国政法大学出版社1994年版,第68页。
② 赵万一著:《商法》,中国人民大学出版社2003年版,第5页。
③ 商法也不应当允许公权力直接渗透。如要渗透,一般应当通过法律行为之违法控制要件。但该违反强制性规定在商法上仅产生无效等私法效果,而公法的处罚效果则归属于经济法、刑法等领域。

正是近代经济法产生的原因:经济法的主要任务是进行微观经济管理,即通过国家公权力给人们在市场经济中的行为张一张网。这张网对合法的行为予以放行,对违法的行为则一网打尽。[①] 但是,应注意到,此时合法与违法的标准由经济法来确定:例如将不依法排污规定为违法等。

微观经济管理模式其主要作用是维护经济秩序、保护弱者和保护生态;其采取的主要手段是直接、适度的干预;其价值理念是实质公平。

3. 经济法调整的层次之二:宏观经济调控

微观经济管理的模式对违法行为一网打尽,但是它对经济关系中合法行为所带来的问题却无可奈何。在市场经济中,人们的法律行为可能是既合法又合乎自己的目的,但不一定就符合社会整体利益。随着社会生产规模的不断扩大,以前保证国民经济平稳协调发展的"市场之手"失灵即"市场失灵"了。由经济法调整的宏观经济调控关系的模式正是为了弥补这种市场自我调节功能不足而产生的。与微观经济管理模式不同,这种模式不是要建立一张网,而是通过利益建立两个点。一个是"趋利"之点,它是充满利益和吸引力的一个点;另一个是"避害"之点,它是充满不利和排斥力的一个点。吸引力和排斥力的源泉是利益。人们可以选择利益也可以选择不要这种利益。市场中的行为复杂多样,但是"利益之点"和"不利益之点"可以通过"吸引力"和"排斥力"使其变得有序而符合社会整体利益。就像大海中的鱼儿,它们自由自在,但是当它们遇到食物时一定会争先恐后去抢夺,遇到天敌则一定会尽快溜之大吉。

经济法的宏观经济调控模式主要作用是利用财政政策、货币政策以及产业政策使社会的总供给和总需求达到平衡;其采取的主要手段是间接、适度的干预;其价值理念是社会本位即社会整体利益。

需要说明的是,本书虽将法律调整经济关系划分为三层,但可能法律只是对一个行为进行调整。一个行为可能涉及不同的社会关系。法律从不同视角对这个行为进行调整。例如,证券发行行为本是私法行为,受到商法的调整,但也可能因为其中存在欺诈而受到民法中的侵权责任法调整;又由于欺诈对经济秩序的破坏性,它还可能受到经济法和刑法的调整。因此,同一行为可为不同的部门法调整。

(二)经济法的调整范围和体系

根据以上论述,大致可以划清经济法的调整范围。经济法的调整范围主要限于经济关系中的纵向经济秩序管理关系和宏观调控关系。与经济法对市场经济调整的模式相适应,现代经济法的体系可以分为两部分:

[①] 这张网的启动模式与商法的无效启动模式不同。商法上的无效之启动,通常需要有一方告诉,自愿的法律行为虽然在实质上无效,但可能并不产生无效效果。

1. 微观经济管理法

微观经济管理法,主要调整微观经济管理过程中发生的经济关系。对于微观经济管理法,根据实践的需要,可以进一步划分为反垄断法、反限制竞争法、反不正当竞争法、广告法、产品质量法(仅包括产品质量管理及处罚领域)、环境保护法自然资源保护法和劳动保护法等。① 上述为传统的经济法调整领域,特别是反垄断法、反限制竞争法和反不正当竞争法是经济法的核心内容。② 在传统商法领域,如公司法、破产法等,应当将其行政处罚部分,独立出来单独立法;也可以制定统一的《商事处罚法》,统一规制商事主体的违法行为。统一规定,有利于集约立法,统一处罚标准,也有利于学术研究。经济法的微观规制的手段主要是强制性规范加行政处罚。易言之,经济法是用行政处罚的手段以维持微观的经济秩序。经济法学应当研究运用这种手段的合理性。

2. 宏观经济调控法

宏观经济调控法,主要调整宏观经济调控过程中发生的经济关系。这些经济关系具有总体性、宏观性的特点,处于决定经济全局之地位。③ 根据实践的需要,宏观经济调控法可以进一步划分为计划法、投资法、产业调节法、金融法、固定资产管理法、价格法等。宏观经济调控法主要采取利率、税收等间接调控方式。

需要说明的是,干预和自治不能并存于经济法或商法之中,但不意味着体现干预的法律规范和体现自治的法律规范不能并存于一部法律文件之中。我国包括《公司法》在内的许多经济法律文件同时并存这两种规范(之所以如此,主要是便于适用)。对此,一些学者主张,对于经济法律文件,如果干预管理的法律规范是主要的,那么该经济法律就是经济法;如果自治规范多些,则该经济法律属于民商法。④ 本书不认同这种观点。正如前述,应当将该法律文件拆分,体现干预的法律规范归属经济法,体现自治的法律规范归属于商法。

经济法没有必要与其他部门法尤其是商法争夺地盘。经济法的体系已经很庞杂,专注于目前领域的研究,一可集中精力,二可集中经济法理念。体系越庞杂,显然价值就会越分散,最终调整目的也就难以达到。同时,这样做还可以保持商法等私法的纯洁性,避免公权力对私域侵蚀。

---

① 杨紫烜主编:《经济法》,北京大学出版社 1999 年版,第 56 页。
② 卡纳里斯将反限制竞争法、反不正当竞争法视为德国经济法的核心内容。〔德〕C. W. 卡纳里斯著:《德国商法》,杨继译,法律出版社 2006 年版,第 6 页。
③ 卢炯星:《论创立和完善我国宏观经济法的法律体系》,载《政法论坛》2001 年第 2 期。
④ 杨紫烜:《关于经济法的若干理论问题》,载《社会科学战线》2012 年第 8 期。

五、小结

经济法一方面干预微观层面,如对经营中的违法行为的规制;另一方面体现了国家的宏观政策。经济法不关注平等个体之间的交易行为。商法主要关注市场主体的人格塑造以及主体间的交易。按照这个标准,商法主要包括公司法、合伙企业法、破产法、证券法、票据法、保险法、海商法、商业银行法(不含监管和法律责任部分)等。这些法律中涉及国家干预特别是行政监管和处罚的部分并不是商法的组成部分。

经济法与商法的区别如下:第一,调整对象上,商法调整的是私人之间的法律关系,而经济法里必然有公权力。值得注意的是,商法上的登记虽也有行政机关的出现,但此时行政机关的主要作用是服务而不是干预,商法上的登记是商事关系而不是经济法律关系;第二,调整方法上,商法不排斥意思自治,即使有强制性规范,也是符合商业规律的;而经济法奉行国家统治原则,不允许有意思自治的出现;第三,从性质上而言,经济法是公法,以社会为本位,着眼于超越市场主体经济利益的整体利益;而商法是私法,是权利本位,追求效率和安全,二者不可同日而语。[①]

经济法与商法彼此纠缠在一起,都对市场经济进行调整,但价值和理念完全不同。商法与经济法只有明确彼此的理念和分工,守住各自的界限,方能避免内耗、和谐相处、共谋发展,共同为市场经济服务。最后,我们有理由相信,经济法的未来是美好的,因为市场经济有其生长的条件和空间。[②] 同样,经过经济法学者不懈地努力,经济法的基础理论也终将建立起来。

第四节 商法与消费者法

《消费者权益保护法》体现了对消费者的特殊保护,保护消费者的意思自治。消费者是特殊的交易相对人,保护消费者的利益也是交易安全的必然要求。消费者是经营者的上帝。一个消费者不满的市场,对于经营者也不利。史上最早的消费者保护也往往源自商人的自律和诚信。因此,消费者保护也符合经营者

[①] 一些观点认为,国家既要对市场经济进行总体管理、监督,还要同时担负组织、协调经济的职能,使商人的个体利益与社会利益协调发展。本书认为这种看法的愿望或许是良好的。但这是计划经济思维的残余,忽视了人类理性的局限性,即使国家也无足够的信息、理性和能力去组织、管理经济生活。还是要相信市场的自发秩序,用利益引导个体经营经济生活。

[②] 在法国,经济法一度欲吞噬商法。不过商法经受住了考验。但是,"经济法并未因此消失,也未寿终正寝。它在盼望着下一次世界危机、战争与匮乏,以图再度辉煌。"〔法〕克洛德·商波著:《商法》,刘庆余译,商务印书馆 1998 年版,第 50 页。评论虽不无嘲讽也有欠公允,但也道出了经济法与国家干预的密切联系。

的利益。与消费者保护类似的还有投资者保护、被保险人的保护等。

《消费者权益保护法》的性质具有综合性,从经营者的一面看它属于商法,而从消费者的一面看则属于民法。从对经营者义务限制来看,它使用了很多商法的方法,如外观主义、表见代理等,它着眼于交易两方的平衡,维护整个交易环境;从对消费者的保护看,它使用很多民法的方法,强调消费者对自愿和公平追求。至于对经营者违法行为的处罚,则属于经济法的内容。

明确《消费者权益保护法》的性质对于司法实践非常重要。本书认为,在对经营者和消费者的双方法律行为裁判时,应当将经营者看作是一个商主体,而把消费者看作是一个民事主体。视经营者为商主体,即意味着法律假定经营者是聪明的能够自我保护的人;反之,消费者则是愚钝而不能自我保护之人。因此,司法中要对经营者施加更高的注意义务。[①]

[①] 《日本消费者合同法》第1条鲜明地体现了对消费者的倾斜保护:"鉴于消费者和经营者之间在所掌握信息的质或量上及谈判能力上的差别,为在经营者的一定行为导致消费者误认或者困惑的场合可以撤销合同要约或承诺的意思表示,并使合同中免除经营者损害赔偿责任的条款及其他不当损害消费者利益的条款全部或一部无效,以维护消费者的利益,促进国民生活稳步提高及国民经济健康发展之目的,制定本法。"高在敏主编:《商法》(第二版),法律出版社2016年版,第88页。

第四章 商法的价值和原则

现有理论既把商法与民法的原则混淆,又把商法的原则与价值混淆。本书认为,商法的价值是效率和安全,而商法的原则则是规范、外观和严格责任原则。其中,规范原则体现了对意思自治原则的限制和超越,外观原则则体现了意思的外观化。

第一节 商法的价值

商法的基本原则,指反映商法价值,对各类商事关系具有普遍指导意义,对于统一的商法规则体系具有统领作用的基本法律准则。[①] 商法原则应当具有普遍性和价值性两个特点。所谓普遍性,即该原则贯穿于全部商法规范始终,是"商法规范的高度抽象和概括";所谓价值性,即反映商法的基本价值。

一、传统学说检讨

商法的原则与民法的原则不同。经过数百年的发展,民法原则在学说和立法上比较明确和统一。一般认为,民法原则有意思自治、诚实信用、公序良俗、公平、过错责任等。其中,意思自治尤其重要,是民法的根本标志。事实上,没有意思自治,也就没有民法。

我国学者对商法原则的论述极不统一。不完全列举如下:促进交易迅捷、强化商事组织、维护交易安全和维护交易公平四原则说[②];促进交易自由、维护交易公平、促进交易效率和确保交易安全四原则说[③];商主体严格法定、公平交易、交易简便迅捷、鼓励交易和交易明确安全五原则说[④];依法自由行使权利、意思自治、诚实信用、尊重公共利益公序良俗、合法、鼓励交易、保障交易便捷和维护交易安全八原则说[⑤];利润最大化、诚实信用、磋商调节、互惠、简便敏捷、安全、经营自主、强化企业组织、社会责任九原则说。[⑥]

[①] 叶林、黎建飞主编:《商法学原理与案例教程》,中国人民大学出版社2006年版,第14页。
[②] 覃有土主编:《商法学》,高等教育出版社2008年版,第32—36页。
[③] 施天涛著:《商法学》(第四版),法律出版社2010年版,第16—27页。
[④] 范健主编:《商法》,高等教育出版社2007年版,第10—13页。
[⑤] 赵中孚主编:《商法总论》(第四版),中国人民大学出版社2009年版,第25页。
[⑥] 任先行、周林彬著:《比较商法导论》,北京大学出版社2000年版,第82—96页。

学者概括这些原则存在的问题有以下几方面：第一，将民法、商法的原则混淆，或者说以民法的原则替代商法的原则。例如，将意思自治或营业自由归为商法的基本原则，而实际上，营业自由的内涵可由意思自治的内涵所涵盖。保障交易公平可以归入民法上的公平原则，尽管商法上的公平取决于具体规则的公平而非具体个案的公平。商法是民法的特别法，民法的意思自治、诚实信用等原则当然也是商法的基本原则。但是，如果商法的原则与民法完全一致，那么商法也就没有存在的必要了。商法之所以能够区别于民法，必然有其不同于民法原则之原则。"商法原则不是民法原则在商法领域的具体体现，而是商事关系客观要求的集中反映，是商法基本精神的科学抽象，商法基本制度和一切规范的共同纲领。"① 第二，一些原则或只是商法一个部分的原则，或没有实际意义。例如，强化商事组织原则和商主体严格法定原则只是商主体法的原则，而不是整个商法的原则；而鼓励交易原则和合法原则内容太空洞，没有实际的价值。② 第三，学者均普遍将保障交易迅捷和维护交易安全视为商法的原则，实际是混淆了商法的价值和原则。保障交易迅捷、维护交易安全应当是商法的价值所在，体现了商业的根本要求。并且效率和安全，应当主要是经济学术语，而明显非法学术语。③

二、商法的价值

价值与原则的关系是本质与形式的关系。④ 商法的基本原则应当以商法的价值为依据。确立商法的基本原则，首先要探讨商法的价值。

（一）商法价值的内涵

商法的价值，指商法所设定的，对商法上的主体具有意义的绝对超越指向。⑤ 商法的价值，必然是商法上的主体所极力追求和珍惜的，并具有指向意义的。"商法价值具有根本性、初始性、理想性，它是商法制定、实施、评价、判断的依据和标准，也是商法运行的起点和归宿。"⑥ 商法的价值是商法得以确立、存续和发展的理论和逻辑基础。

---

① 张秀全：《商法基本原则研究》，载《现代法学》1999年第5期。
② 顾功耘教授指出："研究商法基本原则时，应对以下几个具体问题加以注意：(1) 不要将民法的基本原则当成商法的基本原则重复加以表述；(2) 不要将商法的具体规则或制度拔高为商法的基本原则；(3) 不要机械地理解商法的基本原则贯穿于商法规范的始终。"顾功耘主编：《商法教程》，上海人民出版社2001年版，第20—24页。转引自邹海林、张辉著：《商法基础理论研究的新发展》，中国社会科学出版社2009年版，第52页。
③ 价值超越了法律自身，体现了超越法律的追求。例如，自由亦非法律术语，但不妨碍成为法律的价值。法律的价值是沟通法律与外界的桥梁。
④ 胡鸿高：《商法价值论》，载《复旦学报》2002年第5期。
⑤ "法的价值是指法基于自身的客观实际而对于人所具有的精神意义以及人关于法所设定的绝对超越指向。"卓泽渊著：《法的价值论》，法律出版社2006年版，第49页。
⑥ 于娟：《商法价值指向与经济法价值向度相关度考察》，载《求索》2010年第2期。

商法一直被认为没有独特的价值①,或被认为原本就是没有理论底蕴的技术性法律领域②,或认为商法的一般性规则已为民法吸收。③ 商法的价值和理论的确难寻,但这"并不应成为商法学者对此无所作为的托词或借口"④。商法必然有其独特的价值,否则它肯定已经被民法全部吸收。学者没有找到商法的内在价值,那是学者理性的有限,而不是它并不存在。总之,价值问题是个困难的问题,但它不应当为法律科学所回避。

(二) 商法的价值:效率与安全

商法伴随商品交易的出现而出现。因此,商法的价值也应当从商品交易中去寻找。商品交易的目的是追求财富。更快更多的追求财富需要交易更有效率和更加安全。商法正是应这两个要求而产生的。在中世纪,欧洲的封建法不认可交付行为无因性原则,允许分别偿还连带债务,甚至允许卖主可以低于市价过半为由撤销交易行为。商人于无可容忍之下创建了否认上述封建法的规则,其目的就是要建立"商人所渴望的那种从事有秩序而又经常性的贸易的安全保障的理想"的商法规则。⑤ 德国学者沃尔夫岗·塞勒特认为,商法具有不同于民法的典型特征:"其一,商人精通和熟悉交易业务,因此对商人应提出更高的要求;其二,商事交易在更高的程度上要求灵活性、快速性、简便性和法律稳定性。"⑥ 这些反映了商法"形散而神不散",这个"神"即是交易效率和交易安全。

商法就是追求交易效率和交易安全的法律。易言之,商法的价值是效率和安全。⑦ 按照经济学的观点看,交易可以创造财富。⑧ 交易使得人们的劳动变得有价值,劳动产品在交易中实现了从产品到财富的转变。财富只有当其有用,才能称之为财富。而交易正是使劳动成为财富的工具。交易越便捷,财富也就创造得越快越多,整个社会福利也会随之增加。相反,交易效率低下,往往意味着交易成本高,人们的交易欲望低,从而抑制了交易,也抑制了财富的创造。效率与安全常常是一致的。"任何交易都不过是无数交易者所组成的买卖长链中的

---

① 张谷:《商法,这只寄居蟹》,载《清华法治论衡》2005年第2期。正因为基本价值和一般理论的缺失,长期以来,公司法、票据法、破产法等原本属于商法的内容成为经济法争夺的对象。
② 此为赵教授转述他人的观点。赵旭东:《商法的困惑与思考》,载《政法论坛》2002年第1期。
③ 施天涛著:《商法学》(第三版),法律出版社2006年版,第45页。
④ 赵旭东:《商法的困惑与思考》,载《政法论坛》2002年第1期。
⑤ 李永军:《论商法的传统与理性基础》,载《法制与社会发展》2002年第6期。
⑥ 〔德〕沃尔夫岗·塞勒特:《从德国商法典编纂历史看德国民商法之间的关系》,载范健等主编:《中德法律继受与法典编纂》,法律出版社2000年版,第2页。
⑦ 公平、秩序、自由并非商法的价值。公平是所有法律的价值,不为商法所独有;秩序则主要体现为公法的价值;自由则为意思自治的内容,是私法的根本原则。
⑧ 〔美〕保罗·海恩、彼得·勃特克、大卫·普雷契特科著:《经济学的思维方式》,马昕、陈宇译,世界图书出版公司2008年版,第21页。

一环。无论在哪儿出现一次障碍,整个链条都会发生震荡。"①交易需要的效率是有安全保证的效率。没有安全保证的效率是不可持久的。2008年的美国金融危机充分证明了这一点。安全有了保障,效率才是健康的效率。效率有时与安全是相反的,效率越高,往往风险越大,此时必须管控风险,注重效率与安全的平衡。

效率,指以较少的成本实现更多的盈利。商法中的标的证券化、支付证券化、合同标准化均是效率的体现。安全,指财产权益能够顺利地实现。商法中的安全是动态安全,即交易安全。不同于保护财产所有的静态安全,交易安全指能够通过交易获得财产,能够保障债权和投资实现的安全。广义上的交易安全应当包括股权等各种投资的安全。商法中的登记、簿记即是为保障交易安全。注意区分交易安全与市场安全。交易安全旨在维护私人利益,与公共利益无涉。市场安全旨在维护公共利益,与私人利益有时交叉,有时无涉。②商法中的规则往往既体现效率又体现安全。如商业登记就既有安全的考虑,也有效率的考虑。③

对效率和安全的追求可能会限制自由。自由有时可以促进效率。自由是创造的源泉。阻遏了创造,效率将变得没有意义。然而,过于自由,有时会抑制了效率。效率需要整齐划一。商法可以把自由留给民法,自己则追求效率和安全,从而完成对原始自由的超越,实现了更高层次的自由。或许这就像德国学者德恩所说的那样:"商法是一切法律中最为方式自由的,同时又是最为方式严格的法律。"④商法的效率和安全最终是为了私人财产和权利能够更自由地流动。从这一点上看,商法与自由并不冲突,它是为了实现更高层次的自由。

三、商法基本原则的确定

商法有了独立的价值,自然应当有独立的原则。除了普适性之外,商法原则还应当具备以下标准:第一,与民法的原则相区分,或者是民法原则的反动;第

---

① 〔德〕古斯塔夫·拉德布鲁赫著:《法学导论》,米健等译,中国大百科全书出版社1997年版,第74页。

② 两种安全的区分参见张强著:《商法强制性规范研究》,法律出版社2014年版,第82—85页。作者认为,交易安全意在保护信赖利益,而市场安全意在保护国家利益。"交易安全破坏,信赖利益落空,受损的是作为市场参与者的商主体,而市场安全被破坏,市场失序、动荡甚至崩盘的利益损失,是由国家来买单。""基于交易安全价值的商法强制性规范只能导致私法上的效果,却不应被责以公法责任,而基于市场安全价值的商法强制性规范则只能导致公法上的效果,责以公法责任,而不应当以此判定私法行为无效或者可撤销。"

③ 日本商法充分体现了这一点。《日本商法典》"设置了为确保交易确实、顺畅进行的规定。由登记制度等公示制度或者表见责任来确保交易的安全性。如第510条及第511条中的规定,为使交易顺利进行,相比普通人,商人负有更多的责任和更高的信用度。"〔日〕近藤光男著:《日本商法总则·商行为法》,梁爽译,法律出版社2016年版,第6页。

④ 张国键著:《商事法论》,台湾三民书局1980年版,第24页。

二,反映商法的价值,即效率和安全。以此为标准,我们应当研究商法规范的特点,从中找出一些共通的并与民法相区别的东西。我们发现,商法最多的规范是强制性规范[①],此类规范反映了商法的规范性,即商法对行为主体、行为模式、行为内容、行为效果和责任往往都有规范。这一点与民法显然不相同,典型的民法追求的是自由,不对主体及其行为进行规范。[②] 商法之所以这样做,就是要使杂乱无章的主体及其行为规范化、秩序化。只有如此,才有可能有效率和有安全,有效率才有效益。

除了规范性,我们还会发现,商法对当事人意思的确定遵循外观主义。民法最重要的原则是意思自治,商法作为特别法,也不可能完全违背这一原则,否则,商法无法包括在私法的范围之中。因此,商法不可能按照规范原则对法律关系的所有内容作一致的规定,必然有意思自治适用的地方。但是,有意思自治适用的地方就会有意思上的理解的不一致,这必然会影响交易的效率和安全。为此,商法奉行外观主义,以外观确定当事人的内心意思,这样就大大促进了交易效率保障了交易安全。

商法相对民法,规定有更多的连带责任和无过错责任。此谓严格责任。严格责任也体现了对意思自治的限制。传统民法将自己责任视为基本原则之一。自己责任体现了理性原则。私法上的人一般只对自己决定的行为负责。而连带责任、无过错责任与这一原理是相悖的。商法之所以这样做,在于通过限制自己责任以提高效率和保障安全。责任加重有信用增级的作用。市场经济乃是信用经济,只有信用问题解决了,交易才有可能实现。

因此,商法的基本原则有三个:规范原则、外观原则和严格责任原则。

第二节 规 范 原 则

规范原则,指商法多用强制性规范以实现商人与商行为的规范化。规范原则遍及商法各个角落,商法通过限制意思自治原则的运用,以实现交易主体的法

---

① 商法不乏任意性规范。严格地说,这些任意性规范是兼具民法属性的商法规范。与纯粹的民法意义上的任意性规范不同的是,商法上的任意性规范在内容上更强调效率和安全,说其兼具民法属性,是从规范自身可选择适用而言。商法上的任意性规范不仅仅是为了裁判,也是给行为人以指导。例如,公司法上的任意性规范,"能在人们交易的讨价还价过程中,提供现成的填补某些空白(或制定后备条款)的向导。"〔美〕弗兰克·伊斯特布鲁克、丹尼尔·费希尔著:《公司法的经济结构》(中译本第二版),罗培新、张建伟译,北京大学出版社2014年版,第34页。

② "立法几乎已经自己承认它和人类在发现、发明以及大量积累财富各方面的活动无法并驾齐驱;即使在最不进步的社会中,法律亦逐渐倾向于成为一种仅仅是表层,在它下面,有一种不断在变更着的契约规定的集合,除非为了要强迫遵从少数基本原理或者为了处罚违背信用必须诉求法律外,法律绝少干预这些契约的规定。"〔英〕梅因著:《古代法》,沈景一译,商务印书馆1996年版,第172—173页。立法者认为这样更有效率,但实际上这仅适用于简单商品经济。

定化、交易标的定型化、交易行为趋同化以及交易结果确定化。

一、规范原则的实施工具：强制性规范①

强制性规范是规范原则的实施工具。需要注意的是，格式条款自身并不是规范原则的实施工具。那些介入到格式条款之中的强制性规范才是规范原则的实施工具。

（一）商法强制性规范的体现

私法规范依是否可由私法主体变通适用可区分为强制性规范和任意性规范。强制性规范，指不能以当事人的意思变通适用的规范；任意性规范，指可以以当事人的意思变通适用的规范。② 强制性规范多含"应当""必须"和"不得"等词语；任意性规范多含"可以"或"另有约定的除外"等词语。任意性规范体现了意思自治，主要存在于民法中的法律行为制度特别是合同法制度领域。强制性规范在民法中则主要存在于物权法、亲属法、继承法领域。

强制性规范在商法中非常广泛，遍布于商法总则、商人法和商行为法领域中。说强制性是商法的一个主要特征也不为过。③ 商法总则中的名称、登记、账簿，公司法中关于公司设立条件、章程、公司组织的规定，破产法中关于破产财产及其分配的规定，票据法、证券法、保险法、海商法等多数规定，"大体上都带有强行的性质，当事人均不得任意予以变更"。④ 其中，尤其以公司法和票据法最为典型。

《公司法》含"应当""必须"和"不得"等词语的规范非常广泛，充分反映了公司法对强制性规范的普遍应用。例如，第 6 条规定，设立公司，应当依法向公司登记机关申请设立登记；第 8 条规定，依照本法设立的有限责任公司，必须在公司名称中标明有限责任公司或者有限公司字样；第 80 条规定，股份有限公司采取发起设立方式设立的，注册资本为在公司登记机关登记的全体发起人认购的股本总额。在发起人认购的股份缴足前，不得向他人募集股份。《公司法》还有一些不含上述词句的强制性规范。例如，《公司法》第 103 条规定："股东出席股东大会会议，所持每一股份有一表决权。但是，公司持有的本公司股份没有表决权。"

《票据法》中的强制性规范占了绝大部分。这些强制性规范多属于技术性规

---

① 本节不涉及公法意义上的强制性规范。
② 钟瑞栋著：《民法中的强制性规范》，法律出版社 2009 年版，第 22 页。
③ 曹兴权：《认真对待商法的强制性：多维视角的诠释》，载《甘肃政法学院学报》2004 年第 5 期。
④ 张国键著：《商事法概要》，台湾三民书局 1986 年版，第 8 页。

范。例如《票据法》第 23 条规定:"汇票上未记载付款日期的,为见票即付。汇票上未记载付款地的,付款人的营业场所、住所或者经常居住地为付款地。汇票上未记载出票地的,出票人的营业场所、住所或者经常居住地为出票地。"再如《德国票据法》第 1 条规定:"汇票包括下列内容:(1) 票据文句中应标明汇票的字样,并使用与开立汇票同样的文字;(2) 无条件支付一定金额的规定;(3) 付款人的姓名;(4) 到期日;(5) 付款地;(6) 受款人或其指定人的姓名;(7) 出票日及地点;(8) 出票人签名。"

即使《合同法》中也不乏强制性规范。例如,第 35 条规定:"当事人采用合同书形式订立合同的,双方当事人签字或者盖章的地点为合同成立的地点。"这里合同地点是法律确定的,没有当事人意思自治的空间。再如第 200 条规定:"借款的利息不得预先在本金中扣除。利息预先在本金中扣除的,应当按照实际借款数额返还借款并计算利息。"

强制性规范中还有一种半强制性规范,即当事人有一定的选择权,但该选择权被限制在一定的范围之内。例如,《公司法》第 24 条规定的股东人数:"有限责任公司由五十个以下股东出资设立";《票据法》第 25 条:"付款日期可以按照下列形式之一记载:(一)见票即付;(二)定日付款;(三)出票后定期付款;(四)见票后定期付款。"

(二) 商法强制性规范的功能

商法中的强制性规范具有以下功能:

第一,主体法定化。商人法定,是商人法中的一个重要原则,目的在于限缩商人的种类和促进商人内在的趋同。这样可以减少交易相对人和投资人因为信息不对称所增加的成本;同时强制性规范也减弱了商事主体间的不平等地位,保证交易的公平和安全。主体法定有利于塑造更有效率的商人组织。"有效率的经济组织是经济增长的关键因素;一个有效率的经济组织在发展正是西方兴起的原因所在。"[①]

第二,标的定型化。标的定型化指交易标的定型化,分为标的的证券化和标的的商品化。证券化的交易标的,如提单、流通证券、保单等证券,格式均是统一的,交易人一般不需要就交易标的本身进行协商。不同的交易标的定型化程度不同,如上市公司的股票,其定型化程度是最高的。而保单,投保人仍然可以进行协商。通过证券化,标的转让的程序可以大大得到简化。[②] 上述是证券化标

[①] 〔美〕迪特尔·梅迪库斯著:《德国民法总论》,邵建东译,法律出版社 2000 年版,第 142 页。
[②] 请求权特别是债权的转让需要通知债务人从而使权利转让非常繁琐。权利证券化使得权利附着于证券之上跟随证券的转让而转让。张保红著:《证券权利研究》,武汉大学出版社 2014 年版,第 41—47 页。

的的交易定型化,还有商品化标的的定型化。对于有形的交易客体,"使之商品化而予以划一的规格或特定的标记",以达到同质标的物的批量供应。① 如对各种产品设定同一的标准。

第三,行为趋同化。有些商事交易行为标准化较高,如票据行为的各个环节,均文义化、要式化,违反则不具有法律效力。各国商法中还在交互计算、商业租赁、商业借贷、商业承揽、商事居间等契约内容设有大量的强行性条款,以此促进商事交易行为的标准化。交易行为趋同化包含交易形态定型化,交易形态定型化是行为趋同化的高级状态。② 交易形态定型化指商法强行预先规定精细的交易方式和步骤,不允许交易人变更。如在集中证券交易中,规定了交易的时间、集中竞价的规则、成交规则、过户登记规则等。

第四,结果确定化。交易结果要迅速确定。如短期时效,"各国商法对于商事契约的违约求偿权多适用 2 年以内的短期消灭时效;对于票据请求权多适用 6 个月、4 个月、甚至 60 日的短期消灭时效"③;集中证券交易,一经交易,不得撤销。

(三) 商法强制性规范的规范逻辑

商法强制性规范,意在行为建构。以正面建构为主,以反面建构为辅。正面建构通过命令性规范实行,告知行为主体应当做什么,行为主体基本没有选择的空间。例如,《票据法》第 46 条规定:"保证人必须在汇票或者粘单上记载下列事项:(一) 表明"保证"的字样;(二) 保证人名称和住所;(三) 被保证人的名称;(四) 保证日期;(五) 保证人签章。"反面建构通过禁止性规范实行,告知行为主体不得做什么。例如,《票据法》第 33 条规定:"背书不得附有条件。背书时附有条件的,所附条件不具有汇票上的效力。将汇票金额的一部分转让的背书或者将汇票金额分别转让给二人以上的背书无效。"正面建构的建构意图更为强烈。这是商法强制性规范的重要特征。相应地,民法基本没有对法律行为的正面建构。④

违反建构性规范的行为无效,即使这样做与意思自治理念相悖。上文背书

---

① 施天涛著:《商法学》(第三版),法律出版社 2006 年版,第 28 页。商品化的手段有商标、质量认证标志、原产地标志等,"使交易主体易于识别商品,从而实现交易快捷。"郭晓霞著:《商行为与主体制度研究》,中国人民公安大学出版社 2010 年版,第 39 页。

② 张国键先生认为,交易定型化包括交易形态和交易客体的定型化。张国键著:《商事法论》,台湾三民书局 1980 年版,第 40 页。

③ 董安生、王文钦、王艳萍编著:《中国商法总论》,吉林人民出版社 1994 年版,第 61 页。

④ 学者对法律行为生效条件的存废有不同意见。境外立法例多从反面规定法律行为的无效、可撤销等条件。这意味着,法律行为一经成立,自然生效,除非触犯法律行为的无效、可撤销等条件。这反应民法的被动性,与商法的主动性完全不同。不过,即使规范有效条件,影响也不大。因为实践证明,该条款基本不具有规范意义。

附条件，或许更符合当事人的真实意思，或许更符合诚实信用、公序良俗原则，但规范本身就是要防止意思自治对行为建构的破坏。否定其行为效果，在于背书附条件会影响票据行为的无因性和独立性，进而使票据制度失去提高支付效率的意义，尽管该行为在建构性规范之外并非无瑕疵可言。① 这反映了商法与民法不同的规范逻辑：商法重效率与安全，而民法重自由与伦理。商法与公法的逻辑也不同。同样规范行为，商法通过效力评价以训导，公法通过强制惩罚以示威慑。②

商法应当始终坚持效率和安全。为此，它可以利用强制性规范参与市场主体意思表示的形成。但这些强制性条款，其本质乃是私法性的。因为这些大量的强制性条款主要来源于交易习惯的法律化，不属于国家干预的范畴。之所以要通过立法确定，是希望诉诸立法的权威性。其目的也是为了促进交易效率和交易安全，而不是为了实现公共利益。商法大量的强制性条款的存在并不能改变商法的性质。

二、规范原则的理论基础

（一）商事关系的私法调整

依本书主张，所有商事关系都由民法和商法共同调整。同样调整商事关系，民法运用任意性规范，以消极和事后介入为主；商法则运用强制性规范，以积极和事前介入为主。民法中的任意性规范多属于解决争议的裁判性规范，并不直接参与到当事人交易之中。易言之，当事人在行为时几乎可以忽视法律的规定。只是在出现争议后，才会想到利用法律来解决争议。商法中的强制性规范则属于行为性规范，它积极介入当事人的商事活动之中，当事人必须事前给予充分的了解。③ 商事关系区分为简单商事关系和复杂的商事关系。④

简单商事关系，参与者追求更多的是自由，法律调整因此以民法为主，以商法为辅。民法从两个方面调整，一是事前调整，通过法律行为制度框架性规定，

---

① "对于违反此类强制性规范的行为主张无效，并不是因为这类行为本身有多大的可责难性，而只是为了维护技术性规范的制度建构意义。"张强著：《商法强制性规范研究》，法律出版社2014年版，第80页。

② 公法的强制性规范也会对私人行为产生影响，但这种影响是间接的，必须通过法律行为的违法阻却要件检视。这起到了一层过滤的作用。

③ 民法中也有强制性规范。《德国民法典》第444条即为强制性规范："以协议排除或者限制买受人的瑕疵权利的，以出卖人恶意不告知瑕疵，或者其已经就物的性能承担担保为限，出卖人不得援用此种协议。"但该规范并不属于商法规范，其目的也并非是解决交易效率和交易安全，而是为了保护处于信息弱势方的买受人的民事权利不受损害。

④ 交易的简单与复杂应依不同情况理解，如股票在交易所进行交易则为复杂的商事交易，而过去发生在交易所外双方所进行的私下的一对一交易则为简单的商事交易。

在内容和形式上①均给予充分的自由②;二是事后调整,通过任意性规范进行调整。这种任意性规范分为补充性的和解释性的③两种,目的均在事后给不完全法律行为的内容和形式予以事后确定。民法的调整是被动性的,所用的规范也是裁判性的而非行为性的规范。商法则是运用外观原则对简单商事关系进行事后调整。④ 商法中的强制性规范在这里基本没有发挥的空间。

复杂的商事关系,参与者追求的是效率和安全,因此私法调整以商法为主,以民法为辅。商法既有事前调整,也有事后调整。事前通过强制性条款积极主动地介入法律行为内容的形成。事后则是外观原则的运用。由于意思自治的空间极小,民法在复杂的商事关系的适用也极为有限。但不能说它的作用是不重要的。相反,商法往往把最重要的内容留给意思自治。以自动售货机为例,尽管交易习惯将大部分的交易内容都确定了,但还是给买受人保留选择货物品种以及买与不买的自由。

综上可见,至少复杂性的商事关系,强制性规范是需要的。强制性规范,是商法调整商事关系的基本工具之一。

(二) 规范原则的正当性

一般意义上,自主决定是调节经济过程的一种高效手段。⑤ 意思自治的价值在于:一是利于当事人之间形成权利义务的预期,自主决定使得当事人能够预见法律行为的后果,维护交易关系稳定;二是利于相关争议的迅速解决,节约交易成本。⑥ 意思自治还能最大限度地发挥当事人的主动性和创造力。⑦ 但就具体商事领域,一定的强制可以更进一步实现对效率和安全的追求。商事活动具有一些重复性的特点。既然具有重复性,那就有必要通过强制性规范促进交易

---

① 既包括形式自由,也包括内容自由。形式自由正是商法在冲破古代民法形式樊篱过程中形成的,但在民法第一次商化中被民法所吸收。

② 《法国民法典》第 1134 条即是此生动表达:"依法成立的契约,在缔约当事人间有相当于法律的效力。"《合同法》第 8 条规定:"依法成立的合同,对当事人具有法律约束力。"

③ 补充性任意性规范,指"在交易各方当事人未就相关交易事项作出自主决定时,替代当事人自主决定的任意性规范,因而也是当事人得经由特别约定排除其适用的法律规范。"解释性任意性规范,指"目的在于详细说明当事人所期待的和所表示的法律效果,以消除意思表示中不清楚或不精确内容的任意性规范,即明确意思表示内容的任意性规范。"王轶:《民法典的规范类型及其配置关系》,载《清华法学》2014年第 6 期。解释性任意性规范之所以仍为任意性规范,在于其可以为当事人所排除。如果当事人约定明确,它就无适用的余地。

④ 主要是通过"强而智"的人像假定解释法律行为的效力。参见下一节论述。

⑤ 梅迪库斯指出:"自主决定是调节经济过程的一种高效手段。特别是在一种竞争性经济制度中,自主决定能够将劳动和资本配置到能产生最大效益的地方去。其他调节手段,如国家宏观调控措施,往往要复杂得多、缓慢得多、昂贵得多,因此总体上产生的效益也要低得多。"〔德〕道格拉斯·诺思、罗伯特·托马斯著:《西方世界的兴起》,厉以平、蔡磊译,华夏出版社 2009 年版,第 4 页。

⑥ 王丽萍:《对契约自由及其限制的理性思考》,载《山东大学学报》2006 年第 6 期。

⑦ 张强著:《商法强制性规范研究》,法律出版社 2014 年版,第 75 页。

的效率。① 强制性规范直接介入到当事人之间的意思自治之中，使得意思确定化或受限化，增加了交易相对人的预期。增加交易相对人的预期意味着减少交易成本，从而提高交易的效率；同时，由于意思不确定性的减少，交易安全性也得以加强。要强调的是，规范原则并不是对所有意思的限制，而是对能够降低交易效率和削弱交易安全的意思的限制。否则，交易的效率和安全将走向其反面。

符合效率与安全价值仍不足以说明规范原则的正当性。规范原则的正当性在于，它在实现效率和安全价值时并不损害私法主体的其他价值。质言之，规范原则本质上并不损害自由价值。第一，规范原则只是限制了当事人不需要的自由。商法与民法不同。民法面对的是日常生活，其目的在于满足每个人的千变万化的个性需要，民法的理念是法律尽量少介入民事生活，少给民事生活规定条条框框，人们可随着自己的意志而自由的生活，因而要强调意思自治。商法中的人则不同，他们的目的是营利，自由于他们既是财富之源，又是财富之渊。② 只要有利于营利，他们随时可以抛弃那微不足道的自由。第二，规范原则可能在局部限制了交易自由，但从整体上说，规范原则会使交易成本下降，交易更加迅速，交易风险降低，从而实现了更高层次的交易自由。商法只给交易者保留少量谈判内容，或者对交易者交易时未尽事项给予补充规则，或者给交易者提供谈判的范本。争议越少，谈判的内容越少，交易也就越安全。同时，强制性条款有时就像傻瓜相机一样，降低了商事活动的操作难度，使得普通人可以普遍参与，这显然也扩大了交易自由。第三，规范原则虽然反映了商法对商事活动的干预，但从本质上说，它是当事人对自己的意思的自愿受限。的确，"当事人的意思自由只是在国家设定的高低不同的栅栏中流动"，但并不是"国家管制的辅助工具或替代"。③ 这些条款是私法性的条款，可以把它们看作是意思自治本身，因为那些意思本来即是在"无知之幕"④下双方最想达成的意思。更重要的是，商法强制性规范其前身多是交易习惯。这些交易习惯的形成，本身即是众多当事人自由

---

① "利用强制性法律规则或者为公司和债权人之间的讨价还价提供一个强制性的法律框架也许更有效率，即使这样的规则和程序能通过私人订约产生。当立法机关能够提前预测哪个规则或哪种类型的机制在处理机会主义行为的特定形式方面有效，立法机关将它明确规定下来要比每一合同双方不得不朝那个解决办法自己摸索时成本要低。"〔英〕保罗·戴维斯著：《英国公司法精要》，樊云慧译，法律出版社2007年版，第302页。

② 有学者指出："理性的个人追逐自身利益的强大冲动力，既是经济衰退的主要原因，也是经济增长和繁荣的主要源泉。"〔冰岛〕拉恩·埃格特森著：《经济行为与制度》，吴经邦等译，商务印书馆2004年版，序言。

③ 苏永钦著：《走入新世纪的私法自治》，中国政法大学出版社2002年版，第15—16页。

④ 〔美〕罗尔斯著：《正义论》，何怀宏、何包钢、廖申白译，中国社会科学出版社1988年版，第131页。

意志的选择。①

三、规范原则与意思自治的关系

强制性规范,它"并不'管制'人民的私法行为,而毋宁是提供一套自治的游戏规则"。② 传统民法更强调意思自治,而商法则追求建立在效率和安全基础上的意思自治。因此,商法中的规范原则从局部限制了意思自治,但从总体上看,由于交易效率的提高,提高了意思自治适用的广度和深度,从而在整体上却提高了意思自治的水平。规范原则对意思的限制也不意味着商法不追求公正。民法追求的公正,是一种抽象的形式上的公正或结果公正,而商法的公正寓于规则之中,是一种规则的公正,不像民法需要推导以明辨是非。商法详尽的规定使得法官自由心证的空间非常狭小。当然,商法是否能够通过规则实现公正取决于规则本身是否公正。

规范原则,并不意味着商事领域自由的消失。商法仅仅对商人的创制和一些重复性的成型的交易行为规范化。至于商事领域的创新,由民法进行调整;商法本身也注重对一些商事规则创新的汲取,重视习惯的作用。商法的强制性规范,是应当符合商事规律的。

第三节 外观原则

外观原则,指商行为的效果以行为人行为的外观为准来认定。③ 有"外观理论(Rechtsschein theorie)""外观主义""外观法理""表见法理""权利外观责任"等多种称呼。本书称之为外观原则,意在以效率安全价值和法律行为原理为基础重塑相关理论。之所以称外观原则而不称外观规则,是因为外观法理在商法中极为普遍又具有指导意义,非"规则"一语所能概括。外观原则是商法的基石。

---

① 有学者指出:"提高交易效率的技术性商法强制性规范,都不是凭空臆造的,它们是在长期的商事活动和商业交往中,经过商主体无数次的协商、博弈、试错、妥协等一系列实践活动之后,形成的惯常性做法。这种规范看似剥夺了当事人意思自治的空间,但实质上是建立在意思自治理念之上形成的'最优化选择。'"张强著:《商法强制性规范研究》,法律出版社 2014 年版,第 78 页。

② 苏永钦:《私法自治中的国家强制》,载《中外法学》2001 年第 1 期。有学者指出:"在私法的某些领域以统一程序取代个人自治,其重要原因之一是提高交易的效率。面对交易的复杂性和整体性,人们只有在行为程序上协调一致,才能保证较高的交易效率。这时候,整体的自治取代了个人的自由。私法自治的侧重点也应当从个人转向整体。以动议的商行为程序取代商行为模式,正是这种侧重点转移的表现之一。"陈醇著:《商行为程序研究》,中国法制出版社 2006 年版,第 88 页。转引自张强著:《商法强制性规范研究》,法律出版社 2014 年版,第 77 页。

③ 张国键著:《商事法论》,台湾三民书局 1980 年版,第 45 页。

由于应用广泛,有"外观万能"之说。①

一、外观原则的体现

外观原则是解说和制定众多商法具体规则的法理基础。外观原则在商人法和商行为法中均有体现。

第一,商人法中的外观原则体现。商人法中,表见经理、表见代表②、不实登记、字号借用、自称股东等均体现了外观原则。例如,如果当事人所处的法律关系属于商事法律关系,为保障交易安全和促进交易效率,股东资格应当以外观理论确定。③ 公司章程对于法定代表人的限制不能产生对抗第三人的效力。

第二,商行为法中的外观原则体现。商事法律行为,意思表示之解释以外观为基础,法律行为效力多无效力待定、可撤销、可变更。《德国商法典》第362条以外观即缄默确立承诺的法律效果。商行为法中,票据法、证券法和保险法等,外观原则应用更为广泛。保险弃权和禁反言、票据行为的文义主义和表示主义等都体现了外观原则。④

外观理论不仅体现于具体规范,还可以直接作为商事裁判中的裁判准则。"法院可以根据安全和效率的要求,在无具体制度支撑的情况下,直接适用外观理论进行裁判。在日本,即有直接依据外观理论进行裁判的判例。"⑤可见,外观原则已经和商法的价值和精神融合在一起。民法上有外观法理,但为制度例外,仅体现于善意取得、表见代理等少数制度。这些制度大多要么起源于商法,要么在民法商化的过程中为民法所吸收。民法应用外观原则远没有商法广泛。不仅如此,商法中许多体现外观原则的规范在构成要件上也与民法有显著不同。

公示是外观,但并不等于一律具有外观原则的法律效果。公示可以使自己免责,甚至有时这种公示存在瑕疵也在所不问。例如,在法国,有关公司代表人的任命,一经公告之后,无论第三人或者股东,都不得以任何理由否认,以摆脱自己应当承担的义务(1966年《商事公司法》第8条)。⑥ 有些公示仅仅是单纯的公示,并不意味着具有外观原则的法律效果,如证券信息公示。

---

① 〔日〕米谷隆三著:《现代日本法的解释》,钻石出版社1944年版,第41—42页。转引自郭富青:《商法外观主义与商事裁判思维》,载王保树主编:《中国商法年刊》(2013),法律出版社2013年版,第274页。
② 《日本商法典》第262条规定,表见代理(代表)视为有效代理(代表)。
③ 《公司法》第32条;丁巧仁著:《公司法案件判解研究》,人民法院出版社2003年版,第47页。
④ 叶林、石旭雯:《外观主义的商法意义》,载《河南大学学报(社会科学版)》2008年第3期。
⑤ 刘洪华:《论有限责任公司股东资格的认定》,载《暨南学报》2012年第4期。
⑥ 〔法〕伊夫·居荣著:《法国商法》,罗结珍、赵海峰译,法律出版社2004年版,第9页。

二、外观原则的理论基础

(一) 外观原则之发展

外观法理起源很早。英美法很早就出现了"禁反言"(Estoppel)的理论。一般认为,外观理论的奠基者是德国学者莫瑞茨·维斯派彻。1906 年,莫瑞茨·维斯派彻发表《对于民法上外部要件事实的信赖》一书,详细阐述了信赖保护这一私法上的基本法理。应当说,莫瑞茨·维斯派彻对外观原则理论的系统化有奠基性贡献。莫瑞茨·维斯派彻认为"行为人对于成文法规或交易观念上之一定的权利、法律关系、其他法律上视为重要要素之外部要件事实为信赖,以致为法律行为时,如其要件由于其信赖保护不受利益人之协助(zutun)而成立者,其信赖应受法律保护。"[①]

依传统理论,如欲得到信赖与外观法理之保护,需要符合以下要件:第一,外观具有可信赖性;第二,信赖外观无重大过失;第三,信赖者付出了代价;第四,外观可归因于不利者(或因不利者之过错,或为不利者赋予动因,或有保护信赖之特别事由)。[②] 外观可归因于不利者要件也称不利者与因或外观存在可归责性要件。[③] 传统理论中的外观原则根据有二:一是信赖保护,二是自己责任。我信赖之外观的形成可以归因于你,道理上自然应当由你承受不利后果。这种不利后果表现为法律效果正常产生,无论外观与事实是否一致。[④] 信赖与外观法理强调不利者的可归责性,虽有偏离意思自治,但于传统私法也非无理可循:与因原则似与过错归责有所暗合。信赖保护法理十分注重平衡当事双方的利益。信赖保护法理至今仍是民法上善意取得和表见代理(代表)的法理根据。

在商品经济进一步货币化、证券化和电子化之后,人们对交易效率和交易安

---

① 转引自丁南:《论民商法上的外观主义》,载《法商研究》1997 年第 5 期。信赖保护的重要性毋庸置疑。诚如拉伦茨所言:"只有当人与人之间的信赖至少普遍能够得到维持,信赖能够作为人与人之间的关系基础的时候,人们才能和平地生活在那一个哪怕是关系很宽松的共同体中。在一个人与人之间互不信任的社会,大家就像处于一种潜在的战争状态,这时候就无和平可言了。信赖丧失殆尽时,人们之间的交往也就受到了至深的干扰。因此,信赖原则同相互尊重原则、自决原则(其私法形式即私法自治)、自我约束的原则(在约定行为中,特别是在合同中)一样,是一项正当法的原则。"〔德〕卡尔·拉伦茨著:《德国民法通论》(上册),王晓晔等译,法律出版社 2003 年版,第 58 页。
② 该四要件根据德国学者纳恩德鲁普(Naendrup)1910 年发表的《权利外观业书》一书总结。王焜著:《积极的信赖保护:权利外观责任研究》,法律出版社 2010 年版,第 18 页。
③ 〔德〕C. W. 卡纳里斯著:《德国商法》,杨继译,法律出版社 2006 年版,第 146—151 页。
④ 有学者从责任角度阐述外观法理:"权利外观责任,即所谓'对权利表象的责任'(Haftung für einen Rechtsschein),是以可归责于自己的方式引发了 权利表象的人,或者是具有消除这一表象的能力而未消除的人即外观责任人,对尽了交易上应有的注意之后仍然信赖了这一表象的人即外观信赖人所承担的责任,对于外观信赖人,有关的法律后果视为已经发生或继续存在,因而他 也就处于与他所认为的情况相符的地位,而外观责任人必须容忍这种状态。"王焜著:《积极的信赖保护:权利外观责任研究》,法律出版社 2010 年版,第 22 页。

全有了进一步的追求。此时,人们发现,信赖本来是作为促进效率和安全而创造的理论现在自身也成了交易效率和安全进一步提升的障碍。于是,在一些情况下,法律连信赖也不再考虑了。例如,在票据行为的无因性理论中,法律根本上没有给信赖存在的任何空间,即无论是对善意的相对人,还是对恶意的相对人,法律都进行了保护。这是保障商品经济活动高效、安全的必然结果。可见,信赖并不是外观理论必然的构成要件。① 此外,与因原则也不再坚持。例如,在证券公开市场交易中,无论交易出于何种原因发生,都具有不可撤销性。即便是普通的商事合同领域,合同一经成立也一般不能以欺诈、错误等理由撤销。我国合同法在表见制度方面,虽仍然强调信赖要件,但从文义上已不再要求本人的可归责性。② 新形势下,外观原则需要寻找新的法理根据。

(二) 外观原则之根据

信赖保护理论保护了相对人,并不代表原来的权利人不值得保护。最初,法律对于相对人无论善意与否都不进行保护,这反映了当时人们认为,在农业社会中,静态权利更重要。然而到了商品经济时代,人们更注重动态安全而不是静态安全。因为,财产在流动中可以获得更大的增值。信赖或者善意给保护相对人找到了一个理由,但根本原因还是交易安全的价值大于静态安全的价值。依经济学原理,交易只有在买受人对标的的价值估值大于出卖人对标的估值时才可能达成。这意味着,没有交易,就没有标的增值,也不会有将标的(资源)配置给最需要的人。民法重自由与伦理,外观法理在与因之外尚须补之以信赖基础。待至商法,外观原则完全可以不再以信赖为基础。商法中的信赖积极作用可有可无,而消极作用可能危害交易效率和安全。说其可有可无,是因为信赖须以外观推定,信赖已然服膺于外观。既然如此,不如将信赖剔除,以免不利者以相对人恶意为由兴讼而危及交易安全。商事交易与民事交易一大不同点是商事交易链条非常长,断其一节将危害整串链条。此外,法经济学认为,外观原则符合"不分配权利给能够阻止冲突发生的一方当事人"的权利分配的事前效率(ex ante efficiency)政策。依报应正义观之,"冲突当事人一方无论何时可以轻易地阻止冲突的发生而未能阻止者,对抗另一方当事人获得优先的权利,未采取适当措施阻止冲突者就将背负该冲突导致的损失"。③ 法经济学的理论可以作为法学观点的佐证,但并不能直接作为外观原则的根据。

---

① 刘洪华:《论有限责任公司股东资格的认定》,载《暨南学报》2012 年第 4 期。
② 《合同法》第 49 条:"行为人没有代理权、超越代理权或者代理权终止后以被代理人名义订立合同,相对人有理由相信行为人有代理权的,该代理行为有效。"
③ Menachem Mautner, The Eternal Triangles of the Law: Toward a Theory of Priorities in Conflicts Involving Remote Parties, *Michigan Law Review*, Vol. 90, No. 1 (1991), pp. 95-154. 王焜著:《积极的信赖保护:权利外观责任研究》,法律出版社 2010 年版,第 54—55 页。

外观原则的根据仍然是意思。外观原则旨在实现意思表示的客观化。法律行为为意思自治之工具,理应以自由意思为法律行为的效力基础,信赖或与因则为私法责任归责基础,以之为法律行为效力根据不合法理。意思表示有两种解释,一是意思主义,一是表示主义,前者意在探求意思人的真实意思,而后者意在意思迅捷的确定,前者重在保护意思人的意思,是静态社会的反映,而后者则重保护交易安全,是动态社会也即商业社会的反映。在快速运转的商业社会,交易人需要的是意思确定的迅速化,减少相对人的误判。而当事人的真实意思是不易确定的,"当事人的意思,在很大程度上是法官的意思。"① 为此,商法意思确定外观化,即有书面意思,则以书面意思,如票据文义;如无书面意思,则以交易惯例和"依客观之合理性人(a reasonable man)之认识及依通常事理(ordinary course of thing)"② 确定。商法一般不考察交易双方的意思表达错误、表达不自由等,越是需要考虑交易效率和交易安全时,越是如此。例如,证券法、票据法和保险法对外观的要求要高于普通的商事交易。在商业社会,意思确定的迅捷化,也有利于意思人的利益。意思人意思的外观某种意义上也是意思人的脸面,代表着意思人的诚信。意思人或许一时因为意思与外观不一致而使得自己利益受损,但从长远看,意思确定的迅捷化和换取的诚信减少了其交易成本,因而也是符合意思人的意愿的。某种意义上,可以认为交易中的商主体将错就错,再确认以外观确定的意思符合真意。因而本书并不认同外观原则使法律行为强制有效的观点。③ 这既不符合法律行为理论原理,也不符合事实。

外观原则并不根本违反私法的根本理念。在私法中,决定权利转移和法律关系成立的,最终取决于权利人或当事人的自由意志。外观原则看似违反了权利人或当事人的自由意志,以外观"扭曲"了自由意志,但一方面规则对所有的商主体是平等的。较之于民事生活,商业实践体现出更多的交互性。另一方面外观原则产生于交易习惯,是商主体自由选择的结果。外观原则的确立,本身即反映了商主体的自由意志。也可以认为,交易中的商主体有这样一种心理准备,他们准备随时自认可能出现的外观与真意的偏差。事实上也的确如此,商主体并不愿意去纠缠交易中出现的那些细枝末节的错误。商主体理性人之假定也决定了错误很难出现,即使出现,商主体更关心的是交易的效率与安全。外观原则符合人类的认识规律。真意常常需要通过外观去判定。认识法则告诉我们,以外观判定的意思与真意相差无几。私法如此,即使致力于追求主观心理状态的刑法也如此。当然,二者要求的精度不同。刑法力求不出现偏差,排除合理怀疑。

---

① 转引自樊涛、王延川著:《商法总论》,知识产权出版社2010年版,第61页。
② 林诚二著:《民法理论与问题研究》,中国政法大学出版社2000年版,第289页。
③ 丁南:《信赖保护与法律行为的强制有效》,载《现代法学》2004年第1期。

商法不要求高度准确,商主体通过对偏差的自认完成了真意的回归。可见,外观原则并不是罗马法形式主义的死灰复燃。罗马法基本否定意思自治的作用,而商法上的外观原则以意思为基础,尽管这种意思更多的来源于客观解释。

外观表象之所以如此重要,与商业活动往往非常迅捷有关。由于审查成本过高,进行交易活动的人一般不会对其交易对手进行细致的审查,通过只凭外观表象即对相对人表示信任。[①] 正如德国学者描述的那样:"我在一家店铺购买一台旧打字机。那我怎样才能弄清楚,这个出卖人就是真正的所有人呢?假如不要求我具备侦探般的能力,那我就只能相信这个出卖人所带给我的印象,即他就是所有权人,因为他占有这台打印机。"[②]此种做法符合基本的人性,无论法律如何规定,人们在实践中都会这样做。剩下只是法律在双方分担风险。

三、外观原则的构成

商法上的外观原则与民法上的外观法理在内涵上存在重大差别。构成商法上的外观原则需要但不限于以下条件[③]:第一,外观存在。外观指向意思、权利或资格。表意人的意思、权利或资格,只有通过表示与一定的交易要素相联系的外观才能为相对人了解。无论权利或资格,最终都指向表意人之意思是否为有效意思。外观自身须符合一定的条件,即此外观通常对应着特定的意思。可能存在诸多外观,此时应判断以哪种为准。第二,客观意思。即存在根据外观而推定的意思。该种可能与表意人"真意"不同,但在所不问。事实上,所谓"真意"与外观推定的意思只是解释路径不同而已[④],该两种意思均可以作为法律行为之效力依据,法律只是根据所追求价值不同而做出选择而已。[⑤] 外观存在与客观意思的关系是,有外观存在,即推定有客观意思。易言之,不需要单独证明客观意思存在。第三,有安全效率价值追求之必要。在法律无特别规定要适用外观原则时,必须有安全效率价值追求时才能适用外观理论。如果没有安全效率的

---

① 〔法〕伊夫·居荣著:《法国商法》,罗结珍、赵海峰译,法律出版社 2004 年版,第 9 页。
② 〔德〕鲍尔、施蒂尔纳著:《德国物权法》(上册),张双根译,法律出版社 2004 年版,第 64 页。
③ 刘洪华:《论有限责任公司股东资格的认定》,载《暨南学报》2012 年第 4 期。
④ 正如前述,所谓真意也是要通过表象判断出来的。民法与商法有关意思判定的区别在于,民法追求更接近内心,而商法追求更接近客观。客观更符合安全与效率的价值追求。
⑤ 美国表见代理理论的发展可作为印证。英美普通法在代理权产生的基础即本人的意思表示或本人与代理人之间的合意经历了这样一个变化,即从早期主观上理解本人的意思表示或本人与代理人之间的合意到客观上理解本人的意思表示或本人与代理人之间的合意。这一态度转向提供了一种说明表见代理正当化的依据,表见代理并未舍弃代理权产生的合意基础。只是这一"合意"是"客观主义解释方法的结果"。还有外国学者指出:"实有代理权限是被代理人向代理人表示的同意的结果,而表见代理权限则是向第三人表示的同意的结果。" Nancy R. DeRusso, Are Traditional Agency Principles Effective for Internet Transactions, given the Lack of Personal Interaction?, *Albany Law Review*, Vol. 63 No. 2 (1999). p.544. 王焜著:《积极的信赖保护:权利外观责任研究》,法律出版社 2010 年版,第 36 页。

价值追求时仍然执意适用外观原则，那么就是要刻意背离公平，这显然并不是商法的初衷。商法的存在意义即基于安全效率，如无需作此考量，自不应滥用外观原则。例如，在确认股东资格时，如不涉及第三人，那么即使一方握有较强的外观证据时，也需要在仔细探究真实情况后，再就股东资格进行认定。

综上，商法上的外观原则与民法上的外观法理有重大不同。外观法理强调表象与真意不同，指当外观表象与真实状况不相符合时，为保护外观信赖，认定发生外观为真实状况时的法律效果。① 外观原则则推定外观表象与客观意思一致，法律效果直接以外观推定之。外观法理于民法原理是例外，而外观原则于商法原理则为原则。

四、外观原则和意思自治的关系

表面上，外观这种形式上的事物妨碍了意思自由，但正如耶林所说："形式乃是反复无常之行为的不共戴天之敌——亦即自由的孪生姐妹。……确定的形式乃是有关纪律和秩序的基础，据此也是有关自由本身的基础。它们是抵御外部进攻的堡垒，因为它们只会断裂，而不会弯曲；……它们所拥有的和所坚持的并不是某种纯粹外部性的东西，而是对自由的保障。"② 因此，外观并不是对意思自治的根本违反，相反，它在另外一个意义上扩大了意思自治。

综上，民法处处强调意思自治，尽管在商法的影响下，民法的意思自治有了客观化的趋势。而商法则强调意思自治的限制。规范原则即直接限缩了意思自治的许多内容。以证券交易法中的集中交易为例，交易当事人能够进行意思自治的内容实际上仅剩下数量和价格，至于交易的其他内容则直接由交易规则替代。外观原则则强调当事人的意思完全取决于外观，即使真意与此不同，也以外观为准。可见，商法原则是民法一般原则即意思自治的反动，这取决于民法和商法所追求的价值的不同。

第四节 严格责任

严格责任，指在商事组织和商事交易中，对相关债务人或者其他责任人，相比于普通过错责任更为严格。这里的严格责任，是一种总体上的立法政策考量③，而不是一种具体的归责原则，因此并不是英美法上的严格责任，而是指

---

① 外观原则与信赖利益赔偿责任不同。学说上认为前者是通过发生与真实状况时的法律效果以保护信赖利益，而后者则是在既定法律效果未发生时通过损害赔偿以保护信赖利益。因此，前者又称积极的信赖保护，后者又称消极的信赖保护。丁南：《信赖保护与法律行为的强制有效》，载《现代法学》2004年第1期。本书认为，外观原则不限于保护信赖利益。

② 〔美〕罗斯科·庞德著：《法理学》（第1卷），邓正来译，中国政法大学出版社2004年版，第400页。

③ 施天涛著：《商法学》（第三版），法律出版社2006年版，第30页。

义务有所增加,责任有所加重,责任要件有所减少,对某些要件的要求不是那么严格。例如,根据不同情况,责任人或者承担无过错责任,或者承担过错推定责任,或者承担无限连带责任。

一、严格责任适用的理由

严格责任适用的理由如下:第一,交易安全的需要。随着有限责任的建立,企业的所有人往往将自身的投资风险转移出去。有限责任分散转移的是经营者的风险。风险的降低,可能刺激经营者冒险,从而增加交易相对人的风险。严格责任某种程度起到抑制冒险的作用。严格责任,可以减少欺诈,提高交易中的诚信度,提高交易中的注意程度,从而保障交易安全。第二,风险分散的需要。企业不但能够转移投资人的风险,也能够分散交易相对人的风险。商人都是风险厌恶者,他们往往把损害赔偿金额分摊到商品中去,由众多的交易相对人承担相应的风险。这起到了保险的作用。严格责任,通过降低赔偿门槛,不再要求过错,降低因果关系的要求,从而起到了风险分散的作用。此外,严格责任还可能使交易人因畏惧责任而恪守规则,进而促进交易效率。

二、严格责任的体现①

商法上的严格责任体现主要体现为两个方面,一方面,连带责任和无过错责任。民事领域,连带责任不得推定②;商事领域,连带责任普遍存在。民法奉行自己责任,商法强调连带责任,目的是增加信用,给相对人以更多保证。③ 民事领域,以过错责任为原则;商事领域,则多适用无过错责任原则。商法要求商主体承担较高的注意义务以维护稳定的交易秩序,从而促进交易效率和保障交易安全。④ 另一方面,仅商主体才承担的责任,即商法存在一些这样的责任:商主体为之,承担责任,其他主体为之,不承担责任或仅在重大过失时承担责任。"强而智"的人像设定是商法要求商主体较高的注意义务继而承受严格责任的法理基础。

(一)商人法中的严格责任体现

公司实行有限责任和两权分离,为对等保护交易安全和投资安全,公司法普遍采用严格责任原则。一方面,对发起人、股东、董事、高管及其他内部人员、清

---

① 这里仅能阐述严格责任在各法律文件中体现的冰山一角。至于更详尽的体现,请参见本书后面相关章节论述。
② 《法国民法典》第1202条。
③ 法国商法连带关系推定是以习惯规则存在的。〔法〕伊夫·居荣著:《法国商法》,罗结珍、赵海峰译,法律出版社2004年版,第75页。这对于解决一些法律未明确规定的事项具有指导意义。
④ 樊涛著:《中国商法总论》,法律出版社2016年版,第238页。

算人等奉行加重责任。例如,《公司法》第 20、63 条股东有限责任滥用及否认的规定;第 30、93 条股东、发起人出资不足法律责任的规定;第 94 条发起人的对发起失败的法律责任的规定;第 104 条高管人员执行职务时的损害赔偿责任。另一方面,奉行不当得利归入规则。不当得利归入,指占有一定股权比例的股东、商业使用人实施商法规定的特定事务给公司造成损害的,行为人因此所获得的不当利益应归入公司。① 例如,《公司法》第 148 条的董事、高级管理人员违反忠实义务所得的收入应当归公司所有的规定;《证券法》第 44 条短线交易收益归入的规定。

《合伙企业法》和《个人独资企业法》也存在相关规定。《合伙企业法》第 2 条合伙人的无限连带责任的规定;第 37 条合伙企业对合伙人执行合伙事务以及对外代表合伙企业权利的限制不对抗善意第三人的规定;第 53 条退伙人对基于其退伙前的原因发生的债务承担无限连带责任规定等。《个人独资企业法》第 18 条投资人承担无限责任的规定;第 19 条投资人对委托人或者被聘用的人员职权的限制不得对抗善意第三人的规定等。

(二) 商行为法中的严格责任体现

合同法中的严格责任。在法国,商法推定共同债务人之间存在连带关系。② 在德国,商法明确规定了商行为人的谨慎责任:"如果行为人所从事的业务对其来说属于商行为,并鉴于此,他对另一方负有业务履行之谨慎义务,那么,行为人则必须对他的这种正常商人的谨慎义务承担责任。"③在我国,尽管将民商事合同规定于一部法律之中,但仍然可以看出商事合同责任较民事合同责任更为严格。《合同法》第 107 条规定:"当事人一方不履行合同义务或者履行合同义务不符合约定的,应当承担继续履行、采取补救措施或者赔偿损失等违约责任。"我国《合同法》违约责任成立以无过错责任为原则,例外采取过错责任。这些例外主要体现为民事合同。在具体的商事合同方面,《合同法》第 374 条规定:"保管期间,因保管人保管不善造成保管物毁损、灭失的,保管人应当承担损害赔偿责任,但保管是无偿的,保管人证明自己没有重大过失的,不承担损害赔偿责任。"

《票据法》《证券法》中的严格责任。例如,《票据法》增加了持票人通知义务④,规定了票据行为人的多重担保责任等。《票据法》第 26 条出票人责任:"出

---

① 郑曙光、胡新建著:《现代商法:理论基点与规范体系》,中国人民大学出版社 2013 年版,第 246 页。

② 〔法〕伊夫·居荣著:《法国商法》,罗结珍、赵海峰译,法律出版社 2004 年版,第 10 页。

③ 《德国商法典》第 347 条第 1 款。法典还有一些条款规定了具体的应当承担谨慎责任的条款。立法者认为:"基于谨慎责任,商人们在订立契约时就应能够正确地预见到违约处罚的实际结果,应该以比一般民事行为更高的责任感来从事商行为。"范健著:《德国商法:传统框架与新规则》,法律出版社 2003 年版,第 372、374 页。

④ 《票据法》第 66 条。

票人签发汇票后,即承担保证该汇票承兑和付款的责任。"第 37 条背书人的责任:"背书人以背书转让汇票后,即承担保证其后手所持汇票承兑和付款的责任。"再如,《证券法》第 24、85 条规定证券发行中违法发行和欺诈发行以及持续披露中部分行为人的连带责任。

《保险法》中的严格责任。《保险法》中规定了针对投保人和被保险人的最大诚信原则,针对保险人的失权规则等。最大诚信原则一般会导致保险合同无效或被解除,是严格责任的典型。[①]

严格责任加重了商主体的责任,看似违反了意思自治和自己责任原则,但这实际上更多的是商主体自己选择的结果。例如,投资人在公司和合伙两种企业形式之间如若畏惧连带责任完全可以选择公司,但仍有较多的投资者选择了合伙,究其原因,在于合伙可以集众人之责而增强企业之信用。市场经济,信用乃立足之本。商法上的严格责任多是数百年来商业习惯自发发展的结果,反映市场经济发展的规律,是交易效率和交易安全的重要保证。

---

① 例如,《保险法》第 16 条。

第二篇 商 人 法

第五章 商人法的一般理论

第一节 商人的内涵

一、商人的定义

商人,指依法登记的适宜从事营利性营业①活动的非自然人。② 商人的概念有四个规定性:

第一,营利性。法谚有云:"商人不白做任何事情。"③应当尊重商人的营利心。"趋利避害不仅是人之本性,而且是社会发展进步的原动力。"④由于人类自身知识的局限性和信息的不对称,人类很难为他人设计生活。往往自利才能为自己和为社会找到发展的方向。亚当·斯密认为,个人追求利润的活动在满足交易双方需要的同时,可以间接促进社会的繁荣。⑤ 斯密有一段名言:"我们每天所需的食料和饮料,不是出自屠户、酿酒家或烙面师的恩惠,而是出于他们自利的打算。我们不说唤起他们利他心的话,而说唤起他们利己心的话。我们不

---

① 理论上,凡具有行为能力的人,均应当享有营业自由。但是,从事某些行业,如证券业和保险业等,需要有一定的资格,公司的设立也有要求一定的资格。

② 与各国不同,我国商法中商人的概念并不是来自于法典或法律的直接规定,而是来自于分散的法律规定的集中抽象。王保树著:《商法总论》,清华大学出版社2007年版,第3页。

③ 〔德〕C. W. 卡纳里斯著:《德国商法》,杨继译,法律出版社2006年版,第631页。《管子·禁藏》说:"夫凡人之情,见利莫能弗就,见害莫能勿避。其商人通贾,倍道兼行,夜以继日,千里而不远者,利在前也。渔人入海,海深万仞,就彼逆流,乘危百里,宿夜不出者,利在水也。故利之所在,虽千仞之山,无所不上;深渊之下,无所不入焉。"我国古代学者虽发现了人类的自利之心,但并未将其与人类社会进步联系起来。

④ 樊涛、王延川著:《商法总论》,知识产权出版社2010年版,第63页。

⑤ 同上。

说自己有需要,而说对他们有利。"①孟德斯鸠认为:"当每个人自以为是奔向个人利益的时候,就是走向了公共的利益。"②民事主体也有营利性,但营利并不是民事主体的全部追求;相反,商人的全部追求即营利。商人的营利性不仅指商人自身营利,还指商人为其成员营利,即将利润分配给其成员。商人将利润分配给其成员是商人人格塑造的最重要基础。

第二,适宜营业。营业是商人概念的核心。《德国商法典》(1998年修订)第1条第1项规定:"商人是指经营营业的人。"营业是指一种独立的、有偿的,包括不特定多种行为、向外公示的行为。③ 营业一般具有独立性、连续性、反复性、公开性和同一性的特征。营业,"乃指继续为同种类之商事行为,至于偶然所为之营利行为,不得称为营业"。④ 营业在商法中主要起到参照作用。不仅判断商人需要参照营业(营业之人,即是商人),而且判断商行为、商事关系、商法调整对象也要参照。尽管营业如此重要,但营业本身并不是商法研究的对象。⑤ 是否适宜营业是商人成立时的条件。至于成立后从事不从事营业,并不影响其商人资格。

第三,登记取得。商人主体资格的取得以登记为条件。原因在于,商人从事营业活动事关第三人的利益,商人必须以登记的方式将自己的营业信息公示出去。这样既可以节约搜索成本,又可以提高商人的诚信。毕竟,商人如果实施欺诈,有登记在此,"跑了和尚跑不了庙"。商人登记的目的完全应当是私法性的,而管理性的登记则不属于商法研究的范围。另外,政府基于管理的需要是否有登记的正当性,也值得怀疑。除了税务登记,其他登记不应当用于管理的目的。在德国,商人需要登记,但不登记的不一定不是商人。在我国,商人资格以登记为必要条件。商人成立以登记为条件可以省去对商人身份判断的烦恼。

---

① 斯密进一步说:"他通常既不打算促进公共的利益,也不知道他自己是在什么程度上促进那种利益。……由于他管理产业的方式目的在于使其生产物的价值能达到最大程度,他所盘算的也只是他自己的利益,在这种场合,像在其他许多场合一样,他受着一只看不见的手的指导,去尽力达到一个并非他本意想要达到的目的。也并不因为是非出于本意,就对社会有害。他追求自己的利益,往往使他能比在真正出于本意的情况下更有效地促进社会的利益。"〔英〕亚当·斯密著:《国民财富的性质和原因的研究》,郭大力、王亚南译,商务印书馆1974年版,第14、27页。

② 〔法〕孟德斯鸠著:《论法的精神》,张雁深译,商务印书馆1985年版,第25页。

③ 但不包括艺术、科学活动和那些成果需要高度人身性的自由职业活动。〔德〕C.W.卡纳里斯著:《德国商法》,杨继译,法律出版社2006年版,第631页。

④ 刘清波著:《商事法》,台湾商务印书馆1995年版,第14页。

⑤ 营业,另有营业财产之意。营业财产,"即供进行营业活动之用的有组织的一切财产以及在营业活动中形成的各种有价值的事实关系的总体"。在这一意义上,营业与企业区别不大。谢怀栻著:《外国民商法精要》,法律出版社2002年版,第237页。

第四，非自然人。商人法上的商人与通常所理解的商人内涵并不相同。商人法是塑造商人的法律。自然人作为生物人，不需要商人法的塑造，他从事商行为，可以成为商主体，但并不是商人。本书所称的商人是商品经济发展到一定阶段的产物，其承载财产和责任隔离的功能。财产和责任隔离有利于控制投资风险，但同时也很有可能使得商人自身成为欺诈的工具。有鉴于此，各国纷纷制定了有关规范商人设立及其内部治理的法律。此类法律即为商人法。商人法是塑造商人人格的法律，它是在公司和有限合伙出现之后才出现的。商人法体现了对作为商业工具的企业进行规范的法律，因而其规范对象理应仅针对非自然人。至于所谓的自然商人，其自身并没有可规范之处，因而没有必要作为商人法的主体。既然商人法的主体只能是非自然人，那么以下几种人并不是商人：其一，只为满足自己个人需要的独立活动的劳动者不是商人，如满足生活需要的小商贩；其二，医生、律师、会计师等自由职业者不是商人，原因是这些人不能将营利作为职业目的[①]；其三，经办人不是商人。值得说明的是，第一种人虽然不是商人，但其从事商行为时，依然为商主体，依然负有较高的注意义务。不将其视为商人，其意义在于其不必负担商人法上的义务。[②]

商人的成员不是商人。法律对于部分商人的成员资格进行了规定。成员资格分为积极资格和消极资格。在我国，消极资格仅在《合伙企业法》第14条中有规定："合伙人为自然人的，应当具有完全民事行为能力。"合伙人均为业务执行人，无行为能力则无法行使其职能。但将限制行为能力人排除在外，稍显严苛。限制行为能力人应当在法定代理人同意后，可以成为合伙人。一旦成为了合伙人，其在合伙事务范围内，应当被视为完全行为能力人。对商人成员积极资格的限定，目的在于避免商人的资质出现有损于市场信用与交易安全的瑕疵，从而在最初的市场准入方面，设立安全屏障，以阻止不宜加入市场竞争行列的人进入商人成员之列。[③] 消极资格方面，《人民警察法》《检察官法》《法官法》《公务员法》等明确规定，警察、检察官、法官、公务员等不能从事商事活动。消极资格的作用主要是为了避免上述国家工作人员利用职权进行寻租。

早在1904年，《钦定大清商律》第1条即规定："凡经营商务、贸易、买卖、贩

[①] 在日本，"因业务上的特殊性及个性化特征，律师、医生等个体意义上的职业者，无论其主观意图如何，均应否定其营利性目的，即不认为其以从事商行为为业。"〔日〕大隅健一郎著：《商法总则》，日本有斐阁1978年版，第91—92页。转引自《日本最新商法典译注》，刘成杰译注，柳经纬审校，中国政法大学出版社2012年版，第15页。

[②] 商人在商法上的义务主要为设置商号、制作账簿、聘任经理等。

[③] 范健、王建文著：《商法的价值、源流及本体》，中国人民大学出版社2004年版，第200页。

运货物者,均为商人。"然而,自从南京国民政府确定不再制定《商法典》之后,商人即在我国商事立法史上未曾出现。[1] 商人概念的缺失是商法意识缺失的反映。商人这一概念应当回归。

二、商人的判定

比较法上,商人有主观主义和客观主义两种判定标准。主观主义不以商行为作为参照,直接确定目标对象的商人主体资格;客观主义以商行为作为参照,商人主体资格的取得以从事商行为为条件。

德国商法采主观主义。商人是德国商法的核心。[2] 商人的分类一度非常复杂。[3] 1998年,德国商法上商人类型被简化为两类:第一类,当然商人,凡以商人方式从事商事经营的人无论登记与否都当然为商人。要素有二,一是经营,二是需要以商人方式(意在将小规模经营者排除在外)。[4] 当然商人登记是义务,但不登记也不意味着不是商人。第二类,登记商人,即已经登记为商人,不管其是不是符合当然商人的条件,都认为是商人。[5] 法律特别强调登记是权利而不是义务,且具有可逆性,即可以自由注销商号而退出商人资格(较大规模的农林业

---

[1] 南京国民政府颁布的《商业登记法》第2条有关商业的定义:"本法所称商业,谓以营利为目的,以独资或合伙方式经营之事业。"经营商业的人,显然为商人。商人概念的缺失给立法与实践带来一些困难。为了对一些商法上的规范和民法上规范进行区分,我国台湾地区"民法典"不得已使用了商号一语,以商号指代商人。例如,我国台湾地区"民法典"第562条规定:"经理人或代办商,非得其商号之允许,不得为自己或第三人经营与其所办理之同类事业,亦不得为同类事业公司无限责任之股东。"

[2] 卞元石:《德国商法的改革》,载《德国研究》1999年第1期。

[3] 德国主观主义立法以及商人与商主体不分导致商人的分类一度非常复杂。第一,法定商人,凡是从事了法律规定的9种行业,不需要登记即为商人(免登记商人);第二,注册商人,9种行业以外商业经营者,如果以商人方式进行经营,就应当进行登记,成为应登记商人;第三,从事农业、林业及其附属产业的,可以自由选择是否登记为商人;第四,小商人则不需要登记,也不需要商号,不需要制作账簿,不需要授予经理权等。但分类并未完结。上述前三种商人为完全商人,要承担商法对商人规定的所有义务;小商人或不从事商行为的企业,本无登记义务,但若登记则为拟制商人,即要承担完全商人的义务;表见商人,指既不是完全商人,也不是拟制商人,也未登记,但以商人的身份从事商事经营活动,给相对人造成一种他是商人的表象,因此被视为商人。此种商人身份应只在单个的法律行为中体现,并不表明其要承担上述完全商人要承担的商法上的义务。

[4] 《德国商法典》第1条规定:"本法所称的商人是指经营商事营利事业的人。商事营利事业指任何营利事业经营,但企业依照性质或者规模不需要以商人方式所设置的营业经营的,不在此限。"何谓商人方式,由司法机关具体解释。〔德〕卡斯腾·施密特:《德国商法改革法》,王彦明、涂长风译,载《法制与社会发展》1999年第6期;卞元石:《德国商法的改革》,载《德国研究》1999年第1期。

[5] 《德国商法典》第2条规定:"一个营利事业性企业,以其营利事业经营尚不能够依第1条第2款构成商事营利事业为限,在该企业的商号已经被登记于商事登记簿时,视为本法典所称的商事营利事业。企业经营者有权利依照关于商人商号登记所适用的规定促成登记,但不负有此种义务。已经进行登记的,以未具备第1条第2款的要件为限,也可以依企业经营者的申请而注销商号。"

者例外）。① 登记商人主要适用于小规模经营者和农林业者。② 德国商法的商人认定的简化反映了经济生活对于交易效率和交易安全的追求。③

法国商法采客观主义。《法国商法典》第 1 条规定："从事商活动并以其为经常性职业者，为商人。"该法典在第 632、633 条中对商行为的范围进行了规定。凡从事法典所规定的商行为并以此为业者均为法典所称的商人。客观主义的追随者有意大利、韩国等国。《意大利民法典》第 2082 条规定："凡以生产或交换商品、服务为目的，以组织经济活动为职业的人（经登记者）为商人"；《韩国商法典》第 4 条规定："商人，是指以自己的名义从事商行为的人。"④客观主义虽亦对商人进行定义，但定义是以从事商行为为前置条件。客观主义并不为商人资格设置门槛，践行了人人皆可为商的理念。历史上，客观主义即商行为主义的确立是"以法国大革命时期的自由平等思想为背景的，主要是要强调商法从'仅适用于商人的阶级'解决为'适用于一般市民的普通法律'"。以此为理念导致商人判定并不存在一个确定的标准。就立法论而言，以营业为基础规定商人的概念的商人主义似更为恰当⑤，许多情况下判断何为商行为较判断何为商人更为困难。

日本商法采折中主义。日本商法以客观主义为基础兼采主观主义。《日本商法典》第 4 条第 1 款采客观主义即以商行为的概念导出商人概念，其规定："本法中商人，指以自己名义从事商行为并以此为业者。"《日本商法典》在第 501、502 条中对商行为的范围进行了规定。"从事商行为并以此为业"指"以获利为目的，根据一定的计划持续反复地从事同种商行为"；第 4 条第 2 款采主观主义即直接规定商人的概念并导出商行为的概念，其规定："利用店铺及其他类似设施销售物品并以此为业者或者不以实施商行为为业的经营矿业者，亦视为商人。"⑥

---

① 卡斯腾·施密特教授将其称之为"持有返程车票的商人"。〔德〕卡斯腾·施密特：《德国商法改革法》，王彦明、涂长风译，载《法制与社会发展》1999 年第 6 期。

② 立法者保留了农林业者自愿登记为商人的权利（《德国商法典》第 3 条）。"一些学者认为此次商人概念的改革并没有涉及农林企业则是美中不足。因为，历史上农林业主只有基于其意愿才能通过登记成为商人的原因早已不存在了，在德国这个人口密度很大的国家，农村人口的教育水平早已不再落后于城市居民。较大的农林企业也像其他企业一样按照现代企业管理原则经营。加之在商人概念改革后已放弃经营种类这一标准，所以把农林业主纳入新的商人概念中也无损于商法的体系。但是，立法者认为既然农林行业的代表并没有提出修改的要求，那么就应该保持原来对这两个行业的特别规定。"卜元石：《德国商法的改革》，载《德国研究》1999 年第 1 期。

③ 学者对改革效果给予积极评价："'法定商人'和'注册商人'各自的范围，准确地说即二者之间纠缠不清的界限使以往的法律教学和研究深受其困扰，而如今在商法改革后，它也许很快就会从人们的思考和教科书中消失。……新的立法规定很显然是成功的。"〔德〕卡斯腾·施密特：《德国商法改革法》，王彦明、涂长风译，载《法制与社会发展》1999 年第 6 期。

④ 相比之下，韩国商法更为纯粹，并不要求以商行为为业。

⑤ 《日本最新商法典译注》，刘成杰译注，柳经纬校，中国政法大学出版社 2012 年版，第 15 页。

⑥ 同上书，第 13—15 页。

本书认为,我国商法上的商人的判定标准应以营利为实质,以营业为基础,以登记为形式,以非自然人为范围。具体标准前已详述。表面上看,本书确定的标准与德国商法更接近,但实则不然。德国商法上商人与商主体二者内涵是统一的。这是德国商法简单采用主观主义立法的结果。这种立法的缺陷是将从事绝对(法定)商行为的非商人排除于商主体的范围之外。作为商主体,从事绝对商行为的非商人也应当承担较高的注意义务。本书区分商人和商主体,将他们分别作为商人法上的主体和商行为法上的主体,以消除上述缺陷。

三、商人的定位

商人具有如下特征:第一,拟制性。商人并不是天然存在的,而是由法律拟制的。无论独资企业、合伙企业还是公司都是法律拟制的人格。第二,规范性。商人人格构造通常要符合一定的标准,这是为了减少交易成本。商法将商人简化为很少的几种类型。不同的商人,其人格构造不同。第三,透明性。商人设立、变更、消灭均要公示,商人的一些内部信息也要公示。为了促进交易效率和交易安全,商人的信息应当向他人公布,以减少检索的成本。商人这些特征,显示其与民法上的人不同的定位。

传统民法并不关心具体的人格塑造。自然人主体资格仅取决于生物人的出生,而生物人的出生则取决于自然,民法并不决定任何一个生物人能否出生;非自然人的主体资格的取得也多基于团体成立的事实。传统民法中,一个团体无论是社团还是财团,无论能否独自承担责任,最终都将会抽象为人。商法关心各个商人的具体的人格塑造。商法不仅把关商人的出生,还直接参与商人本身的塑造[①],确保商人都是强而智的。商法规定了商人的出生条件,甚至设定了一些行业准入门槛,只有符合条件才能准予出生。市场竞争有序而又残酷,参与市场竞争的人应当具有一定能力、实力并愿意遵守市场规则。商法基于交易效率和交易安全的需要,一方面要为商人的设立设置门槛以阻止一些不合格的组织进入市场;另一方面要为商人设置破产条件以清除市场上的不合格的参与者。因为商法深知,一个带病的市场交易者如不及时从市场中清除,其病将很可能传染给更多的交易者。市场的毒瘤必须及时切割,风险必须及时锁定。

传统民法上的人,在立法上是抽象的。[②] 生物人不分国籍、年龄、性别、职业、贵贱,团体则不分大小强弱,统一被抽象为人。[③] 造成这种情况的原因是:第一,近代民法所处的时代,人与人之间的强弱之分并不明显,时代也弘扬人人平

---

① 作为商人的公司、合伙和独资企业,本身即是法律拟制物,法律即为商人的孕育者。
② 这里论及的仅是核心民法中的情况。在现代民法在民法典之外,发展出诸多的特别民法。在特别民法里,每一个人的人像都是具体而不是抽象的。
③ 梁慧星著:《民法总论》(第四版),法律出版社 2011 年版,第 4 页。

等的精神,民法没有理由也不敢设置具体的人格。第二,意思的自愿即是平等的、公正的。民法重在保护意思是否出于自愿,如果自愿,则认为公正即已实现;第三,由于民法并不对效率有特别的追求,也使法官有时间考察法律行为究竟是否出自自愿。民法的理念是法律尽量少介入民事生活,少给民事生活规定条条框框,以使人们可随着自己的意志而自由生活。民法不但不干预人们设定生活的内容,也无视生活中人格的强弱之分。在民法眼里,每个人都是一样,没有富人和穷人之分,没有弱者和强者之分。[①] 民法认为凭借有关意思真实的法律规定即可以保证民事人自由地参与民事生活而不会受到压迫。为此,法官会不断地在司法实践中孜孜不倦探求每个人意思的真意。

商人一出生,便在交易领域被视为有能力、有经验的人。如果说民法上的人是"弱而愚"的,那么商法的人便是"强而智"的。"商法是强者之法。"[②]商人的注意义务高于民法所设定的人。商人是一群"精于识别自己利益并且毫不顾忌地追求自身利益的极端自私和聪明的人。""对于商人,那些对权利保护性质的照顾已显得无足轻重。一旦有商人参与时,法律琐碎的形式要求,譬如需要参与人仔细辨别的书面担保形式就是多余,无异于耗费商人等同于金钱的时间。"[③]商法有时不会十分在意商人的个人能力和意思表示瑕疵,《票据法》和《证券法》对商法的这个特点的表现达到了极致。当然,商人在其专业领域才应该对其注意义务要求比较高,在非专业领域,其仍然应当被当做普通人看待。

传统民法上的人像是质朴的,而商法规范的主体则是自利的。商人"所有附着于他人的性格均被剥去,纯粹地作为营利主义的斗士决定输赢"。[④] 因此,商法上的人尽管是具体塑造的,但却是没有感情的。诚然商人更讲信用,但这不值得炫耀。"它们必须这样做。不然的话,商界生活就难以为继,日常的交易就会寥若晨星。"[⑤]"商人重利轻别离"[⑥],的确是商法真实的写照。利是商法所考虑的,而别离则是民法所考虑的。

---

① 目前,民法发展的趋势也开始注意关注具体人格。例如,《德国民法典》引入消费者和经营者的概念,列于自然人之后。杜景林、卢谌著:《德国民法典评注》,法律出版社 2011 年版,第 1、9 页。这里仅以传统民法为论。

② 〔法〕伊夫·居荣著:《法国商法》,罗结珍、赵海峰译,法律出版社 2004 年版,第 36 页。

③ 〔德〕古斯塔夫·拉德布鲁赫著:《法学导论》,米健等译,中国大百科全书出版社 1997 年版,第 72—73 页。

④ 梁慧星主编:《为权利而斗争》,中国法制出版社 2000 年版,第 351 页。

⑤ 〔法〕克洛德·商波著:《商法》,刘庆余译,商务印书馆 1998 年版,第 59 页。商人比普通人更讲究信用。这既是商业交易规律所决定,也取决于商法上的登记、簿记等公示规则。

⑥ 〔唐〕白居易著:《琵琶行》。

四、商人与企业

企业一语源于日语,其对应英文是"Enterprise"和"Firm"。① 会计学上,企业指一个独立核算的经济单位。15世纪、16世纪的管理和会计人员是企业实体的创造者,他们通过复式记账发现了企业。复式记账使一个经济单位独立核算成为可能,这样企业就出现了。企业最先引起了经济学的关注。法国学者特鲁士在20世纪30年代给企业下了一个现代看来也不过时的定义:"企业是将经济活动中的人文和物质因素集中并协调在内部的经济单位。"② 企业的出现具有重要的经济意义和社会意义。企业可以节约经济运行成本。经济以交易作为基本运行方式,但交易会产生交易费用。当组织成本小于交易所产生的交易费用时,企业可以部分替代市场交易。企业在社会中占据重要的地位。③ 企业赢得了社会经济生活的竞争的胜利,但却未同时赢得法学研究与立法的尊重。

法律研究与立法在很长一段时间里并不关注企业。德国学者多数认为,企业只是法律上的权利客体;企业主才是法律上的权利主体。④ 德国法律在使用企业一词上非常谨慎。⑤ 企业的处境引起了一些学者的不满。为此学者进一步呼吁:"人类的某个团体要想发挥这样一种作用,就需要把它看成是法的主体,而不能是法的客体。如果企业不拥有法律主体的尊严,是不能充分发挥这一作用的。"⑥ 这一状况目前得到了改善。法国在1984年和1985年的两项法律中,承认了企业的法律地位。⑦ 奥地利更是废旧立新,制定了《奥地利企业法典》,不再强调商人在商法中的基础地位,转而引入了"企业"概念,构建了以"企业"作为基本术语的新型商法体系。⑧

"企业"这一术语在我国的命运迥然不同。企业一语虽然词源上渊源于日

---

① "Enterprise"指"事业","Firm"指"(合伙)商号、商行、公司、事务所"。二者语义相远,但国内一并译为"企业"。叶林:《企业的商法意义及"企业进入商法"的新趋势》,载《中国法学》2012年第4期。
② 〔法〕克洛德·商波著:《商法》,刘庆余译,商务印书馆1998年版,第30、39—40页。
③ "企业已经成为我们当代社会的基本细胞。它大概是拥有因素最多和平衡最好的基本单位,致使它出色地成为一种建立在交换和发展物质生活基础上的社会经济组织单位。人们的大部分时间和一生中最年富力强的年月都是在那里度过的。人们靠它维生,对它寄以希望,盼望得到某种生活水平、物质保障和社会进步。"〔法〕克洛德·商波著:《商法》,刘庆余译,商务印书馆1998年版,第29页。
④ 范健著:《德国商法:传统框架与新规则》,法律出版社2003年版,第64、123页。
⑤ 〔德〕C. W. 卡纳里斯著:《德国商法》,杨继译,法律出版社2006年版,第11—26页。德国经济法中,《限制竞争法》和《能源法》对企业的能力和作用作了规定。范健著:《德国商法:传统框架与新规则》,法律出版社2003年版,第64、124页。
⑥ 〔法〕克洛德·商波著:《商法》,刘庆余译,商务印书馆1998年版,第28—29页。
⑦ 同上书,第42页。
⑧ 《澳门商法典》将"企业"定为法典的基本概念。澳门政府法令:第40/99/M号[M](1999年8月3日)。转自赵秉志总编:《澳门商法典》,中国人民大学出版社1999年版,第2页。但"企业"仅具有客体意义,真正具有主体意义的是"企业主"。公司企业,以公司为企业主,非公司企业,以经营者为企业主。该法典意义上的非公司企业,主要为独资企业。

语,但其内涵却来源于苏联的法学理论。在苏联,企业是法律主体,具有法人资格。① 我国长期以来深受苏联法学的影响,自始认为企业具有法律主体地位。早在 1979 年,我国最高立法机关即制定颁布表明企业法律主体地位的《中外合资经营企业法》。企业在我国走上了一条完全与西方国家不同的道路。企业在立法上一开始就被以法律主体来塑造,扮演着类似于西方国家公司的角色。② 例如,《合伙企业法》与西方的无限责任公司和两合公司立法的内容相差无几。不过在术语上,企业在我国尚不能取代公司,这是因为我国立法将公司类型限定为有限责任公司和股份有限公司。企业在我国是公司、合伙企业和独资企业的上位概念。我国法律学者也有主张企业这一术语具有法律客体的含义③,甚至有学者在主张企业属于客体范畴的同时否认其为主体。④

　　学界有在术语上以企业取代商人的主张。⑤ 的确,企业在现代商业活动中占据主导地位,商人法在一定程度上即是企业法。⑥ 近代,"在竞争机制作用下,人被整合进企业之中,企业成为市场关系的主角。"⑦ 本书主张,商事立法整体上仍应统一在商人这一核心概念之下。企业这一术语在商事立法中不宜单独使用,只宜在"合伙企业"和"个人独资企业"等下位术语中出现。理由是:第一,沿用商人概念有利于学术传承。我国学者近年来围绕商人和商行为展开研究,取得了丰硕的成果。如果完全以企业取代商人概念,既会影响到未来商法的基本构造,也会影响到现有学术成果的传承。⑧ 第二,商人概念更为精确。商人仅有主体的含义,企业概念具有客体这一含义,内涵相对模糊。诚然商人法的规范对象主要是企业,但将商人的内涵限定为非自然人即可以满足要求。⑨ 第三,商人

---

　　① 范健、王建文著:《商法的价值、源流及本体》,法律出版社 2011 年版,第 176 页。
　　② 我国自 1949 年以来在术语上重企业而轻公司。或许认为公司与私有制相关。这种情况一直到 20 世纪 90 年代才大为改观。
　　③ 王利明、梁慧星、史际春等持该种观点。叶林:《企业的商法意义及"企业进入商法"的新趋势》,载《中国法学》2012 年第 4 期;史际春:《财产权观念应跟上"修宪"步伐》,载《检察日报》2004 年 6 月 10 日。
　　④ 高在敏主编:《商法》(第二版),法律出版社 2016 年版,第 53 页。
　　⑤ 范健、王建文著:《商法基础理论专题研究》,高等教育出版社 2005 年版,第 159 页。日本主流学说主张以企业这一术语取代商人的地位。〔日〕近藤光男著:《日本商法总则·商行为法》,梁爽译,法律出版社 2016 年版,第 4 页。
　　⑥ 有学者认为:"企业才是现代商法中的核心主体和调整对象。由此,商法的主要任务应是调整各类企业在一定社会中的特定经营活动。"范健、王建文著:《商法的价值、源流及本体》,中国人民大学出版社 2004 年版,第 9 页。事实上,企业(商人)只是商法的一个重心,商法调整的另一个重心则是商行为,二者不可偏废。商行为的主体不仅有企业(商人),还有众多的自然人。
　　⑦ 童列春著:《商法基础理论体系研究》,法律出版社 2014 年版,第 45 页。
　　⑧ 叶林:《企业的商法意义及"企业进入商法"的新趋势》,载《中国法学》2012 年第 4 期。
　　⑨ 在国外,商人并不局限于企业。美国证券法上的个体交易商也为商人,也要承担商人法上的义务。本书将商人界定为非自然人是因为我国并不存在个体的证券交易商这类的商人。个体工商户和小商贩多为生存性创业,不宜给他们赋加商人法上的义务。

概念蕴含着商法的理念与精神。我国立法中存在着不少以企业命名的法律,如《乡镇企业法》《全民所有制工业企业法》等,多与所有制、规模还有产业政策等联系在一起。① 以企业替代商人这一概念,容易使人联想到国家对于市场经济过多的干预,进而不利于商法精神的传播。

综上所述,本书认为应当保留商人的概念,但商人的内涵应当与商人法规范对象意义上的企业的内涵保持一致。保留商人的概念也有利于《商法通则》的制定,通则立法应统一在商人这一术语之下,如果以企业代表商人并称之为《企业法通则》显然将会引起歧义。法律术语往往经历了无数次学术和司法实践的锤炼,贸然引入一个非法律且于生活中已约定俗成的词语,是十分危险的。

五、商人与商主体

一般认为,商人与商主体是同一概念。由此带来的问题是:从事法定商行为的自然人(如使用票据的普通民众)将无法定位。如认为其为商人,由于普通民众不一定是从事营业之业,无法涵盖在商人范畴之内;如不认为其为商人,其又受商行为法调整,受商法的价值和原则约束,事实上又是商事法律关系中的主体。本书认为,该问题可以通过在概念上区分商人和商主体予以解决。商人应当是商人法上的概念,而商主体则是商行为法上的概念。如此,商人与商主体两个概念在内涵上便不会相互掣肘,彼此开阔了发展空间。

商人从事商行为时是商主体,商主体也主要由商人构成。但是,商人与商主体的概念是有区别的。详言之:第一,商主体并非一定是商人。商主体,按照通行的定义,指以自己的名义从事商行为,在商事法律关系中享有权利和承担义务的人。质言之,从事商行为,受商行为规则约束的人,即为商主体。因此,在一些法定商行为中,如票据和证券行为中,投资者和普通民众也是商主体,要接受商事规则的约束。如证券投资人在股市交易要遵循不得撤销的规则。这些人从事了商行为,是商主体,但显然并不是商人。第二,商人也不一定是商主体。商人在不从事商行为时不应被视为商主体。商人只能说是在自己的专业领域内具有信息优势,在非专业领域内,商人也不一定具有信息优势,此时,不应当强加给其商主体的资格,让其接受商法的约束。商主体被假定为强而智,但在购买消费品时,其智不能体现。其时,应当赋予其消费者的地位。且此时,商人可能追求的并不是效率,而是公平,因而,其时应当适用民法的规则,探究商人的真实意思。因此,商人所为之行为,并非都是商行为。第三,商人是一个静态的概念,强调的是其主体资格依商法创制的,《公司法》和《合伙企业法》等法律的目的是建构商人这个私法主体;而商主体则是动态的概念,商主体为商事法律关系中的主体,

---

① 仅有《合伙企业法》和《个人独资企业法》属于商事立法。

强调的是受商行为法规范的调整。私法上的人从事商行为,为商主体,不从事商行为,则不为商主体。人、商人、商主体的关系如下图:大框表示人,角框表示商人,中间虚框表示商主体。实框表示静态,而虚框表示动态。

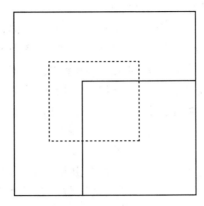

商主体是从事商行为的结果,而不是从事商行为的原因。商人因从事商行为才能称之为商主体。自然人也是如此,只要从事营业活动,持续性、反复性从事一项经营活动,也就事实上改变了身份,成为了商主体。商主体实质上向所有的私法主体开放。但能否成为商主体,还要看其自身的条件。商人很容易成为商主体,那是由其自身的性质和实力所决定的。

王保树教授认同区分商人与商主体的做法。"总结过去理论研究的经验,应该将商人单独突出出来,而不是作为与商事主体互换的概念。"商事主体应当理解为"商事法律关系的主体。换言之,凡依法参加商事法律关系者均应被称为商事主体。""商人以外的人只要是法律不禁止,仍可以从事商行为。"①

六、私法主体体系中的商人

在我国,私法主体被分为自然人、法人和非法人组织三类。② 法律赋予自然人人格是基于人类尊严的伦理道德要求,赋予团体以法人、非法人组织人格,则是基于"一种法律技术机制,是一种模式,一种方式,藉此开展各种法律关系,以

---

① 王保树著:《商法总论》,清华大学出版社2007年版,第3—4页。王保树教授认为:"商事主体应当包括:商人、商人以外依法从事商行为者、非从事商行为但依法缔结商事法律关系者。"本书认为,"非从事商行为但依法缔结商事法律关系者"并不是商主体。

② 依《民法典》规定,私法主体分为自然人、法人和非法人组织三类。《民法典》选择用"非法人组织"一语不甚恰当。法人的实体基础是团体而非组织。此外,本书作者主张自然人与法人两分法。两分法更科学。针对《民法典》,本书认为应当在理念上创设涵盖法人、非法人组织的非自然人主体概念以重回二分法。

达到某一集体目的。"① 或许同样出于对人类尊严的考虑，法律在历史上长期不愿意承认团体的法律人格。但不管法律承认不承认，他们始终以事实存在着，②因为人类始终有联合成立团体的欲望。

　　法人包括营利法人和非营利法人。以取得利润并分配给出资人为目的成立的法人，为营利法人；为公益目的或者其他非营利目的成立，不向出资人、设立人或者会员分配所取得利润的法人，为非营利法人。③ 这里的营利，非指法人自身营利，而是指出资人营利。法律作此区分，理由如下：第一，体现不同规制理念。营利法人更多地体现了私法强制，而非营利法人更多地体现私法自治。营利法人将利润分配给出资人，更多涉及交易、投资安全，因而强制应该多一点，非营利法人不将利润分配给出资人、设立人或者会员，一般不涉及交易、投资安全，自治应该多一点。这是营利法人与非营利法人区分最重要的价值。④ 第二，契合民商立法实践。作为最重要的一种商人类型，各国对营利法人一般单独立法予以规范。营利法人一般指公司法人，而各国几乎都制定单独的公司法。社团和财团的区分看似好，但就社团法人方面，忽视了德国民法仅规范非营利社团（《德国民法典》对营利社团仅有一条规定且无实质内容⑤），而营利社团则由商法规范的做法。营利法人和社团法人放在一起规范是别扭的，虽说都是社团，结构完全不一样。营利社团与非营利社团的构造差别很大。非营利社团很简单，德国法规定的条款也不多；而营利社团就不一样了，各种营利社团本身构造差别都很大。且一个应以强制为基础，另一个应以自治为基础，一个涉及交易安全，一个基本不涉及交易安全。因此，最好不要放在一起。此外，营利法人和非营利法人的区分非常周延，而社团法人和财团法人的区分未必周延。比如目前资本市场中的重要角色资管计划已被实践承认为主体，但它在社团或财团中都找不到自己的位置。还有投资基金已经是会计主体，但它很难在社团与财团中间找到位置。尽管《民法典》总则编在民商合一方面体现得并不成功，但在营利法人和非营利法人之区分方面的积极意义还是值得肯定的。非法人组织也是一种虚拟人格，同法人并没有实质的区别，它反映法律不想承认此一类组织的人格，但又不得不承认的现实。非法人组织包括各类未注册为法人的营利和非营利团体。

---

① Carlos Alerrto da Mota pinto 著：《民法总论》，林炳辉等译，澳门法律翻译办公室 1999 年版，第 100 页。转引自税兵：《法人独立责任辨析》，载《四川大学学报(哲学社会科学版)》2005 年第 2 期。
② 李永军著：《民法总论》，法律出版社 2006 年版，第 282 页。
③ 《民法典》第 76、87 条。
④ 有学者在评注《德国商法典》第 22 条时认为："非营利社团和营利社团差别对待的原因在于：在前者情形，不需要设置旨在保护法律往来和债权人的保护性规定；而在后者情形，此种保护性规定是不能够放弃的。"杜景林、卢谌著：《德国民法评注》，法律出版社 2011 年版，第 11 页。
⑤ 《德国商法典》第 22 条规定："一个社团，以其目的指向经济上的营业经营为限，如不存在特别的联邦法律规定，因国家授予而取得权利能力。授予权为社团住所所在的州享有。"

商人是依商法创设并获得主体资格的私法主体。① 商人的使命就是营业，也适合营业（因为其被设计出来即是为了营业的）。商人是私法主体中适合营业的一类主体。因此，可以把私法主体分为商人和非商人。要注意区分以下术语：（1）商人和法人。法人中的营利法人（股份有限公司、有限责任公司）是商人。非营利法人一般不是商人，因为商人人格是以分配利润给其成员为基础构造。当然，非营利法人从事营业活动，可以成为商行为法上的主体，并承担商行为法上的义务。（2）商人和非法人组织。非法人组织分为营利的非法人组织和非营利的非法人组织，前者包括独资企业和合伙企业等，是商人，后者则不是。非法人组织商人虽不比法人商人构造复杂，但一样很重要，且非法人组织商人在数量上更多。（3）商人和社团。社团中的公司是商人。社团中的商人具有营利性。所谓营利，指社团"积极的营利并将所得利益分配于社团成员，"即非指社团自己营利，而是指社团为其成员营利。② 财团并不是商人。商人不必分配利润，但要可以分配利润。（4）商人和合伙。合伙企业是商人。民事合伙是契约而不是商人。在我国，商人主要包括公司、合伙企业和独资企业三种类型。

要注意商人与消费者、投资者和劳动者的概念的关系。第一，商人与消费者。消费者是需要特别保护的私法主体。商人一般为经营者，与消费者对称。但是，商人如果从事与其营业并无直接相关的交易，应当认定为消费者。在美国，并不把消费者限定于为生活消费。有关消费者权利的规定，属于民法规范；有关经营者的义务，是维护交易安全的需要，应当属于商法的规范。德国放弃了抽象人格的规定，在民法典中加入了经营者和消费者的概念。不过，这不能说明，有关经营者的规定不属于商法，为了调整的方便，民法同样可以偶尔加入一些商法的规定。第二，商人与投资者。投资者应当区分普通投资者和合格投资者。普通投资者与消费者有些类似，需要特别保护。但普通投资者同样也需要遵守一些商事规则，如证券交易中的交易规则。美国法律特别注重把普通投资者和合格投资者区分开，因为他们的义务是完全不同的。例如，一个机构投资者从事商行为时应当被当做商主体看待。第三，商人与劳动者。劳动者需要特别保护，不适用商法。不过，商法中也会有些与劳动者有关的条款，例如禁业禁止等规定。③

---

① 营业资格和主体资格并不是一回事，商人与商主体也不是一回事。当然，商人是被创设的适合营业的私法主体。

② 梁慧星著：《民法总论》（第四版），法律出版社 2011 年版，第 123 页。

③ 卡纳里斯认为这些条款属于劳动法。〔德〕C. W. 卡纳里斯著：《德国商法》，杨继译，法律出版社 2006 年版，第 4 页。

第二节　商人法与商人法原则

一、商人法

商人法,指为促进交易效率和维护交易安全而对商人的成立、组织与筹资等行为进行规范的法律规范的总称。商人法的主要使命是塑造独立的商人人格。第一,商人的人格是具体的。商人人格的赋予要符合一些准入条件,如商业银行从事银行业以及保险公司从事保险业都要符合满足一些条件。第二,商人的人格是独立的。所谓人格独立,意指商人与其成员的人格相互分离,都具有私法上的主体地位。例如,独资企业与其投资人、合伙与合伙人、公司与股东在人格方面是彼此分离的。做到这一点的前提是商人拥有名称。人格独立的标志是可以用自己名义参与法律关系。独资企业有自己的商号,可以以该商号的名义从事经营活动,这是其具有人格的表现。

商法对商人的调整并非要尊抑其地位[①],而是基于有限责任、共同经营所导致的责任分担,以及平衡给相对人和投资人所带来的交易和投资风险。商人作为经营者,具有信息优势,法律必须对其强加一些义务,以平衡处于弱势地位的消费者。商事交易主要由商事组织参与。商事组织大量参与商事交易活动使得交易活动中的权利、义务承担间接化。为保证交易和投资安全,有必要对这些商事组织进行规范调整,如法定资本、内部治理、盈余留存和重整破产等。在我国,商法中调整商人的一般法律是《个人独资企业法》《合伙企业法》和《公司法》;除此之外,商法还通过《证券法》《保险法》和《商业银行业》等法律对证券公司、保险公司和商业银行等特别的商人进行规范。总之,为强调交易效率和安全,商人参与的交易,往往会适用与民法不同的规则。

商人法对人格的塑造并非要颠倒"从身份到契约"的社会发展秩序。正如有学者指出:"如果说从身份社会向契约社会的演进是商法发展的纵轴,那么身份商人到契约商人的变迁则是商法发展横轴。"[②]

二、商人法原则

鉴于商人是构成商事法律关系的重要主体,维护商主体的稳定性和确定性,对于保障交易安全(包括交易相对人的交易安全和投资者的投资安全),促进交易效率,维护市场主体类型的相对统一,具有重要的意义。商人法的原则有二:

---

① 商人法"研究商人,不是强调它的身份意义,而是资格意义上把握它。"王保树著:《商法总论》,清华大学出版社 2007 年版,第 3 页。

② 徐金海著:《商法源流论》,中国经济出版社 2011 年版,第 43 页。

一为商人法定原则,二为商人维持原则。

(一) 商人法定原则

商人的类型和内容必须符合商法。① 商人法定包含以下两项内容:

1. 商人类型法定

商人类型法定,指商人类型由商法强行规定,不得设立不符合规定类型的商人。尽管没有法律明确禁止选择法定类型之外的商人类型,但由于商人成立要遵行登记原则,不符合法定类型的,登记机构将不会允许登记。商人类型法定首先要求商法对于商人类型做出合理、准确而严格的类型划分。如是,则意味着商法对商事实践中各种行之有效的经营性组织形式已经做了全面的法律概括,从而为行为人进行商事法治实践提供了充分可供选择的主体种类。易言之,行为人没有必要选择法定类型之外的商人类型。法律之所以这样做,在于维护交易安全,在于降低交易成本,在于促进交易效率。统一、协调而合理的商人制度有利于保障良好市场秩序之实现。② 交易相对人有权利知道,这个商人组织中,谁最终对达成的交易承担责任,是作为商人组织本身,还是其成员,还是那些出面交易的个人。类型法定对商人组织成员也具有很重要的意义。在股份公司和其他的一些商人组织中,所有权与经营权相互分离,并不是所有的股东都能参与公司的经营决策。法律必须规定此类组织的组织形式、机构及其权限以保证投资安全。③

商人按照成员承担责任的方式,主要有独资企业(无限责任)、合伙企业和公司(有限责任)三种类型。合伙企业包括普通合伙(无限连带责任)和有限合伙(普通合伙人负无限责任,有限合伙人负有限责任),公司则包括有限责任公司和股份有限公司。上述商人类型基本满足了商业需要,行为人欲参加商业活动,可以根据自己的风险偏好,在上述形式中选择一种。商法尽管按照成员承担责任的形式划分商人类型,并对每种商人类型进行不同的规定,但他们商法上的地位是平等的。法律必须对成员的法律责任明确规定,并对交易风险较大的商人类型施以更加严格的规定以控制风险。独资企业、合伙企业和公司是各国普遍存在的商人类型。这充分反映这些商人类型是商业实践的总结,而非法律的强加。

目前,我国依然有按照所有制划分企业类型。按照所有制把企业划分为全民所有制企业、集体所有制企业、混合所有制企业、中外合资经营企业、中外合作

---

① 商法法定之法应以全国人大及其常委会制定颁布的规范性文件为准。允许地方或部门诸侯割据式的立法格局存在将使商人法定原则形同虚设。周林彬主编:《商法与企业经营》,北京大学出版社2010年版,第64页。

② 董安生、王文钦、王艳萍编著:《中国商法总论》,吉林人民出版社1994年版,第55页。

③ 〔德〕古斯塔夫·拉德布鲁赫著:《法学导论》,米健等译,中国大百科全书出版社1997年版,第185页。

经营企业、外商独资企业、私营企业等几类。此外,《公司法》对国有公司也作出了单独规定。这些划分无利于改善交易安全,并必然导致区别对待。这些划分不具有商法意义,它们是国家干预经济的体现,属于经济法的调整内容。

我国商法上商人类型的设置基本合理,但也有需要改进之处。本书认为,商人类型中的有限责任公司设置不合理。有限责任公司受德国和日本法的影响,该种类型公司与股份有限公司并无本质区分,以资本是不是以股票形式体现区分两种商人类型并没有多少实质的法律意义,徒然增加公司改制的成本。建议公司采封闭公司和公开公司划分即可。前者具有较多的人合性,后者则为资合公司,法律应当对后者施以较多的强制性规范限制。前者,则更多地遵循公司自治原则。目前,日本公司法已经废除了有限责任公司。

2. 商人内容法定

商人内容法定,指各具体商人类型的内部治理、财产关系和责任形式,商法加以强制性规范规制,禁止行为人任意变更。[①] 如果商人内容不相同,那么商人类型法定就没有意义。

商人内容法定欲达到以下目的:第一,同一类型的商人具有大致相同的法律构造。例如,股份有限公司的资本均以股份股票表示,股东均承担有限责任,公司财产与股东财产相分离,内部治理结构均要设股东会、董事会和监事会,注册资本均要达到最低限额等。第二,行为人不得任意变更法定的商人内部元素,如欲变更,非经变更登记不生效力。对于具体元素的更改,如减少注册资本、变更商人代表人,商法也是允许的,但必须履行相应的法定程序。第三,行为人不得以法无禁止为由通过章程、协议消解商人法中的强行性规定。例如,公司在法定机构之外可以设置任意机构[②],但该任意机构不得架空法定机构的权力。大致相同的法律构造目的在于简化市场关系,帮助各方市场参与者降低信息搜索成本,锁定交易风险,最终达到促进交易效率和保障交易安全的目的。例如,对于股份有限公司,如果没有内容法定,投资人将无法隔离投资人自身的财产与公司财产,无法保证自己的投资安全,更无法锁定自己的投资风险;对于交易相对人,也无从了解交易对手的内部情况,无法确定其资产状况和信誉等级,这些都将阻

[①] 在万科与华润有关董事会决议效力之争中,公众与当事人仅关注了董事会决议是否达到公司章程规定票数。事实上,万科的公司章程要求重大事项须经 2/3 以上董事的规定违背了公司法相关规定《公司法》第 111 条第 1 款规定:"董事会会议应有过半数的董事出席方可举行。董事会作出决议,必须经全体董事的过半数通过"。公司法关于股份公司的规定,应当理解为强制性规定,除有法律授权之外,不应当允许章程任意突破。

[②] 刘俊海著:《现代公司法》(上),法律出版社 2015 年版,第 578 页。

碍交易的进行,降低交易欲望。①

类型法定和内容法定需要是通过准则主义、强制主义和公示主义实现。关于准则主义,1919年《法国商业登记法》、1948年的《英国公司法》和《瑞士债务法》(1933年修订)均对商人成立规定了准入条件,其中某些实体法条件和程序性限制还相当严格。关于强制主义,是指商人类型选定之后,商法对商人具体的人格元素更为细致的塑造。关于公示主义,是指商人必须就其类型和内容予以登记公示,公示的内容和效力依法律确定。在我国,登记还是商人创立的必要条件。② 以公司为例,公司应当就其设立、变更和终止诸事项予以公示。③ 商人依法登记注册的事项和文件既要设置于登记机关,也要设置于其营业场所。④ 公示的目的是以便交易相对人和投资人及时知晓与商人人格相关的信息。登记公示的效力有未经登记和公示不产生效力的,如公司设立;有不得用以对抗善意第三人的⑤;有免除公示主体法律责任的。

(二) 商人维持原则

商人维持原则,指商法应当尽力保证商人组织的稳定存续和健康发展。⑥ 商人,特别是公司商人是市场经济的重要元素,如果这类组织不能保持其稳定存续将给交易安全、职工、投资者、消费者乃至给整个市场带来系统风险。2008年的美国金融危机即是由于一个企业的突然倒闭而突然引发的,其对世界经济和生活的影响至今仍在深入发展中。商人维持原则,主要包括以下内容:⑦

1. 财产隔离

财产隔离,指将商人的财产与其成员的财产相互隔离。以公司法最为典型。公司是财产的集合。没有财产,公司也就没有存在的基础。第一,法律明确将公

---

① 有学者从公法意义上阐述商人法定的意义,认为商人法定体现了国家干预、控制的色彩,并认为商人法定对于工商管理、税收征收以及市场经济法制秩序的维护具有极为重要的意义。周林彬主编:《商法与企业经营》,北京大学出版社2010年版,第63—65页。本书认为,以所有制、企业规模等划分商人类型的确有公法上的意义,但这或正是本书所批评的,或属于经济法的范畴。

② 小商贩除外。小贩是不是商人有争议。本书主张小商贩不是商人,但可以成为商主体,这主要是基于消费者法的考虑,将其置于相对强势的地位。当然,这只是相对的。小商贩的生存利益和经营权的保障,与消费者之间应该适当平衡。消费者也应当承担相应的风险。

③ 登记公示的内容各国法律不一而足。例如,美国"要求合伙企业或其他连带责任主体在商事交易中公示其合伙人姓氏及其财产责任性质,并以此作为区别合伙企业行为与个人行为的标准。"(《美国1890年合伙法》第4条)董安生、王文钦、王艳萍编著:《中国商法总论》,吉林人民出版社1994年版,第57页。

④ 英国公司法规定,公司"必须存有公司章程、公司细则、全体董事名单及其地址、公司会议记录、公司账簿、历年的年度报告、资产负债表和损益表等,这些文件必须允许任何第三者自由查阅"。董安生、王文钦、王艳萍编著:《中国商法总论》,吉林人民出版社1994年版,第244页。

⑤ 《日本商法典》第11、12条规定,应登记事项,非经登记及公告后,不得以其对抗有善意的第三人。虽于登记及公告后,第三人因正当理由而未能得知时亦同。

⑥ 叶林、黎建飞主编:《商法学原理与案例教程》,中国人民大学出版社2006年版,第17页。

⑦ 覃有土主编:《商法学》,高等教育出版社2008年版,第33—34页。

司财产与其股东财产隔离,对于抽逃资本和虚假出资予以重罚。第二,盈余分配规则。公司的利益首先用于弥补亏损①,其次用于提取各种积累资金,最后才可以用于盈余分配。第三,公司不得任意减资,减资必须要符合法定程序。第四,公司不得随意将财产借与股东或他人,相关借贷和担保必须履行严格的程序。合伙企业同样遵循财产隔离原则。第一,合伙企业可以拥有自己的财产。② 第二,合伙人清算前不得任意请求分割合伙财产。③ 第三,合伙人的债权人不得以债权抵销合伙债务,不得代位行使合伙人的在合伙企业的权利。独资企业的财产与成员的财产也存在一定的隔离。

2. 强化治理

商人的意思由其意思治理机制形成。商法对各种类型商人均强调内部治理,目的在于促进商人人格的独立。强化治理以公司为甚。公司为拟制主体,其与管理层的资产又隔离,极容易产生代理成本。公司必须严格按照《公司法》确定内部治理结构,降低经营风险。良好的内部治理可以减少不理性的经营行为。但是,公司管理层的风险与责任不匹配极容易导致管理层铤而走险。2008年雷曼兄弟的情形即是如此,高额的利润与较低的责任使得收益与风险极不匹配,使得内部治理形同虚设,最终酿成悲剧。因此,法律还必须严格相应责任人的民事和刑事责任。

3. 避免解体

公司法采取了一系列手段强化公司人格以避免公司解体。第一,准入环节,设置一定门槛(如最低资本),避免风险承载力较低的公司的产生,以增强公司的存续能力。但是,一经出生,商人往往并不因其出生瑕疵而无效。法国1966年《商事公司法》第360条拒绝考虑公司的出生瑕疵。"在设立公司的问题上,即使有无能力人的参与,'公司合同'仍可有效订立之。"如果全体发起人都无能力,那么设立的公司无效④。第二,合并分立时,保持公司人格的同一性和延续性。第三,股东人格和公司人格相分离。公司可以超脱自然人的生死,只要经营得当,其就可以永久存续下去。第四,公司面临困难时,法律规定了重整制度,以图为公司增添重生的机会。《合伙企业法》也强调避免企业解体,尽管强度稍弱。例如,上述合伙人的债权人不得以债权抵销合伙债务并不得代位行使合伙人的在合伙企业的权利的规定即避免解体的体现。《合伙企业法》以无限连带责任促使合伙企业成为一个命运共同体。

---

① 我国台湾地区"公司法"第63条规定:"公司非弥补亏损后,不得分派盈余。公司负责人违反前项规定时,各处一年以下有期徒刑、拘役或科或并科新台币六万元以下罚金。"

② 《合伙企业法》第20条。

③ 《合伙企业法》第21条。

④ 〔法〕伊夫·居荣著:《法国商法》,罗结珍、赵海峰译,法律出版社2004年版,第6页。

4. 分散风险

商法和公司法有许多规则用于分散商人的风险,增强商人的存续能力。第一,公司只能投资于负有限责任的商人,不得投资于普通合伙,避免公司因为别人的经营不善而连累自己。第二,公司可以采取母子公司的形式以分散风险,将风险阻隔在一定的范围之内。世界各国的银行业主要采取这种办法以阻隔风险。第三,商人可以将重要财产和经营行为进行投保,以避免意外风险。第四,其他规定。例如,海商法通常规定,一次航行所生债务,以此次航行船舶价值、运费等为限。

第三节 商法法定的商人类型

一个人从事商业经营,可以选择的经营方式如下:第一,独资经营。优点是经营由投资人自己决定,法律未对注册资本有要求,税收上也可以避免双重征税。缺点则是投资人要负无限责任。第二,合伙经营。优点是法律未对注册资本有要求,税收上也可以避免双重征税。缺点则是经营权要与他人分享,事事要与他人共同决定,投资人要负无限连带责任。第三,公司经营。优点是有限责任;缺点则是基本丧失经营权,法律对注册资本有要求,面临双重征税。责任形式是上述三种经营形式最主要的区别。商人法定是商人法的基本原则。商法根据成员承担责任形式的不同,主要规定了独资企业、合伙企业和公司企业三种商人类型。

一、独资企业

独资企业(Sole proprietorshin 或 Individual Business)[1],指依法设立,由一个自然人投资,投资人以其个人财产对企业债务承担无限责任的商人。[2] 法律的一些强制性规定保证了独资企业人格的大致统一性。独资企业具有以下特征:第一,投资人必须为一个自然人。由非自然人设立的国有独资企业和一人公司、全资子公司等并不是独资企业,适用其他法律调整。[3] 第二,有合法的名称。名称使独资企业与其投资人区分开来。第三,有固定的生产经营场所和必要的生产经营条件。第四,投资人以其个人财产对企业债务承担补充的无限责任。[4]

---

[1] 如无特指,本书的独资企业均指个人独资企业。
[2] 《个人独资企业法》第 2 条。
[3] 非自然人设立独资企业曾经非常复杂。设立主体有国家、企业法人、机关法人、事业单位法人,还有村集体、城市街道等。目前,市场中没有改制的国有独资企业、集体所有制独资企业,仍然适用《全民所有制工业企业法》《城镇集体所有制企业条例》和《乡村集体所有制企业条例》等法律法规。这些不符合市场经济规律的市场主体终将淘汰,目前要做的是不要再新设这类商人。
[4] 《个人独资企业法》第 31 条。

责任的补充性说明法律将独资企业与投资人区别对待。法律还规定独资企业应当有必要的从业人员和申报的出资。但这一要求不具有强制性。独资企业是自然人经营活动的企业形式。国外并无独资企业的专门立法例。[①]

法律规定了独资企业的义务。第一，要求独资企业设置商业账簿。设置商业账簿对独资企业是一个负担。但是，由于我国的自然人可以选择个体工商户的经营方式，立法对独资企业的这一要求可以接受。第二，独资企业被解散前要进行清算。广义上的清算，包括清理待解散商人所有未了结的事务；而狭义的清算仅指资产清算。独资企业的清算财产依次偿还职工债权、税款和其他债务。这体现了双重优先原则中的企业债务应由企业财产优先偿还的原理。独资企业终止后，原投资人对独资企业存续期间的债务仍应承担偿还责任，但债权人在五年内未向债务人提出偿债请求的，该责任消灭。[②]

独资企业在经营上最有灵活性，并可以保持营业上的秘密。各国独资企业的数量占了企业总数的绝大多数。[③] 独资企业在我国却没有得到应有的发展，并没有如预想逐步取代个体工商户。个中原因，除了路径依赖外，独资企业相对较高的法律政策成本也是重要的原因。例如，设置账簿要聘请会计人员对于规模较小的独资企业是一笔不菲的费用。个人创业本来是对社会有益的事情，政府本应该尽力为商人提供方便服务。独资企业要承担较高的税费，不利于创业和增加就业。

本书不认为个体经营者（个体工商户）为商人。[④] 个体工商户，指依法登记的从事商业经营的自然人。[⑤] 个体工商户，个人经营，个人承担责任；家庭经营，家庭承担责任。[⑥] 个体经营者与其投资人人格是统一的。个体经营者多为生存性营业，不宜对其附加过多商法上的义务。虽不宜直接认定为商人，但个体经营者从事商行为时，仍然应当适用商法规则并遵循商法的价值和原则。易言之，个体经营者不是商人，但可以成为商主体。个体经营者要承担的可能唯一的商法

---

① 甘培忠：《我国独资企业立法的几个问题》，载《中外法学》1999 年第 5 期。我国学界和立法机关一直试图寻找欧美国家的独资企业立法例以便于以借鉴。"然而无论在正式的法律文件，还是在浩瀚的法学著述中，都难得见到关于独资企业的系统论述。"造成这种局面的原因是"独资企业投资主体单一、内部组织机构和内部关系简单、企业主与企业关系紧密所决定的。在立法者看来，独资企业的大多数义务，都不过是企业主个人的义务，法律除了要求企业主遵循适用于所有商人的一般商业规范外，没有必要再为独资企业另立一套专门的规范。"赵旭东：《独资企业立法研究》，载《政法论坛》1995 年第 1 期。

② 《个人独资企业法》第 28 条。

③ 谢怀栻著：《外国民商法精要》，法律出版社 2002 年版，第 230 页。

④ 与国外的小商人相似而不相同。不同在于小商人不需要登记；相同在于商法在商号、商业账簿、经理人等方面都不作要求。德国旧《商法典》第 4 条，《日本商法典》第 7 条。

⑤ 《民法典》第 54 条、《民法通则》第 26 条和《个体工商户管理条例》第 2 条。《个体工商户管理条例》由国务院 2011 年 4 月 16 日颁布，2014 年 2 月 19 日修订。

⑥ 《民法典》第 54 条。

上义务便是《消费者权益保护法》上的经营者的义务。个体工商户显示出顽强的生命力。截止到 2015 年 4 月底,全国实有企业 1927.6 万户,而全国个体工商户则有 5139.8 万户,远高于各类企业总和。① 但是数量上的优势并不能反映个体工商户艰难的生存状况。国家应该大幅减免个体工商户的各种税费。

本书同样不认为小商贩为商人。小商贩,指未经过工商登记,无固定经营场所,利用公共空间从事小规模经营的商业经营者。② 小商贩最主要的特点是无照经营。如果认为经营权必须经过政府许可,那么小商贩当然处于违法经营的境地。③ 我国政府一直认为经营权要经过国家许可,并由国家颁发执照才能获得。④ 本书认为,营业自由,经营权乃自然权利,垄断许可殊为不妥。公司、合伙企业之所以要由政府颁发执照,是市场的内在要求和经营者自己选择的结果。参与市场的主体希望公示自己的情况,布诚信于四方,进行登记并由政府进行颁发执照乃是不错的选择。切不能将市场的选择变成政府的权力。因此,小商贩不应当被附加登记的义务。

小商贩是不是商人在各国是很有争议的。在德国旧《商法典》第 1—2 条所列举的 9 种绝对商行为中并没有小商贩所从事的职业。然而,就其本身特点来看,那些具备营业特点的小商贩本质上是符合商人的特征的。因此,德国旧《商法典》第 4 条将这一类小商贩称之为小商人,但免除其商法对待完全商人的义务,如登记、商号、账簿设置义务等。新《商法典》则干脆删除了第 4 条,就此取消

---

① 原国家工商行政管理总局:《2015 年 4 月全国市场主体发展报告》,载原国家工商行政管理总局网,http://www.saic.gov.cn/zwgk/tjzl/zhtj/xxzx/201505/P020150520619283729167.pdf,最后访问日期:2017 年 11 月 25 日。

② 李建伟:《从小商贩的合法化途径看我国商个人体系的建构》,载《中国政法大学学报》2009 年第 6 期。小商贩民间有很多称呼,如走鬼、摊商、小贩、游商、货郎、小商小贩、无证商贩、自由商贩、流动商贩、游商浮贩等。

③ 2016 年 4 月,内蒙古自治区巴彦淖尔市临河区人民法院以被告人王力军未办理粮食经营许可证和工商营业执照而进行粮食收购活动,违反《粮食流通管理条例》相关规定为由,依据《刑法》第 225 条第(四)项规定,以非法经营罪判处被告人有期徒刑一年,缓刑二年,并处罚金人民币 2 万元。判决生效后,引发舆论高度关注。2016 年 12 月 16 日,最高人民法院作出(2016)最高法刑监 6 号再审决定书,指令由巴彦淖尔市中级人民法院对该市临河区人民法院一审判决生效的被告人王力军非法经营一案进行再审。2017 年 2 月 17 日,法院经再审改判王力军无罪。《内蒙古农民收购玉米被判非法经营罪案将再审》,载《人民法院报》2016 年 12 月 31 日;《王力军收购玉米被判非法经营罪一案再审改判无罪》,载新华网,http://news.xinhuanet.com/legal/2017-02/17/c_1120484291.htm,最后访问日期:2017 年 11 月 25 日。上述事件无论从法理还是政策角度看都不应当发生。早在 2003 年,《中共中央国务院关于促进农民增加收入若干政策的意见》(2003 年 12 月 31 日,2004 年中央 1 号文件)即明确规定:"对合法经营的农村流动性小商小贩,除国家另有规定外,免于工商登记和收取有关税费。"

④ 国务院 2002 年颁布的《无照经营查处取缔办法》第 2 条规定:"任何单位和个人不得违反法律、法规的规定从事无照经营";第 5 条规定:"各级工商行政管理部门应当依法履行职责,及时查处其管辖范围内的无照营业行为";第 14 条规定:"对于无照营业行为,由工商行政管理部门依法予以取缔,没收违法所得"。此类地方性法规、规章甚至一般政府文件甚多,此处不再一一列举。李建伟:《从小商贩的合法化途径看我国商个人体系的建构》,载《中国政法大学学报》2009 年第 6 期。

了小商人这一称呼。当然这类个体经营者可以自愿登记为商人,否则不以商人对待。新旧商法这样做,都是从减免小商贩的登记义务,繁荣市场交易出发。但是小商贩在交易中的地位却发生了变化,原来是商事主体,现在却是民事主体。在德国民商分立的情况下,价值理念有了变化。原来司法面对小商人,遵循的是商法的效率优先的理念,而现在可能要遵从自由优先的理念。需要指出的是,由于德国民法典引入经营者和消费者的概念,个体经营者身份的转变,并不影响其为经营者的地位。在我国,此类交易均适用《合同法》,身份变化于交易本身并没有实质影响。

本书认为,小商贩不应当被视为商人,但其从事商行为时,应以商主体对待。小商贩相对于消费者有更高的注意义务,且作为经营者应受消费者权益保护法的规制。小商贩负有向消费者披露商品信息、不得欺诈、保障消费者的人身安全等义务。小商贩这一行业,解决大量就业问题,缓解了社会矛盾,同时是正式商业的补充,也满足消费者的需求。政府理当鼓励才是,没有理由对其取缔。[1]

二、合伙企业

合伙企业,指两个以上的人基于法律和合伙协议共同出资、共同经营、共享收益、共担风险,合伙人对合伙营业期间所产生的债务承担无限连带责任或有限责任的商人。团体性使得合伙企业与其成员合伙人真正做到了人格上的独立。[2] 合伙企业具有字号,可以以自己名义拥有财产、签约和充当法律关系和诉讼当事人。法律赋予合伙企业以人格是对商业实践的肯认。合伙企业的人格可以方便交易。如果不赋予其主体资格,签约时让每个合伙人都签字不但费时费力,也不容易达成协议。因此,无论法律规定不规定,商业实践都会在事实上承认合伙企业的市场主体地位。只不过法律不承认,会出现纠纷,不利于交易安全。因此,法律有必要因应实践,节约交易成本,保障交易安全。这也是法律存在的必要性所在。

合伙企业在理论属于商事合伙。与之对应的民事合伙纯粹是一种契约关系,并无主体资格。民事合伙具有古老的历史。"合伙也许是人类群体本能最古老的表现形式。"[3]公元前18世纪的《汉谟拉比法典》第99条即明确规定:"设若

---

[1] 地方政府仇视小商贩是没有任何道理的。所谓市容市貌的理由更是上不了台面。或许面子工程和小商贩所创造的价值难以计入国民生产总值也是被歧视的重要原因。

[2] 民事合伙不具有团体性,法律性质是契约。各国一般承认商合伙的主体资格。例如,《法国民法典》1842条规定:"隐名合伙以外的合伙,自登记之日起具有法人资格。"

[3] 王利明等著:《民法新论》(上),中国政法大学出版社1997年版,第307页。

某人按方式将银子交给他人,则以后不论盈亏,他们应在神前平均分摊。"① 我国在两千多年前为人所熟知的"管鲍之交"也属于民事合伙。民事合伙因临时目的而起,目的达到一般即会解除。民事合伙极不稳定。《德国民法典》第 727 条规定:"(1) 合伙因合伙人之一死亡而解散,但合伙合同另有其他规定的除外";第 728 条规定:"(1) 合伙因对合伙财产开始破产程序而解散。"民事合伙采共同决定原则。《德国民法典》第 709 条规定:"合伙业务应由全体合伙人共同执行,每项事务需经全体合伙人同意。"与团体相比,合伙只有一个不拘形式的协议。

商事合伙起源于海上贸易。在中世纪,海上冒险的人便与一些商人组成有限合伙,即柯曼达(Commenda)。柯曼达不但是今天有限合伙的雏形,而且现代公司也起源于此。商事合伙体现出更多的团体性。团体的本质是其成员的退出通常并不导致团体的解散。古罗马法学家在解释说,团体就像"舰船的船长和船员的更换,不影响舰船的独立存在;军团成员的更换,也不影响军团的独立存在。"② 有谓合伙即为团体。"合伙者,可谓为脱离个人后,其独立存在性极薄弱之团体;社团者,乃具有团体独立目的及有机单一性之独立存在性极强的团体。"③ 凯尔森是这样定义社团的:"由法律当作是一个统一体的个人集团,即当作一个具有与那些组成集团的个人的权利和义务有所不同的权利和义务的人(body)。"④ 依此定义,《合伙企业法》所规定的合伙企业符合团体的定义:一则,合伙人的权利和义务显然不同于合伙企业的权利和义务;二则,合伙企业允许入伙和退伙。因此,合伙企业应当具有私法主体地位。在一些国家,商事合伙的地位由无限公司和两合公司取代。德国在商法规定了无限公司,并在民法典债编中规定了民事合伙。由于把民事合伙视为一种契约,自然不可能赋予其主体资格。无限公司与普通合伙并无本质区别。普通合伙人承担无限连带责任,尽管不同于无限公司股东承担无限责任,但区别只在于股东或合伙人内部关系,至于外部关系,则没有区别。一些德国著名学者甚至直接把无限公司称为商事合伙;把两合公司称为有限合伙。⑤ 我国也有学者认为,无限公司就是合伙,只不过其家族色彩已经淡化。⑥

合伙企业可以实现以下经济功能:第一,合伙集多人之财,使得经营主体的实力更强,抗御风险也更强;第二,合伙集多人之智,使得经营主体更为理性和智

---

① 参见刘凯湘著:《民法总论》,北京大学出版社 2011 年版,第 233 页。
② 江平主编:《法人制度论》,中国政法大学出版社 1994 年版,第 7 页。
③ 刘得宽著:《民法诸问题与新展望》,中国政法大学出版社 2002 年版,第 516 页。
④ 〔奥地利〕凯尔森著:《法与国家的一般理论》,沈宗灵译,中国大百科全书出版社 1996 年版,第 109 页。
⑤ 参见〔德〕罗伯特·霍恩、海因·科茨、汉斯·G. 莱塞:《德国民商法导论》,楚建译,中国大百科全书出版社 1996 年版,第 263 页。
⑥ 彭万林主编:《民法学》(第六版),中国政法大学出版社 2007 年版,第 77 页。

慧;第三,合伙集众人之责,使得经营主体具有更高的信誉。但是,合伙也有其致命的缺点,那就是合伙为人之集合,可以集众人之智,也可以集众人之私,合伙无有效的内部治理结构,使得企业的内部争议无法有效解决,最终酿成自身僵局。

(一)普通合伙

普通合伙是所有合伙人均负有无限连带责任的合伙企业。商法对普通合伙规制主要如下:第一,责任形式:共担风险,合伙人对合伙债务承担补充的无限连带责任;第二,经营形式:共同经营,没有法定的组织机构;第三,分配形式:共享收益,未约定由各合伙人平均分配和分担。不得约定将全部利润分配给部分合伙人或者由部分合伙人承担全部亏损。① 此外,经合伙人一致同意,可以接纳新合伙人。但入伙后,对合伙以前产生的债务也要承担连带责任。基于法定或约定的理由,合伙人可以退伙。经合伙人一致同意,也可以退伙(团体性表现)。退伙后,退伙人依旧要对退伙前所产生的合伙债务承担无限连带责任。

普通合伙的债务承担,有三个层次:第一,普通合伙首先以其全部财产承担合伙债务。第二,普通合伙不足承担的,由合伙人负补充责任。必须要注意,只有普通合伙发生不能清偿到期债务的事实时,才能要求合伙人承担债务。如何才算不能清偿到期债务,这需要司法实践给出一个判断标准。第三,合伙人的补充责任是连带责任。② 连带责任既是对债权人的保证,也起到了让合伙人共同监督合伙财产不被滥用的作用。

普通合伙甚至是一种比公司还要对投资人严苛的商事组织。合伙人不但要保证合伙财产独立于自己的财产,还要向第三人承担无限连带责任。传统法上,普通合伙相对于公司的优势之一是没有最低资本要求。事实上,无论有没有这个要求,投资人进行创业都需要投入资产(合伙人投入的资产同样不得任意抽回)。如今公司的最低资本要求越来越低甚至取消,普通合伙已经没有了这方面的优势。优势之二普通合伙不用双重征税,各国对普通合伙仅征个人所得税,而不征企业所得税。这一点曾经是投资人选择普通合伙的最重要的原因。不过在美国,这种优势也正在消失,一种小型公司的征税也不需要双重征税。

由于无限连带责任非常严苛,法律规定对特定行业(专业服务组织)可采无限连带责任有所缓和的特殊的普通合伙企业形式(有限责任合伙)。③ 在有限责任合伙中,一个合伙人或者数个合伙人在执业活动中因故意或者重大过失造成

---

① 《合伙企业法》第 32 条。这种保护性规定是没有意义的。应当由每个合伙人分取一个最低比例,剩余的才按照其他方式分配。《德国商法典》第 121 条规定:"对于年度利益,每名股东首先取得数额为其出资额 4% 的应有部分。年度利益不足进行此种分配的,应有部分依相应的较低比例确定。"

② 《合伙企业法》第 39 条规定:"合伙企业对其债务,应先以其全部财产进行清偿。合伙企业财产不足清偿到期债务的,各合伙人应当承担无限连带清偿责任。"

③ 《合伙企业法》第 55 条。

合伙企业债务的,应当承担无限责任或者无限连带责任,其他合伙人以其在合伙企业中的财产份额为限承担责任。合伙人在执业活动中非因故意或者重大过失造成的合伙企业债务以及合伙企业的其他债务,由全体合伙人承担无限连带责任。① 作为多种责任形式混合的有限责任合伙,把合伙人的连带责任限定在一定范围内,使得守法的合伙人不至于因为他人的原因而陷入十分危险的境地。专业服务组织包括注册会计师事务所和律师事务所等,其合伙人不能将营利作为自己的基本追求,因而并不能视为商人。由于这些专业人员及专业机构往往面临着众多利益诱惑,必须对其适用无限连带责任,以使他们自己能够建立互相监督的体制。但是,专业组织往往只能通过内控机制防范一些专业人员的疏忽,不能防止某个专业人员的完全败坏操守的行为。此时,让其他专业人员一起受累,是不公平的,因此,法律推出了有限责任合伙的设计。

(二) 有限合伙

有限合伙实质是公司和普通合伙的复合体。有限合伙的合伙人分为两部分,一种是普通合伙人,应当承担无限连带责任;另一种是有限合伙人,承担有限责任。有限合伙的经营权归普通合伙人。法律不允许有限合伙人参与企业经营。理由是,权利应当与责任相匹配,如果由有限合伙人经营企业,那么有限合伙人则是责任有限而权利无限,很容易产生道德风险。这一点有限合伙式私募基金表现得最为突出。有限合伙是一种非常重要的企业形式。它把智力与资本完美地结合在一起,有能力的没有钱的人可以借助他人的资本经营,而没有能力或没有时间但有资产的人可以将资产交与他人经营,有限责任在这里有效阻止了风险的漫延,是创业投资的催化剂。同时,需要指出的是,创业投资并不是没有能力以公司形式出现,而是如果以公司形式出现,将无法实现有限合伙约束经营者的功能。创业投资要求经营者要负担与其权力相应的风险,这就是无限责任。有限合伙的优点也是其缺点。"有限合伙吸引人的地方在于,它可以使人们成为只负有限责任的合伙人,尽管也正是由于这个原因,有限合伙的信用度要普遍低于普通商事合伙。"②

合伙企业基于约定或法定的理由解散的,应当进行清算。清算的目的在于分配合伙企业的财产。合伙财产应当先清偿合伙债务,清偿顺序依次为支付清算费用和职工工资、社会保险费用、法定补偿金以及缴纳所欠税款、清偿债务(此债务不包括合伙人个人债务),如有剩余,才可分配给合伙人。③ 这里体现了双重优先原则中的合伙债务,合伙财产优先偿还的精神。合伙企业不能清偿到期

---

① 《合伙企业法》第57条。
② 〔德〕罗伯特·霍恩、海因·科茨、汉斯·G.莱塞著:《德国民商法导论》,楚建译,中国大百科全书出版社1996年版,第274页。
③ 《合伙企业法》第89条。

债务,债权人可以要求普通合伙人清偿的规定,则体现双重优先原则中的个人债务,个人财产优先偿还的精神。① 合伙企业清算后应当依法申请注销,注销后,合伙企业的主体资格终止。合伙企业的债务并不因合伙企业的终止而终止,而是由普通合伙人继续承担无限连带责任。这对于合伙人或许是一个巨大的负担,阻碍其东山再起的机会。因此,我国应当尽快建立起个人破产制度。同时,也应当引入德国法上的债务时效制度。②

三、公司

(一) 意义和功能

公司,指依法设立,其股东以认缴的出资或认购的股份为限对其承担责任的商人。公司在法律上最大的特征是股东的有限责任和两权分离。有限责任带来了道德风险,两权分离带来代理风险。公司法必须在制度设计上平衡投资者和债权人、投资者(所有者)和管理者之间的利益。公司法具有强制性。契约自由特别是在公众公司中受到了极大的限制,即只有在明文许可的情况下,公司章程才能作出与法律不同的规定。③ 即使法律没有规范或没有最终的规范的事项,公众公司的章程若进行规定,也需要与公众公司的本质一致,且不得违反其他强制性规范的规定。④

公司经济功能如下:

第一,资源聚集。公司能够将大量的人、才、物等资源要素集聚在一起为生产生活服务。以资本筹集为例,股份公司彻底解决了大规模融资的问题。伯纳德·施瓦茨指出:"正是公司制度使人们能够聚集起来对这个(美洲)大陆进行经济征服所需要的财富和智慧。"⑤ 融资取决于两个条件:一是风险是否可控,公司的有限责任解决了这个问题;二是资本是否可以自由流动,股份的自由流通解决了这个问题。公司通过股权融资不用归还,可以大大降低公司的财务风险。

第二,风险隔离。借助于有限责任,投资人(公司股东)可以将投资风险限定在特定范围之内。"有限责任使股东受益于封顶的下方风险,而其却有机会获得

---

① 《合伙企业法》第 92 条。
② 《德国商法典》第 159 条规定:"由公司债务产生的对股东的请求权,在公司解散后,经 5 年时效消灭,对公司的请求权受较短消灭时效限制的除外。"
③ 我国股份有限公司的法律规定中并无相应规范。应当借鉴《德国股份法》第 23 条第 5 款的规定:"只有在明确允许的情况下,章程才可与本法的规定相背离。"
④ 〔德〕罗伯特·霍恩、海因·科茨、汉斯·G.莱塞著:《德国民商法导论》,楚建译,中国大百科全书出版社 1996 年版,第 441 页。
⑤ 〔美〕伯纳德·施瓦茨著:《美国法律史》,王军译,中国政法大学出版社 1989 年版,第 67 页。

不封顶的上方收益。"①借助于有限责任,公司可以通过子公司的形式把自己业务划分若干部分,这样就使得一部分业务的经营失败可以被有限责任有效的控制在一定的范围之内。目前,世界上的大企业经常采取这种形式,以便在公司各个业务之间建立防火墙。我国银行业所采取的总、分模式抗风险相对较差。

第三,专家经营。公司可以实现所有权与经营权分离,这使得专家经营成为了可能,这样能够充分利用资本和智力这两种资源。资本为专家所运营能够提高资本的运营效率。尽管并不是公司最早实现了专家经营,但两权分离、专家经营以公司最为典型。

第四,人格永续。乌尔比安说:"团体独立的性质,虽然由于它的成员组成全部改换,也不影响其独立存在。"②公司作为团体人格,同样如此。"铁打的公司,流水的股东。""股东如泰晤士河的河水般川流不息,而公司一如泰晤士河永恒存在。"③公司摆脱了自然人受生命周期的限制。如果经营得当,公司本身可以永久存续下去,避免人亡政息。公司这一作用对于市场经济同样意义重大。市场作为网络,任何一个联结点的损坏都有可能造成较大影响。

公司特别是股份公司,是一个伟大的制度发明。④ 公司这种制度对社会所产生的影响不次于任何科学技术。甚至可以说,正是公司这项制度最大程度地发挥了人的潜能,从而促进了科技进步。目前的重大科技进步大多数都与公司有关。科技成果也得借助于公司才能得以实现。没有公司,就没有现代文明;公司的出现,改变了这个世界,它引领时代潮流,促进社会进步。

(二)公司法的宗旨

公司法应当坚持以下宗旨:第一,保护投资者的利益。投资是经济发展的基础,保护投资者的利益才能保护投资。公司法有许多措施保护投资者的利益,一是通过实现资本的自由流通和安全流通使得投资者可以较为容易转移自己的投资风险。资本的自由安全流通也是资源配置和促进公司治理的重要途径。二是通过公司治理使得公司利益尽量少地受到代理者的侵犯。公司法的中心问题即代理问题,如何解决代理风险,始终是公司法面临的课题。公司法不仅要保护股权投资者,也要保护债权投资者。第二,保障交易安全。我国的公司采取的都是有限责任形式,股东对其投资所产生债务仅负有限责任。这对交易相对人来说实际上是不平等的。在交易中,公司盈利,股东则可以分得利润,而亏损则可能

---

① 〔美〕保罗·戴维斯、莎拉·沃辛顿著:《现代公司法原理》(第九版),罗培新、赵渊、胡改蓉、张天颖译,法律出版社 2016 年版,第 205 页。
② 江平主编:《法人制度论》,中国政法大学出版社 1994 年版,第 7 页。
③ 周林彬主编:《商法与企业经营》,北京大学出版社 2010 年版,第 72 页。
④ 商波视股份公司为"现代资本主义的卓越工具"。"由于股份公司具有无可比拟的企业经济集中能力和法律组织能力,在这方面它超过了其他任何形式的企业结构。"〔法〕克洛德·商波著:《商法》,刘庆余译,商务印书馆 1998 年版,第 12 页。

不负经营风险,最终由交易相对人承担风险。公司法为此采取的措施是公示制度、资本维持制度、盈余留存等制度。通过公示制度,解决了交易信息不对称问题。各类不同的公司虽然都叫公司,但鱼龙混杂,公示制度是辨别鱼还是龙的重要手段。公司尽管仅是法律拟制物,但其是所有利益相关方共同利益之所在。换句话说,公司维持和壮大才符合利益相关方的共同利益。同时,这也是经济发展的需要,公司的壮大本身即是经济发展的反映。

(三)公司设立

公司要具备一定条件方能设立。学说上有两种三要件说。第一种是人的要件——股东或者发起人;物的要件——最低资本额;行为要件——公司章程①;第二种是章程的制定、股东的确定和机关的设置三要件说。② 两种三要件说各有所缺。第一种遗漏了机关和名称;第二种遗漏了资本和名称。机关的设置不可或缺,学说上可将机关的设置作为公司与合伙的区别之一。名称同样不可或缺,名称是公司与其股东人格相区分的象征。

结合我国法律,本书认为公司设立的条件如下:第一,股东。一般为两人以上,例外可以为一人。由于实行两权分离,公司法多未对股东的行为能力作出限制。第二,资本。最低注册资本是有限责任的对价,也可以起到谨慎投资的作用。目前,法律仅要求有认缴的出资额即可,普通公司对注册资本不再有最低限制。第三,章程。公司章程是依法制定的,记载有关公司组织及其行动的基本规则的书面法律文件。章程既是股东集体意志的体现,也是法律意志的体现,章程中有许多条款本身即是法律要求的必备条款。③ 第四,机关。公司一般要有股东会、董事会和监事会等完善的组织机构。第五,名称。公司名称中要注明有限责任。我国法律将公司分为股份有限公司和有限责任公司是不合适的。应当借鉴美国的做法,将公司分为公开公司(Public Company)和封闭公司(Close Corporation)。为了保护投资者和债权人,法律应当着重公开公司的监管,而对于封闭公司,则尽量让其自治。④ 此外,我国法律还规定了住所作为公司设立的条件。住所法定是为了方便司法管辖和商业经营。

我国法律完全取消注册资本的最低限制有一些矫枉过正。2013年《公司法》修订前的有限责任公司3万元的最低注册资本限额已经很低,已经不能构成创业障碍。真正构成障碍的是股份有限公司最低500万元的注册资本限制,但完全取消也不合适。这样可以让投资者慎重投资,以避免不必要的投资损失。

---

① 郑玉波著:《公司法》,台湾三民书局1996年版,第30页。
② 〔日〕前田庸著:《公司法入门》(第12版),王作全译,北京大学出版社2012年版,第590页。
③ 英美法认为合伙是合同设立的,而公司则是国家设立的。这当然不是说公司真的由国家设立,而是说公司章程体现了法律的意志。江平主编:《新编公司法教程》,法律出版社1994年版,第32页。
④ 《公司法》第23、76条。

(四) 股权转让

股权是股东对公司的概括请求权。从性质上说,股权类似于债权,但又不是债权,原因是,股权转让比债权方便。债权转让一般要通知债务人或经债务人(双务债情况下)同意。股权作为对公司的请求权,证券化为股票之后其转让则通常不需要公司的同意(有限责任公司除外)。股权能够自由转让是公司的主要特征之一,对于促进融资和方便投资意义重大。在我国,法律规定有限责任公司的出资转让要经过股东的过半数同意。

(五) 股东与债权人

股东和债权人都是公司资本的提供者。区别在于债权人是固定索取者,无论公司经营状况如何,都应当向债权人承担债权清偿责任;股东则是剩余索取者,只有公司有盈余,才可以分取利润,只有公司清算,才可以拿回出资。显然,股东的风险更大。风险更大,权力也应该更大,这是股东拥有公司治理权力的法理根据。但是,如果公司失败以致破产,债权人承担的风险与股东是一样的,基本上都拿不回自己的原初的财产。对债权人更不公平的是,债权人是在没有享有公司治理权力的情况下承担上述风险的。为了平衡债权人利益,公司法特别作出了保障债权的特殊规定。例如,公司分立是公司的自由,但由于涉及债权人利益,分立时必须通知债权人并公告,分立后的公司都要继续承继原有的债务。再如,公司减资时,要得到债权人的同意,否则,要先清偿债务或者提供相应的担保才能减资。[①]

法律对公司的盈余分配进行了强制性规定。合伙人承担的是无限连带责任,合伙人从合伙中分配多少财产没有多大必要规定,反正合伙人最终要承担补充责任。公司则不同,公司不能把所有盈余进行分配,原因是股东承担的是有限责任。既然承担的是有限责任,那么公司的财产就要与股东的财产隔离,股东只能拿走盈余中应得的一部分,而不能拿走其不该得的部分。公司盈利后,在交完相关税收和借贷利息后,要先提取一部分法定公积金(我国《公司法》规定的是10%),经股东会决议,还可以进一步提取任意公积金。如果公司的盈余公积金过多,可以不再提取。我国规定的是达到注册资本的50%可以不再提取。盈余公积只能用于弥补亏损,而不能用于利润分配。

公司解散要进行清算。如果公司财产不足以清偿公司债务的,应当申请破产。公司成立应当始于设立登记,终止应当终于注销登记。

[①] 《公司法》第175—177条。

第六章 商人人格的法律塑造

第一节 商人人格与商人人格的塑造

一、人格

人格，一是指主体资格，二是指主体自身。人格的本义指生物人的法律主体身份。人格的概念产生于罗马法。罗马法上，生物人如果欲成为法律关系主体，必须拥有人格。罗马法上的生物人和人格是分离的，换句话说，人格是伴随着不光彩的一面而出现的，他把生物人区分为可以成为权利主体的人和不可以成为权利主体的人。

在天赋人权、人人平等的自然法和康德伦理人格主义哲学的精神感召下，近代法普遍授予有理性的生命以自然人格。康德认为："有理性的生灵叫做'人'，因为人依其本质即为目的本身，而不能仅仅作为手段来使用。"① 人格失去区分不同的生物人的功能。但是，罗马法上生物人和人格的分离给了近代立法拟制虚拟人格的启示。法律上第一个虚拟的人格是法人，它是一个团体人格。法人与自然人一样，都不同于团体或生物人，都是法律构造和抽象的产物，目的是抽象出无差别的自治的"人类形象"。但法人与自然人依然不能相提并论。按康德的说法，没有理性的仅具有相对的价值，即只能作为手段。团体虽被赋予人格，但其意思是虚拟的。团体人格具有工具性。

人格把人类和团体抽象为自然人或者法人私法主体，假定所有人具有同样的权利能力，宣扬了人人平等。罗马法上的人格是用来制造不平等的，而现代法上的人格则是通过塑造无差别的人的形象制造平等。人人平等奠定了私法自治的基础。私法自治当然应当建立在主体平等基础之上。人人平等并不否认人与人的天赋差别。私法自治的精神即在于鼓励人们利用自己的天赋相互竞争，以更多地创造物质财富和精神文明，同时，人格自身也在这个过程中得到充分的发展。

---

① 〔德〕卡尔·拉伦茨著：《德国民法通论》（上册），王晓晔等译，法律出版社2003年版，第46页。

二、商人人格

商人资格依商法授予。各国商法对商人资格的取得采准则主义。[①] 法律明确商人资格的授予条件,只有满足这些条件,营业团体[②]才可以经向登记机关申请登记而获得商人主体资格。[③] 商人主体资格与自然人主体资格完全不同:商人是拟制人格;自然人则是自然人格,出生是取得自然人格的唯一条件。商法虚拟商人人格具有如下意义:

第一,促进交易效率。一方面,商法通过交易对手的集约以减少谈判成本。团体是由众多人作为一个整体构成的。交易时,如果不把团体当作一个人格,那将十分不利于交易的成交。相对人和团体一个人格谈判还是和团体中的每一个成员都谈判,其谈判成本显然是完全不同的。签名时如果每一个团体成员都签约,也将十分费时费力。商人人格导致了一个统一的与其成员以及业务执行人相分离的具有独立财产的交易当事人。[④] 另一方面,商法通过两权分离提高投资的效率。实现两权分离也是法律拟制商人人格的重要原因。只有商人是独立的人格,商人事业的经营权和终极所有权才有可能分离。

第二,保障交易安全。一方面,商法塑造了强大的商人,减少了交易对手的风险。例如,商法通过内部治理、财产独立等制度使得商人能够长久存在。另一方面,商法通过责任隔离阻隔了投资风险从而促进投资。例如,公司和股东的责任是完全隔离的,股东仅就公司的债务承担有限责任。合伙企业和独资企业也能实现一定程度的隔离。[⑤] 责任隔离隔离了众多的投资风险,因此,以商人的名义筹集资本就具有了非商人筹集资本所不具备的优势。这一点在公司表现得尤为明显。责任隔离使得公司财产不会受到成员以及业务执行人的债务人的扣

[①] 关于商人资格的取得,历史上主要有审批主义、特许主义和准则主义。英国早期的公司成立要取得国家的特许状。中华人民共和国成立后和改革开放后的很长一段时期,我国各类企业的设立均需要行政审批。2005 年《公司法》修改后,我国基本采纳了准则主义,但对于特定行业仍然适用审批主义,如我国证券交易所的设立需要国务院的批准。审批主义和特许主义于营业自由有重大影响,各国多已摒弃。当然,准则主义对营业自由也有一定的影响。

[②] 本书中的商人既指营业团体人格,也指营业团体自身。理论上,团体与团体人格并非一致,应当先有团体,然后才有团体人格,并且并非所有团体均能获得团体人格。但商法上的营业团体(独资企业、合伙企业和公司)与其商人人格多是同时产生。以公司为例,所谓公司设立之时,也就是公司人格获得之时。商法上基本上不存在无商人人格之团体(设立中公司有争议)。本书中的商人设立与商人人格取得具有同一意义。

[③] 此处的商人资格是成为商人这个私法主体的资格,与商事权利能力没有关系。

[④] 〔德〕格茨·怀克、克里斯蒂娜·温德比西勒著:《德国公司法》,殷盛译,法律出版社 2010 年版,第 430 页。

[⑤] 参见本章第四节相关内容。

押,因此很适合作为信贷的基础。①

三、商人人格的塑造

商人人格授予的过程,即是商法塑造商人人格的过程。从形式上,商人需要另一个私法主体向登记机构登记,登记机构依法定条件登记,商人即取得主体资格;从实质上,商人人格是投资人与法律共同参与,意思自治与法律意志的共同作用结果。以合伙为例,合伙的人格创设既有合伙人的意思,也有法律的规定。一方面,合伙人必须就合伙的事务执行、权利义务等达到协议;另一方面,法律设定了合伙企业成立的条件,合伙企业也必须经依法登记才能成立。更重要的是,法律规定了合伙企业的责任承担形式,即合伙人对合伙的债务承担补充的无限的连带责任,此为合伙企业的根本特征。商法介入的目的在于平衡交易人和合伙人、合伙人与合伙人之间的利益。意思自治决定了商人人格的个性,而法律意志则决定了商人人格的共性。商人人格塑造的目标如下:

第一,实现人格标准化。商人设立的准则主义可以使各种类型的商人相对标准化。标准化是为了便于交易对手识别。例如,如果知道交易对手是有限责任公司,那么大致就可以知道该类型商人承担的是有限责任,公司的治理结构由股东会、董事会和监事会组成等等。标准化并非将所有的商人同质化。法律所规定的设立准则并不是千篇一律的。法律根据市场要求和参与人自身特点设计准则。也就是说,商法提供的不是一种套餐,而是多种套餐,尽管套餐数量还是有限的。从责任形式看,商法提供了无限责任的独资企业、有限责任的有限合伙和公司,还有无限连带责任的普通合伙。每种套餐的内容是基本一致的。不过,各种套餐中有些细节可以由创设人自己选择,商法没有规定的地方创设人还可以自由设定。但套餐的存在,使得各种类型的商人基本标准化。

第二,实现人格透明化。人格透明化的方法除了人格标准化,公示则是另一种办法。人格标准化使商人的共性透明化,而公示则使商人个性透明化。通过登记等公示方法,利害相关人便可以方便了解到各个商人注册资本、代表人、主要投资人等信息;通过信息披露,可以了解到商人内部更进一步的信息。这可以使得投资人、交易相对人作出更为理性的商业选择。人格透明化也体现了商法的基本规则之一,即外观原则。

第三,实现人格稳定化。为了使商人不至于存在时间过短或者防止不适格主体进入市场,法律要设置一个门槛。这个门槛不仅仅是指资金实力,还有内部治理等。法律通过这个门槛,以图塑造一个强而智的交易人格。市场交易的连

---

① 〔德〕格茨·怀克、克里斯蒂娜·温德比西勒著:《德国公司法》,殷盛译,法律出版社2010年版,第430页。

续性同样期待人格的稳定。一个商人的生命突然中止,可能会对市场造成重大影响。市场已经变成一张重叠交织的立体网,每个主体都是这张立体网上一个联结点,一个联结点同时与数个乃至成千上万个联结点联结,一个联结点的消失会影响到其他所有的联结点,如果一个个联结点不断地断掉,将会导致整张网破掉。现代市场网络从表面上看精美绝伦,但实际上又是那么脆弱。法人制度的出现,其本意就是使这些交易主体超越个人的生命和专断,实现人格永续化和稳定化。

法律参与商人的人格塑造主要是市场和主体自身的要求。早期的有限责任形式商人柯曼达就是商业实践的产物。法律参与进来使得人格塑造更为权威稳定,增强商人的信誉。商人中多数是拟制人,他们的信誉建立在投资人和法律之上。起初,商人多为个体经营者,信誉基于投资人自身,然则当商人越来越以组织化的形式出现后,投资人与商人的人格发生了分离,个人诚信不再可以依赖,商人则更应当把其诚信建立在依据法律意志构造的各种人格元素之上。商人为什么值得信赖?是因为其财产和理性。有什么理由相信商人的财产不会受到他人侵犯以及商人有理性呢?这取决于商人的内部治理使得商人只能是一个理性的人,商人其他制度也使得商人财产是安全的。

理论上,人人皆有营业自由是自然权利,即商人资格的取得应当排除法律的干预。但是,正如前述,即使商法不对营业自由进行限制,市场本身也会对营业自由有所限制。例如,早期的交易所都会把交易资格限制于会员。[①] 现代商人越来越拟人化,越来越复杂化,法律如不对其人格塑造会导致商人群体良莠不齐,则不可避免会引起市场混乱,这样反而损害了商人的营业自由。从这个意义上说,法律对商人人格的塑造反而提高了营业自由。至于人人皆有不受限制的营业自由这一理念,可能只能由小商贩承担。小商贩不需要任何资格条件,也不需要进行商业登记。

第二节 有限责任和两权分离

早期商法很少参与商人人格的塑造。早期的商人主要以商个人和商合伙为主。这类商人的经营风险由投资人承担,加之商人的经营活动区域化,交易主要在熟人之间产生,法律没有对商人规范的必要。自从有限责任以及企业的所有权和经营权分离之后,投资人的道德风险和经营者的代理风险日益突出,法律必须对此作出应对。投资人必须在享受有限责任好处时付出相应的对价,经营者也必须勤勉经营,并对企业负忠实义务。要言之,有限责任和两权分离是近现代

---

① 这些资格限制现在看有些是不合理的,并且可能被判定为行业垄断。

商法对商人做出规范并参与商人人格塑造的基本原因。法律既要对有限责任和两权分离自身进行规定，也要通过进一步的塑造以抑制有限责任和两权分离的弊端。

一、有限责任①

（一）有限责任的定义

责任，就其本义而言是债的一般担保。作为原则，私法主体对其债务的责任都是无限的，债务人应当以自己所有的财产为限作为履行自己债务的一般担保。② 作为例外，私法主体可以将其债务限定于一定范围之内，此种责任即为有限责任。③ 有限责任，指仅以特定财产或者一定的数额为限，对于特定债务的责任。④ 如果责任限定在特定财产，为定物之有限责任⑤，如果责任限定在定量的财产，则称之为定量的有限责任。二者并没有实质区别。下面仅论述与商人的人格构造有关的定量的有限责任。

与商人有关的有限责任，指商人的成员仅以自己投入的财产为限对商人的债务承担清偿责任。以公司为例，公司对其债务承担无限责任，股东则以其认购的股份为限对公司承担责任。⑥ 在商人类型中，公司股东和有限合伙人负有限责任，而普通合伙人和独资企业中的投资人则承担无限责任，其中，普通合伙人还承担无限连带责任。有限责任，是针对组织成员而言的，公司或者有限合伙只可能负无限责任。

（二）有限责任之沿革

团体成员对团体债务负有限责任可以上溯到罗马法。《学说汇纂》上有法谚："如果什么东西应给付团体，它不应付给团体所属的个人，个人也不应偿还团

---

① 有限责任是商法对商人人格进行塑造的原因之一，同时又对应着商人的独自清偿能力。
② 王泽鉴著：《债法原理》（第一册），中国政法大学出版社2001年版，第30页。
③ 伊斯特布鲁克和费希尔持不同观点："以投资者为限的有限责任是大多数投资的共同特征，并非仅仅公司法才有如此规定。个人独资、普通或有限合伙、商事信托以及其他风险投资中的债务投资者都属于有限责任。假设银行给某合伙企业贷款100美元，不久该合伙企业资不抵债，则银行可能损失100美元，而不用支付其他额外费用。与股东以出资额为限对公司承担责任一样，银行的风险责任也以出资为限。公众公司、有限责任和商事信托的权益投资者在风险事业失败时，都无需支付额外资金。"〔美〕弗兰克·伊斯特布鲁克、丹尼尔·费希尔著：《公司法的经济结构》（中译本第二版），罗培新、张建伟译，北京大学出版社2014年版，第40页。本书认为，就投资而言，所谓有限责任仅与股权投资有关，与债权投资无涉。因为两种投资完全不同，债权投资的回报是利息，而股权投资的回报是利润，债权投资不掌握投资财产的控制权，而股权投资掌握投资财产的控制权。
④ 黄茂荣著：《债法总论》，中国政法大学出版社2003年版，第65页。
⑤ 定物的有限责任，历史可以上溯到罗马法。"惟就债务人特定之财产得为强制执行者，谓之物的有限责任。"史尚宽著：《债法总论》，中国政法大学出版社2000年版，第4页。
⑥ 《公司法》第3条。例如，甲投资1万元购买A公司的股票，甲作为股东仅以1万元为限承担A公司的债务。

体所欠之债（Siquid universitati debetur, singulis non debetur; nec quod debet universitas singuli debent)。"①但是从表述上看，罗马法上这一原则同今世的有限责任制度显然差距很大，罗马并没有进一步将这一规则上升到普遍原则。到了中世纪，教会法普遍不承认有限责任。依照教会法的规定，社团财产是社团成员的共同共有财产，如果社团没有其他方法偿还债务，便可以向社团成员征税。② 可见，在近代以前，有限责任基本不被承认。

今天的有限责任制度真正萌芽于中世纪的柯曼达（commenda）。柯曼达本质是商事契约性质的有限合伙。当时一些富人以分享经营利润为条件，将资金提供给商人（主要是船舶所有者）经营，一旦经营发生亏损，资金提供者只以所预付或委托的这部分承担责任，而商人则负无限责任。③ 公司中的有限责任则直到19世纪中叶英国才普遍采用。1855年《有限责任法》（Lited Liability Act）允许股东对其所持股份承担个人责任。1856年《合股公司法》（Joint Stock Companies Act）以成文法的形式确立了股东有限责任制度。但彻底确立是始于1897年的所罗门判例（Salomon v. A Salomon）。④ 这种彻底的有限责任之所以出现，是因为"只有彻底实行有限责任制才能吸引私人对仍有较大风险的殖民地贸易公司投资。"⑤有限责任使得大众参与投资成为可能。普通大众没有多少资财，只有在风险可控的情况下才可能参与投资，因此有限责任使企业资财得以聚少成多。大众投资远非过去家族企业可比。现今，欧美的巨型公司无不是股东众多的公众公司。可以说，是有限责任造就了公司。有限责任是公司的根本特征，这也是为什么英国才是现代公司真正的发源地。

（三）有限责任的意义

在商事组织中，相比无限责任和无限连带责任，有限责任责任形式在数量上

---

① 〔意〕彼德罗·彭梵得著：《罗马法教科书》，黄风译，中国政法大学出版社1996年版，第53页。
② 〔美〕哈罗德·J.伯尔曼著：《法律与革命》，贺卫方等译，中国大百科全书出版社1993年版，第264页。
③ 〔德〕马克斯·韦伯著：《论经济与社会中的法律》，张乃根译，中国大百科全书出版社1998年版，第154页。
④ 该案号称英国公司法中最著名、最重要的案例。案情如下：所罗门先生将其独资的制鞋企业以38782英镑的价格转让给所罗门本人和其他6名家庭成员成立的所罗门公司。其中，公司向所罗门先生签发10000英镑以公司资产做担保的债券，作为转让企业的对价。一年后，公司破产，负债超过资产7733英镑。公司清算人起诉所罗门并声称：所罗门公司与所罗门先生是同一人，公司仅是逃避责任的工具，所罗门先生应对公司无力偿付的债务承担责任。该案经过高等法院、上诉法院直到上议院。最终，上议院推翻了高等法院和上诉法院的判决，认为所罗门先生对公司及公司债权人没有偿付责任。李德智：《论公司有限责任制度》，载《现代法学》2005年第5期。
⑤ 江平主编：《新编公司法教程》，法律出版社1994年版，第44页。《共产党宣言》所言的场景，即"自然力的征服，科技的大规模应用，轮船的行驶，铁路的通行，电报的使用，整个大陆的开垦，河川的通航，仿佛用法术从地下呼唤出来的大量人口"，均与有限责任和股份公司制度的应用存在重大关系。

可能不是最多的,但其对现代经济的影响却是前两种责任形式无法相提并论的。从某种意义上讲,有限责任开启了现代经济模式,是现代资本主义得以兴起的主要原因。① 美国学者巴特勒(N. M. Butler)在1911年认为:"有限责任公司是一项蒸汽机和电都与之相形见绌的当代最伟大的发明。"② 蒸汽机的作用早已随着时间而消失殆尽,而有限责任依旧而且必将永远发挥作用。③ 有限责任至少有以下意义:

第一,实现风险隔离。有限责任,将投资人的财产与其投资的商事组织的经营风险完全隔离开来,克服了投资人因商事组织的破产而导致投资人破产的风险。风险可控是投资基本要求,毕竟,投资不是赌博,投资人希望风险能够控制在一定的范围内,并不希望因自己一点点投资而赌上自己的全部财产。有限责任完全满足了人们的这种愿望,对公众投资产生了有效刺激。④

第二,奠定股份制度。有限责任使得公司权益得以股份的形式体现。有限责任不但使大规模融资成为可能,而且使股权自由流通也成为可能。⑤ 有限责任使得股权的风险被锁定在投资范围之内,这就使得购买股权不至于将卖方的所有风险都买了过来。风险确定也使得定价成了可能,为一个风险不确定的资产定价是十分困难的。股权的自由流通使得企业的价值得以体现,使企业资源可以迅速配置给最能实现这些资源价值的人手中。

第三,促进两权分离。一方面,风险锁定使得投资人可以接受两权分离⑥;另一方面,有限责任使得许多公司成了股东众多的公众公司。所有股东都参与公司管理,显然不可能,只能委托他人进行经营,这就使所有权与经营权分离成为必然。因此,伊斯特布鲁克和费希尔(Easterbrook & Fischel)认为有限责任

---

① 王延川著:《现代商法的生成:交易模型与价值结构》,法律出版社2015年版,第75页。

② "The limited liability corporation is the greatest simple discovery of modern times. Even steam and electricity are less important than the limited liability company." Tony Orhniai edited, *Limited Liability and the Corporation*, Croom Helm, London & Camberra, 1982. p. 42. 吴凡:《有限责任的缺陷及法人人格否认制度之构想》,载《西南政法大学学报》2005年第6期。

③ 人文学科对社会进步的影响丝毫不亚于科学技术。马克斯·韦伯指出:"思想观念和意思形态并非一定是物质和经济的反映,它同样可以成为推动社会经济变迁的动力因素。"赵万一著:《商法基本问题研究》,法律出版社2002年版,第1页。

④ Tony Orhniai edited, *Limited Liability and the Corporation*, Croom Helm, London & Camberra, 1982. p. 52.

⑤ 〔美〕弗兰克·伊斯特布鲁克、丹尼尔·费希尔著:《公司法的经济结构》(中译本第二版),罗培新、张建伟译,北京大学出版社2014年版,第42页。

⑥ 因可能会导致直接向债权人清偿债务的情况的出现,投资者对经营权的关心程度,因承担有限责任与否而不同。〔日〕前田庸著:《公司法入门》(第12版),王作全译,北京大学出版社2012年版,第12页。

是两权分离的内在原因。① 有限责任降低了监控成本。② 有意思的是,两权分离又反过来巩固了有限责任制度。不参与经营而要承担无限的经营风险,这是投资者难以接受的。

批评观点是投资人获得了风险收益的所有收益,却不用承担所有成本③;有限责任可能成为欺诈工具,对债权人尤其是非自愿债权人保护不力,"是吃掉而非转嫁损失的一种安排"④。严格说来,这些并非有限责任的缺点:一方面,有限责任并不是没有对价的,最低注册资本、法定公积制度、不得抽回资本等制度削弱了其成为欺诈工具的可能;另一方面,诸如产品责任等成为被动债权人的,其所面对的加害者往往更有赔偿能力。负有限责任的商人普遍比负无限责任的商人经济能力更强大。易言之,受害人并未因此变得更糟。

从商法的角度上说,商人法之所以存在,原因之一也正是因为有限责任的出现,需要法律对该责任形式进行规范并对其所产生的风险在交易当事人之间进行平衡。⑤ 有限责任是大公司得以兴起的重要因素。⑥ 而合伙制和个人业主制的所有者一般情况下需要对债务负有无限责任。

(四)有限责任之根据

一种说法认为,作为债务人,都要承担无限责任,有限责任是不存在的。因此,把股东以其出资为限对公司债务承担责任的情况叫做有限责任是不恰当的,原因是股东与公司各具有独立的人格,股东当然不应当承担公司的债务。这种说法是值得商榷的。如果股东当然不承担公司的债务,第一,股东为何又要分取

---

① Frank H. Easterbrook and Daniel R. Fischel, Limited Liability and the Corporation, The University of Chicago Law Review, Vol. 52, No. 1 (1985), pp. 93-94.

② 一是可以降低股东监控管理层的成本,股东没有必要投入大量的资金和精力来监控不足以影响其全部财富状况的某个投资项目的经营管理;二是可以降低监控其他股东的成本。如果投资者将资金投入无限责任公司,上述两项监控将不可避免。〔美〕弗兰克·伊斯特布鲁克、丹尼尔·费希尔著:《公司法的经济结构》(中译本第二版),罗培新、张建伟译,北京大学出版社2014年版,第41—42页;李德智:《论公司有限责任制度》,载《现代法学》2005年第5期。

③ 〔美〕弗兰克·伊斯特布鲁克、丹尼尔·费希尔著:《公司法的经济结构》(中译本第二版),罗培新、张建伟译,北京大学出版社2014年版,第49页。

④ Eazterbrook 和 Fischel 语。转引自李德智:《论公司有限责任制度》,载《现代法学》2005年第5期;〔美〕弗兰克·伊斯特布鲁克、丹尼尔·费希尔著:《公司法的经济结构》(中译本第二版),罗培新、张建伟译,北京大学出版社2014年版,第44页。更多批评意见参见王利明:《公司有限责任制度的若干问题》,载《政法论坛》1994年第2期。

⑤ 《法国商法典》没有对商人进行特别规定,是为了实现人人皆商的理念。但随着有限责任形式的商事组织的出现,交易相对人面临巨大的交易风险,法律无法再对商人熟视无睹。

⑥ 华生教授对有限责任进行了如下中肯的评述:"企业制度发展的伟大革命和飞跃是有限责任法人公司的法律创造。在有限责任下,投资人承担的亏损和债务仅以其出资额为限。从而把自然人与法人区别开来。当有限责任公司的设立在19世纪从王室的特许权逐步变为民间的普遍权利时,现代公司便迎来爆发性的增长和空前的繁荣,成为现代市场经济的细胞和主角,……现代经济的惊人增长,与其说是资本主义对中世纪的胜利,毋宁说是公司即法人有限责任公司对自然人生产经营者的胜利。"华生:《万科的独董丧失了独立,还是首次展现了独立性》,载《上海证券报》2016年7月29日。

公司的利润？第二，股东为何又要控制公司的经营权？第三，合伙人为什么要对合伙的债务承担无限连带责任？

表面上，商人组织具有人格，是其成员承担有限责任根据。例如，英国《公司法》上最终确立有限责任即表现为对公司人格的确立。普遍认为，1897年的所罗门判例最终在英国确立了注册公司具有独立的人格。在此之前，公司多被认为是虚构的实体，是投资人按照团体方式经营的工具。当然，基于现实，司法也会认可较大的注册公司，但对较小的公司的认可一直不是很确定。所罗门判例确立了无论公司大小，一经成立，就被认为是一个可以独立享有法律权利和法律义务的实体。不管设立公司的人的动机如何，不管公司成立前后管理人是否有变化。总之，公司被认为是一个人而不是工具。所罗门判例一方面确立公司的独立人格，另一方面确立了公司的有限责任制度。

但是，依现代法，私法主体往往因为一些法律上的义务而为别的人格承担责任。这些承担有时甚至不以过错为条件。例如，在侵权责任中，监护人必须替被监护人承担补充的责任。再如，合伙企业是被认为具有人格的，但合伙人却要对合伙债务承担无限责任。① 在自然人之间，为他人承担责任是例外。但是，在商人与其成员之间，承担责任理应当是普遍原则。究其原因，在于商人具有的人格往往只是表面上的。从终极意义上说，无论公司还是合伙，对于投资人来说，都只是一种投资工具而已。商事组织无论在法律上如何被称之为人，终究只是法律拟制，商事组织的意思和行为实质上仍然多取决于权益投资人。② 投资人因投资成功而获利，而失败时则将责任推卸殆尽，显然是不公平的。权力应当与责任相匹配。在商事组织内部治理中，权益投资人享有大部分的权力。权益投资人理应为商事组织所欠债务负责。因此，成员与商人组织的人格分立并不能成为解释成员对组织债务不承担责任的最根本依据。目前的立法也说明了这一点。同样作为人格分立的组织，公司的股东和合伙企业的合伙人所承担的责任形式就完全不一样。如前所述，如果因为公司人格独立，而不让股东承担责任，那么股东也没有何理由可以不断从公司分取利润。风险有限而利润无限根本经不起理性的推敲。

本书认为，具有人格，并不意味着独自承担责任。③ 人格独立表现为意思独立和财产独立。如果商人能够做到这两点，那么根据自己责任原则，商人可以且独自承担责任，其成员不用负补充责任。易言之，商事组织如欲获得有限责任，必须尽量去其工具性，使其真正做到独立于成员。当然，从终极意义上，商人人

---

① 当然，可能一些人以此否认合伙不具有人格。但如果不承认合伙企业具有人格，那么合伙将不能从事许多法律行为，将对其商事交易带来许多不便。
② 一些非法人组织，如果不是从事商业经营活动，其责任形式也是有限责任。
③ 通常所称的独立责任实际上是指独自承担责任。

格不可能做到完全独立,因为成员终归要分取利润,商事组织不可能完全去除工具性。因为营利性是其根本性的特征。如前所述,营利是指商事组织将其利润分与其成员。如果一个组织不具有营利性,其成员则可以被免除无限责任。在德国,非法人社团被分为营利性社团和非营利性社团。前者为无限责任,而后者则为有限责任。"交易中,没有人会被认为非经济性社团的社员要承担无限责任,这可以说是一个与之相反的习惯法。"① 因此,有人认为公司中的有限责任偏向股权投资人,让债权人承担经营失败的风险,是有些不公平的。② 所有营利性组织的成员如不付出相应对价都应该承担无限责任。因此,有限责任的运用最终取决于利益平衡以及股权人所付出的对价。详言之,法律之所以赋予私法主体以有限责任,一方面,主要是鼓励投资的需要。投资是经济发展的关键,投资可以提供就业,创造价值;另一方面,赋予权益投资者以有限责任是有对价的。这些对价包括法定资本、公示公信、内部治理、转投资限制、盈余公积等限制。对于投资人来说,有限责任有好处,但是天下没有免费的午餐,投资人必须付出相应的对价。如果不想付出代价,投资人可以选择合伙企业等营利组织。

对价的存在使得有限责任对债权人的利益损害几乎可以忽略不计。甚至可以说,相对人与采有限责任形式的公司交易比一般自然人交易多数情况下更为安全。一则,公司的经济实力往往更为雄厚;二则,公司财产是透明的,是有账可查的,相对人也更容易规避风险;三则,公司相对于普通个人,往往更为理性,因此其经营失败的风险更小。此外,有限责任对自愿性债权人不存在外部性:尽管有限责任会产生道德风险,但自愿性债权人有足够的机会消除这些风险。他们有很多办法通过协商和合同来保护自己免受这种道德风险的影响。③ 因此,那种认为有限责任制度忽略了对债权人的保护的看法④是没有考虑到有限责任制度同样包含了许多对股东的限制措施。这些措施其中就包括有限责任否认制度。

(五) 有限责任否认

有限责任不是无条件的。如果滥用了有限责任,投资人将不能适用有限责任,这可以称为有限责任否认。我国通说将此叫做法人人格否认是不准确的。人格是不能否认的,否认的是有限责任。这一制度在美国被称为"揭开公司面纱"或"刺破公司面纱",在德国称"直索责任",日本称之为"透视理论"。无论哪

---

① 〔德〕罗伯特·霍恩、海因·科茨、汉斯·G.莱塞著:《德国民商法导论》,楚建译,中国大百科全书出版社1996年版,第265页。

② Frank H. Easterbrook and Daniel R. Fischel, Limited Liability and the Corporation, *The University of Chicago Law Review*, Vol. 52, No. 1 (1985), pp.89-117.

③ Richard A. Posner, The Rights of Creditors of Affiliated Corporations, *The University of Chicago Law Review*, Vol. 43, No. 3 (Spring, 1976), pp.520-526.

④ 王利明:《公司有限责任制度的若干问题》,载《政法论坛》1994年第2期。

一种叫法都比法人人格否认这种叫法为好。[1]

有限责任否认,指为保护债权人的利益,就具体法律关系中的特定事实,否认滥用有限责任的人的有限责任,要求商人及滥用人共同对商人债务负责的法律制度。[2] 第一,只能就具体法律关系中的特定事实提出有限责任否认。如果滥用已经时过境迁,与本次债务没有关联,不宜主张有限责任否认;第二,只能由受到滥用影响的债权人主张有限责任否认,无关的人不能提起;第三,否认的只是有限责任,并非债务人及其成员的人格;第四,否认的后果是债务由债务人及滥用人共同负责。因此,提起滥用主张的往往是有限责任滥用已经影响到债务清偿(例如债务人已经破产,或不能清偿到期债务),并不是所有的滥用都有必要提起该主张。

以公司为例,滥用有限责任的情形通常有:人格混同、财产混同、虚假出资、抽逃资本、贱卖资产、关联交易、金蝉脱壳等等。其中,人格混同最典型的是母子公司,一套人马,两块牌子,管理混乱(人格混同经常与财产混同如影随形);虚假出资,如股东虚假出资设立有限责任公司,以其名义对外经营,但利益全归股东个人,责任则由虚假出资公司承担。虚假出资还包括不实出资的情况;金蝉脱壳,如将债务累累的公司的主要资产掏空另组新公司,新公司与原公司无任何关系。掏空的方式如贱卖资产、虚构债务等。

在美国的加利福尼亚州,出资不足(Inadequate Capitalization)本身就足以刺破公司面纱。出资不足表现为财务不足或薄弱(thin financing),以公司设立时的资本和资产是否足以运营公司的正常业务以及支付可合理预见的将来债务为标准。出资不足理论要求作为投资者的股东必须诚实出资。公司设立时资本与资产充足,只是此后遭受损失,则不属于出资不足。这种情况也不用另外出资。[3] 本书认为,在我国法律取消公司最低注册资本之后,有必要引入美国法上的出资不足理论,以强化对债权人的保护。

滥用有限责任的行为表面上是侵犯公司财产权,但鉴于公司的工具性,实质是侵犯债权人的权益。因此,否认股东的有限责任理所当然。法律应当列举出滥用有限责任的具体行为。《英国公司法》就列举几种比较容易被认定为滥用有限责任的行为。例如,《英国公司法》规定私人股份有限公司或私人担保有限公司之外的公司如果在少于两个股东的情况下经营超过 6 个月,那么这段时间内

---

[1] 《公司法》第 20 条也没有否认法人人格的意思。

[2] 《公司法》第 20 条。《民法典》第 83 条将有限责任否认扩及适用于所有营利法人:"营利法人的出资人不得滥用法人独立地位和出资人有限责任损害法人的债权人利益。滥用法人独立地位和出资人有限责任,逃避债务,严重损害法人的债权人利益的,应当对法人债务承担连带责任。"有限责任否认为公司法上的制度,扩及其他营利法人是否合适值得进一步研究。事实上,即使在公司法上,明文规定有限责任否认者,也不多见。有限责任否认制度多在判例之中。

[3] 苏号朋主编:《美国商法:制度、判例与问题》,中国法制出版社 2000 年版,第 318 页。

的股东应当在前述规定的时段内对公司的债务承担共同连带责任(Companies Act 1985,s24)。除了股东人数不足,过早营业,关联方交易,欺诈交易和不法交易等也可能导致有限责任否认。①

有限责任否认是有限责任原则的补充。理论上,其不但要适用于公司股东,也应当适用于有限合伙人。尽管法律规定有限合伙人不准参与经营,但实践中有不少有限合伙人违反这一规定。对于违反这一规定的有限合伙人,理应否认其有限责任。

二、两权分离

(一) 两权分离的背景:现代企业的产生

有限责任企业的创造,既使创始人及其家庭免受无限责任的重压和困扰,也为众多投资者开拓了一个新的无限广阔的合作空间,这样也就产生了所有权与经营权之间的分离。② 美国学者小艾尔弗雷德·D.钱德勒将企业分为传统企业和现代企业。钱德勒定义现代企业为"由一级支薪的中、高层经理人员所管理的多单位企业。"他认为,现代企业具有两个基本的标志:一是包含许多不同的营业单位,二是这些不同的营业单位由层级支薪的行政人员所管理。③ 详言之,现代多单位企业内的每个单位都有自身的管理办事处。每个单位由专职的支薪管理人员所管理。他们利用独立的会计账簿达到与总企业相对分离。因此,理论上说这些单位都是作为独立的企业而运转的。传统企业则是单一单位的。这种企业往往由一个或少数所有者拥有,并在一个营业地内经营其商店或工厂等。传统企业的经济职能是单一的,产品也是单一的。

传统企业"这种规模的、由个人拥有和经营的企业的各项活动是由市场和价格机制来协调和控制的。"而"现代企业则将许多单位置于其控制之下,经营于不同地点,通常进行不同类型的经济活动,处理不同类型的产品和服务。这些单位和它们之间的交易因而被内部化,它们是由支薪雇员而非市场机制所控制并协调的。"质言之,现代企业用管理协调这只看得见的手取代了亚当·斯密的所谓看不见的市场之手。"市场依旧是对商品和服务的需求的创造者,然而现代工商企业已接管了协调流经现有生产和分配过程的产品流量的功能,以及为未来的

---

① 其中,过早营业指这样一种情况,"一家新成立的公司,只有在从公司注册处获得证书,证明其达到公司法对公公司最低认购资本的要求以后,或在其再注册为私公司之后,才能够营业或者行使借贷权。否则公司和存有过失的高级管理人员需承担罚金责任。公司的董事对相对人因为公司不能履约而遭受的损害承担连带赔偿责任。"董安生主编:《新编英国商法》,复旦大学出版社 2009 年版,第 169 页。

② 华生:《万科的独董丧失了独立,还是首次展现了独立性》,载《上海证券报》2016 年 7 月 29 日。

③ 〔美〕小艾尔弗雷德·D.钱德勒著:《看得见的手——美国企业的管理革命》,重武译,商务印书馆 1987 年版,第 1 页。

生产和分配分派资金和人员的功能。"①

现代企业的产生需要具备一定的条件。只有当管理上的协调比市场机制的协调能带来更大的生产力、较低的成本和较高的利润时,现代多单位的工商企业才会取代传统企业。易言之,不是交易内部化而是管理层级制以及管理上的协调给企业带来了更多的利益。而这种利益,只有在经济活动量达到一个较高的水平,才可能实现。一些传统单一单位的企业或许会启用管理人员,但这些管理人员的活动仅类似于现代企业最低层管理人员的活动。现代企业还需要中层管理人员,用以监督低层管理人员的工作,并向同样亦是支薪的高级管理人员提出报告。传统企业的所有高层管理人员都是企业的所有者,不是合伙人就是主要股东。

现代企业的产生,导致一个全新的越来越技术性和职业化的经营者阶层的形成。现代企业可能由数十万股东所有,会雇用了数以百计乃至数以千计的管理人员来监督数以百计的工作单位,而每个单位则又雇用了数以百计乃至数以万计的工人。经营者阶层一旦形成并有效地实现了它的协调功能后,便会有自己的利益,并固化形成这种利益的权力。当多单位企业在规模和经营多样化方面发展到一定水平,其管理人员变得越加职业化时,企业的经营权就会和它的所有权分开。至此,两权分离及其所引起的企业治理理论迅速地进入了立法和法律研究的视野。

(二) 两权分离的优势与法律构造

两权分离,一般是指企业的所有权和经营权分离。两权分离主要来自经济学的说法,并不是一个严格的法学概念。在法学中,所有权是物权中的一种,其客体主要限于有体物,并不能涵盖所有财产。此外,商人中的财产是归商人所有的,商人的成员不能拥有其财产。成员在将财产投入商人之中后,其仅享有投资权益,不再享有对原财产的所有权。或许说股权和经营权分离或许更为恰当。股权是股东对公司的请求权。股权是股东用自己的财产权换取的。在公司成立时,股东向公司投入物权、知识产权等财产权,换取公司的股权。鉴于人格独立,股东对其投入到公司的财产不再拥有任何权利,因此所谓的所有权是不存在的,存在的只有股权。但两权分离并不限于公司,一些合伙企业和独资企业也存在着两权分离的情形。有鉴于此,这里仍然采用所有权与经营权分离的说法。

两权分离,实质是指经营权从投资者手中向经营者手中转移。一般地,经营权是默认由投资者享有的。目前,在合伙企业和一些小型的有限责任公司还是

---

① 〔美〕小艾尔弗雷德·D. 钱德勒著:《看得见的手——美国企业的管理革命》,重武译,商务印书馆1987年版,第1—2页。

如此。合伙企业的经营权仍然掌握在合伙人手中,合伙人可以将经营权交与其他人,但随时也可以收回;一些封闭公司也是如此。如果公司的股东较少,公司的经营权往往仍然掌握在股东手中。而对于公众公司来说,毫无疑问,经营权是由董事会和经理掌握,股东只掌握人事、重大决策的权利。还有一点要说明的是,每个企业经营权分出的程度并不相同,企业越公众化,其经营权往往也分出的越多。可见,不同类型的商人其经营权和所有权分离程度是不一样的。对于独资企业,终极所有权和经营权都掌握在投资人手中,基本上不存在分离。对于合伙企业,由于普通合伙是由合伙人共同经营的,相对于单个的合伙人,经营权实现一定程度的分离。对于有限合伙,有限合伙人更是完全实现了经营权和终极所有权的分离。有限责任公司和普通合伙有一定的类似。但要注意,有些有限责任公司表面上看似没有两权分离,但实际上部分股东控制着公司的经营权,其他股东则被排除在公司经营之外。股份公司,特别是公众公司,完全实现两权分离,是两权分离最高形式。

  两权分离是市场及其主体的共同要求。第一,两权分离使得资本和智力能够达到完美的结合。在所有权与经营权不分的情况下,往往会出现有能力的人没有资本,而有资本的人却又没有经营能力。一则,这使得一部分有资本的人不敢投资,虚置了经济资源。二则,如果有资本的人而无经营能力贸然投资,可能的结果只能是不能充分有效利用资本,更有甚者可能会出现经营失败的情况。三则,有经营能力的人没有机会施展自己的能力,浪费了社会资源。以前,企业主要是家庭企业,世代经商是传统。由于所有权与经营权不分,这种企业是很难长久的。第二,两权分离使得商人组织更为理性。两权分离使得更有经营能力的人掌管经营权。相对而言,职业经营者显然更加理性。只有这样,企业才更有可能良性发展。同时,两权分离使经营者处于所有权人的监督之下。权力在相互制约下显然更为理性。

  然而,根本上说,两权分离只有在能够减少交易成本的情况下才可能出现。这也是为什么两权分离在第二次世界大战之后才变得普遍的原因。在这一时期,由于现代科技和全球化发展,使得企业的规模越来越庞大。这些庞大的企业拥有数以万计的投资人。依据公共选择理论,众多的投资者事无巨细对企业经营进行决策,交易成本一定大到企业无法正常经营的地步。因此,通过选择经营者的一次性决策来替代无数次的经营决策,显然更有效率,交易成本也更低。

  英美法在法律上将这种两权分离以信托方式进行构造。经营者是所有人的信托人,它必须对所有人负忠实与勤勉义务。英美法在信托方面的强大法律传统保证这种法律构造得以较好地执行。这也是英美法在公司内部治理机构中仅设立股东会和董事会的缘由之一。大陆法以代理构造两权分离。但是,代理更强调意思自治,缺少应有的法律文化予以支撑。代理制度的出现不过只有一百多年的历史。大陆法在法律上更无英美法那种将财产完全交与他人管理的传统。为此,法律不得不对公司内部治理进行更深的干预。大陆法多在公司内部治理机构中设立监事会缘由可能也在于此。

(三) 两权分离的副作用:代理成本

两权分离也不是没有缺点的。起初,两权分离被认为是"个人本位"原则的异化。直接出资的股东却不能在公司中直接参加经营,所以,股份有限公司很长时期声誉并不好。[①] 经济学的鼻祖亚当·斯密对股份有限公司也极为疑虑。他认为:"只有少量股东小额资本的股份公司,其性质与私人合伙企业相近,从而在经营上,几乎和合伙公司同样谨慎、同样注意",但"要想股份公司的董事们监视钱财用途,像私人合伙公司那样用意周到,那是很难做到的",故股份公司成功的并不多见,并声称,如果平等竞争,股份公司能竞争得过私人业主或合伙企业,"那就违反我们一切的经验了。"[②] 尽管斯密的预言没有实现,但两权分离产生的代理成本问题不容忽视。代理成本,是指因经营者和所有者的利益冲突而产生的成本。

代理成本的产生原因既要从所有者角度进行分析,也要从经营者角度进行分析。从所有者角度看:第一,所有者要不因为缺乏有关的知识和技术,没有能力来监控经营者,要不因为其没有时间与精力来监控经营者;第二,对许多小投资者,由所有者监督而实现的经营业绩改善是一种可免费享受的公共物品。既然是可以免费获得,那么其就没有必要付出成本。监督经营者毕竟要花费时间与精力去说服其他投资者一致行动,去搜集信息,还可能为此要负担重组经营层所付出的成本。可以说,不解决搭便车的问题,就无法调动众多的小投资者的监督经营者的动力。从经营者的角度看:第一,经营者有着不同于所有人的利益和目标。利润最终是归属于所有者的,而经营者仅能够获得固定的工资。经营者和所有者追求并不一致,经营者希望有更多的闲暇和较高的收入。第二,更重要的是,经营者的知识和才能,对机遇的掌握和作出的努力等信息,是所有人需要花费成本才有可能知悉甚至未必知悉的。正是这种信息不对称,经营者才有可能在事前向所有人谎报自己的才能,而事后又懈怠,且不提供相关经营信息。这是人性使然,人在用自己的精力帮别人做事总会有这样那样的懈怠。更有甚者,经营者还有可能发生偷盗、欺骗、受贿、内幕交易、高薪与高福利等不利于所有者的事情。[③]

---

① 江平主编:《新编公司法教程》,法律出版社1994年版,第47页。
② 〔英〕亚当·斯密著:《国民财富的性质和原因的研究》,郭大力、王亚南译,商务印书馆1974年版,第303、305、307页。
③ 费方域:《两权分离、代理问题和公司治理》,载《上海经济研究》1996年第8期。

在经济学理论中,代理成本包括三部分:(1) 所有人监督成本;(2) 经营者为取得信任而付出的成本;(3) 剩余损失。剩余损失是假定没有代理成本的情况下企业所能实现的价值减去有代理成本的情况下的企业实现的价值。剩余损失,在所有人看来,是其本不应当有损失;而在经营者看来,则可能是所有者不应当拥有的价值。因为这些价值是经营者通过努力才能够得到的。解决代理问题,由经营者和所有人共享剩余损失所包含的价值,或许是一个可行的思路。

解决代理成本的具体方法,除了后文所讲到的内部治理之外,还可以采取如下办法:第一,经营者激励,常见的是股权激励计划。第二,职业经理人市场。所有人可以通过内部治理机制将不合格的管理人员通过职业经理人市场替换掉。所有人有权替换的往往只是高级管理人员,而低一层的管理人员则由高一层的管理人员替换。第三,证券市场。一方面,对于中小投资者来说,用脚投票或许是其对经营者施加压力最有效率的方式。另一方面,在一个成熟的证券市场,股票的价格与企业的经营业绩是成正比的。股票价格一定意义上是经营者自身价值的体现。无论为了保持较高的薪酬,还是为了在未来职业经理人市场占据一个有利的位置,经营者都会努力使股价保持一个较高的水平。

现代法律花费了极大精力试图解决代理成本问题,然而,至今也未达到理想效果。或许代理成本是无法完全克服的,人类的行为总在不完美状态中。雷曼兄弟的倒台,与其没有解决代理问题也有很大关系。但是,尽管有代理成本,我们也不能因噎废食,因为,两权分离带来的好处是显而易见的,而世界上没有十全十美的事情。

第三节 商人人格元素的塑造

如同自然人以躯体和意思等为人格元素,商人也有自己的人格元素。商人的人格主要由名称、意思及意思治理机制和财产及财产独立机制三方面元素构成。人格元素的缺少有可能影响到商人的主体地位。例如,信托虽然可以实现商人的目标,但由于缺乏相应的意思治理机制,因而在法理上很难说是商人。[①] 除了人格元素,商人还有各种能力。能力可以视为广义的人格范畴,但与元素还是有所区别。元素属于"人之本有",而能力属于"人之所有"。只有具备了前者,有了人格,才可能有后者。本节介绍商人人格元素的塑造,下节介绍商人的各种能力。

---

① 王延川博士认为,就抽象层面而言,企业需要人格以支持;就技术层面而言,企业需要满足两个条件:一是企业独立的财产权;二是企业内部的管理权力的分化。王延川著:《现代商法的生成:交易模型与价值结构》,法律出版社2015年版,第78页。在这里,所谓"独立的财产权"和"内部的管理权力的分化"可以视为企业的两个人格元素。

一、名称

(一) 一般理论

商业名称,指商人营业时用以表彰自己的符号。① 商业名称在我国又称商号或字号。在英美法中,"Business Name""Commercial Name""Trade Name"均指商业名称。商人都应该有自己的名称。商业名称是商人具有主体资格的标志。

商业名称有如下功能:第一,区别功能。一是与其成员相区别。商人名称是人格的标志。没有名称,商人便没有办法与其成员相区别,人格便会发生混同。二是与其他商人相区别。商人很多,如果没有名称,就彼此没有区别。命名是区分的重要工具之一。与商标相比,商业名称区别的是主体,而商标区别的则是商品。第二,象征功能。商业名称即代表商人,可以用来签名,以此应诉和起诉。② 同一性是象征功能的基础。第三,公示功能。依我国法律,商业名称由行政区划、字号、行业和组织形式构成。③ 有些国家要求商号中必须有投资人的名字。④ 这些信息都起到了一定的公示作用。⑤

商业名称的重要功能显示了商法对其规制的必要性。⑥ 第一,商人需要法律排除他人对商业名称的不正当使用。商业名称体现、维持商人的信用和名声。第二,商业名称具有财产性质,法律需要对商业名称的转让、继承等作出规定。第三,需要法律明确商业名称的法律地位和登记效力。商业名称即代表商人。相对人多数情况下是通过商号与商人交易的。如果法律不对商业名称的法律地位和登记效力进行规定,将会产生许多争议。例如,商业名称借与他人使用的,或明知他人使用商业名称而不表示异议,商号所有人需要承担什么责任就需要法律明确规定。⑦ 商业名称还存在滥用的可能。

商法对商业名称塑造欲达到以下目的:第一,规范化。商业名称的构成由

---

① 日本判例认为,"商号是法律上用于特定的营业中表示特定的商人的名称,具有在社会上表示营业的同一性,作为商人信用的机能。"近藤光男认为商业名称还具有表示营业活动的机能。〔日〕近藤光男著:《日本商法总则·商行为法》,梁爽译,法律出版社2016年版,第38页。

② 《德国商法典》第17条规定:"商人的商号是指商人进行其营业经营和进行签名的名称。商人可以以其商号起诉和应诉。"

③ 《企业名称登记管理实施办法》第9条。

④ 商号自身具有一定的公示作用,这种公示不因是否登记而存在。〔德〕卡斯腾·施密特:《德国商法改革法》,王彦明、涂长风译,载《法制与社会发展》1999年第6期。

⑤ 《瑞士债务法》第944条第1款规定:"商号,除应包括法律规定的必要内容外,可包含具体描述个人信息或表明商事组织性质的文字,亦可包含创意性质的文字,但其名称所反映的内容须真实,不致误解,且不得违反公共利益。"

⑥ 〔日〕近藤光男著:《日本商法总则·商行为法》,梁爽译,法律出版社2016年版,第39页。

⑦ 为此,《日本商法典》第23条明确规定:"许诺他人使用自己的姓、姓名或商号经营者,对于误认为其为营业主而进行交易者,就交易所产生的债务与该他人承担连带赔偿责任。"

法律规定,商人起名不得违反法律规范。例如,合伙企业不得在名称中加入有限责任的字样。第二,唯一化。即商人只能有一个名称。自然人除了有正式名字,可以有多个名字,还可以有字、有号,并且可以同时使用。商业名称唯一化在于保障交易安全,而自然人名称多样化则体现自然人的个性发展需要。第三,物名化。商业名称为商事组织所有,其名称中往往体现其营业性质。例如,"狗不理包子店","王麻子剪刀铺"等。之所以如此,在于公示以减少搜索成本。

商号的历史悠久。① 目前,一般将中世纪时期,意大利和地中海沿岸的商业组织作为现代商业名称的起源。② 早期各国对商业名称并无强制性规定。但由于商业名称的重要功能,目前多数国家法律对商业名称都做了强制性规定。最早的商业名称立法可以追溯到1794年的《普鲁士普通法》和1807年的《法国商法典》。此两部法律均规定了商号具有排他的权利。1897年《德国商法典》第三章共用20个条款对商业名称进行了详细的规定。此后,各国立法纷纷效仿。由于国际贸易日渐活跃,为了加强商号的国际保护,1883年的《保护工业产权巴黎公约》第1条第1款,将企业名称作为一种工业产权进行保护。目前,我国规范商业名称的法律规范主要是原国家工商行政管理局于1991年制定的《企业名称登记管理实施办法》(2004年修订)。还有一些规定散见于《民法典》③《商标法》《反不正当竞争法》等法律法规中。商业名称是商人人格元素之一,应当以立法的形式统一规定商业名称。应当尽快制订《商业名称法》,或在《商法通则》中规定商业名称的内容。

(二)商业名称的选用

商业名称代表商人,关系市场的交易秩序,必须保证商业名称与其所代表商人具有同一性。商业名称还应当客观反映商人的责任方式、经营范围、人员构成等情况。为此,各国立法在商业名称的选用上均遵循一定的原则。④ 名称选用的标准要防止商业名称混同,还要避免引起他人误解。

1. 两种立法例

(1)商业名称真实主义

要求商业名称必须与其经营者的名称一致。法国、瑞士及拉丁美洲的许多国家采用此种立法主义。1807年的《法国商法典》将无限公司命名为合名公司,

---

① 商业名称与商业招牌并不同。商业招牌一般指挂在商人营业场所前的牌子。招牌中往往含有商业名称,但往往还会和其他的图案一起组合。商业招牌的作用主动起着广告作用,通常比较醒目。
② 范健:《德国商号法律制度评析》,载《法律科学》1994年第1期。
③ 《民法典》第58、110条。
④ 黄晓林著:《商法总论》,齐鲁书社2004年版,第191页。

所有股东的名字必须出现在公司名称之中。① 法国1966年《商业公司法》第25条规定,合伙企业的商业名称要包括各合伙人的姓名。瑞士法要求独资企业名称必须含有企业主的姓,合伙企业名称至少有一名合伙人的姓。② 真实原则的优点不言而喻。商号与业主姓名一致有利于增强商人的信誉,并在责任承担方面具有一定的公示意义。

商业名称真实主义原本不允许转让或继承商业名称。然而,该名称往往凝聚着商誉,且如果因实业转让而变更名称往往对相对人也不方便,故真实主义往往伴随另一原则,即"商号连续原则"。即在营业转让或继承后,允许新业主或继承人继续沿用原来的商业名称。德国1998年之前即是如此。简言之,开始命名和登记时,商号必须真实,且其内容则由法律规定。③ 但针对股东众多的股份有限公司等其他商人,"商号真实"原则显然无法遵守。

(2) 商业名称自由主义

不要求商业名称中必须包含经营者的姓名。自由主义主要被英美法国家,还有日本、韩国和我国台湾地区等采用。④ 瑞士法于股份有限公司、有限责任公司和合作社的名称采自由主义。⑤ 德国1998年后改采自由主义。究其原因,在于商号真实原则导致商人不能选用富有表现力和宣传作用的商号,从而降低了德国商人的国际竞争力。修订后商号制度要求则有三点:一是要表明法律责任形式;二是商号不得有误导性说明和表述;三是要能与同一地点或区域已登记商号相区别。⑥ 德国学者给予该次改革以积极评价。⑦

我国采自由主义。真实主义应用时的确面临一些困难。真实主义只能适用

---

① 彭万林主编:《民法学》(第六版),中国政法大学出版社2007年版,第77页。
② 《瑞士债务法》第945条第1款规定:"单独一人经营的企业,其名称,须含有企业主的姓,其名可加入或不加入;"第947条规定:"普通合伙的名称,不包含所有合伙人的姓时,应至少含一名合伙人的姓,并附加表明其为普通合伙的后缀。普通合伙的名称,不因新合伙人的入伙而变更。有限合伙或股份合伙的名称,应至少包含一名无限责任合伙人的姓,并附加表明其合伙性质的后缀。不负无限责任的合伙人,其名不得在普通合伙、有限合伙和股份合伙的名称中出现。"
③ 〔德〕罗伯特·霍恩、海因·科茨、汉斯·G.莱塞著:《德国民商法导论》,楚建译,中国大百科全书出版社1996年版,第241页。瑞士法则有不同。《瑞士债务法》第948条第1款规定:"其姓作为普通合伙、有限合伙或股份合伙名称组成部分的合伙人退出合伙时,不论其本人或其继承人是否同意将其姓作为商号的组成部分,均须将其姓从商号中除去。"
④ 例如,我国台湾地区"商业登记法"第27条规定:"商业之名称,得以其负责人姓名或其他名称充之。以合伙人之姓或姓名为商业名称者,该合伙人退伙,如仍用其姓或姓名为商业名称时,须得其同意。"得,可以选择也可以不选择。
⑤ 《瑞士债务法》第950条规定:"股份有限公司、有限责任公司和合作社,得在不违反商号命名一般规定的前提下,自由决定其名称。"
⑥ 熊光进:《德国商号制度及其改革》,载《河北法学》2002年第1期。
⑦ 学者和立法者令人信服地清除了存在于以往法律条文当中的、几乎令人窒息的污浊之气(指一些不合时宜的术语)。〔德〕卡斯腾·施密特:《德国商法改革法》,王彦明、涂长风译,载《法制与社会发展》1999年第6期。

业主较少的商人。我国《合伙企业法》规定合伙人为 50 人以下,如果将这么多合伙人都列于商业名称之中,不太可能。两种主义实际上区别不大。即使在自由主义立法例下,也要求商人登记业主于登记簿之中,并且还必须将业主登记于营业执照等表明身份的证件之中。

2. 构成要求

商业名称一般包括行政区划、商号、行业和组织形式四个部分。[①] 并且根据法律要求,上述四个部分是有先后顺序,不得颠倒顺序。例如,"广州白云制药有限责任公司"这个名称中,广州是注册地,白云是商号,制药表明企业的行业性质,企业的组织形式则是有限责任公司。法律对每个部分都有具体的要求。

(1) 行政区划

将行政区划置于商业名称之中,有可能构成商人跨区经营的羁绊[②],是否有必要,是有疑问的。当然,商业名称冠上地名,也未必是坏事,只是商人跨区经营后,可能给予第三人以误导。此时,相对人应当注意的是商人名称中的行政区划并不代表其产品的原产地。

(2) 商号

商号是商业名称的核心部分,也是申请人可以有较多自由设定的地方。不过依我国法律,商号的选用还是有许多禁止性规定:第一,商号不得对公众造成欺骗和误解。第二,商号不得侵犯其他自然人或组织的姓名权和名称权。例如,不得与政府机关、社团等其他机构相冲突。第三,不得有悖社会风俗。关于不得有损于国家、社会公共利益的规定缺乏操作性。不得使用汉语拼音字母、数字的规定似乎不恰当。商人起名自然是考虑让人易记,正常情况下,商人不会起拼音的字号。这一点应当遵循自由原则。

(3) 行业

《企业名称登记管理规定》要求企业名称中标明企业"行业或经营的特点"。这一规定反映过去计划经济时期政府对企业经营范围严格控制的要求。这一强制性要求限制了企业的经营范围,其必要性是可疑的。除非为一些特殊行业,例如银行、证券公司等,应当标明行业性质外,其他不必强制要求标明行业性质。实践中,这种做法经常导致"名不符实"的情况的存在。当然,商人基于宣传广告的需要,可以自行加入行业属性的因素,但不必进行强制性要求。

(4) 组织形式

我国商人的组织形式主要有三种,即独资、合伙和公司。商业名称中应当包括独资、合伙和公司的字样。例如,《合伙企业法》第 15 条规定:"合伙企业名称

---

① 商号是商业名称的区别要素,而其他部分则具有公示的意义。
② 樊涛、王延川著:《商法总论》,知识产权出版社 2010 年版,第 149 页。

中应当标明'普通合伙'字样。"第 56 条规定:"特殊的普通合伙企业名称中应当标明'特殊普通合伙'字样。"第 62 条规定:"有限合伙企业名称中应当标明'有限合伙'字样。"《公司法》第 8 条规定:"依照本法设立的有限责任公司,必须在公司名称中标明有限责任公司或者有限公司字样。依照本法设立的股份有限公司,必须在公司名称中标明股份有限公司或者股份公司字样。"《个人独资企业法》第 11 条规定:"个人独资企业的名称应当与其责任形式及从事的营业相符合。"独资企业不得使用有限、有限责任或者公司字样,如果使用,将受到处罚。[①] 法律这样规定,无疑是必要的,国外也有这样的立法例。例如,《德国商法典》第 19 条,分别规定独资商人、无限公司或两合公司商号的表示:"对于独资商人,表明其为'登记商人'的字样或一般可以理解的该字样的缩写,特别是'e. K.''e. Kfm.'或'e. Kfr.';对于无限公司,表明其为'无限公司'的字样或一般可以理解的该字样的缩写;对于两合公司,表明其为'两合公司'的字样或一般可以理解的该字样的缩写。"

其他规定。在商业名称中使用"总"字的,必须要有 3 个以上的分支机构;不能独立承担责任的分支机构,要在名称中冠上其所属商人的名称,并缀以"分公司""分厂""分店"等字样。联营企业要标明"联营""联合"的字样。

(三)商业名称登记

在我国,登记前的商业名称是不受法律保护的。商业名称是商人人格的重要组成部分。商人主体资格需要登记,因此,商业名称在商人设立时也应该一并登记。商业名称的变更和废止也需要登记。商人在营业过程中,商业名称中的任何一点变更都应当及时办理变更登记,否则不得对抗善意第三人。商人终止经营后,应当及时进行废止登记。商业名称与营业存在依存关系,如果营业终止一段时期,商业名称将自动废止。[②] 强制登记的要求有其合理性,毕竟商业名称非自然人之姓名,关涉交易安全和交易秩序,有必要进行强制注册。

我国有关商业名称登记的制度极不完善。相关法律规定是以管理法的形式呈现,根本没有规定登记的效力。[③] 下述登记的效力是依外国法及法理推定之。第一,排他效力。商业名称登记后,商人就可以在一定范围排除他人使用相同或类似的商业名称。判断近似的标准应当采客观标准,即以商业名称是否会造成他人误解为标准。排他性是有一定范围,应当是同一范围,同一地域,否则,不产生排他性。第二,救济效力。登记可以使商人获得商业名称的专用权,如果他

---

① 《个人独资企业法》第 34 条。
② 《日本商法典》第 30、31 条。我国没有废止登记。
③ 商业名称登记分为创设、变更、转让、废止、撤销和继承登记六种。我国商业登记程序因商人种类不同而不同,充满了等级制和行政管理色彩。参见《企业法人登记管理条例》第 5 条,《公司登记管理条例》第 6、7、8 条。

用,商人可以要求损害赔偿。① 我国可以依《民法典》中的总则编和侵权责任编提起侵权诉讼。

(四) 商业名称的保护

商业名称是商人的人格元素。一般情况下,商业名称应为独占并专用。商业名称具有专用性,即排除他人使用。② 不过商业名称有使用范围限制,超出范围不能排除他人使用。商业名称具有依存性。依存于主体和营业。主体不存在,商业名称自然不存在。营业不继续,商业名称也可能废止。侵犯商人对商业名称的独占和专用的,商人可以请求停止侵害,造成损失的,还可以请求损害赔偿。③

(五) 商业名称的出借和转让

长期经营的商业名称凝聚了商人的信誉。④ 在市场经济中,信誉就是财富。国际上也普遍将商业名称视为财产。例如,《保护工业产权巴黎公约》第1条将商号涵盖于工业产权范围之内。各国一般允许商人出借和转让商业名称。⑤

1. 商业名称的出借

商业名称的出借,指允许他人使用自己的商号从事营业活动的行为。明知他人使用自己的商号而不提出异议并加以制止的,应当视为出借。一些国家允许出借商号(如前述日本)。我国则不允许。但是,实践中商号出借比比皆是,只不过以另外一种经营形式的名义。例如,实践中广泛存在的联营、挂靠经营、专营店、专卖店、连锁店、柜台租赁、特约经销、特约维修等等,无不是使用他人的商号。⑥ 立法应当顺应实践规范商业名称的出借行为。应当规定,出借人应当与使用人承担连带责任。

2. 商业名称的转让

商业名称的转让,指转让自己商业名称给他人从事营业活动的行为。各国对商业名称转让通常都有一些限制。其原因在于商业名称代表着一定的商誉,如果不加限制的转让,将会损害交易安全。商业名称的转让有两种立法模式:一是不得单独转让。《德国商法典》首创这一模式,其第23条规定:"商号不得与使

---

① 《德国商法典》第37条第2款。
② 《瑞士债务法》第946条第1款规定:"独资企业的名称登记于商事登记簿后,同一地域内的其他企业主,虽其姓和名与已有的商号中的姓和名相同,亦不得将其姓或名用作企业的名称。"第951条将上述规定准用于其他企业。
③ 《瑞士债务法》第956条第2款规定:"他人未经授权,不法使用其商号,侵害其专属使用权时,权利人得诉请停止使用,对于有过错的不法使用人,得诉请损害赔偿。"
④ 当然,也可以凝聚一些负面的声誉。例如,三鹿公司被并购后,其品牌一钱不值。
⑤ 《民法通则》第99条、《民法典》第1016条允许商人转让自己的名称。
⑥ 樊涛、王延川著:《商法总论》,知识产权出版社2010年版,第156页。

用此商号的营业分离而让与。"瑞士和日本采取的也是这一模式。① 此种立法模式的法理基础在于,商号是商人人格的一部分,不是财产,因此不得单独转让,但可以与营业一起整体转让。二是可以单独转让。法国法采取这一模式。此种是把商业名称当作是一种财产,即一种可以自由转让的营业资产。

两种主义各有利弊。本书倾向于可以单独转让,但是,转让后必须进行公告,以保护相对人的利益。不过消费者可能有不知道转让事实的,对此如何保护,颇为为难。应当规定转让人对转让后一定期间内企业的相对人的侵权之诉承担连带责任。②

二、财产及财产独立机制

(一)财产

财产是商人人格的构成元素。一方面,具有一定的财产是一些商人取得人格的先决条件。例如,商业银行有最低注册资本的要求。另一方面,财产状况不良是导致商人人格削弱乃至消亡的重要因素。我国法律即以不能清偿到期债务作为企业破产的原因。比较法上,德国法不允许无财产的资合公司继续存在,理由是这对登记机关是一个不必要的负担且同时会危及交易安全(由此可虚构出不存在的信用能力)。③ 商人的财产有两大来源:一是权益投资,由投资人/合伙人/股东初始投入或企业留存收益形成;二是债权投资,由负债形成。下面着重阐述由投资人/合伙人/股东初始投入形成的商人财产。

在我国,法律虽没有规定独资企业、合伙企业设立时的最低出资限额,但要求独资企业须有投资人申报的出资④,合伙企业须有合伙人认缴或者实际缴付的出资。⑤ 传统公司法对公司最低注册资本有严格要求。现代公司法,各国对最低注册资本要求不一。有要求公司成立时必须有最低注册资本的,如德国,也有对最低注册资本没有任何要求的,如英国、美国。我国 2005 年《公司法》第 26 条规定:"有限责任公司注册资本的最低限额为人民币三万元。法律、行政法规对有限责任公司注册资本的最低限额有较高规定的,从其规定。"最低法定资本制是有限责任的对价。早期公司法理论认为,股东如若获得有限责任,必须付出一定的财产,或虽不提供资本,但要在公司不能清偿到期债务后,对公司债务承担定量的清偿责任。英国的保证责任公司即是要求股东承担定量的有限责任。

---

① 《瑞士债法典》第 953 条,《日本商法典》第 24 条。
② 《企业名称登记管理规定》第 23 条:"企业名称可随企业或本企业的一部分一并转让。企业名称只能转让给一户企业。企业名称转让后,转让方不得继续使用已转让的企业名称。"
③ 〔德〕格茨·怀克、克里斯蒂娜·温德比西勒著:《德国公司法》,殷盛译,法律出版社 2010 年版,第 459 页。
④ 《个人独资企业法》第 8 条。
⑤ 《合伙企业法》第 14 条。

这样的要求是公平的。最低注册资本制度也是早期公司与合伙企业和独资企业的重要区别：独资企业和合伙企业都没有规定一个最低出资的下限。独资企业和合伙企业成员可以任意出资，但一经出资，便形成企业的财产。

2013年《公司法》取消了普通公司的注册资本的最低限额。理由是，最低资本制度阻碍投资，并且对债权保障的意义不大。的确，股东初始投入形成的财产是有限的。这有限的财产不足以保障债权安全。初期的初始投入形成的财产在经营过程中其量也是变化的。即使初期有投入很多，但公司不能清偿到期债务往往就发生在经营失败之时，股东初始投入形成的财产应当也所剩无几。还有一个理由认为，公司债权人，可以分为两种，一种是自愿的债权人（volunatyr creditor），即合同之债中的债权人，一种是非自愿的债权人（Involunaty creditor），即侵权之债的债权人。① 如果相对人在没有调查清楚交易对手的情况下就贸然交易，自身也存在不谨慎之处。法律不必保护这种注意力不集中的自愿的债权人。② 公司债务清偿的保证在于严格的财产隔离制度和透明制度，无此，要求股东投资再多的财产也没有作用。

本书认为，从慎重投资的角度上说，完全取消注册资本并不合适。尽管注册资本对于初创者是一种负担，但不慎重投资对创业者和社会恐怕会形成更大的负担。因此，法定资本制应当降低而不是完全取消。德国的做法值得借鉴。德国对有限责任公司的最低注册资本额仅要求25000欧元。注册资本如此之低，其目的主要是提醒投资者慎重投资而不是为了保护债权人。取消注册资本似乎成为了一种趋势，但其效果还有待观察。我国抛弃普通公司的法定资本制的做法有一些矫枉过正。以保证责任的形式代替最低注册资本制度或许更为可行。③ 值得注意的是，英美法不对公司设立时的注册资本进行限制是与英美法中有限责任否认制度相联系的。如前所述，美国法上，单凭出资不足就可以导致公司的面纱被刺破。

（二）财产独立机制

法律对商人财产的规制主要体现在保持商人财产独立性之上。所有商人都管领着独立的财产，这些财产或多或少都与商人成员的财产保持一定的分离。当然，公司在这方面更加明显。④ 本书认为，无论基于交易安全还是基于投资安全的需要，商人都需要良好的财产独立机制，以使其财产与他人财产相互隔离。

---

① 王利明：《公司有限责任制度的若干问题》，载《政法论坛》1994年第2期。
② 将因长期借贷而形成的债权人亦列入非受保护债权范围是不公平的。因为借贷之初，或许债务人财务状况是良好的。但经历了一段时间发展，其财产状况恶化是债权人无法预见的。
③ 我国公司法上的认缴资本制与英国法上的保证责任公司不同。保证责任公司的股东保证在公司经营失败后，定量清偿一定数量的债务。认缴资本制并没定量，理论上，公司的注册资本可以为零。
④ 王延川著：《现代商法的生成：交易模型与价值结构》，法律出版社2015年版，第46页；范健、王建文著：《商法的价值、源流及本体》，中国人民大学出版社2004年版，第208页。

第一,财产独立机制是交易安全的保障。商人的财产来源于其成员和债权人。[1]基于剩余索取权的理论,商人的管理权通常主要掌握在其成员(独资企业投资人、合伙人和股东)手中。如果商人没有独立的财产,将无法保障债权人的利益。如果公司财产与股东财产混同,股东可以随意侵占公司财产,那么债权人在公司无法清偿债务时又会被股东以有限责任挡在门外。或许可以求诸于有限责任否认,但成功概率以及成本恐怕都是债权人难以承受的。如果合伙财产与合伙人财产混同,尽管有无限连带责任的保证,也未必能保证债权人的利益。一是侵占的财产有可能被合伙人挥霍,二是可能受到双重优先原则影响而与合伙人的个人债权人争夺债权的偿还。独资企业同样需要考虑双重优先原则问题。第二,财产独立机制是投资安全的保障。对于非独资商人,投资安全也是现实的需要。在合伙企业中,如果部分合伙人侵占合伙的财产,显然也将损害其他合伙人的利益。在公司,由于一些股东并不参与公司经营,防止公司财产被侵占变得更为迫切。这一切都取决于公司或合伙企业拥有良好的财产独立机制。财产独立机制将商人的财产与成员的财产。财产相互独立,对利害关系各方都是公平的。不公平的规则对有利方也未必是好事。规则对一方一时有利,并不会永远有利。因为不利方会选择用脚投票从而不利于有利方。因此,法律规则制定得不偏不倚才最符合各方的利益。

学界将财产独立的特性限定于公司是值得商榷的。至少从制度层面可以说合伙企业的财产是完全独立于合伙人的。这种独立性甚至比公司更强。不能将合伙人为合伙企业债务承担补充的连带责任作为其财产不独立的标志。众所周知,在商事领域中,承担连带责任的情况极为普遍。依法为他人承担连带责任甚至无限责任都不应是财产不独立的依据。财产是意志的延伸。商人的财产独立与否主要看其能否形成独立的意思,独立的意思取决于意思形成与执行机制是否健全。

商法一般通过以下制度实现商人的财产独立:

1. 强制设置商业账簿

商业账簿反映了商人的财产状况及增减信息。因此,账簿设置是商人的财产与成员的财产相互独立的技术基础。[2]我国法律规定公司、合伙企业乃至独资企业都有设置账簿义务。个人独资企业应当依法设置会计账簿,进行会计核

---

[1] 债权资本的成本一般低于股权资本的成本,因此,企业拥有一定的借贷资本是经营的常态。

[2] 近藤光男指出:"尤其是在像股份有限公司这样的仅由有限责任股东组成的公司里,只有公司财产是唯一的担保,为保护债权人的利益而对制作账簿进行法律规制变得不可或缺。并且,拥有众多期待不参与直接经营的收益分配的股东,对于这样的公司来说,也有必要为保护股东的利益而对制作账本进行法律规制。"〔日〕近藤光男著:《日本商法总则·商行为法》,梁爽译,法律出版社 2016 年版,第 52 页。

算。① 公司和合伙企业则进一步被要求建立企业财务、会计制度。② 建立企业财务、会计制度不仅仅意味着设置会计账簿,还包括编制财务会计报告。其中,公司应当在每一会计年度终了时编制财务会计报告,并依法经会计师事务所审计。③ 有限责任公司应当依照公司章程规定的期限将财务会计报告送交各股东。股份有限公司的财务会计报告应当在召开股东大会年会的规定日期前置备于本公司,供股东查阅;公开发行股票的股份有限公司必须公告其财务会计报告。④ 这些都使商人的财产独立制度并不是虚设。

商业账簿是商人拥有某项财产的初步证据。如果没有商业账簿,无法想象如何证明自己拥有某项财产,尤其是像现金这类的流动资产。商业账簿制度还能阻止公司违规分配利润。由于注册资本非经法定程序不得变更,也就保证了公司在赢利分配后,公司资产总额不能低于注册资本。⑤ 所有者权益项下的资本公积和盈余公积也起到了这样的作用。资本公积和盈余公积不得用于利润分配。盈余公积可以用于弥补亏损。例如,假定某资产负债表日,公司资产计有100万,负债50万,所有者权益共有50万。所有者权益又由注册资本30万、资本公积10万、盈余公积5万和未分配利润5万组成。此时,公司最多能分配5万元的利润。公司不得通过降低注册资本和盈余公积的方式分配利润。注册资本和公积金制度为公司筑起一道避免财产流失的堤坝。

2. 实行双重优先原则

双重优先原则,指商人财产优先偿还商人的债务,个人财产优先偿还个人的债务。双重优先原则不仅体现于公司,也体现于合伙企业。《合伙企业法》第41条规定:"合伙人发生与合伙企业无关的债务,相关债权人不得以其债权抵销其对合伙企业的债务;也不得代位行使合伙人在合伙企业中的权利。"《合伙企业法》第42条规定:"合伙人的自有财产不足清偿其与合伙企业无关的债务的,该合伙人可以以其从合伙企业中分取的收益用于清偿;债权人也可以依法请求人民法院强制执行该合伙人在合伙企业中的财产份额用于清偿。"在这里,法律是以财产份额替代现实财产的方式保证了合伙企业的财产独立性。双重优先原则还应当适用于个人独资企业。会计账簿的设置,使得个人独资企业的财产在技术上可以独立于投资人。在这种情况下,区分投资人的个人债务与独资企业的债务而以各自的不同财产予以偿还对于相关各个债权人更为公平。因此,我国

---

① 《个人独资企业法》第21条。
② 《公司法》第163条;《合伙企业法》第36条。
③ 《公司法》第164条。
④ 《公司法》第165条。
⑤ 注册资本在会计账目中必须记载于所有者权益栏目之下。

法律简单地规定个人独资企业的财产属于投资者所有的做法是值得商榷的。①

3. **严禁侵占商人财产**

合伙企业。依我国法律,合伙企业财产已经实现了同合伙人的财产的区分。第一,法律明确规定合伙企业的财产范围。合伙人的出资、以合伙企业名义取得的收益和依法取得的其他财产,均为合伙企业的财产。② 明确范围,是为了定分止争。第二,法律规定合伙人除法律另有规定外,清算前不得请求分割合伙财产,否则,合伙企业不得以此对抗善意第三人。③ 第三,法律规定合伙人的债权人不得以债权抵销合伙债务,合伙人的债权人不得代位行使合伙人的在合伙企业的权利。④ 第四,法律明确规定合伙财产转让或财产份额出质须经全体合伙一致同意。这使得合伙人的个人意思不得独自加诸于合伙财产之上。如果个别合伙人侵占合伙财产的,根据法理,合伙企业显然也是可以要求其归还的。这些规定将个人财产与合伙财产区分开来。合伙的财产的独立性非常强,其独立性甚至并不低于公司。实践中,合伙可以将许多财产登记在自己的名下这一实践也支持这一理论。⑤ 此外,合伙人的连带责任既是对债权人的保证,也起到了让合伙人共同监督合伙财产不被滥用的作用。

公司。除有限责任否认制度之外,公司法还通过以下两项措施将股东财产与公司财产相隔离:

(1) 禁止违规担保借款

公司法禁止违规为股东担保和禁止违规向股东贷款。依我国法律,公司为公司股东或者实际控制人提供担保的,必须经股东会决议。拟被担保的股东或者拟被担保的实际控制人支配的股东,不得参加会议表决。会议表决由出席会议的其他股东所持表决权的过半数通过。⑥ 担保在我国一度是大股东转移公司资源的重要手段。举轻以明重。既然担保需要如此程序,那么借款同样需要如此程序。此外,各种带有利益输送性质的关联交易也不得进行。否则,股东的有限责任资格可能被否认。

(2) 禁止返还权益投资

公司法对此有严格要求。公司的财产来源于股东或债权人。因此,从法律角度说公司的财产不属于股东。即使说公司的净资产属于股东所有,在法律上也是讲不通的。因为,此时所谓股东的财产与所谓债权人的财产是混在一起的,

---

① 《个人独资企业法》第2条。
② 《合伙企业法》第20条。《合伙企业法》第二章第二节的标题即为"合伙企业财产"。
③ 《合伙企业法》第21条:"合伙人在合伙企业清算前,不得请求分割合伙企业的财产;……合伙人在合伙企业清算前私自转移或者处分合伙企业财产的,合伙企业不得以此对抗善意第三人。"
④ 《合伙企业法》第41条。
⑤ 有些国家如德国不允许物权登记在合伙名下。但这在我国是没有问题的。
⑥ 《公司法》第16条。

根本分不清彼此。依据法理,财产混同的情况下,所有人也丧失所有权。一般地,公司法通过以下规则保证权益投资不得返还:

第一,禁止返还资本。除了法律规定的外,股东对公司的出资永远不得向股东返还。比较法上,《德国股份法》第 57 条对此有明确规定:"(1)投资不得偿还给股东。在允许购买自己的股票的情况下支付的购买价金不被视为是对投资的偿还。(2)对股东既不得允诺,也不得给付利息。(3)在公司解散之前只准许将结算盈余分配给股东";《瑞士债务法》第 675 条第 1 款规定:"(股份有限公司)不得为股本支付利息。"我国《公司法》第 142 条明确规定公司不得收购本公司股份。出资不得返还主要是为了保护公司的债权人。

法律对减少注册资本规定了严格的条件以及规定注册资本和资本公积不得弥补亏损和分配利润,也是为了保证权益投资不得返还原则的实施。除了不得回购股份外,法律还采取以下措施防止股东变相抽回资本:其一,不得违规减资。公司法对减少注册资本规定了严格的条件和程序。减少注册资本,债权人有权要求公司清偿债务或者提供相应的担保。① 其二,注册资本和资本公积不得弥补亏损和分配利润。② 资本公积主要来源是公司以超过股票票面金额的发行价格发行股份所得的溢价款③以及按规定列入资本公积的其他收入。资本公积主要来源于股东的出资,如果允许用资本公积弥补亏损,无异相当于公司将出资返还给股东。举轻以明重。既然资本公积不得用于弥补亏损,那么注册资本显然更不得用于弥补亏损。

第二,盈余须先积累。公司分配当年税后利润时,应当提取利润的一定比例列入公司法定公积金。公司法定公积金累计额达到公司注册资本法定比例的,可以不再提取。公司的法定公积金不足以弥补以前年度亏损的,在提取法定公积金之前,应当先用当年利润弥补亏损。④ 比较法上,《瑞士债务法》第 671 条第 1 款规定:"(股份有限)公司应提取年度盈余的百分之五,充作普通储备金,直至

---

① 《公司法》第 177 条。
② 《公司法》第 168 条规定公司的公积金可以用于"扩大公司生产经营"。这一规定在会计上是无法操作的。资本公积和盈余公积在会计上属于所有者权益项目,理论上只能在所有者权益项目范围内变动。
③ 在股份公司,股东对于公司权利是通过股份多少体现的。在我国,股份面值通常为 1 元。所有股份的面值总额即是公司的注册资本。原始股东通常是按面值购入股份。但其他股东购入股份是不可能按面值购入,只有可能高于面值购入股份。之所以如此,在于前后购入的股份尽管价值不同,但其包含的权利却是一样的。公司在经营一段时期后,每股股份所代表的价值显然不同于公司初创时的价值。高于股票面值的股份溢价计入到资本公积中去。在我国,注册资本是划分股份的基础。例如,如果公司注册资本确定为 100 万,那么其股份总额即是 100 万股。注册资本的存在为股权的实现例如分配股利、投票、股份转让等都提供了方便。
④ 根据《公司法》第 160 条规定,公司提取公积金的比例为 10%,法定公积金累计额达到公司注册资本 50%的,可以不再提取。

其总额达到公司实际股本的百分之二十。"第674条第1款和第798条第2款规定:"仅在依法律和章程规定提取储备金后,始得决定股息的分配"。我国台湾地区"公司法"第112条规定:"(有限)公司于弥补亏损完纳一切税捐后,分派盈余时,应先提出百分之十为法定盈余公积。但法定盈余公积已达资本总额时,不在此限。"第237条规定:"(股份有限)公司于完纳一切税捐后,分派盈余时,应先提出百分之十为法定盈余公积。但法定盈余公积,已达资本总额时,不在此限。"

第三,利润才可分配。可以用作分配的,只能是公司的利润,资本及资本公积不能用作分配。此利润必须是公司弥补亏损和提取公积金后所余税后利润。违反规定,在公司弥补亏损和提取法定公积金之前向股东分配利润的,股东必须将违反规定分配的利润退还公司。① 比较法上,《瑞士债务法》第675条第2款和第798条第1款规定:"股息仅得结算盈余和以支付股息为目的而设立的储备金中支付。"②我国台湾地区"公司法"第232条规定:"公司非弥补亏损及依本法规定,提出法定盈余公积后,不得分派股息及红利。公司无盈余时,不得分派股息及红利。"③第233条规定:"公司违反前条规定分派股息及红利时,公司之债权人,得请求退还,并得请求赔偿因此所受之损害。"为避免非利润用作分配,公司被严令遵守相关财务会计制度。④

在所有商人组织中,公司与其成员的财产分离是最彻底的。对于抽回出资还规定了一系列的行政和刑事法律后果。⑤ 要说明的是,自然人财产权与非自然人财产权最终还是有区别的。无论法律如何拟制,商人始终是一个营利的工具。易言之,商人的财产的终极所有权还是归其成员的。这也是商人经营中的利润和最终清算财产分配给成员的原因。

三、意思及意思治理机制

(一) 内涵

商人为拟制人格,本没有自己的意思。不过,既然人格可以拟制,那么意思

---

① 《公司法》第160条。
② 以支付股息为目的而设立的储备金是从过往盈余中提取积累而成。《瑞士债务法》未区分资本公积和盈余公积,统一称之为储备金。"普通储备金,在其超过公司股本的半数前,仅得用于弥补公司损失、支持公司困难时期的财务、预防失业或减轻失业所产生的后果(第671条第3款)。"除普通储备金外,公司章程可以规定从年度盈余提出一定额度设立其他储备金,但须载明其设立目的和用途(第672条第2款)。
③ 不过该条也给出无盈余分配的例外,"但法定盈余公积已超过资本总额百分之五十时,或于有盈余之年度所提存之盈余公积,有超过该盈余百分之二十数额者,公司为维持股票之价格,得以其超过部分派充股息及红利。"
④ 我国台湾地区"公司法"第232条第3款规定:"公司负责人违反第一项或前项规定分派股息及红利时,各处一年以下有期徒刑、拘役或科或并科新台币六万元以下罚金。"
⑤ 《公司法》第200条。此前《刑法》还规定了抽逃资本罪。

当然也可以拟制。拟制商人的意思的意义是：一方面，使意思自治成为可能。如果商人没有意思能力，完全受制于他人，那么意思自治是可疑的，所实行的法律行为往往是可撤销的或者相对无效的。另一方面，意思能力也是有限责任假设条件之一。以公司为例，如果没有意思能力，当其不能偿还债务，要面临着有限责任资格被否认的境地。

商人没有天生的思维能力，它的意思是由其意思治理机制产生并执行的。这个机制由组织机构和相应的程序组成。商人的意思治理机制同样是商人的元素。如果商人的意思相当于自然人的意思，那么商人的意思治理机制就相当于自然人产生、表达意思的物质基础。法律不需要规制自然人的意思形成机制，因为这套机制纯粹是一种生理活动。但商人的意思治理机制不单是其成员意思自治的范围，它需要法律给予强力支撑。法律之所以介入：一是代理成本。代理问题是所有权和经营权分离的结果。解决这一问题只能依靠制度，制约经营者，并力图将经营者与投资者的利益趋同化。二是道德风险。有限责任很容易成为欺诈的工具。为防止滥用有限责任，公司需要有合理的并能够发挥作用的内部治理。如果没有这样的内部治理，控制公司的股东很有可能被判定滥用有限责任，最终公司的债务要由股东承担连带责任。三是人格稳定。良好的内部治理，可以避免商事组织被个别人操纵，并使商事组织更加理性，有利于人格的稳定发展。法律的介入可以为商人治理形成一个基本框架，有利于减少谈判成本。

商人的意思治理机制，指商人为意思形成、表达和执行所设置的一套组织机构和实施程序。商人的意思实际上是通过法律将该组织的利害相关人的意思集合而成。不同利害相关人其在商人意思中所占的比重是不同的。独资企业和一人公司的意思实际上完全是由投资人做出的。对于一人公司，尽管投资人在代表公司做出意思时可能要受到法律的制约，但基本还是反映了股东自己的意思。合伙的意思则是法律允许下的，全体合伙人的共同意志。公司的意思形成比较复杂。其一部分意思形成于股东会，另一部分意思形成于董事会。董事会中有职工董事和独立董事，国外债权人也可能派出自己的董事。意思形成之后，通常由经理执行。参与商人治理的主要是权益投资者。商人的意思与权益投资者的意思独立程度是不同的。独资企业是最弱的，合伙企业其次，而公司则是最强的。对于一个大型的公司来说，普通投资者可能对于公司治理不起任何作用，此时，公司的意思完全脱离了股东的影响。如果这些权益投资者均能以善良诚信的原则行事，商法似乎没有太大必要参与商事组织的内部治理。然而，法律不是针对善,而是针对恶制定的。正如康德所说:"法律必须也适用于一群魔鬼。"[1]如果商法没有参与商事组织的内部治理,那么权益投资者极有可能彼此为自身利益而不择手段斗争,而且还可能损害债权人等第三方的利益。[2]

意思治理机制在公司法的理论和实践中被称为公司治理。公司治理是一个经济学上常用的概念,公司法上主要用组织机构这个词。但事实上,组织机构并不能完全代替治理这个概念的内涵。公司治理不仅包括组织机构这个硬件,还包括规章制度所构建的实施程序。软件某种程度上更为重要,更能体现一个公司的治理水平。

(二) 独资企业与合伙企业的意思治理机制

独资企业的意思是由投资人做出的。商业账簿记录着财产状况和经营信息,一定程度上能区分投资人的意思和独资企业的意思。这种区分意义有限。独资企业与投资人的人格一部分是重叠的,相互意思并不十分独立,其相互财产也不严格分离。正因如此,各国对独资企业规制极少。我国法律仅对独资企业聘用经营管理人员作出规定。[3] 多数独资企业规模小,业务量少,企业事务可能均由投资人一人承担。少数较大的独资企业,投资人一人可能管不过来,为此,投资人可能要将许多事务交与他人管理,此时就必然会产生代理问题。为此,投资人可能会设计较为复杂的治理结构。例如,在财务方面,他就可能必须将出纳和会计分开,否则,代理风险将不可避免。但是,投资人对受托人或者被聘用的人员职权的限制,不得对抗善意第三人。

法律参与了合伙企业的意思治理机制的设计。包括三个部分:第一,决策。

---

[1] "法律不是针对善,而是针对恶制定的。一项法律越是在它的接受者那里以恶行为前提,那么它本身就越好。考虑到人,立法者必须是悲观者,……并不着眼于通常情况的人,而是最坏情况下的人;人如此自私,以至于假使对他没有限制,他就不会关心任何他人的利益,而且如此地聪明,以致他可能会立刻认识到这种限制的每一漏洞。"〔德〕古斯塔夫·拉德布鲁赫著:《法学导论》,米健等译,中国大百科全书出版社1997年版,第70—71页。

[2] 广东爱多电器有限公司曾因以2.1亿元在中央电视台拿下广告标王而名噪一时。该公司由胡志标和陈天南各自占有爱多公司45%的股份,中山市东升镇益隆村经济合作社占10%的股份。1998年9月,胡志标在未经其他人同意的情况下,私自出具了许可其充任法定代表人的爱多视频公司和爱多音响公司使用"爱多"商标的证明,并在1998年10月至1999年4月间,挪用爱多电器有限公司超过1600万元的资金到爱多视频公司和爱多音响公司。1998年10月,胡志标又在未经其他股东同意的情况下,伪造陈天南签名,成立广东爱多音像有限公司,并从广东爱多电器有限公司挪出560万元到新成立的公司。此外,胡志标掌握广东爱多电器有限公司的经营权,公司高管几乎全是其亲属。胡志标最终因挪用资金罪被判入狱8年。林俊敏:《胡志标原本可不坐牢,企业家犯罪都是被逼吗》,载新浪网,http://finance.sina.com.cn/leadership/crz/20041111/13441148299.shtml,最后访问日期:2018年2月4日。

[3] 《个人独资企业法》第19条规定:"个人独资企业投资人可以自行管理企业事务,也可以委托或者聘用其他具有民事行为能力的人负责企业的事务管理。投资人委托或者聘用他人管理个人独资企业事务,应当与受托人或者被聘用的人签订书面合同,明确委托的具体内容和授予的权利范围。受托人或者被聘用的人员应当履行诚信、勤勉义务,按照与投资人签订的合同负责个人独资企业的事务管理。投资人对受托人或者被聘用的人员职权的限制,不得对抗善意第三人。"

决策方式分为共同决定和多数决两种方式。共同决定又分为法定共同决定和约定共同决定。其中,法定共同决定包括改名、处分重要财产、提供担保和外聘高管等。① 如果法律或合伙协议没有约定共同决定的事项,可以实行多数决。表决程序是有约定依约定,无约定则按一人一票多数决。合伙许多重要事项都要全体合伙人一致同意。这种做法反映了合伙的人合性。② 第二,执行。合伙企业可以议行合一,也可以由一名或数名合伙人执行合伙事务,还可以外聘经营人员。执行合伙人,对外代表合伙企业。但是,合伙对合伙人执行合伙事务以及对外代表合伙企业权利的限制,不得对抗善意第三人。③ 此做法可以充分发挥个别合伙人和外聘人员的经营能力。第三,监督。合伙人有权监督执行事务的合伙人,有权查阅账簿,检查其执行合伙企业事务的情况。执行人应当依照约定向其他合伙人报告事务执行情况以及合伙企业的经营状况和财务状况。合伙人可以对执行人的事务提出异议。提出异议时,应暂停该项事务的执行,如有争议,则交由全体合伙人共同决定。不按照合伙协议或者共同决定执行事务的,其他合伙人可以决定撤销该委托。④

独资企业与合伙企业的意思治理机制简明高效,且投资者享有企业的绝对控制权,运营成本较低。相比之下,公司的治理成本较高。公司通常聘用经营者经营,投资者不但不享有自己出资和公司财产的绝对控制权,还要设立监督机构以监督经营者。⑤ 各种意思治理机制并无高下之分。

(三) 公司治理

公司治理,指公司为意思的形成、运行所设置的一套组织机构和实施程序。公司为拟制人格,必须通过所设置的机关来表达意思和实施行为。由于公司股东仅负有限责任和实行两权分离,为避免公司被大股东或管理人操纵,以损害相对人和中小股东的利益,公司治理必须设计合理,以达到把公司塑造成为理性行事的合格的经济人的目的。一定意义上,公司的有限责任是以完善的公司治理为前提的。

1. 一般理论

典型的公司治理有英美模式和德国模式。英美采单层结构,仅设股东会及由股东会选任的董事会。董事会下设各种委员会。董事会通常聘任经理负责日

---

① 《合伙企业法》第25、31条。
② 合伙企业的人合性体现还有:合伙份额被强制执行时,其他合伙人有优先受让的权利;合伙人个人负有债务,其债权人不得代位行使该合伙人在合伙企业中的权利。《合伙企业法》第41、42条。商事组织有以人为基础组成,亦有以财产为基础组成,前者称之为人合,后者称之资合。
③ 《合伙企业法》第37条。
④ 《合伙企业法》第27—29条。
⑤ 据测算,在风险投资领域,采用公司的形式,管理成本按相关会计制度计算可达5%,合伙企业的管理成本则为1%—1.5%。周林彬主编:《商法与企业经营》,北京大学出版社2010年版,第73页。

常经营。德国模式在股东会和董事会之外还设监事会。德国的监事会负责选任和解任董事,持续监督公司运营,并对重大事项有同意权。① 我国的公司治理与日本以及我国台湾地区类同,采股东会下平行设置董事会和监事会。董事会负责经营,监事会负责监督。公司治理机构还应该包含经理和法定代表人。公司治理应当体现分权制衡原则。分权制衡可以防止专制和腐败,可以保证公司本身和经营上的稳定性以避免集权企业的"人存政举,人亡政息"。分权制衡还使公司的经营决策更具理性,尽管这样效率可能要低一些。

　　股东会是公司董事的选任机关。股东会由全体股东组成。股东会只是以会议的形式存在,并不是公司常设机构。股东会的存在理由是,股东不能直接干预公司的事务,股东只能通过股东会选举董事来发挥对公司的影响力。股东会的表决方式一般是资本多数决(majority voting rule),即按出资比例或股份数额表决。依我国法律规定,有限责任公司可以不按出资比例进行表决。② 我国法律将股东会定义为权力机关。③ 此种定性是值得商榷的。股东会特别是股东众多的股东会,其职权应当限于选任董事和修订章程。④ 股东会并不经常开会,且股东通常脱离一线经营,因此赋予股东会经营决策权并不恰当。国外无论英美还是德日等国,股东会均无经营决策权。⑤

　　董事会是公司意思的形成机关。⑥ 董事会由董事组成。董事以其性质应当由自然人担任。公司为虚拟人格,其机关中人员理应为自然人,否则难以形成意思。限制董事为自然人也可以避免商人股东对公司的过度干预。如果董事为商人,那么由于商人自身对责任并不敏感,往往不利于公司法对董事种种义务的限制。董事不得被无故解任。董事应当向公司而非单个股东负忠实和勤勉义务(董事的义务与股东的义务不同,除了控股股东之外,股东可以任意行使投票权,而董事则负有忠实义务,其行使权力应当说明理由。这意味着,董

---

①　刘俊海著:《现代公司法》(上),法律出版社 2015 年版,第 580 页。
②　《公司法》第 43 条。
③　依据《公司法》第 36 条和第 98 条,股东会的职权如下:一是选择并解任管理者的权利;二是批准变更事项的权力,例如就修改章程、增减资本、发行债券,以及公司合并、分立、解散、清算或者变更公司形式等重大事项作出决议;三是审议批准权,审议批准董事会、监事的报告和其他报告;此外,我国的股东会还有权决定公司的经营方针和投资计划(《公司法》第 37 条和第 99 条)。
④　股东会不能和西方的议会相提并论。股东会是由全体股东参加,而西方的议会则是代议制的产物。代议制的精髓是间接民主,即由选民选举议员或官员治理国家。将国家事务诉诸直接民主(全民公决)并非是恰当的选择。英国脱离欧盟的全民公决所引发的种种不利后果即可印证这一点。同理,公司特别是股东众多的公司,应当将公司事务交由董事会而非由股东会亲自处理。
⑤　周友苏著:《上市公司法律规制论》,商务印书馆 2006 年版,第 39 页。我国股东会的权力非常大,为典型的"股东会中心主义",这或许是我国大多数公司"一股独大"的反映。
⑥　董事会通常被认为是公司的执行机关。实际上,董事会主要的任务不是执行,而是形成公司的意思。股东会职权受法律限制,且很少开会,代表公司形成的意思机关主要是董事会。正如前述,这是符合代议制精神的。

事不得听从个别股东的指示行使职权)。董事由股东会选出,选举董事时可以采取累积投票制的方式。董事会行使权力同样是以"会"的形式行使。因此,单个董事对公司没有任何权力,董事必须以董事会作为一个整体的方式进行决议。① 董事会的职权主要是形成经营决策、选任解任经理和监督公司运营。②

经理为董事会附属机构,负责公司运营。我国有限责任公司可以不设经理。③ 如设,经理由董事会决定聘任或者解聘,并对董事会负责。我国经理的对内职权由法律确定,公司章程对经理职权另有规定的,从其规定,董事会也可授予经理其他职权。经理的职权范围法定在其他国家是很少见的。我国实际上是把传统公司法上的董事会的职权一分为二,决策权授予董事会,执行权授予经理。④ 国外的经理基本上是附属于董事会,我国公司经理具有相对独立性。

法定代表人是能够对外代表公司的自然人。法定代表人代表公司作出意思表示或接收意思表示。作出的意思表示应当来自公司的意思形成机关即董事会。也就是说,法定代表人应当听从董事会的指示。国际上普遍采用共同代表和单独代表结合的代表人制度。具体地说,积极代表方面,除章程另有规定外,由所有董事和经理共同代表公司;消极代表方面,可由一个董事或经理代表公司,即他人向公司作出意思表示的,向一个董事或经理作出即可。⑤ 我国法定代表人由一人担任。

监事会是公司的监督机构。监事会由股东监事和职工监事组成,其中职工监事的比例不得低于一定比例。⑥ 董事、高管不得兼任监事。德国⑦的监事会有董事会成员任免权和业务拘束权,后者是董事会决定的有些业务只能在取得监

---

① 施天涛著:《商法学》(第三版),法律出版社2006年版,第224页。
② 《公司法》第46、122条。
③ 《公司法》第49条。
④ 刘宗胜、张永志著:《公司法比较研究》,中国人民公安大学出版社2004年版,第154页。
⑤ 《德国股份法》第78条(节选)规定:"(1)董事会在法院内外代表公司。(2)如果董事会由若干成员组成,那么,如果章程没有其他规定,全体董事会成员只有权集体代表公司。如果要向公司呈交一项意愿声明,那么向一名董事会成员呈交即可。(3)章程可以规定,董事会成员可被授权单独或者与一名代理人共同代表公司。如果有章程的授权,监事会也可以作出相同的决定。(4)被授权作为集体代表的董事会成员也可以授权他们中的单个人从事某些业务或某种业务。如果某一单个的董事会成员被授权与一名代理人共同代表公司,那么上述规定也原则适用。"第82条第1款:"董事会的代表权不得被限制。"
⑥ 《公司法》第51条和第117条。德国、法国的公司法也有类似的规定。这样规定是为了平衡股东和职工的利益。
⑦ 德国的监事会制度起源于1861年《德国商法典》的大股东会。1871年,《德国股份法》推出了监事会制度。监事会由股东代表和职工代表组成,其中职工代表不得少于一半。德国的监事会是世界上权力最大的监事会。其主要权力有:第一,人事任免权,董事长和董事由监事会任免。第二,业务批准权,公司的经营决策由董事会决定,但董事会做出经营决策时,要经监事会同意。第三,业务监督权,监事会有权要求董事会随时报告业务的执行情况。第四,财务执行权,董事会应当向监事会报告财务报表,监事会有权检查公司账目。尹涛、夏亚非:《德、日监事会制度比较研究》,载《特区经济》2006年第6期。

事会同意下才能进行。① 监事会仅存在于大陆法系国家,英美法系国家的公司是不设监事会的,其公司的监督机构设于公司董事会之中。相比德国,我国公司监事会权力较小,其职权是检查公司财务以及对董事、高管进行监督。

公司治理不仅包括上述治理机关及其权力,还包括上述机关的运作方式。公司的各个机关、员工、股东等行为都必须遵守公司章程和其他公司的制度。② 各个机关的行为都要按预定程序,不得随意变更。例如,关于股东会的提案就应该事先准备,不得在股东会上搞突然袭击。公司治理是法律规定最为详尽的一种治理形式。公司法明确了公司内部的组织机构,并对内部组织的运作程序作出了详细的规定。公司章程也对公司作出了个性的规定。这些规定都保证了公司的意思形成不是任意的。从理论上说,公司相比其他商事组织,其意思是最为理性的,一些任性的作为在付诸实施之前可能已经被阻止。

2. 改善我国公司治理制度的建议

我国的公司治理架构可概括为"一体两翼",以股东会为主体,以董事会和监事会为两翼,股东会或股东大会为权力机构,董事会和监事会为执行和监察机构,并向股东会或股东大会负责。这个体制与国际上的多数体制并不相同,基本上是对大股东主体地位等现实的肯认③,未能起到保护弱小、扶危济困的作用。但法律绝不是对现实简单的反映,更不应为不公平而背书。因此,应当对我国公司的治理结构进行大刀阔斧的改革,从而构建一个既能保障各利益相关者共同利益又能让经营者尽职尽责工作的公司治理结构。

公司各机构之间应当以分权制衡原则为基础构建,即股东会选任董事,董事会形成决策,经理执行决策,法定代表人代表公司,而监事会则监督决策的形成和执行以及法定代表人的代表行为。董事会应当成为公司经营决策的中心,可以聘任经理和其他高管。树立董事会中心主义可以遏制大股东对公司的操纵。我国董事会仅享有法律或者章程授予的职权,此种做法显然与世界潮流不符。④

---

① 刘宗胜、张永志著:《公司法比较研究》,中国人民公安大学出版社2004年版,第159页。
② 广义的公司治理还包括竞业禁止。竞业禁止,又称竞业回避,指对与特定营业具有特定关系的特定人员所为的竞争性特定行为的禁止。竞业禁止由法律规定或由合同约定。合同约定的主要针对普通员工。《公司法》第148条规定:董事、高管不得"未经股东会或者股东大会同意,利用职务便利为自己或者他人谋取属于公司的商业机会,自营或者为他人经营与所任职公司同类的业务"。《合伙企业法》第32条规定:"合伙人不得自营或者同他人合作经营与本合伙企业相竞争的业务。除合伙协议另有约定或者经全体合伙人一致同意外,合伙人不得同本合伙企业进行交易。合伙人不得从事损害本合伙企业利益的活动。"
③ 原《证券法》第50条关于股份有限公司申请股票上市的条件第(三)项规定"公司股本总额超过人民币四亿元的,公开发行股份的比例为百分之十以上",该比例太低,实质上为股权集中大开方便之门。
④ 早在1937年,《德国股份法》就规定,股东大会权力限于法律章程规定的范围;而法国做得更彻底,其《商事公司法》第89条规定:"董事会拥有在任何情况下以公司名义进行活动的最广泛权力;董事会在公司宗旨的范围内行使这些权力,法律明确赋予股东会议的除外。"周友苏著:《上市公司法律规制论》,商务印书馆2006年版,第28—29页。

应当提高经理的地位。经理当然应享有代表权,经理负责公司日常经营,由其代表公司,既符合常理,又能提高效率。应当提高监事会的地位,赋予监事会罢免董事和经理的权力。没有罢免权的监事会如同没有牙齿的老虎。董事的选举和罢免分别由股东会和监事会行使,更能体现分权制衡原则。①

(四)商人的代表:经理、代办和法定代表人

一般认为,代表为商人机关所为并视为商人自己的行为,而代理则为代理人经本人授权并以本人名义所为行为。事实上,代表与人法有关,而代理则基于契约。代表权的范围一般基于法律授权,而代理权的范围则基于本人授权。本书认为,经理和代办的对外行为的性质为代表,如同法定代表人的对外行为的性质。区分代表和代理的标志,在于代表权限来源于代表人身份所固有的职权,而代理权限来源于本人授权。代表行为直接被认为是商人的行为。这里是理论上的区分,但从实践角度看,代表与代理的最终效果区别并不大。

商人的代表包括经理、代办和法定代表人。其中,经理、代办为传统商法所规定,而法定代表人则为我国商法特色。

1. 经理②

(1)经理与经理权

经理(manager),指接受商人委托,为其管理事务及对外代表商人的人。③《澳门商法典》第64条对经理作了明确的定义:"经理系指商业企业主委任以经营企业之人,该委任得按商业习惯以任何职务名称为之。"经理,为德国旧商法所创设,德国法系国家均有相关规定。经理由营业主选任。经理只能是自然人。④经理享有经理权。

经理权,指经理代表商人实施的,对内处理行政事务和对外代表与经营相关的事务的权力。学说上认为经理权具有概括性、法定性和不可限制性。⑤概括性,指经理所为一切必要行为均被视经理权的范围。在德国商法上,经理权仅被

---

① 德国的监事会制度值得参考。在德国,监事从股东和职工中选出。在大公司,职工监事占到了一半。德国的监事会可以决定董事的任免,董事的重大经营决策也要得到监事会的同意。为了避免监事专权,法律规定"监事会不得以任何方式插手公司业务的实际管理,即使其号称得到了授权时亦是如此;但是,可以规定董事会在采取某些特定的行动之前,必须事先得到监事会同意(参见《德国股份法》第111条第4款)。"〔德〕罗伯特·霍恩、海因·科茨、汉斯·G.莱塞著:《德国民商法导论》,楚建译,中国大百科全书出版社1996年版,第287页。上述规定体现了职工参与、互相配合、互相制约的精神。

② 职业经理人起源于美国。"1841年10月5日,在美国马萨诸塞州的铁路上,发生了一起两列客车迎头相撞的事故。社会公众对此反响强烈,认为铁路企业的业主没有能力管理好这种现代企业。在州议会的推动下,企业管理制度进行了改革,企业选择有管理能力的人来担任管理者,世界上第一个经理人就这样诞生了。"何晓行:《公司经理法律制度研究》,载《天府新论》2009年第3期。

③ 叶林、黎建飞主编:《商法学原理与案例教程》,中国人民大学出版社2006年版,第83页。

④ 此为通说。参见〔德〕C.W.卡纳里斯著:《德国商法》,杨继译,法律出版社2006年版,第368页。

⑤ 叶林、黎建飞主编:《商法学原理与案例教程》,中国人民大学出版社2006年版,第83页。

排除了土地的让与权和设定负担权。① 法定性,指经理权的对外代表权的范围是由法律规定的。例如,《德国商法典》第 49 条第 1 款规定:"经理权授权实施由进行营业经营所产生的诉讼上的和诉讼外的一切种类的行为和法律行为。"《日本商法典》第 21 条第 1 款规定:"经理有权代替商人实施一切与其营业相关的裁判上或裁判外行为。"不可限制性,指经理对外代表权的限制对第三人无效,或不能对抗善意第三人。例如,《德国商法典》第 50 条规定:"对经理权的范围进行限制的,限制对第三人无效。"《日本商法典》第 21 条第 3 款规定:"对经理代理权的限制,不能对抗善意第三人。"

一般认为,经理权由商人授予。② 《德国商法典》第 49 条规定:"经理权只能由营业的所有人或其法定代理人、并且只能以明示的意思表示授与。"由于商人对代表权进行限制对第三人无效或不得对抗善意第三人,因此,尽管经理是由商人选任,但经理的对外代表权严格地说并非单纯由商人授予。本书认为,经理权来自于两种授权,一种是内部授权,经理人依此行为不承担任何责任,行为直接为商人的自己的行为;一种是法律授权或外观授权,经理人依此行为,代表结果归属于本人,但本人可以追究经理人的内部责任。德国法为法律授权,因此对经理权的限制对第三人无效;日本法为外观授权,因此对经理权的限制只是不得以对抗善意第三人。外观授权时的经理代表是表见代表的一种形式。德国法的做法更确定,更有利于交易安全,而日本法虽说有平衡双方的优点,但不利于交易安全。需要说明的是,经理的职权有两个方面,一是对内的行政权,二是对外的代表权。对内的行政权完全由业主授予,业主可以任意进行限制。

经理权主要有以下作用:第一,通过规定经理权的产生方式,解决了经理人对外代表商人交易的代表权限问题。第二,以登记作为公示手段,让交易对手明确,哪些人可以代表商人交易。由于存在两权分离和业主多人,业主并非是天然可以对外代表的人。第三,规定了经理人代表企业的行为方式,明确经理人以何种方式缔结法律关系可以约束所代表的企业。③ 经理权在现代企业治理中占有越来越重要的地位。人们甚至认为,各国企业治理的潮流,已经从股东会中心主义,经董事会中心主义,发展到经理中心主义。作为"专家经营"的体现,经理中心主义体现了公司治理过程中,对效率的追求、对权力的分配和制衡。④ 我国立法并没有跟上经理中心主义这一潮流。

---

① 《德国商法典》第 49 条。
② 有学者明确指出,经理权来源于商人的直接授权,而并非法律规定。覃有土主编:《商法学》,高等教育出版社 2008 年版,第 51 页。
③ 张舫:《在民法与商事单行法之间——以经理为例对制定"商事通则"的思考》,载王保树主编:《中国商法年刊》(2007),北京大学出版社 2007 年版,第 253 页。
④ 何晓行:《公司经理法律制度研究》,载《天府新论》2009 年第 3 期。

(2) 我国经理权立法的问题与建议

我国经理制度存在较大的问题。第一,经理制度不明确,不统一。只有《公司法》明确规定了经理制度,而《个人独资企业法》和《合法企业法》仅规定了类似经理制度的制度。《个人独资企业法》第 19 条规定,个人独资企业投资人可以委托或者聘用其他具有民事行为能力的人负责企业的事务管理,并特别规定"投资人对受托人或者被聘用的人员职权的限制,不得对抗善意第三人"。这里的接受委托或者聘用管理企业事务的人员,相当于经理。《合伙企业法》第 37 条规定:"合伙企业对合伙人执行合伙事务以及对外代表合伙企业权利的限制,不得对抗善意第三人。"执行合伙事务是一种劳务,合伙企业应当支付给合伙人相应报酬。即使不支付报酬,执行事务合伙人利润分配时也会有所体现。因此,执行事务合伙人相当于经理。此外,《合伙企业法》第 31 条明确规定,经合伙全体一致同意,可以选任合伙人以外的人担任合伙企业的经营管理人员。该经理管理人员对内依授权对企业实施经营管理,应当是享有一定程度上的经理人的权力。不过,《合伙企业法》并没有明确授予该经理管理人员对外代表权。依意思自治原则,合伙企业自然可以授予对外代表权,但能否对抗第三人存在疑问。第二,《公司法》尽管规定了经理人制度,但并没有规定经理的对外代表权。经理的职权有两方面,一是对内的行政权。① 二是对外的代表权。《公司法》没有规定经理对外的代表权。此与各国的经理权大相径庭。经理权之所以要法律规定,原因主要在于经理的对外代表权。我国否认经理的对外代表权不符合正常商业原理。企业的日常经营管理由经理掌握,然而经理却不具有对外代表权,这十分不方便企业经营。《公司法》第 13 条规定了法定代表人可以由董事长、执行董事或者经理担任,但对于不担任法定代表人的经理来说,上述问题仍未解决。

诚然法律未规定经理的对外代表权,并不妨碍商人将代理权授予经理,否则商业活动将变得非常不方便,但是,以民法上代理制度处理经理权并不可取。商法是从人法的角度试图将经理与商人区分,带有较强烈的主体色彩;而民法则以契约关系取代经理的身份关系。二者隐含着不同的价值取向:"前者对经理地位的安排更多地侧重于强制性规范,以满足经理的权力保障;而后者将经理置于契约当事人地位,侧重于任意规范,赋予经理以契约上的权利。"② 易言之,只有在商法对经理的对外代表权有明确规定,才能较好地解决交易安全并促进交易效率。单纯借用民法代理可能会带来一些法律纠纷,以致产生一些不必要的麻烦。

为适应商业实践的需要,应当完善我国经理制度。第一,统一规定独资企

---

① 《公司法》第 49 条。我国《公司法》规定的经理权限的第(一)至(七)项都是法定的对内的行政权,第(八)项则是来自于公司章程和董事会的授权。

② 王保树、钱玉林:《经理法律地位之比较研究》,载《法学评论》2002 年第 2 期。

业、合伙企业和公司的经理人制度。建议制定《商法通则》或制定单行法,明确经理人的地位和权限。这样可以促进商业交易的可预期性,使相对人知道自己所面对的经理的大概职权,避免产生一些不必要的纠纷。第二,应当规定公司必须设立经理,合伙企业和独资企业可以设经理,但一旦设经理,其经理的权限就具有概括性和对外不受限制性。第三,应当明确对外代表权范围法定,对经理权范围的限制不得对抗第三人。2005年修订前的《公司法》中的经理权的一部分是法定的,但是,修订的《公司法》在规定经理职权后,明确规定:"公司章程对经理职权另有规定的,从其规定。"不过这里的经理权仅限于对内职权。因此,在法律规定经理的对外职权后,应当明确对经理的代理权的限制不具有对抗第三人的效力。

2. 代办

代办,指非经理人而受商人的委任,于一定处所或一定区域内,以该商人的名义,办理其事务的全部或一部的人。[①] 代办也是代表的一种。与代理的临时性不同的是,代办具有常规性的特征。

代办权是一种与经理权有别的商法上的代表权制度。根据《德国商法典》第54条第1款和第3款:"某人不经授与经理权而有权经营营业或有权实施属于营业的一定种类的行为、或有权实施属于营业的个别行为的,代理权(代办权)扩及于由经营此种营业或实施此种行为通常所产生的一切行为和法律行为。对代办权进行其他限制的,只有在第三人明知或应知此种限制时,第三人才需承受此种限制的效力。"立法材料显示该条款的意义"在于对代办全权范围合法的推断",所以"每个第三人可以依据通常状况审查此处代理全权的范围并且只有在自己知悉或者应当知悉时,才承担特别限制的后果"。目的是在于保护对"通常状况"的信赖。[②] 代办权的范围可以包括所有与授权书所指定的业务相关的交易以及与这些交易相关的附属性的事务。但"对于土地的让与或设定负担,对于票据债务的承担,对于借贷的接受和诉讼的实施,只有在向代办商特别授与此种权限时,代办商才有实施此种行为的权利。"[③]法律假定代办权包括上述范围,如果本人授权小于上述典型范围,本人必须证明相对人知道这种限制。[④] 代办权不需要登记。代办商在签名时应当表明自己不是经理。

代办权通常授予高级职员。对于商店,店长和店员享有部分事务的代办权。

[①] 我国台湾地区将"代办"称之为"代办商",并与"委托商人"相互独立。该地区"民法典"第558条规定:"称代办商者,谓非经理人而受商号之委托,于一定处所或一定区域内,以该商号之名义,办理事务之全部或一部之人。代办商对于第三人之关系,就其所代办之事务,视为其有为一切必要行为之权。"

[②] 《商法典立法纪念文集》,第24页,转引自〔德〕C.W.卡纳里斯著:《德国商法》,杨继译,法律出版社2006年版,第384页。

[③] 《德国商法典》第54条第2款。

[④] 《德国商法典》第54条第3款。

特别是店员。为保护善意相对人的利益,凡在商店中与顾客交往的商店受雇人,均被视为拥有代表权,除非相对人具有主观恶意。① 消费者购物时并不要求其确认店员是否是雇员,是否具有代表权。消费者只要合理相信销售员具有代表权即可。《德国商法典》第56条明确规定:"在店铺或公共仓库受雇的人,视为有权进行在此种店铺或仓库通常所发生的出卖和受领。"这里体现了外观原则。也是商店经营最基础的法律原理。如果没有这一原理,商店的经营将不可能进行。德国商法上的代办商制度表明其对于交易安全的重视。②

长期以来,我国法律没有规定代办权制度。《民法典》的相关规定似乎改变了这一局面。该法第170条规定:"执行法人或者非法人组织工作任务的人员,就其职权范围内的事项,以法人或者非法人组织的名义实施民事法律行为,对法人或者非法人组织发生效力。法人或者非法人组织对执行其工作任务的人员职权范围的限制,不得对抗善意相对人。"这一规定既包括传统商法中的经理权,也包括传统商法中的代办权。从积极方面说,这一规定弥补了我国法律没有明确规定经理权和代办权的空缺。但是,缺陷也是明显的,一方面,这一规定没能区分经理权和代办权,使其比较难以界定所谓执行工作人员的代理权范围;另一方面,这一规定也适用于社会团体等非营利性主体。非营利性主体所从事的活动多不涉及交易效率和交易安全,没有必要让其像商人等营利性主体一样承担过重的义务。③

3. 法定代表人

法定代表人制度是具有中国特色的制度。法定代表人最早规定于1982年《民事诉讼法(试行)》第44条中:"企业事业单位、机关、团体可以作为民事诉讼的当事人,由这些单位的主要负责人作为法定代表人。"1983年颁布的《中外合资经营企业法实施条例》第37条并没有"萧规曹随",而是规定:"董事长是合营企业的法定代表。"1986年《民法通则》第38条全面确立这一制度:"依照法律或者法人组织章程规定,代表法人行使职权的负责人,是法人的法定代表人。"《民法典》第61条对该制度作了进一步的完善:"依照法律或者法人章程的规定,代表法人从事民事活动的负责人,为法人的法定代表人。法定代表人以法人名义

---

① 《日本商法典》第26条规定:"以出售物品等(指出售、出租等与此类似的行为,本条中下同)为目的之店铺的雇员,视为其有权对该店铺中的物品实施出售等行为。但对方基于恶意时,不在此限。"

② 1998年《德国商法典》修订后,未登记的小规模经营者不再视为商人,也不再适用《德国商法典》第56条规定。立法者认为借助于表见代理的规定也可以获得与第56条相同的法律效果。但批评者认为:"如果第56条规定是多余的,干脆就将其删除。而相反如果这一规定是必要的、有益的,那么就没有理由使其应用范围取决于不为交易对方当事人所知的情形,即小规模经营者是否已在商事登记簿登记。"〔德〕卡斯腾·施密特:《德国商法改革法》,王彦明、涂长风译,载《法制与社会发展》1999年第6期。

③ 这说明制定《商法通则》的必要性。《商法通则》可以单独对商人等营利性主体的经理权和代办权进行针对性的规定。

从事的民事活动,其法律后果由法人承受。"相比《民法通则》的规定,《民法典》明确将法定代表人的权力限缩为代表法人对外从事民事活动。具体到《公司法》中,其第 13 条规定:"公司法定代表人依照公司章程的规定,由董事长、执行董事或者经理担任,并依法登记。公司法定代表人变更,应当办理变更登记。"

　　法定代表人在我国仅设一人,公司也是如此。公司仅设一个法定代表人很难应付巨量的公司对外代表业务。① 本书认为,有必要废除我国的单一法定代表人制度②,改采国际上普遍采用的共同代表和单独代表相结合的法定代表人制度。实践中,法定代表人的权力过于集中,对经理经营公司也是一个掣肘。经理当然应纳入法定代表人行列,不但是因为传统商法中经理具有概括性的对外代表权,而且也是因为经理是公司日常事务的执行者,其职责所在范围不可避免地要对外代表公司。经理的权限是为商人管理事务,以商人名义为法律行为,其中的一项重要工作即是在商事合同上签名,"签上经理人自己的姓名并注明职务,以表示其代表商人为法律行为,而非个人行为,其实就是法定代表人。"③ 上述建议并非否认公司可以由一人积极代表,章程仍然可以规定公司可由部分董事、单一董事或经理等多种形式代表。④ 何种情况更适合公司由章程自治决定。

　　就制定法而言,我国法律并未赋予公司法定代表人除了对外代表公司权力之外的权力。但实际情况却并非如此。实践中,法定代表人权力非常集中,不仅对外代表权集中于一人,而且对内行政权也往往集中于一人,一些法定代表人甚至将董事会和监事会置于其附庸的地位。法定代表人同时将经理的权力架空。我国法律并未授予公司法定代表人的内部行政权力,内部行政权力依法则由经理享有。⑤ 我国的单一法定代表人制度固然能使公司在变幻莫测的商业竞争中及时作出决策,但也为个人专制与滥权大开方便之门。⑥ 我国公司实践与法定代表的法理不符,法定代表人本应是公司的口耳,仅能对外代表公司表达公司的意思和听取他人的意思,无对内行政权才应当是题中之义。即便对内拥有行政

---

① 这种情况导致我国商业实践中印章文化的发达。杨继:《中国股份公司法定代表人制度的存废》,载《现代法学》2004 年第 6 期。

② 2005 年立法机关否定了废除法定代表人制度的建议:"结合我国的实际情况,考虑到我国公司实践中,一人为法定代表人已成为习惯,目前在交易诚信机制尚未建立的情况下,不宜立即改变这一制度。"全国人民代表大会常务委员会法制工作委员会编著:《中华人民共和国公司法释义》,法律出版社 2013 年版,第 36 页。

③ 朱锦清著:《公司法前沿问题研究》,浙江大学出版社 2010 年版,第 296 页。

④ 实践中,德国广泛普及的是由两个董事共同代表,或者由一名董事和一名经理共同代表(非真正的共同代表)。〔德〕格茨·怀克、克里斯蒂娜·温德比西勒著:《德国公司法》,殷盛译,法律出版社 2010 年版,第 478 页。德国经理权从属于董事代表权,我国则有所不同。

⑤ 《公司法》第 49、68、113 条。

⑥ 顾敏康:《公司法定代表人的比较研究》,载《华东政法学报》1998 年第 1 期。

权力也应当为意思形成机关董事会所授予,并始终服膺于意思形成机关。① 因此,实践中的做法实际上不符合法律规定,进而不符合商人法定原则。本书认为,可以考虑允许公司股东诉请法院剥夺法定代表人过度膨胀的对内行政权,以保持公司内部治理结构的平衡。

第四节 商人的能力

商人能力,指商人的法律能力。商人能力,包括权利能力、行为能力和责任能力。作为民法的特别法,商法与民法共用各种法律能力制度,商人并不具有所有私法主体都具有的主体能力之外的法律能力。②

一、商人的权利能力

商人的权利能力,指商人享有私法权利和承担私法义务的资格。

(一)私法上的权利能力

传统理论中,权利能力指一个人作为法律关系主体的能力,即作为权利的享有者和法律义务承担者的能力。学者多直接认为权利能力即为人格。③ 为避免人格概念的含混不清,近代法以内涵相对单纯的权利能力作为主体资格的指称。④ 但权利能力实际上还是享有权利和承担义务的资格。没有权利能力,主体既无法享有权利,也无法承担义务。权利能力的双重功能使其左支右绌,不堪重负。权利能力的诸多理论冲突也正源于此。例如,普遍认为法人的权利能力因经营范围的不同而不同。结果是,许多法人因法律限制没有权利能力,进而又导致这些法人没有主体资格。显然这在逻辑上是说不通的。

主体是享有权利和承担义务的前提,而不是相反。传统理论中的权利能力应当区分为主体资格和权利能力。主体资格是成为私法主体的资格;权利能力是私法主体享有权利和承担义务的资格。权利能力区分为一般权利能力和具体权利能力。一般权利能力,指概括享受权利和承担义务的资格。具体权利能力,指享有某一具体权利和承担某一具体义务的资格。私法主体的具体权利能力,受其性质或法律规定限制。

---

① 日本学者山本为三郎认为董事会是代表董事的上级机关。〔日〕山本为三郎著:《日本公司法精解》,朱大明、陈宇、王伟杰译,法律出版社 2015 年版,第 158 页。
② 德国等国法上直接称"权利能力"和"行为能力",前面并不加民事二字;德国民商分立,但商法典上也没有商事权利能力和商事行为能力的规定。
③ 梁慧星著:《民法总论》(第四版),法律出版社 2011 年版,第 91 页;彭万林主编:《民法学》(第六版),中国政法大学出版社 2007 年版,第 61 页。
④ 刘召成:《部分权利能力制度的构成》,载《法学研究》2012 年第 5 期。

（二）商人的权利能力

商人的权利能力，主要体现为财产能力。财产能力，指私法主体独立拥有财产的能力。① 财产能力是商人人格的应有之义。学界对于商人是否拥有财产能力是有疑问的。一些学者不但质疑独资企业的财产能力，甚至还质疑合伙企业与公司的财产能力。本书认为，无论基于理论建构还是基于交易安全，商人都需要具有财产能力。第一，财产能力是理论建构的需要。既然认同商人具有人格，是私法主体，那么商人自然应当拥有财产能力。否则，商人无法充当法律关系中权利义务的归属者。例如，在买卖合同中，如果商人没有财产能力，那么出卖人将没有财产可供出售，而买受人也将无法拥有购入财产的所有权；第二，财产能力是交易安全的保障。财产独立机制是交易安全的保障，而财产独立机制建立的前提则是商人拥有财产能力。

公司、合伙企业和独资企业依我国法律都拥有财产能力。第一，公司。公司所控制的财产究竟是属于股东所有，还是属于公司所有，曾经在学界存在很大争议。争议起因于法律规定。1993年《公司法》第4条明确规定："公司中的国有资产所有权属于国家。"2005年《公司法》删除了这一规定，争议逐渐平息。实际上，公司具有私法主体资格，便理所当然的对其控制的财产享有所有权。反对者往往将公司对财产的所有权与股东对公司的剩余索取权（可视为终极所有权）混为一谈。目前，公司的财产能力已经由法律所明确规定。② 第二，合伙企业。我国法律明确规定合伙企业的财产能力。合伙人的出资、以合伙企业的名义取得的收益和依法取得的其他财产，均为合伙企业的财产。③ 通说认为合伙企业财产为共同共有。作为契约性质的合伙，其财产的确是共同共有。但是，合伙企业已经基本脱离了契约性质而成为主体，具有权利能力。在这种情况下，合伙企业财产理所应当属于合伙企业自己所有。这是主体的应有之义，甚至不因合伙协议的约定而改变，因为合伙企业财产涉及第三人的利益。合伙人一般情况下也不可能将合伙企业的财产与自己的财产混同，因为这意味着损害其他合伙人的权益而不会被其他合伙人同意。合伙共同财产说可能是受外国民法的影响。在许多国家，合伙的性质是契约而不是主体。既然不是主体，那么合伙财产自然也就属于合伙人共有。第三，独资企业。独资企业拥有财产能力存在争议。《个人独资企业法》第2条明确规定个人独资企业财产为投资人个人所有。但是，法律规定前后是矛盾的。《个人独资企业法》第24条规定："个人独资企业可以依法申请贷款、取得土地使用权，并享有法律、行政法规规定的其他权利。"依此规定，

---

① 财产能力实质上是权利能力的一部分，这里称财产能力是为了突出商人拥有财产的资格。
② 《公司法》第3条规定："公司是企业法人，有独立的法人财产，享有法人财产权。"即使一人公司也不例外。
③ 《合伙企业法》第20条。《合伙企业法》第二章第二节的标题即为"合伙企业财产"。

独资企业拥有一定的财产能力,独资企业的财产应当属于独资企业所有。法律明确规定独资企业应当依法设置会计账簿[①],这也给了独资企业拥有独立财产以法技术上的支撑。讨论独资企业的财产能力并不是没有意义的。财产能力是财产独立的前提,也是适用双重优先原则的基础。独资企业清算时,企业财产优先偿还企业债务,个人财产优先偿还个人债务,对于所有债权人更为公平。这样看来,《个人独资企业法》第 2 条规定个人独资企业财产属于投资人所有不妥。

二、商人的行为能力

(一) 私法上的行为能力

行为能力,指实施法律行为的能力。行为能力制度设立的最重要的意义是作为法律行为的生效要件。行为能力取决于行为人的意思能力。梅迪库斯明确指出,行为能力是表意人"理智地形成意思的能力"。[②] 有无意思能力,以年龄和智力作为判断。法律排除或限制未成年人和智力障碍者实施法律行为的能力,目的是对其特别保护。

法律设立行为能力制度的初衷是通过让法律行为无效以保护意思能力不足的自然人。相比之下,法人并无这方面的需要,因为法人不存在像自然人那样由于年龄和智力的原因而导致意思能力欠缺的问题。正因如此,德国、日本《民法典》没有规定法人行为能力。《瑞士民法典》第 54、55 条规定了行为能力。我国法律也明确规定法人具有行为能力。

(二) 商人的行为能力

商人的行为能力,指商人实施法律能力的能力。法律将未成年人和智力障碍者排除或限制其实施法律行为的能力,目的是"为了保护意志薄弱之人"。[③] 商法没有这样的考虑,因为参与商事关系的商人的意思能力被假定为强而智。商法在创制商人这一人格时,已经考虑到了要把商人塑造成为强而智的私法主体。[④] 商法没有必要考虑商人的意思能力。商人均为完全行为能力人。

法律可能会因私法主体的资金、组织架构等因素,限制其行为,或设经营许可。这些的确会影响到私法主体行为的方式和内容,但这些限制许可往往是公法的要求;即使是商法的要求,这些经营许可和行为限制也与行为能力无关。第一,行为能力是概括从事法律行为的能力,而不是具体的从事某一行为的资格。如果非要把这些经营限制引入行为能力之中,不但会混淆公法与私法的区别,也

---

① 《个人独资企业法》第 21 条。
② 〔德〕迪特尔·梅迪库斯著:《德国民法总论》,邵建东译,法律出版社 2000 年版,第 409 页。
③ 王伯琦著:《民法通则》,台湾中正书局 1979 年版,第 56 页。
④ 作为例外,商人从事非营业活动时,可能并非强而智。即使并非强而智,商人也决非是无意思能力人。

会导致行为能力制度本身功能的流失。如其彰显营业自由、平等的功能将流失殆尽。第二,行为能力为保护意思欠缺的行为人而设,而这些限制主要是为了保护第三人而设立的,与行为能力的功能有所不同。第三,行为能力仅与法律行为有关,是一种影响法律行为效力的能力。有无行为能力,决定着一个法律行为生效与否。而目前法律上这些经营许可和行为许可,大多是出于管制的需要,并不能直接决定法律行为是否有效。例如,我国《证券法》第204条针对证券公司超出业务许可范围经营证券业务的,仅责令改正,并进行行政处罚,但未规定此期间的经营行为无效。

本书不赞成引入商事行为能力概念。商事行为能力与行为能力不是同一意义上的概念。商事行为能力不是为了考虑商主体的意思能力,而是要考虑商主体在从事商行为时究竟有没有资格。但是,这种资格通常基于"设定目的、营业种类和公共政策"①,往往并不能达到私法上限制法律行为效力的效果。商事行为能力概念能否成立的关键是其是否决定法律行为的效力。如果不能确定,设这个概念也没有必要(至少在私法上是没有意义的)。否则,不但会增加理解上的纷扰,还会造成适用的不便和不公平。法律如果欲达到某种管理或控制的目的,可以设置禁止性规定,但禁止性规定是否影响法律行为的效力则需要司法检验,以确保法律行为效力的稳定性。对于管理性禁止性规定,司法不必否认法律行为的效力,而对于效力性禁止性规定,司法则需要否定法律行为的效力。

三、商人的责任能力

(一) 必要性

商人的责任能力,指商人以自己财产清偿债务的资格。所有的商人均有责任能力。只是有的商人能够独自承担责任,有的不能独自承担责任。② 商人具有私法主体资格,具有财产能力并拥有自己的财产,自然应当拥有债务清偿能力,但不能要求所有商人都必须有独自承担债务清偿的能力,更不能把能否独自承担责任作为判断商人是否具有主体资格的依据。③ 主体资格与责任能力的逻辑关系应当是先有主体资格,然后才有责任能力。

商人不独自承担责任是原则。原因是商人只是投资人投资的一个工具,投资人如果要不替商人承担责任,必须要有充足的理由,例如享有有限责任资格。相比之下,自然人独自承担责任是原则,只有在特殊情况下,如无行为能力人和

---

① 陈本寒主编:《商法新论》,武汉大学出版社2009年版,第71—72页。
② 商人均在一定程度上独立承担责任。以合伙企业为例,只有在债权人穷尽一切救济手段仍无法获得债权清偿之后,方能要求合伙企业的合伙人承担无限连带责任。
③ 我国立法上的所谓独立承担责任指的是独自承担责任。具有独自清偿能力的非自然人私法主体独占"法人"这一称谓对于其他只能屈居于"非法人组织"称谓之下的非自然人私法主体是一种歧视。

限制行为能力人,夫妻之间,自然人才不独自承担责任。商人的责任能力事关商人成员和债权人利益。商法应当明确规定各种类型商人的责任能力,并规定避免其落空的各种措施。

(二) 责任隔离

商人责任能力具有责任隔离的作用。各种类型商人的责任能力在商法上是通过商人责任形式的规定体现的。不同的责任形式将商人的责任与其成员的责任加以不同程度的隔离。商法通常用有限责任和补充责任隔离责任:有限责任将股东、有限合伙人和公司、有限合伙企业的责任完全隔离;补充责任将普通合伙人、独资企业的投资人和普通合伙企业、独资企业的责任相对隔离。合伙人对合伙债务并不是无条件负无限连带责任。依照法律规定,只有普通合伙企业不能清偿到期债务的,普通合伙人才负无限连带责任。① 补充责任可以使普通合伙人的个人生活不至于经常受到合伙企业经营活动的干扰。同样地,投资人对独资企业的债务承担补充的无限责任。② 只有独资企业不能以自己的财产承担责任的,才由投资人以个人财产清偿之。原因是"各国法律实际上是将独资企业的营业行为严格区别于投资者的个人行为的。"③

责任隔离是双向的。商人不对其成员的个人债务负责。否则,商人自身将极不稳定,商人的经营活动将无法保障。公司与股东的责任是双向完全隔离的。股东在有限责任之外,不再清偿公司的债务(滥用有限责任除外);而公司则不会替股东清偿个人债务。股东可以其持有的公司股权清偿债务,但不能以公司财产清偿债务。合伙人对合伙企业的债务负补充责任;合伙企业对合伙人的债务不负责任。④ 合伙人可以以其从合伙企业中分取的收益和合伙份额偿债。合伙企业有为合伙人债务而面临清算还债的可能。⑤ 但无论如何,合伙企业本身没有清偿合伙人个人债务的义务。合伙企业清算时还要遵循双重优先原则:个人债务,个人财产优先偿还;合伙债务,合伙财产优先偿还。在独资企业方面法律没有明确规定。但既然投资人对独资企业的债务仅负补充责任,那么独资企业显然也没有直接替投资人清偿债务的义务。

商人与其成员的责任隔离依据主要有两个:第一,商人与其成员的人格彼此是区分的。商人成员的人格是独立的,其没有理由让他人为自己承担责任。自己责任,是近代民法的基本原则,也是意思自治的前提条件。因此,商人原则上

---

① 《合伙企业法》第39条。
② 《个人独资企业法》第31条。
③ 范健、王建文著:《商法的价值、源流及本体》,中国人民大学出版社2004年版,第208页。
④ 《合伙企业法》第41条规定:"合伙人发生与合伙企业无关的债务,相关债权人不得以其债权抵销其对合伙企业的债务。"不得抵销表明合伙企业对合伙人的个人债务不负责任。
⑤ 《合伙企业法》第42条。

没有义务为他人的个人债务承担责任。第二,商人要以自己的财产作为自己的债务的担保,不能直接为其成员清偿债务。任何私法主体都应当以其全部财产作为其债务的一般担保。如果商人直接为其成员个人债务承担责任,对商人自己的债权人也是不公平的。

商人本质上是其成员方便交易和管控风险的一个工具。这意味着商人成员在一定程度上只能暂时隔离其与商人之间的责任。一方面,除了有限责任之外,商人成员最终还是要为商人债务负责。商人利用商人这个工具营利,不能对为此给他人带来的风险完全不负责任。另一方面,商人成员可以利用其持有的股权份额和合伙份额[①]偿还个人债务。在这里,商法找到一个既能保全商人的人格性又能体现其工具性的办法,即将所有关系份额化:基于人格性,商人不对其成员债务负责,基于工具性,商人成员可以以其所有份额清偿个人债务。理论上这对商人本身并没有实质影响。最糟糕的时候,商人可能被迫因为商人成员的债务而面临清算还债,这就影响到商人本身。但无论如何,商人首先要对因为自己经营所产生的债务负责。

四、经营范围[②]

传统理论认为经营范围与商人能力相互关联。因此有必要在此加以探讨。

(一) 经营范围的传统理论

法律或者投资者对商人的控制可以通过经营范围来完成。经营范围,指依法登记的商人的从事经营活动的业务范围。概言之,经营范围指法律或商人自己对经营领域的设定。经营范围公司与合伙企业规定在公司章程或者合伙协议中,独资企业则直接由登记机关登记。经营范围在日本法上属于目的范围的范畴,目的范围是针对所有法人而言的,经营范围针对的则是营利法人;在英美公司法上则称之为"目的条款"(purpose provisions)。

传统理论认为,经营范围与确定法律行为是否有效有关。越权规则(doctrine of ultra vires)形成于英国,始自于1875年贵族院的一个判例,此后在英美法中流行一个世纪。大陆法一开始没有严格的越权无效的规定。由于其不符合现代贸易的发展,1969年,美国律师协会制定的《标准公司法》率先废除了这一原则。此后,其他英美法国家也纷纷跟进,直到1989年,英国于《公司法》的

[①] 商人成员与商人之间存在某种所有关系,这种所有关系不是体现为商人成员对商人人格的拥有,而是体现为商人成员对商人财产份额的所有,例如股东以其股权表示对公司的所有,合伙人以其合伙份额表示对合伙企业的所有。因此所有关系,商人成员可以从商人经营活动中分取利润。

[②] 在日本称之为目的范围。目的范围应当来自于《日本民法典》第43条:"法人依照法令的规定,在章程或捐助行为规则规定的目的范围内,享有权利,承担义务。"该规定明确提到了目的范围对权利能力的限制。但是,此显然不符合法律发展的世界趋势。《德国民法典》没有提到目的范围对法人能力的限制。

修改中彻底废除了越权原则。依该法规定，公司章程大纲于公司经营范围的任何限制均不足以影响公司交易行为的有效性。[1] 英美法的学说对大陆法也产生了影响。法国法也认定交易相对人不得以超越经营范围为据主张行为无效。[2]

大陆法系经营范围的学说多认为经营范围与商人能力有关，经营范围限制商人的权利能力或行为能力。[3] 商人能力限制说值得商榷。第一，权利能力限制说认为经营范围限制权利能力，因而商人所为的超越经营范围的法律行为无效。但是，权利能力事关法人的在民法的"做人资格"，而经营范围充其量是法人的"做事资格"[4]，因无"做事资格"否定"做人资格"显然不恰当。第二，行为能力限制说认为经营范围限制商人的行为能力，商人因而成为限制行为能力人，所为的超越经营范围的法律行为需经追认方才有效。但是，若商人为限制行为能力，那么商人将无能力对超越经营范围的法律行为进行追认。

经营范围与民事能力没有联系。如果要寻找经营范围的法律规范之准据，应当从经营范围的性质入手。

（二）经营范围的性质

经营范围有的为国家强制许可，有的则为商人的自我限制。依此，经营范围可分为许可经营范围和一般经营范围（参见《企业经营范围登记管理规定》第4条）。前者是指企业在申请登记前依据法律、行政法规、国务院决定应当报经有关部门批准的项目；后者是指无需经过批准，企业即可自主申请的项目。经营范围依是否经过审批，其性质有所不同。

1. 许可经营范围：国家管制

经过审批的经营范围无疑反映了国家对商人营业活动的干预。法律可能会因资金、组织架构等因素，限制商人的营业行为，或设营业许可。例如，英国《金融服务与市场法》（Financial Services and Markets Act 2000，简称为"FSMA"）第19条规定，除非获得授权或豁免任何人不得在英国从事或意图从事被监管的金融行为；在欧洲的一些国家，传统手工业者必须经培训合格，才能从事事业。[5] 这些的确会影响法人或商事组织的行为方式和内容，但这些限制或许可往往是公法的要求，反映了国家对经济活动的管制要求。这种管理中有些具有一定合理的因素，有些则没有太大必要。我国是从计划经济转变过来的国家。在计划经济时期，经营范围起着重要的作用，是国家管制经济的重要手段。因此，《民法

---

[1] 赵中孚主编：《商法总论》（第四版），中国人民大学出版社2009年版，第20—21页。
[2] 〔法〕伊夫·居荣著：《法国商法》，罗结珍、赵海峰译，法律出版社2004年版，第200页。
[3] 有学者认为我国采行为能力限制说。梁慧星著：《民法总论》（第四版），法律出版社2011年版，第129页。
[4] 王利明主编：《民法学》，中国人民大学出版社2004年版，第110页。
[5] 〔法〕伊夫·居荣著：《法国商法》，罗结珍、赵海峰译，法律出版社2004年版，第39页。

通则》明确规定:"企业法人应当在核准登记的经营范围内从事经营。"目前,我国正在向市场经济过渡,经济中不必要的管制正逐渐减少。突出的一点反映即是《公司法》相关规定的废除。《民法典》更是找不到此类条款的踪迹。上述情况"勾画了市场管制向市场自由的制度演进。"[1]但不可否认的是,我国经济生活中不合理的行政管制依然十分严重。比较法上,《德国商法典》第 7 条强调公法上的营业限制不得产生私法上的效力:"公法上有排除经营营利事业的权利或使此种权利取决于一定条件的规定的,本法典关于商人的规定的适用不因此而受妨碍。"

2. 一般经营范围:自我限制

不须经过审批的经营范围是商人对自己经营领域的自我限制。此种类型的经营范围在现在属于常态。现代企业,所有权与经营权分离已属于常态。随着所有权与经营权的分离,投资者往往处于比相对人更不利的地位:债权人可以谨慎选择交易对象,而投资者与经营者则往往只能不离不弃(即使可以转卖股份,但后手的投资者面临的境遇是一样的)。因此,投资人为了保障投资安全,有理由要求所投资企业把经营范围限制于特定或熟悉的领域内。这一目的可以通过追究超越经营范围代表商人为法律行为的商人代表人的责任实现。我国法律早就对此作出了相应规定。《民法通则》第 49 条明确规定:"企业法人有下列情形之一的,除法人承担责任外,对法定代表人可以给予行政处分、罚款,构成犯罪的,依法追究刑事责任:(一)超出登记机关核准登记的经营范围从事非法经营的。"这里的责任主要体现为行政和刑事责任。《民法典》第 62 条则规定了民事责任:"法定代表人因执行职务造成他人损害的,由法人承担民事责任。法人承担民事责任后,依照法律或者法人章程的规定,可以向有过错的法定代表人追偿。"

(三)超越经营范围行为的效力

综上所述,判断超越经营范围行为的效力,要在区分许可经营范围和一般经营范围的基础上,分别适用法律。

1. 超越许可经营范围行为的效力

超越许可经营范围行为的效力,通过违法阻却条款处理,若违反效力性强制性法律规范则法律行为无效。[2] 鉴于公法与私法的区分,公法中的经济管制因素不得直接进入私法。公法干预私域生活时必须经过私法设置的特定的干预管道。这个管道即为法律行为的"违法阻却"条款。《民法典》第 153 条对此作出了

---

[1] 朱庆育著:《民法总论》,北京大学出版社 2013 年版,第 454 页。
[2] 规范依据:《合同法》第 52 条第 1 款第(五)项规定、《民法典》第 153 条规定以及《合同法司法解释(一)》第 10 条第 2 句规定。《合同法司法解释(一)》第 10 条规定:"当事人超越经营范围订立合同,人民法院不因此认定合同无效。但违反国家限制经营、特许经营以及法律、行政法规禁止经营规定的除外。"

明确规定:"违反法律、行政法规的强制性规定的民事法律行为无效,但是该强制性规定不导致该民事法律行为无效的除外。"之所以要求国家干预条款必须经过"违法阻却"条款检视方可达到其在私法上否定法律行为的效力的目的,一方面是由私法调整手段不同于公法调整手段所决定;另一方面是在这一过程中,大量的干预仅停留在公法领域而并不在私法上产生效力,由此减轻了公法对私法领域的干预。减轻公法对私法领域的干预是通过将强制性规范区分为管理性规范和效力性规范。违反管理性规范者,只引发行政责任或刑事责任,而无关法律行为的效力[1];违反效力性规范,则影响法律行为的效力。我国司法机关也接受了这种观点。[2] 应当说,营业限制中大部分属于取缔限制。无论是否导致合同无效,法律限制的只是行为范围或内容,而与主体能力无关。

2. 超越一般经营范围行为的效力

超越一般经营范围行为的效力有三种:第一种是完全无效。早期多采此立法例。第二种是完全有效。《合同法司法解释(一)》第10条第1句明确规定:"当事人超越经营范围订立合同,人民法院不因此认定合同无效。"该司法解释已经彻底放弃对相对人恶意的考量。[3] 第三种是依表见法理决定是否有效。《合同法》第50条规定:"法人或者其他组织的法定代表人、负责人超越权限订立的合同,除相对人知道或者应当知道其超越权限的以外,该代表行为有效。"超越经营范围是超越权限的一种。

本书认为,为同时兼顾投资者的利益,应当区分商人超越经营范围和商人的代表人超越经营范围进行法律适用。[4]

(1) 商人超越经营范围

商人超越经营范围为法律行为的,不因此认定法律行为无效。《合同法司法解释(一)》第10条第1句直接规定当事人超越经营范围订立的合同法院并不以之为无效,对此没有转圜余地。为兼顾投资者的利益,应当限缩该条款的适用范围,即将该司法解释仅适用于本人超越而非其代表人超越经营范围为法律行为的情况。以公司为例,如果公司履行了内部正常程序,依然做出了超越经营范围的行为,行为自然应当有效,因为公司的治理机构应当也反映了投资者的意愿(可能也存在内部治理失灵的情况,但此时,投资者应当自己反思为什么没有构建好完善的治理机构)。需要指出的是,如果代表公司的人履行的是公司的意思

---

[1] Brox/Walker, *Allgemeiner Teil des BGB*, 34Aufl., 2010, Rn. 323 ff.

[2] 最高人民法院《关于适用〈中华人民共和国合同法〉若干问题的解释(二)》第14条规定:"合同法第五十二条第(五)项规定的'强制性规定',是指效力性强制性规定。"

[3] 有学者据此认为该司法解释比《合同法》第50条规定更为严格。龙卫球著:《民法总论》(第二版),法律出版社2001年版,第374—375页。

[4] 规范依据:一般经营范围适用《合同法》第50条和《合同法司法解释(一)》第10条规定。

形成机关即董事会的意思,即使超越经营范围,也应当视为公司自己的行为,由此所为的法律行为不因超越经营范围而无效。

(2) 商人的代表人超越经营范围

商人的代表人超越代表权限,擅自为经营范围之外的法律行为的,应当通过表见法理判断法律行为的效力。《合同法》第 50 条的规定和《合同法司法解释(一)》第 10 条第 1 句是从不同层面处理超越经营范围问题的。《合同法》第 50 条处理的是超越代表权限的问题,此超越代表权限里面应当含有超越经营范围的情况;司法解释直接针对的则是商人自身超越经营权限的问题。如果是商人的代表人个人不遵从意思形成机关的意思而擅自为法律行为,由于个人可能存在非理性行为或渎职行为,加之《合同法》第 50 条的明确规定,此时应当以表见法理判断法律行为是否有效。从《合同法》第 50 条的条文本义来看,其限制的主要是个人行为而非是商人内部治理机构的集体决策。可以这样认为,商人的代表人的目的内行为为商人自己的行为,而目的外行为违背了商人的意志,非为商人的行为。关于究竟是商人自己的行为还是其代表人的擅自行为,由商人承担证明责任。

在两权分离的情况下,投资安全同样重要。为保护投资者的利益和热情,应当适当平衡投资者和相对人的利益。有鉴于此,所谓超越经营范围一律有效的认识与做法应当修正。未来,经营范围应当同商业登记密切联系。凡进行了商业登记的经营范围应当对相对人产生一定的效力。这种效力通过商业登记的对抗效力和表见法理体现。具体地说,商人超越所登记的经营范围与相对人所为的法律行为应为无效,但是商人的一贯行为表明其并不以之无效的除外。如此既考虑了相对人的利益,但也照顾了投资人的利益。尽管依各国的立法趋势,越权无效原则已经被废除,但也不意味着完全不用考虑投资人的利益。[①]

---

① 欧共体 1968 年 3 月 9 日公司法指令即是著例,该指令第 9(1)条规定:"由公司的机关实施的行为对公司具有约束力,即便他们实施的行为已经超出公司章程规定的目的范围;公司如果能证明第三人知道或不可能没有意识到公司机关的行为已经超出公司章程规定的范围,则公司可以不就公司机关的行为对第三人承担责任,但公司章程的公开披露本身不能成为此种证明的足够证据。"转引自张民安:《法国商事登记制度研究》,载王保树主编:《商事法论集》(第 11 卷),法律出版社 2006 年版,第 47 页。

第七章　商业登记和商业簿记

第一节　商人人格塑造的法律技术

商法塑造商人人格的法律技术有准则主义、强制主义和公示主义三种：

一、准则主义

准则主义，指法律明确规定各类商人主体资格的取得条件，只要满足条件，商人就可经登记成立并取得主体资格。理论上，设立商人需要有以下步骤：第一，创设人就创立商人达成协议。与自然人不同，商人始于创制而不是始于出生。因此，商人必须有创设人。第二，选择商人类型。一般地，可供选择的商人类型有公司、合伙企业或独资企业三种。商人类型不同，投资人所享有的权利和承担的义务也不同。第三，满足创设商人的准则条件。例如，创设公司，在我国必须遵守《公司法》第23、76条和其他条款所规定的条件。第四，向登记机关申请登记。只要满足法定的条件，登记机关必须进行登记。登记完成后，商人即告成立。

准则主义是商法塑造商人人格的开始。创设人满足设立准则的过程即是商人孕育的过程。设立准则通常由以下元素构成：第一，创设人；第二，协议或章程；第三，出资；第四，名称；第五，组织机构；第六，住所。法律把这些元素进行不同的组合，形成各种不同的套餐。各种套餐有着不同的责任形式，有着不同的权利和义务设定。创设人可以根据自己的实际情况从中选择一种套餐。设立准则还有强制归类的作用。商人类型主要有独资企业、合伙企业和公司企业三种，无论商人自身称自己为什么，但在法律上一般都要归入上述三种类型中的一种。

如前所述，商法参与商人人格的塑造以实现商人人格标准化、透明化和稳定化为目标。就准则主义而言，商法实现这些目标不是授权政府——干预具体商人的设立，而是通过设立准则引导创设人创设符合商法规定的商人人格。商法只是提供一个模子，具体商人人格的建构还须由创设人自己完成。

二、强制主义

强制主义，指商人类型选定之后，商法对商人具体的人格元素更为细致的塑造。商人人格元素主要有名称、财产及财产独立机制和意思及意思治理机制。

商法对这些人格元素均有详细规定。① 例如,我国法律规定,有限责任公司,必须在公司名称中标明"有限责任公司"或者"有限公司"字样;② 股份有限公司,必须在公司名称中标明"股份有限公司"或者"股份公司"字样。③ 法律对合伙企业以及独资企业的名称选择也有具体的规定。④

如果说准则主义是商法塑造商人人格的开始,那么强制主义则是商法塑造商人人格的继续。二者均是商人法定原则的体现。准则主义主要与商人类型法定相联系,强制主义主要与商人内容法定相联系。通过强制主义,商法保证了同一类型的商人具有大致相同的法律构造。为此,行为人不得任意变更法定的商人内部元素,不得以法无禁止为由通过章程、协议消解商人法中的强行性规定。

三、公示主义

公示主义,指创设商人时,应当依照商法的规定,就商人重要的人格元素进行公示。商人的创设人可能滥用有限责任,创设人也可能利用商人组织进行欺诈。随着电子商务和其他新型交易形式的出现,现代市场经济越来越是在陌生人之间进行交易,交易形式和内容也越来越复杂,即使交易相对人是商人,也难免会不知晓交易对手的具体信息。商法有必要通过让商人公示一些必要的信息以解决相对人或投资人信息不对称的问题,从而促进交易效率和保障交易安全。公示可以使自己免责,甚至有时这种公示存在瑕疵也在所不问。例如,在法国,有关公司代表人的任命,一经公告之后,无论第三人或者股东,都不得以任何理由否认,以摆脱自己应当承担的义务(1966年《商事公司法》第8条)。⑤ 公示往往成为外观的基础,但公示并不意味着一定具有外观的法律效果,有些公示仅仅是单纯的公示,例如证券信息公示。因此,公示也未必就具有公信的效果。⑥ 商法规定的公示形式如下:

(一) 登记

依我国法律,登记是商人设立的必要条件。强制商人登记是必要的。第一,登记有利于确认具体商人的财产范围和责任承担形式。商人财产范围无法确定,就使得商人的财产和其成员的财产处于含混状态,使得商事关系处于极端不稳定状态。因此,现代商法逐渐建立了商人登记制度,成立特定类型的商人必须履行符合其设立条件的商业登记程序。甚至一向采商人任意设立的国家,也开

---

① 具体论述参见第六章第三节。
② 《公司法》第8条。
③ 同上。
④ 《合伙企业法》第15、62条;《个人独资企业法》第11条。
⑤ 〔法〕伊夫·居荣著:《法国商法》,罗结珍、赵海峰译,法律出版社2004年版,第9页。
⑥ 此外,信息公示不仅在商人法中有应用,在商行为法中也有应用。例如,证券、票据、保单的要式性就是公示法律技术的运用。格式条款也有公示的意味。

始改弦更张,采用登记制度。① 第二,对于自然人,个人人格信息是隐私,没有公开的义务;对于商人,公示却是原则。这进一步显示商人的工具化的特征。商人不过是投资人营利的一个工具,商人一切法律构造,都是为了商人可以更好地盈利。具体到哪些信息公开,哪些信息不公开,也主要取决于是否有利于节约交易成本。第三,商人也需要公示以表示自己的存在感。商人基于交易的需要,需要将自己广而告之。只有更多的人了解商人,商人才有可能进行更多的交易。登记除了设立登记,还有变更登记和注销登记。这些登记都将商人自身的一些信息广而告之,以减少交易障碍。

商业登记包括主体登记与营业登记。主体登记是商人资格获得的形式要件。"营业登记在初始登记阶段是对申请人营业资格的确认。历史上,中世纪商业登记的目的是为确认商人身份和公开其经营信息。后随着商人特权身份的逐步取消,凡自然人都享有自由经商的权利,商人身份不再依赖商业登记取得,商业登记只是对自然人营业资格的一种确认,作用主要在于向公众公示其经营信息。因此,对自然人商人的登记仅仅是一种营业登记。"②从严格意义上讲,营业登记并不属于商法上的制度。

登记技术在商人法中运用相当普遍。根据《公司法》③,公司的创设、变更、合并、分立、增资、减资、清算、解散等,不登记不产生相应的法律效力;公司的名称、住所、注册资本、实收资本、经营范围、法定代表人姓名等也要求登记,否则也不会产生相应的法律效果。《合伙企业法》和《个人独资企业法》也有类似的要求。④ 不过,登记要允许查询,否则没有意义。⑤

(二) 簿记

簿记是商人的法定义务。簿记,指商人将自己资产状况和营业信息记录并报告的行为。簿记有两种形式:一种是商业账簿。商业账簿具有很多功能,在商人人格塑造方面也具有特别重要的意义。如前所述,商人的人格元素之一是财产。而商人确认财产最重要的方式是通过商业账簿将财产簿记下来。这种簿记并不如物权登记那样具有直接权利归属的效果,但可以作为财产享有的证明。另一种是财产目录。财产目录,在德国法是对所有商人的要求。《德国商法典》

---

① 例如,1867年《法国公司法》建立了以商业登记为要件的准则主义制度,通过准则主义矫正以前公司任意设立的立场;1919年《法国商业登记法》又进一步将登记设立条件规则推广到所有的营利性营业主体。董安生、王文钦、王艳萍编著:《中国商法总论》,吉林人民出版社1994年版,第56页。

② 李建伟:《从小商贩的合法化途径看我国商个人体系的建构》,载《中国政法大学学报》2009年第6期。

③ 《公司法》第6、7、12、13、14、22、26、29、32、59、80、83、92、136、139、158、179、185、188、192条等。

④ 《合伙企业法》第18条和《个人独资企业法》第10条。

⑤ 《公司法》第6条规定:"公众可以向公司登记机关申请查询公司登记事项,公司登记机关应当提供查询服务。"

第241条规定:"在编制财产目录时,也可以采用公认的数理统计方法根据样本确定现存财产的种类、数量和价值。程序必须符合通常簿记的原则。以此种方式编制的财产目录必须与采用实物清点的方法编制的财产目录具有同样的说明力。"

关于商业登记和商业簿记的更详细的内容参见本章以下两节。

第二节 商业登记

一、导论

(一) 定义和功能

商业登记,指依照商法的要求,登记机关经当事人申请或依职权将法定登记事项登记于登记簿的行为。[①] 商业登记具有强制性和程序性的特征。

商业登记有以下功能:第一,创设商人。依照我国法律规定,非经登记,商人不得设立。第二,信息公示。信息公示是交易相对人和商人双方共同的需要。商事交易涉及众多存在利害关系的第三人。信息公示可以减少交易相对人的信息搜索成本,使得交易相对人更为明智的选择交易对象。买者自慎或买者当心是以买者了解相关信息为前提的。信息公示可以提高商人的信誉和知名度,并可以起到保护商人利益的效果。[②] 例如,如果商人的法定代表人不进行登记,那么将无法防止有人恶意冒充商人的法定代表人损害商人利益的行为。相反,只要进行了登记,无论相对人是否真正知道该登记事实,商人都可以以登记对抗相对人。[③]

商业登记并不违反信息自治原则。只有非商人才享有信息自治权,商人作为营利工具,信息是否公开取决于是否符合效率与安全价值。即便对于自然人,如果从事商业经营,那么在其商主体身份的一面也要放弃信息自治原则。

[①] 卡纳里斯从另一个角度定义了商业登记:"保存于基层法院的有关商法领域法律事实的公开名单。"〔德〕C. W. 卡纳里斯著:《德国商法》,杨继译,法律出版社2006年版,第70页。

[②] 日本学者对此进行了较为详尽的阐述:"现代商事交易中,商人能力及雇员代理权的有无、代理权的范围等事项常常会左右交易的效力,商人将此类事项通知一个交易相对方显然不切实际,而交易相对方每次交易均要独自调查此类事项也必定困难重重,所以,若将交易上重要事项通过一定的程序进行公示,显然会有力地促进交易的便捷性、灵活性及安全性,这是商业登记制度存在的意义,同时也是商业登记制度的关键。因此,现代商业中的商业登记制度,主要是通过将商人相关的特定事项进行公示,以满足具有大量性、反复性特征之商业活动的实际情况以及商事营业中灵活性、安全性的要求。其实,在某种意义上,该制度的目的'仍是养生保护一般公众及维持商人信用。'"《日本最新商法典译注》,刘成杰译注,柳经纬审校,中国政法大学出版社2012年版,第20—21页。

[③] 〔日〕近藤光男著:《日本商法总则·商行为法》,梁爽译,法律出版社2016年版,第28页。商业登记兼具监督管理的功能,但这是公法上功能,不属于本书讨论的范围。

(二) 性质

商业登记的性质涉及商业登记法的定位。本书认为，无论依申请为之的商业登记还是依职权为之的商业登记，均为私法行为。

第一，商业登记是一种私法行为。商业登记制度最初是为满足商人自身的需要而产生，是商人与非商人进行区别而在商人组织内产生的自发性制度，并不是受公权力的干预而产生的。[①] 从功能上说，商业登记的功能主要在于信息公示和创设主体这两方面，其功能显然具有私法性。我国强加在商业登记上的监督管理职能，是不科学的，不能以不科学的制度设置反证商业登记的公法性。从国外看，商业登记虽然多设置于公权机关，但这多是过去政府过度干预经济的结果。另外，尽管由公权机关掌握登记权力，但此权力主要是为了服务商人的，并非有多少公共管理职能。从发展趋势看，登记机关的市场化也不是没有可能。只要法律设置得当，将登记交与市场自治，也未必不比政府做得好。

第二，依申请为之的商业登记是准法律行为。商业登记不是行政法上的依申请的行政许可行为。尤其采取准则主义之后，登记机关只能严格依照法律规则进行登记，没有自己的行政自由裁量权。即使实行审批主义的国家，其审批和登记也是分开的。审批是许可行为，而登记则不一样。商业登记也不是要式法律行为。一部分商业登记只是法律行为的构成部分，如设立行为中的登记行为；另一部分的商业登记如董事变更的登记，与法律行为并没有关系。本书认为，商业登记的真正本质是准法律行为。所谓准法律行为，指存在意思表示，但法律效果完全由法律规定的行为。商业登记有向登记机关申请登记的意思表示（并非下文所称的设立行为的意思表示）。至于申请可以达到什么效果，完全不取决于申请人，而取决于法律规定。应区分商业登记自身的意思表示和以商业登记作为构成部分的法律行为的意思表示。设立行为由设立行为的意思表示和商业登记等具体构成部分组成。所谓商业登记本质为准法律行为，是就商业登记自身而言，与商业登记作为其他法律行为构成部分无关。

第三，依职权为之的商业登记为私法上的职权行为。商业登记以依申请登记为主，依职权为之的商业登记非常少见。在我国，相关商事组织领取营业执照满一定期限未开展经营活动或者停止经营活动满一定期限的，视同歇业，登记机关应当径行办理注销登记。[②] 比较法上也有依职权为之的商业登记的规定。例如，《瑞士债务法》第 938a 条第 1 款规定："商事组织停止营业且无可变价的财产时，商事登记官在三次催告债权人申报债权无结果后，得将公司从商事登记簿中涂销。"登记机关的该项职权无疑是一种权力，但该项权力为私法上的权力。私

[①] 樊涛、王延川著：《商法总论》，知识产权出版社 2010 年版，第 179 页。
[②] 《企业法人登记管理条例》第 22 条。

法虽以权利为中心,但也不排斥权力存在。此项权力以服务于私人利益而非公共利益而存在。事实上,拥有该项权力的登记机关并无自由行使的余地。

(三) 沿革

据考证,在中世纪的意大利和地中海沿岸,商人行会依行规对商人进行登记。彼时,如果要取得商人资格,其商人身份要得到商会的承认和接纳,还必须要把商业名称、营业牌照、学徒等商业使用人等事项登记于行会的登记簿册之中。[①] 稍晚时期,德国各城邦国家商业行会也都设有名册。这些名册主要服务于内部,但仍被视为商业登记的最初萌芽。[②] 随着商人阶级的逐渐壮大,各民族独立国家在获得针对基督教的胜利之后,开始夺取对商业的控制权。夺取商业登记的权力乃是其中重要的一步。例如,1666年法兰克福的《贸易法典》和1673年的法国《陆上商事条例》,就开始规定原本属于商会的商业登记权。到了1794年,《普鲁士邦法》则第一次规定了公开的、可查阅的商业登记簿。此种商业登记已经具备了现代登记簿的主要元素。1861年《德国商法典》则对商业登记机关、商业登记事项、登记程序、登记簿等内容进行了详细规定,可谓现代商业登记制度的正式开端。此后,各国纷纷效法德国的登记法,制定自己的商业登记法,此处不再赘述。西方的登记制度起初有政府欲控制商人的意味,但之后随着现代民主政治的发展,越来越体现出其公益性,行政管理的色彩则越来越少。

由于重农抑商,我国古代始终没能孕育出真正的商业登记。直到清末,我国才出现一些登记规则,但这些规则只是官商解禁后的特许制度,其目的在于征缴税收。我国实质意义上的登记法始于1929年国民政府制定的《商业登记法》,其渊源于德国、日本,立法体例和理论都比较先进。1949年后,与计划经济相适应,商业登记法已经演变为登记管理法,其公示功能荡然无存,但管理功能却日渐加强。目前的登记制度主要由1988年国务院制定的《企业法人登记管理条例》和1994年制定的《公司登记管理条例》,另外还包括《公司法》《合伙企业法》和《个人独资企业法》等法律中的登记制度。

我国目前的登记制度存在以下问题:第一,没有统一的商业登记法。我国有关登记的法律法规散见于《民法典》《公司法》《合伙企业法》和《个人独资企业法》等法律和国务院制定的行政法规中,以及工商行政部门制定的规章制度里。第二,层级参差不齐,有法律,有行政法规,还有部门规章。商业登记主要为私法性质,影响商人的基本权利义务,由政府部门的行政法规和部门规章规定太不合理。第三,主要体现为公法色彩。商业登记法规主要为政府部门制定,这些部门仅着眼于管治,而较少考虑到商业登记的真正功能,以至于商业登记的基本功能

---

① 赵中孚主编:《商法总论》(第四版),中国人民大学出版社2009年版,第170页。
② 谢非:《德国商业登记法律制度的沿革》,载《德国研究》2000年第3期。

如公示功能都没有规定。这是十分令人遗憾的。建议我国制定统一的商业登记法,其性质应该为私法,尽量去除其公法性质。

二、登记机关和登记对象

(一)登记机关

商业登记机关,指依照商业登记法,接受登记申请,依法办理登记的登记机构。在我国,商人登记主管机关是国家工商行政管理部门和地方各级工商行政管理部门。

在国外,商业登记机关有以下几种类型:第一类,法院。如德国、瑞士、韩国、日本等国。德国在地方法院设登记法官,瑞士的登记机关隶属于司法警察部。日本在裁判所。作为司法机关,法院不会通过商业登记对商人附加一些行政管理义务。第二类,行政机关。如英国、美国等国。英国由商业部管理,美国则由各州政府负责登记。大陆国家西班牙的登记机关也是行政机关。第三类,非官方的专门注册中心和商会。例如,荷兰将地方商会作为保管当地商事注册文件的机构。还有个别国家实行多部门登记。例如,法国法律规定,登记机关设在地方法院。在法院受理登记一个月内,应将原登记申请书移送全国工业所有权局登记。不过,需要双重登记的,仅限于商业公司。法国在工业所有权局的登记似乎仅具有统计的意义。

登记机关的发展方向应该是非官方的注册中心。第一,定义登记机关为非官方机构可以避免政府的干预和管制。第二,商业并不为全体民众所为,为商业专门设一机构,花纳税人之钱财,没有合理性。第三,充分体现登记行为的私法性,具有更好的权威性和公信力。第四,可以为市场提供更好的服务。登记机关市场化可促进竞争。法律可以规定一个地方可以有两个登记机构,但他们的登记信息要进行联网。有学者认为商业登记机构权威性越高,登记公信力越高,不无道理。[①] 但认为荷兰采用商会登记制度,其公信力较低,则是没有根据的。如果不能实现登记机关的市场化,也可以将登记业务移交于法院。法院作为中立的裁判机构,其公正性要比行政机关稍好。目前我国的行政机关模式是最糟糕的模式,在我国的行政中心主义主导下问题更突出。

我国登记机关实行等级制度。[②] 登记机关依行政区划级别而设,不同等级的企业在不同级别的登记机关进行登记。[③] 这种等级制度受到一些学者严厉批判。有学者指出,现行登记制度是在旧体制下形成的企业等级制的产物,而且,

---

① 叶林、黎建飞著:《公司法原理与案例教程》,中国人民大学出版社2010年版,第81页。
② 尽管已经实行市场经济制度多年,我国国有企业依然实行等级制。更荒谬的是,有些企业是正部级,如新成立的中国铁路总公司,而其主管单位国家铁路局却是副部级。
③ 《公司登记管理条例》第6条。

"这种企业分级登记制反过来又起着一定的强化企业等级制的作用。"① 同时，登记地与营业地不一致，也不利于登记信息的核查和查询。因此，应当废除等级登记制，实行以营业地为标准的登记制度。

（二）登记对象

商人为商业登记的对象。商人在一些国家并不需要登记，如澳大利亚、新西兰等。本书认为，强制登记具有必要性。一是商业登记是实行准则主义的前提。而准则主义提供的门槛可以避免一部分不适格的经营者进入市场。经营者没有能力经营，不但可能因经营失败而累及生活，还有可能造成社会的不安定。一个不适格的经营者对于市场的其他交易者也是潜在的危险，其经营失败可能引起连锁反应，以至影响整个市场稳定。二是商业登记有利于促进交易效率和保障交易安全。通过查询商业登记，交易相对人可以降低信息搜索成本，从而促进交易效率。同时，商人从事营业活动，可能影响到他人的利益，必须登记公示其营业信息，以保障交易安全。

商人应当登记，但登记的未必都是商人。个体经营者尽管不属于商人，但也需要进行登记。登记的目的是推定其商主体的地位。网上的个体经营者，在营业之初，仅在电子商务平台电子注册即可。如果经营额超过一定数额，则应当在登记机关进行正式登记。这样可以使得一部分人不必因为注册程序的繁琐而不去尝试商业经营。此外，并不是所有从事经营的人都应该登记，特别是那些为了解决生存需要的流动小贩。

三、登记事项

（一）商业登记簿

商业登记簿的作用是向交易相对人和社会公众提供有关商人的重要的法律和经济事实。在我国，商人都负有申请登记的义务。② 我国对商业登记的程序、处罚等规定较为详细，但有关商业登记簿的设置、效力等方面，缺乏相应的规定。商业登记簿具有重要的法律意义，卡纳里斯认为商业登记簿"和物权登记簿的性质之间也没有重大区别"。③

在德国，商业登记簿由初级法院保存。④ 商业登记簿的大多数内容是依商人的申请而登记的。对于不履行申报、签署签名或提交文件进行商业登记义务的人，登记法院可以通过科处罚款督促其履行义务。⑤ 但也有一些事项，如对开

---

① 樊涛、王延川著：《商法总论》，知识产权出版社 2010 年版，第 181 页。
② 《企业法人登记管理条例》（2014 年修订）第 2 条和《公司登记管理条例》（2014 年修订）第 3 条。
③ 〔德〕C. W. 卡纳里斯著：《德国商法》，杨继译，法律出版社 2006 年版，第 70 页。
④ 《德国商法典》第 8 条。
⑤ 《德国商法典》第 14 条。

始破产程序的商人的财产,法院应依职权将其登入商业登记簿。① 所有的登记事项法院应以《联邦公报》以及至少一种其他公报予以公告。②

值得称道的是,德国商法规定了商业登记簿的查阅及登记机关对相关证明书出具的义务。③ 第一,法律许可任何人查阅商业登记簿及各种附件,并可索要登记和提交商业登记文件的誊本。第二,任何人可以通过法院出具的关于登记的证书向外证明,何人为登入商业登记簿的独资商人商号的所有人(对于代表独资商人或公司的权利的证明,适用相同规定)。第三,法院应依请求给予证明书,证明关于一项登记的内容不存在其他登记,或证明未进行一定的登记。查阅不要求具有特殊的利益。④ 如果登记内容不容查阅,那么登记也就没有了意义。

相比之下,我国商业登记记录及文件一直以来是不允许他人查阅的。造成此种情况的原因,一是将商业登记视为政府管理商人的工具;二是相关法律并没有对此进行明确的规定,没有明确登记机关接受查阅的义务。此种局面应当尽快改变。

（二）登记事项

登记事项,即哪些事项需要登记,是由法律规定的。但是,法律规定要平衡商人与第三人之间的关系。一方面,登记事项涉及商人的经营信息,商人公示过多,可能对其产生不利影响;另一方面,如果公示过少,则可能影响交易安全。对登记事项的确定应坚持这样的立法宗旨,即"在不损害自身利益的前提下,应将可能给交易对方带来影响的交易上的重要事项作为登记事项,"主要指"责任关系事项"。⑤ 应当区分必要登记事项和任意登记事项。必要登记事项可以产生公示公信的效力。任意登记事项并不是什么都可以登记,而是法律认可的可选择登记事项。登记人可自由选择进行登记,一经登记,便具有登记效力。一些国家规定小商人的商号即属于选择登记事项。

德国的必要登记事项主要包括商号、住所及住所的变更、分支机构的开设、商号及其所有人的变更、特别商事代理权的授予和撤销、⑥公司组建有关登记等。⑦ 我国必要登记事项包括：名称、住所、经营场所、法定代表人、经济性质、经营范围、经营方式、注册资金、从业人数、分支机构、经营期限、有限责任公司股东或者股份有限公司发起人的姓名或者名称。⑧ 其中,经济性质和经营方式登记

---

① 《德国商法典》第32条。
② 《德国商法典》第10条。
③ 《德国商法典》第9条。
④ 〔德〕C.W.卡纳里斯著:《德国商法》,杨继译,法律出版社2006年版,第70页。
⑤ 《日本最新商法典译注》,刘成杰译注,柳经纬校,中国政法大学出版社2012年版,第21页。
⑥ 上述登记事项散见于《德国商法典》第29、13c、13、31和53条第1、3款。
⑦ 《股份公司法》第36条,《有限责任公司法》第7条。
⑧ 《企业法人登记管理条例》第9条和《公司登记管理条例》第19条。

属于过去计划管理体制之遗迹，不符合国际惯例，应当无此必要。此外，很多国家并没有关于经营期限的登记。我国经营期限之规定并无必要。至于合伙企业，可能有经营期限约定的必要，但此为合伙协议之内容。公司章程也可以有经营期限的规定。经营期限可随合伙协议和公司章程公示而公示。

这里需要讨论是的注册资本和经营范围。第一，注册资本。注册资本登记仅应当适用于公司。注册资本不等于实际资产，不能直接用来还债。但是，登记注册资本还是具有重要意义：其一，注册资本表明股东应当向债权人所负的担保责任。我国废除最低注册资本制之后[①]，该担保责任是股东自愿承担的定量的担保责任。这一担保责任未经法定程序不得收回。例如，公司未经法定程序不得减少注册资本，任意改变注册资本相当于抽回资本。其二，注册资本不完全等同于股本或实收资本等会计科目。注册资本首先是商法上的意义，即有公示的作用。注册资本一经登记，当公司不能偿还债务时，股东即有义务证明自己已将其认缴的注册资本缴付公司，否则即应当承担责任。第二，经营范围。登记经营范围最初是政府控制商人经营的重要手段。现代国家一般不对经营范围进行要求。美国的登记申请者一般将自己的经营范围登记为可以经营任何法律允许事业。不过，经营范围在一定范围内还是有其意义。市场中总有个别行业是需要特许经营的，此时经营范围登记便有了用武之地。不过，这并不代表登记具有特许的功能，真正实施特许的应当是行政机关或一些商会组织。另外，为了限制经营者，平衡投资者与交易相对人的利益，也可以规定经营范围登记具有限制商人企业中法定代表人及其他代表人对外代表权限的效力。即相对人在知道代表人超越此经营范围而依然与之交易的，视为无权代表。

综上，对于所有商人而言，必要登记事项范围如下：第一，名称。没有名称无以显示其独立身份。另外名称涉及交易安全，不允许商人不经登记任意改变自己使用的名称，也不允许使用多个名称。第二，住所。登记的住所具有唯一性，因为其在法律上具有许多重要意义，它可以确定商人的诉讼管辖地、法律文书等文件的送达地，有时还被推定为商业合同的履行地。住所应当与登记机构属于同一地区（我国的国企除外，但这是区别对待的结果）。我国一般以主要办事机构为商人的住所。第三，经营范围。一方面，我国对部分商人的经营活动仍然存在一定的管制，另一方面，经营范围可在一定程度上起到保护投资者的作用。即使商人的经营范围没有任何限制，登记表明其经营范围为任何法律允许事业也具有公示意义。第四，法定代表人、主要负责人或经理。这些人可以对外代表商

---

① 完全采取英美法上的一元公司的做法可能不符合我国实际情况。毕竟在我国市场经济体制并不完善、商业诚信极端缺乏的环境中，强调公司主要投资人个人信用还是有必要的。

人,因此必须登记。第五,商人企业主要投资人的信息。这些投资人或多或少要承担相应的责任,例如,股东可能要因有限责任被否认而承担责任,而合伙人则要对合伙债务承担无限连带责任。

四、登记种类和登记程序

（一）登记种类

我国将商业登记分为设立登记、变更登记和注销登记三种。第一,设立登记。又称为开业登记,指创设人以创设商人为目的而向登记机关提出申请,并经登记机关办理登记的行为。按照我国法规规定,设立登记的主要事项包括:商业名称、住所、法定代表人或负责人的姓名及其他相关信息、责任形式、经营范围、营业场所、分支机构、企业性质、经营期限等。① 另外,商人及其负责人的印章或签字、银行账户等也在登记事项之列。企业性质的登记带有鲜明的意识形态色彩,是不合时宜的。第二,变更登记。② 已登记事项发生变更或其事项发生消灭时,当事人应当及时进行变更或注销登记。③ 除此之外,已登记的商人发生合并、分立、联营、转让、出租等事项,也需要进行变更登记。第三,注销登记。商人发生歇业、破产或者因其他原因终止营业后,应当申请办理消灭主体资格的登记。④ 登记分为依申请注销和依职权注销。然而,依职权注销时,如果该商人的债务债权没有清理完毕的,可能会发生一些其他法律后果,对此,不得不予以注意。注销登记一般包括以下几种:其一,商人因被宣告破产而被注销。此种情况下,相关债务一般都得到了较好的清理,注销应当不会引起一些不良后果。其二,自愿解散而申请注销。一般是因章程或协议规定的营业期限届满或者出现其他解散事由。此种依《公司法》等法律,都要经过清算,方可申请注销登记,一般也不会引起不良后果。其三,因商人领取营业执照满6个月未开展任何经营活动,或停业满1年的,视同歇业的,应当申请注销。其四,因企业被撤销而被注销。其五,因司法解散而注销。

（二）登记审查

登记需要审查。根据审查程度的不同,立法和学说上有三种主张:第一,形

---

① 《公司法》第7条。
② 《日本商法典》第15条;《瑞士债务法》第937条规定:"商事登记簿所登记事项的任何变更,均须办理变更登记。"
③ 《民法典》第64条规定:"法人存续期间登记事项发生变化的,应当依法向登记机关申请变更登记。"
④ 《瑞士债务法》第938条规定:"已登记于商事登记簿的商事组织不复存在或移转于第三人时,原营业主或其继承人,应办理涂销登记。"

式审查主义。即仅在形式上审查登记文件的合法性,不实际审查登记事项的真实性。英国、美国与日本采用这一模式。日本通说及判例认为,"登记官非法官,因此不适宜对申请事项的真实性进行实质审查;而实际上,对登记事项进行真假调查在事实上也不可能。"[①]第二,实质审查主义,即登记机关不仅要审查申请文件的形式合法性,还要审查登记事项与实际情况是否相符,且对登记是否真实负法律责任。法国采此主义。实质审查存在理论上的疑问,即并非法官的登记人员何以有权进行实质性审查。[②] 第三,折中审查主义,即登记机关对是否进行实质审查,有自由决定权,登记不能作为推定已登记事项为完全真实的依据,是否可以作为证据,仍须法院裁判。无论采取哪种主义,申请人必须保证登记的信息是真实的,否则申请人会承担相应的法律责任。德国对公司采实质审查主义,对一般商主体则采形式审查主义。我国采严格的实质审查主义。登记机关一是要核查登记事项形式上是否合法,二是要看登记信息是否与真实信息相符。但是,我国法规尚没有规定登记的法律效力,更不要谈及登记机关对审查信息的真实性的保证了。

商业登记采严格的形式审查即可。过于严格的实质审查没有必要,耗费时日,而商机则往往是稍纵即逝,并且实质审查往往也并不能保证审查信息的真实性,甚至对信息真实性也无多少改善。因为,"对于资料品质之过滤,'政府'未必有资信上的优势。"[③]我国实践中的实质审查早已流于形式,也说明这一点。何况,登记机关没有动力也没有人力做这些事。另外,要看登记信息的功能何在。如果登记信息在于表明登记人的资本能力,借以给交易人之信心,这本身即不现实。如果仅是公示身份、信息之外观,则形式审查即可。例如,如果登记的法定代表人与真实的法定代表人不符,受到影响的是登记人而不是交易相对人。至于欲通过实质审查排除不合格的商人,由于各国淡化最低注册资本制度,也没有实际意义。形式审查并不表明登记机关不负任何责任,如果登记机关渎职导致信息失真的,仍然要承担相应责任。

(三) 登记程序

商业登记程序一般包括申请、受理、审查、核准、发照和公告。如前所述,依申请为之的商业登记的性质是准法律行为,决定其性质最重要的一点即是申请。申请要有意思表示,表明申请的意思,而决定申请法律效果的并不取决于当事人

---

① 〔日〕弥永真生著:《商法总则·商行为法》(第2版),日本有斐阁2006年版,第24—25页。转引自刘成杰著:《日本最新商法典译注》,中国政法大学出版社2012年版,第22页。
② 〔日〕近藤光男著:《日本商法总则·商行为法》,梁爽译,法律出版社2016年版,第31页。
③ 樊涛、王延川著:《商法总论》,知识产权出版社2010年版,第192页。

的意志,而是法律的规定。至于受理、审查、核准、发照和公告等登记机关的行为,从商法的角度,均可以看作是准法律行为。许多人之所以认为是行政行为,最主要的原因是登记机关在我国是行政机关,且我国对登记附加了许多不合理的监督管理的职能。在德国,登记程序属于法院非讼程序,规定于《非讼案件法》之中。①

登记需要遵循以下程序:第一,申请。申请,指适格申请人就申请事项向登记机关发出登记申请。申请是受理的前提。在我国,申请人要将各种申请文件全部备齐,登记机关才予以受理。第二,受理。受理,指登记机关接收申请人登记申请的意思表示。受理是登记机关登记程序的开始。一般地,各国法律会要求登记机关在规定的时间内完成登记。这一时间起算即从受理开始。第三,审查。登记要对申请人申请登记的信息予以审查以确认是否予以登记。第四,登记发照。按各国立法通例,核查通过后,登记机关依规定格式将应登记事项登记于商业登记簿册中。我国则有所不同,由于申请人在申请时已经提交了填报的登记注册书,登记机关在核查后仅需要直接做出登记决定即可。同时还要核发证明,此证明在我国为营业执照。本书对营业执照这一名称有异议。营业执照是营业权的许可,而设立登记则是创设私法主体的行为,与其是否具有营业权无关。况且营业自由,即使有部分行业实行特许,那也是其他部门的权限,而非登记部门的权限。建议其改名商人证书,其犹如商人的身份证,证明商人的身份和相关登记信息。第五,公告。登记后,登记机关应当将登记信息及时予以公告。② 通说认为,公告可以起到以下作用:其一,可使公众了解登记主体的经营信息或实际状况,为相对人交易决策提供参考。其二,可以起到监督作用,公告后如有不实,能够及时得到反馈信息。其三,可以保障登记主体合法权益。依我国相关规定,公告主体为登记机关。但也有规定申请人具有公告义务的。③公告的意义是值得怀疑的。事实上,没有多少人能看到公告信息,也没有多少人依据公告信息做交易决策。但公告费用通常是不菲的,而且公告也增加了登记的手续。日本多年来停止公告的实践表明,公告对于登记制度并不是必要的。

商业登记应当允许公开查询。在日本,任何人在支付手续费后都有权要求查询登记簿中记载事项(《商业登记法》第 10 条)。登记的公示机能由此确定。④

---

① 〔德〕C.W.卡纳里斯著:《德国商法》,杨继译,法律出版社 2006 年版,第 71 页。
② 《民法典》第 66 条规定:"登记机关应当依法及时公示法人登记的有关信息。"
③ 《公司法》第 204 条。
④ 〔日〕近藤光男著:《日本商法总则·商行为法》,梁爽译,法律出版社 2016 年版,第 29 页。

五、商业登记的效力

(一) 创设效力

设立登记具有创设主体资格的效力。以公司设立为例,在经过一系列的设立程序(如制定章程、召开创立会议、选举组成公司机关)之后,还必须向登记机关申请登记,经登记机关正式登记后,方可正式具有主体资格,成为民事主体。登记的创设效力并不是当然的结果。在一些国家,商人登记仅具有推定的效力。例如,法国1967年3月23日的《行政规章》第41条规定:"除非有相反的证据,否则,在商业登记机关注册登记的所有人均被推定根据法国生效法律取得商人资格,这些人因此受商人资格产生的所有后果的约束。"① 在德国,《德国商法典》第2条规定的登记具有创设商人资格的效力:"其营利事业依第1条第2项非为营业的企业,以该企业的商号已经登入商业登记簿为限,视为本法典所称的营业。"

在我国,登记具有创设主体资格的效果。但是,严格地说,登记是和其他设立行为一起创设商人的主体资格,登记单独并不能创设商人主体资格。论者多对强制登记有微词。其不满主要针对登记机关的公法性质上,如果把登记机关视为一市场自律组织,或许强制登记积极的一面就会显示。特别在我国市场经济刚刚起步,商业诚信普遍缺乏的环境之下,强制登记更有存在的必要。

设立登记具有弥补瑕疵的效果,即商人一经登记,相关人通常不得主张设立行为中的某些瑕疵,登记产生了弥补该瑕疵的作用。② 例如,公司设立登记后,股东不得以设立过程中的一些瑕疵主张认购无效,即使判决公司设立无效的,判决也没有溯及力。其目的在于保障交易的安全。

(二) 对抗效力和公信效力

对抗效力和公信效力最能体现商业登记制度的价值。在德国,对抗效力和公信效力被规定在《德国商法典》第15条中,该条被认为是整个商法典中最为重要同时也是最为复杂的条款之一。③ 在日本,对抗效力和公信效力被规定在《日本商法典》第9条中,为商业登记一章的核心条款。④

1. 对抗效力

对抗效力,指应登记人或登记人不得或能够对抗第三人的效力。对抗效力

---

① 转引自张民安:《法国商事登记制度研究》,载王保树主编:《商事法论集》(第11卷),法律出版社2006年版,第36页。
② 樊涛、王延川著:《商法总论》,知识产权出版社2010年版,第197页。
③ 〔德〕C. W. 卡纳里斯著:《德国商法》,杨继译,法律出版社2006年版,第80页。
④ 《日本商法典》第9条规定:"本编所规定之应登记事项,未经登记不能对抗善意第三人。即使已做登记,当第三人因正当事由而未能知悉登记事项时,登记同样不具对抗效力。故意或过失登记不实事项者,不能以此事项乃不实为由对抗善意第三人。"

分为消极对抗效力和积极对抗效力。

(1) 消极对抗效力

消极对抗效力,指应登记人不得以应登未登事项对抗善意第三人。在德国,此效力规定于《德国商法典》第 15 条第 1 款规定:"在应登入商业登记簿的事实尚未登记和公告期间,在其事务上应对此种事实进行登记的人,不得以此种事实对抗第三人,但此种事实为第三人所知的,不在此限。"《瑞士债法典》第 933 条第 2 款也有类似规定:"依规定应为登记的事项而未登记于商事登记簿者,不得以之对抗第三人,但能证明该第三人明知其事项者,不在此限。"[①]例如,商人更换法定代表人,如未进行登记,于应登记人,不得主张该法定代表人更换对第三人具有效力。

我国《公司法》第 32 条规定了消极对抗效力,有限责任公司应当将股东的姓名或者名称及其出资额向公司登记机关登记;登记事项发生变更的,应当办理变更登记。未经登记或者变更登记的,不得对抗第三人。但我国并未建立普遍的消极对抗效力。

(2) 积极对抗效力

积极对抗效力,指登记人能够以应登已登事项对抗第三人。在德国,此效力规定于《德国商法典》第 15 条第 2 款规定:"已经对此种事实进行登记和公告的,第三人必须承受事实的效力。对于在公告后 15 日之内实施的法律行为,以此第三人证明其既不明知也不应知此种事实为限,不适用此种规定。"相比之下,意大利法和瑞士法更为严格。《意大利民法典》第 2193 条规定:"对于法律规定必须进行登记的企业行为,自完成登记之时起,第三人不得再以不知晓登记为由提出异议。"《瑞士债法典》第 933 条第 1 款规定:"商事登记发生对第三人的效力后,任何人不得以不知该登记为理由,而为抗辩。"例如,商人更换法定代表人并进行登记,依据意大利法和瑞士法,无论第三人善意与否,登记人均可以对该第三人与前任法定代表人所为法律行为产生对抗力;依德国法,若法律行为发生在登记公告 15 日之内,则对善意第三人不产生对抗效力。

2. 公信效力

公信效力,指善意第三人可以向登记人援用已登记的不正确的事项。在德国,此效力规定于《德国商法典》第 15 条第 3 款中:"对应登记的事实已经进行不正确公告的,第三人可以对在其事务上应对此种事实进行登记的人援用已经公告的事实,但第三人明知不正确的,不在此限。"我国法律确立了商业登记的公信

---

① 我国台湾地区"商业登记法"第 20 条有类似的规定:"商业设立登记后,有应登记事项而未登记,或已登记事项有变更而未为变更之登记者,不得以其事项对抗善意第三人。"我国台湾地区"公司法"第 12 条重申了上述规定:"公司设立登记后,有应登记之事项而不登记,或已登记之事项有变更而不为变更之登记者,不得以其事项对抗第三人。"

效力。与德国法律的公信效力是从第三人的角度规定不同的是,我国法律则是从登记人不得对抗的角度进行规定。《民法典》第65条规定:"法人的实际情况与登记的事项不一致的,不得对抗善意相对人。"根据《民法典》第108条规定,独资企业和合伙企业参照适用第65条。① 当事人不得对抗善意相对人,意味着信赖登记的相对人所为行为能够产生效力。公信效力与消极对抗效力极为类似,但公信效力适用在登记存在错误的情况,而消极对抗效力适用在应登记而未登记的情况。

  商业登记的效力,不取决于实质审查或形式审查。例如,英国、美国通常实行形式审查,其公示依然具备效力。公示是申请人的承诺,根据禁止反言,申请人不得违反。大陆法则主要依据信赖法理主张登记的效力。如前所述,这些在商法被统称为外观法理,是商法的基本原则之一。

  我国商业登记法规《公司登记管理条例》和《企业法人登记管理条例》对登记效力根本没有规定。在其他法律中有散见一些登记效力的规定,如《民法典》第65条和《公司法》第32条第3款。尽管规定相对人可以查阅复制,但在实践中,一段时间内只有在诉讼中当事人的律师持立案通知书方可查阅。既然查阅都不可得,理论上推出公示效力也没有可能。因此,此前即使有类似于《公司法》第32条的规定,但实际上没有任何用处。这些都充分暴露了我国的商业登记制度根本不是服务于市场主体,而是正如其名,是政府管理所用之法。

第三节 商业簿记

一、导论

（一）定义与功能

  商业簿记（Handelsbücher）,指商人将自己的资产状况和营业信息记录并报告的行为。《德国商法典》第238条规定:"商人负有义务制作账簿,并根据规定的簿记原则,在账簿上明确记载其商事活动和财产状况。"② 商业账簿,指商人依法定规则设置的表示资产状况和反映营业信息的商业簿册。设置商业账簿是商人的法律义务,且商业账簿是按照法定或公认的会计准则制定的,不允许任意设置。我国对商人设置商业账簿的义务的规定分散于《个人独资企业法》《合伙企

---

  ① 《民法典》第108条规定:"非法人组织除适用本章规定外,参照适用本法第三章第一节的有关规定。"第三章第一节为法人的"一般规定"。
  ② 德国法上,广义的商业簿记包括制作商业账簿、编造财产清册和提交年度决算;狭义的商业簿记仅指制作商业账簿。范健著:《德国商法:传统框架与新规则》,法律出版社2003年版,第264页。商业簿记是商业账簿法规范的内容。

业法》和《公司法》之中。

商业簿记的主要功能是信息公示。公示内容:第一,表示财产状况。商人是以账簿作为自己拥有或占有某项财产的凭据,尽管这种拥有可能是会计意义上的,但基本可以作为商人法律上拥有某项资产的凭据。商业账簿可以完整地表示商人财产的来龙去脉,如果没有商业账簿,商人的财产独立将是一句空话。第二,反映营业信息。商人的营业活动基本上都可以由商业账簿来反映,它可以记录并监控商人商业活动的方方面面,记录商人营业的得失,为经营决策,利润分配提供依据。依德国法律,"簿记必须使具有鉴定能力的第三人能够在适当的时间内了解经济业务和企业的状况。对经济业务必须能够在其发生和处理上进行追踪。"①

(二) 产生与意义

1. 产生

据考证,古代埃及的"散页账簿记"是最早的商业账簿。也有人认为,商业账簿最早起源于欧洲10世纪的海商贸易。② 彼时,往返于地中海的商船开始对自己所从事的商业活动进行文字记载,对货物进行记账,并有一些商船设专人作"书记"。这是商业簿记制度的最初形态。③ 可见,设立商业账簿最初是商人的自愿行为。商人需要核算经营成果,需要以此作为商业决策的依据。但是后来,随着有限责任和股份公司的出现,设置商业账簿对于交易安全和投资安全有了意义。商业账簿的产生也有征税的需要。不过,商业会计和税务会计的基本原理虽基本相同,但也存在重大差别。只要明白两者目标就可以理解了。商业账簿的目的是审慎经营,监督经营者,避免经营者夸大利润;而税务会计的目标是征税,自然利润越多,征税越多。

商业账簿是商业实践自身的需要。"它和通过记录而自我管理有关。"④ 即使没有强制立法,实践中多数商人也会设置商业账簿。强制立法则是增加了商业账簿的权威性和统一性,对于节约交易成本显然是有益处的。商业账簿仅是大陆法系对商人的要求,在英美法系早期立法中,法律一般并不对商人设置账簿作强制性要求。当然,如果商人不设商业账簿,于破产时对自身是极其不利的,因此,商人营业时不可能不设商业账簿的。⑤ 这种自由往往仅是小商人的自由,对于公众公司来说,即使没有破产之虞,基于投资人的要求,也是不可能不设商业账簿的。这反映了商业账簿是商业实践的需要。

---

① 《德国商法典》第238条第1款。
② 任先行、周林彬著:《比较商法导论》,北京大学出版社2000年版,第259页。
③ 范健著:《德国商法:传统框架与新规则》,法律出版社2003年版,第264页。
④ 〔德〕C. W. 卡纳里斯著:《德国商法》,杨继译,法律出版社2006年版,第350页。
⑤ 赵中孚主编:《商法总论》(第四版),中国人民大学出版社2009年版,第203页。

2. 意义

商业簿记有如下意义：

第一，对商人自身的意义。一是实现商人人格独立的工具。例如公司，法律要求其必须设置账簿，以保持其财产独立。二是商人的经营决策的依据。三是商人治理、内部控制的重要组成部分。四是可以彰显商人的信誉。[1] 通过商业账簿，投资者与相对人可以查出经营者、大股东是否存在滥用权力行为。商业簿记刺激投资者投资和相对人的交易欲望。

第二，对投资者的意义。商业簿记是两权分离的重要基础。商业账簿是投资人进行投资决策、了解所投资企业财产状况和经营信息、行使投资人权利的重要依据。例如，作为一个资深投资者，在进行投资决策之前，理应对所投资企业的会计报表进行一番研究。商业账簿的存在，节约了大量的调查成本，提高了投资决策的效率。

第三，对交易相对人的意义。商业簿记对保障交易安全至关重要。交易相对人与一个有限责任形式的商人进行交易，其前提是假定该商人是有独立经营资产，能够履行合约。相对人如果无此信心，将抑制其交易的欲望。相对人相信商人有独立的经营资产能够履约的基本依据之一就是商人应该有一个商业账簿以确保商人的资产不会被随意挪用。在商人破产时，商业账簿也是确立破产财产的重要依据。商业账簿可能不能代替法律上的占有和拥有的功能，但如果没有商业账簿，商人拥有和占有一项财产将是很难被证明的。

第四，对政府和公众的意义。商业账簿作为经营活动的记录，是政府对商业活动的监管依据。监管部门可以从商业账簿中发现商人违法的蛛丝马迹，商人当然也可以商业账簿自证清白。商业账簿可以作为公众的监督依据。例如，法国于1977年要求职工人数达到或超过300人的商人要编制"社会资产负债表"，从职工人数、工资福利成本、健康和安全保护、雇员培训、行业联系、雇员住房及交易状况等七个方面揭示其社会责任。[2]

商业簿记从其根本上看是基于私法上的需要。而公法只不过顺便使用私法上的商业账簿这一工具而已。例如，政府在以商业账簿作为课税依据时，通常要按税法对商人的商业账簿进行调整。

（三）商法账簿法的性质

关于商业账簿法的性质学界存在争议。我国学者通常将商业账簿法归入商法范围，并作为商法兼具公法性的论据。理由是商业账簿不是民商主体的自身

---

[1] 樊涛、王延川著：《商法总论》，知识产权出版社2010年版，第161页。
[2] 同上。

需要,反映并非平等主体之间的自愿法律关系。① 在德国,存在一些共识:它和通过记录自我管理有关,而且服务于债权人保护和公共利益。据此,卡纳里斯认为商业账簿法尽管也是有关商人的特别法,但其不是私法而是公法。理由如下:第一,商业账簿法尽管服务于债权人,但其对债务人的保护采取的是制度保护而不是个体保护。换句话说,个别债权人的具体利益得不到保护,被保护的是支付和信用交易,债权人貌似得到的保护只不过制度保护所投射的利益。制度性保护与《德国民法典》第 823 条第 2 款的侵权保护不同,因为该条款的重大目的在于:"即使违背了公法上规范也和私法上的法律后果相连。"②第二,商业账簿法保护的是普遍利益或者说是公共利益,同时它也不规制私法主体之间的其他关系,所以"无论从利益理论还是从主体理论上看都不能被归于私法"。第三,商业账簿法有一些制裁条款,这些条款体现了相当程度的国家主权的特征,所以"从规制主体上考查也不是私法内容"。③

  本书认为,商业账簿法属于私法。第一,制度性保护不能作为商法不是私法的理由。一方面,商业账簿法并不完全是制度保护法。企业不设商业账簿或设置的商业账簿混乱,债权人可以作为滥用有限责任的依据从而直接向责任人主张权利。另一方面,即便商业账簿法是制度性保护的法律,也不能作为否认其私法性的依据。公司法中大量的条款也是提供制度性保护的条款,例如有关公司治理的规定,但并不能否认其私法性。第二,公共利益说也不能否定商业账簿法的私法性。商业账簿并不是因为公共利益而产生。起初,设立商业账簿是商人的自愿行为。商人需要核算经营成果,需要以此作为商业决策的依据。但是到了后来,随着有限责任和股份公司的出现,设置商业账簿对于交易相对人和投资人有了意义。似乎这种对于交易相对人和投资人的普遍利益成了公共利益。但实际上,这种利益还主要是局限于商事交易范围之内,体现的是对交易效率和交易安全的追求。第三,商业账簿法中的制裁性条款也不能否定其私法性。商业账簿法中的制裁性条款,当然属于公法性条款,但这不过为了立法简便而将这些条款规定在商业账簿法之中。正如前述,公司法、票据法中也存在大量的制裁性条款,但也不能以此否认公司法、票据法的私法性。第四,商业账簿法反映了监管部门与商人之间的关系,二者是不平等的。事实上,商业账簿上的众多规则是由商业习惯形成的,例如借贷记账法、会计科目等,立法不过是对这些商业习惯作一总结而已。诚然,商业账簿法有一些管理法的痕迹,但这些管理法本来就不

---

 ① 王明锁:《论商事账簿及其法律关系的性质》,载《法学杂志》2011 年第 3 期。作者仅仅看到了国家强制立法的一面,没有看到商业账簿对商人、投资者和相对人的重要意义。不能只要看到强制性规范就认为是公法规范。
 ② 〔德〕C. W. 卡纳里斯著:《德国商法》,杨继译,法律出版社 2006 年版,第 353 页。
 ③ 同上书,第 2、350—353 页。

应当是商业账簿法的内容。立法者应当将那些管理性规定单独立法。

如果将商业簿记理解为商法构筑商人人格的技术,或许能更好的理解商业账簿法的私法性。一方面,有限责任使得团体财产独立成为必须,一个团体不能做到财产独立,其责任形式不可能是有限责任。如何做到财产独立?商业簿记是至为重要的法律工具。从一定意义上看,商业簿记起到了物权登记簿的作用。另一方面,股份公司的出现使得所有权与经营权实现了彻底的分离,投资人无法了解企业的经营状况,两权分离造成的代理风险,也使得设置商业账簿成为股份公司商业实践之必需:如果没有商业账簿,将无法保证投资者的信心。立法者有义务平衡投资者、经营者和相对人的利益,从而有义务让商人财产做到独立,继而商业簿记便成为了商人人格构筑的重要工具。

(四) 规范对象和立法体例

商业账簿法的规范对象应当首要是负有限责任的公司和有限合伙企业。至于普通合伙企业和独资企业,则没有强制设立商业账簿的必要。如果不设置商业账簿,则可以仿照德国商法,要求商人定期编制财产目录。[①] 在我国立法中,《公司法》和《合伙企业法》要求公司和合伙企业建立财务、会计制度[②],《个人独资企业法》要求独资企业设置账簿。[③] 设置账簿无疑会增加经营成本。不过,设立商业账簿对合伙人或独资企业投资人也有一定好处,即可以享受补充责任的待遇。如不设账簿,企业无法证明自己的财产与投资人分离,投资人应当直接向债权人承担责任。由于实践中个体工商户不需要设置账簿[④],近来年,地方政府基于增收的需要,强制将个体工商户转为独资企业的做法受到了批评。[⑤] 需要指出的是,《公司法》也有一些不合理的规定。例如,《公司法》第164条规定:"公司应当在每一会计年度终了时编制财务会计报告,并依法经会计师事务所审计。"本书认为,仅有上市公司才有必要审计财务会计报告,一般公司则没有必要。因为审计费用不菲。同时,在我国的法治环境下,如果没有强有力的社会监

---

① 《德国商法典》第240条第1、2款规定:"任何商人均应在其营业开始时,将其土地、债权和债务、现金的数额以及其他财产作成目录,并注明各项财产和债务的价值。(2)自此以后,商人应为每个营业年度的结束编制此种财产目录。营业年度的期间不得超过12个月。财产目录应在符合通常营业的时间内编制。"

② 《公司法》第163条规定:"公司应当依照法律、行政法规和国务院财政部门的规定建立本公司的财务、会计制度";第171条规定:"公司除法定的会计账簿外,不得另立会计账簿。"《合伙企业法》第36条规定:"合伙企业应当依照法律、行政法规的规定建立企业财务、会计制度。"

③ 《个人独资企业法》第21条规定:"个人独资企业应当依法设置会计账簿,进行会计核算。"

④ 1986年《财政部关于个体工商户账簿管理的规定》(已废止)第1条规定:"凡从事工业、商业、服务业、建筑安装业、交通运输业以及其他行业的城乡个体工商业户,都必须按照税务机关的规定建立、使用和保管账簿、凭证,并接受税务机关的监督检查。"但实践中,要求个体工商户设立账簿的规定基本无法操作。

⑤ 《广东江门个体户被强制转为企业专家称应尊重市场》,载中国广播网,http://china.cnr.cn/yaowen/201305/t20130519_512617305.shtml,最后访问时间:2018年2月24日。

督,那么,审计的可靠性将没有任何保证。

以商法是否具体规定商业账簿的具体记载方法为内容,商事账簿立法内容,一种是规范主义,即对账簿内容的记载方法和账簿种类,有详细规定,例如法国和1998年德国新商法。随着时间的推移,商业账簿法在商法中的地位越来越重要。法国早在《法国商事敕令》中就有商业账簿的规定。1807年《法国商法典》则有一编"商人会计"共计10条。1983年后则增加到了27条。1998年德国商法改革之前,《德国商法典》中的商业账簿没有独立成编,混杂于第一编总则之中,且条文较少。1998年之后,商业账簿法地位十分重要,其不但在商法典中独立成编,篇幅也占到整个商法典的1/3。我国最早的商事立法《钦定大清商律》也采此种立法例。《钦定大清商律》中的总则部分共有9条,其中有4条涉及商业账簿立法。其中,第6条规定:"商人贸易,无论大小,必须立有流水账簿,凡银钱货物出入以及日用等项均宜逐日登记。"第7条规定:"商人每年须将本年货物产业器具等盘查一次,并造册备存。"第8条规定:"凡商业账簿及关于营业之信书,要保存10年,若于10年内有丧失,要呈报商部。"第9条规定:"无论是商人、公司,还是店铺,都必须遵守上述第6、7、8条的规定。"第9条规定反映了政府强烈控制商业的倾向。另一种是非规范主义,法律仅规定商人有备置商业账簿的义务,但不规定商业账簿的具体记载方法。此为德国旧商法所采主义。德国新商法已经改变为规范主义。本书认为,应当采规范主义。会计是一种语言,主要为营业所用,没有必要如一般性的语言一样需要保留其多样性。语言的不统一必然带来交易成本的增加。

商业账簿法的立法体例。第一种,是将商业账簿规定于商法典;第二种是制定专门的商业会计法,例如我国台湾地区;第三种是将商业账簿法规定于《公司法》或《证券法》之中。

有学者反对将商业账簿立法纳入商法之中,支持目前统一会计法立法模式。其依据是认为商业账簿法与其他主体的账簿法没有区别,制定统一的会计法即可。[1] 此种做法极为不妥。一则,商业账簿法与公法上的政府机关的账簿法有重大差别,不可同日而语,不能统一规定。二则,我国现行会计法主要为管制性规定,并不符合商业账簿法的真实本意。必须认识到商业账簿法与会计管理法的区别。商业账簿法是基于商业实践需要,主要体现为一些商业习惯的法律规则化,而会计管理法则体现国家对各个行业的会计行为的监督管理,其是基于公共利益或国家利益的需要。我国目前将会计核算的基本规则和会计行为的监督笼统规定于一部《会计法》之中,十分不科学,也不利于商法学科避免公权力的侵

---

[1] 王明锁:《论商事账簿及其法律关系的性质——兼论商事通则的不可行性》,载《法学杂志》2011年第3期。

蚀。三则，我国目前的立法将财务会计制度交由财政部门制定，极为不妥。一个政府的财政部门为何可以主持商人所用的商业账簿法？部门立法导致行政管制不说，体现部门利益则是无可避免。

鉴于制定商法典可能性不大，现实的做法可采我国台湾地区的方法，制定专门的商业账簿法。如果以后制定《商法通则》，则可以将商业账簿的一些基本规定纳入《商法通则》。《商法通则》作为基本法，不应当有频繁的改动。商业账簿法则可以满足不断修订的需要。至于纳入《公司法》，则显得较为狭窄。商业账簿尽管只宜强制公司适用，但对一般企业无疑也有指导意义，因此，制定商业账簿法较为适宜。同时，应当严格区分私法意义上的商业账簿行为和公法上的会计监督行为，尽量减少公法的规定，相信市场自律。

二、商业簿记的基本原理

商业簿记的技术性非常强也相当复杂。因此，其详细内容不可能由商法学论著进行阐述。[1] 这里重点阐述商业簿记的基本原理。这个基本原理可以表述如下：先将经营活动具体类型化为会计要素，然后再通过会计凭证、会计账簿，并逐步反映到各种会计报表之中。

（一）会计要素

企业经营活动非常复杂。利用会计语言对企业经营活动进行计量、管理和监督是商业账簿的主要功能。会计是准确的描述企业经济活动的语言。不过，会计语言也有局限性，其只能对可以货币计量的经济活动进行描述。这些经济活动被具体类型化为会计要素（如果说会计是一门语言，那么会计要素则是单词）。

会计要素按照其性质分为资产、负债、所有者权益、收入、费用和利润六大类型。其中，资产、负债和所有者权益要素侧重于反映企业的财务状况，收入、费用和利润要素侧重于反映企业的经营成果。会计要素的界定和分类可以使财务会计系统更加科学严密，为投资者等财务报告使用者提供更加有用的信息。[2]

1. 资产

资产是指企业过去的交易或者事项形成的、由企业拥有或者控制的、预期会给企业带来经济利益的资源。企业拥有的资产并不等于企业拥有的财产。资产

---

[1] 应当铭记会计学于商法的意义。"商法之所以有今天，多亏了会计学。""企业的会计代表机构确定了把企业看作是独立核算实体的主要因素。一切，包括商法在内，均来自企业与企业主的分开，因为由此引出了明确财产存在和法人资格的识别。"会计学（复式簿记）"作为社会变迁的因素，促成了商法的出现，其应用范围之广，可与电、蒸汽和现代冶金术相媲美"。〔法〕克洛德·商波著：《商法》，刘庆余译，商务印书馆1998年版，第40页。

[2] 下面各会计要素的定义及其特征是根据财政部颁布的《企业会计准则——基本准则》（1992年财政部制定，2014年修订）和《企业会计基本准则指南》编写。

与法律上的财产的概念并不能等同。

资产特征如下：第一，为企业拥有或控制的资源。如果企业控制了这些经济资源，也符合会计上对资产的定义。例如，在法律上，融资租赁财产的所有权属于出租方。但在会计制度上，如果融资租赁合同规定的租赁期长到接近于该融资租赁物的使用寿命，那么该资产实际上为租赁方所控制，此时应当将其作为资产予以确认。第二，预期会给企业带来经济利益。能够带来经济利益是资产的本质特征。不能带来经济利益的财产，不能确认为资产。例如，如果固定资产因为技术进步而不再具有利用价值，那么该固定资产整体上就不能再视为企业的资产，仅有固定资产的预计处理残值可以确认为企业资产。第三，是由企业过去的交易或者事项形成的。预期在未来发生的交易与事项不形成资产。据此，企业所拥有的信贷额度不能被确认为资产。

经济利益能否流入或能够流入多少具有不确定性。因此，资产的确认只要求与资源有关的经济利益很可能流入企业。此外，资源的成本或者价值能够可靠地计量。要说明的是，可计量性是所有会计要素确认的重要前提。

2. 负债

负债是指企业过去的交易或者事项形成的，预期会导致经济利益流出企业的现时义务。

负债特征如下：第一，是企业承担的现时义务。未来发生的交易或者事项形成的义务，不属于现时义务。义务可以是法定义务，也可以是根据企业多年来的公开的承诺、习惯做法或者公开宣布的政策而导致企业将要承担的责任。第二，预期会导致经济利益流出企业。例如偿还负债导致现金或实物流出等。第三，是由企业过去的交易或者事项形成。企业将在未来发生的签订的合同、承诺等交易或事项，不形成负债。

同样地，确认负债也仅要求与义务有关的经济利益很可能流出企业。履行义务所需流出的经济利益带有不确定性，尤其是与推定义务相关的经济利益通常需要依赖于大量的估计。因此，负债的确认应当与经济利益流出的不确定性程度的判断结合起来。

3. 所有者权益

所有者权益是指企业资产扣除负债后由所有者享有的剩余权益。所有者权益是所有者对企业资产的剩余索取权。相应地，债权则是对公司的固定索取权。资产等于所有者权益加上负债。

所有者权益既包括所有者投入的经济资源，也包括企业自身积累的经济资源。所有者投入的经济资源或者形成实收资本，或者构成资本公积。资本公积通常是由资本溢价形成的。一个非原始投资者购入已经存在的公司的股权时，其所付出的对价并不会全部计入企业资本。这个溢价应当计入资本公积。资本反映的是股东权力比例关系。后来者当然要比原始股东付出较多的溢价才能购买公司股份。例如,一个公司在成立时其总股份为 100 万股,每股面值为 1 元(公司资本是以股票面值计算的,此时公司有实收资本 100 万元)。这通常意味着原始股东是以 1 元认购 1 股的,也意味着公司的净资产为 100 万元。如果公司运营两年其净资产增加到 200 万元,那么后来者显然不能再以 1 元购买公司的新增发股。假设公司以每股 2 元增发面值为 1 元 50 万股(公司股票的面值通常是不变的。我国的上市公司的股票面值均为 1 元),那么公司资本将变成 150 万元,而资本公积部分要计入 50 万。企业积累的经济资源,被称为留存收益,是企业历年实现的净利润留存于企业的部分,包括累计计提的盈余公积和未分配利润。

所有者权益的确认和计量主要取决于资产等其他会计要素的确认和计量。通常,企业收入增加时,资产会增加,所有者权益相应也会增加;企业发生费用时,负债会增加,所有者权益相应地会减少。因此,企业日常经营的好坏和资产负债的质量直接决定着企业所有者权益的增减变化和资本的保值增值。

所有者权益即是企业的净资产,是资产总额中扣除债权人权益后的净额。通常,债权人享有的对企业资产的固定索取权要优先于所有者对企业资产的剩余索取权。但所有者掌握企业的控制权。这反映了风险与权力应当相适应。

4. 收入

收入是指企业在日常活动中形成的、会导致所有者权益增加的、与所有者投入资本无关的经济利益的总流入。

收入特征如下:第一,收入是企业在日常活动中形成的。非日常活动所形成的经济利益的流入不能确认为收入。比如,处置固定资产或无形资产所形成的净利益应当确认为利得而不是收入。第二,收入会导致所有者权益的增加。企业借入款项,尽管流入了经济利益,但并不导致所有者权益的增加。因此,不应将其确认为收入,而应当确认一项负债。第三,收入是与所有者投入资本无关的经济利益的总流入。所有者投入资本的增加不应当确认为收入,应当将其直接确认为所有者权益。

收入的确认应当符合以下条件:一是与收入相关的经济利益很可能流入企业;二是经济利益流入企业的结果会导致资产的增加或者负债的减少;三是经济利益的流入额能够可靠计量。

5. 费用

费用是指企业在日常活动中发生的、会导致所有者权益减少的、与向所有者分配利润无关的经济利益的总流出。

费用特征如下：第一，费用是企业在日常活动中形成的。销售成本和管理费用等可以计入费用。但企业非日常活动所形成的经济利益的流出，例如存货灭失，不能确认为费用，而应当计入损失。第二，费用会导致所有者权益的减少。第三，费用是与向所有者分配利润无关的经济利益的总流出。向投资者分配利润，是所有者权益的直接抵减项目，不应确认为费用。

费用的确认应当符合以下条件：一是与费用相关的经济利益应当很可能流出企业；二是经济利益流出企业的结果会导致资产的减少或者负债的增加；三是经济利益的流出额能够可靠计量。

6. 利润

利润是指企业在一定会计期间的经营成果。利润是评价企业管理层业绩的最重要指标，也是投资者进行投资决策时的重要参考因素。

利润包括营业利润（收入减去费用后的净额）和直接计入当期利润的利得和损失等。为更加全面地反映企业的经营业绩，企业应当严格区分收入和利得、费用和损失之间的区别。利润反映收入减去费用和利得减去损失后的净额。利润的确认取决于收入和费用以及利得和损失的确认。

企业应当按照规定的会计计量属性进行计量，确定相关金额。这些计量属性主要包括历史成本、重置成本、可变现净值、现值和公允价值等。企业主要以历史成本计量。历史成本，是指取得或制造某项财产物资时所实际支付的现金或其他等价物。历史成本计量，要求资产按照其购置时支付的对价计量，这个对价是付出的货币资金金额，或付出资产的公允价值。负债，则按照其因承担现时义务而实际收到的货币资金金额，或承担现时义务的合同金额，或按照日常活动中为偿还负债预期需要支付的货币资金金额计量。历史成本计价的好处在于客观性强，不易造假，但其缺陷也非常明显。例如，一些机器设备可能长久闲置不用而变得毫无价值，但仍然以历史成本计价，会使企业资产虚增；还有一些资产如交易性房地产价值上升很多而无法在资产负债中得到体现。因此，现行会计准则除采取历史成本计量之外，还在一些会计要素的计量中采取重置成本、可变现净值计量、现值、公允价值等进行计量。但这些计量属性也有很大的局限性，即均具有较强的主观性，容易出现人为操纵的现象。

（二）会计核算

会计核算（financial accounting），指以货币计量，对会计主体的经济活动的过程与结果进行连续地、系统地记录。会计核算的基本过程如下：

1. 制作和审核会计凭证

会计凭证是记账根据的书面证明。将经济活动记录于账簿必须要有相应的实物证据，做到账实相符。会计凭证包括原始凭证和记账凭证。第一，原始凭证，是一些原始的证明经济业务发生的原始书面材料，如发票、工资单、车票等。

第二,记账凭证,是记账人员填制的,将一些原始凭证按其内容和性质加以归类,以作为登记账簿依据的会计凭证。记账凭证必须要经过审核方可使用。会计凭证的填制并不在财务部门而是在各个经济活动发生的部门。他们填制后由主管领导进行审核,然后交由会计人员。会计人员必须按照事先制定的标准进行核实,不符合标准的,严禁核准。如此,可以通过会计凭证的填制和审核实现会计监督。

2. 制作和登记会计账簿

会计账簿,指以会计凭证为依据,由一定格式并相互联系的账簿组成的,对单位全部经济业务活动进行全面、分类、系统、序时地登记和反映的簿册。会计账簿可以提供全面、系统的会计信息,并为会计报表的编制提供依据;确保财产物资的安全与完整,维护所有者的合法权益,提供经营成果的详细资料,为财务成果的分配和各项计划的执行情况的考核评价提供依据;提供会计分析的参考资料,为会计检查提供依据。[1] 会计账簿的制作和登记法律有严格的规定。各会计主体应当定期将会计凭证、实物与会计账簿相互核对,做到账实相符。[2]

会计账簿登记的前提是设置账户。设置账户是将会计对象进行归类反映的方法。会计账户一般分为六大类:资产类、负债类、费用类、成本类、所有者权益、利润类等。然后登记账簿。登记账簿是把会计凭证上的数据按照账户类别分别填入账户之中,以达到对错综复杂的经营信息的分类,最终取得所需要的各种指标。账簿的登记方式是复式记账法。复式记账是以相等的金额同时在两个或两个以上相互联系的账户记录每一项经济业务,从而能够完整地反映经济要素运动的方法。借贷记账法最大的特点是把商业活动的来龙去脉给清清楚楚记录下来,从而全面反映和监督商人的营业活动。复式记账的基本原则是有借必有贷,借贷必相等。

3. 编制会计报表

会计报表,指依账簿记录定期编制的、概括反映会计主体特定时点和一段时期财务状况、经营成果以及现金流量等的书面报表。商业账簿分为会计凭证、会计账簿和会计报表。唯有会计报表是对外公开的。会计报表是外界了解商人经营状况的一个窗口,是交易相对人、投资人等做出交易或投资决策的重要参考资料,因此十分重要。

各国都发现,要求公开公司披露信息并公布会计报表,是一种使投资者、债权人和资本市场的一般公众对公司及其经营管理进行监督的相当有效的方

---

[1] 赵中孚、黎建飞主编:《商法总论》(第四版),中国人民大学出版社2009年版,第206页。
[2] 叶林主编:《商法学原理与案例教程》,中国人民大学出版社2006年版,第160—161页。

法。① 此外,经营者自身基于经营管理的需要,也需要总体了解企业的资产状况、经营成果和现金流量。

为了保证真实性,各国法律还要求公开公司的会计报表必须经注册会计师审计。在德国,股份有限责任公司的会计报表还必须提交登记法院商业登记处进行登记(参见《德国股份法》第177条)。

(1)资产负债表

资产负债表(Balance Sheet,Statement of Financial Position)是反应会计主体某一特定日期的财务状况的会计报表。年报一般反映的是截止到公历每年12月31日时的财务状况。资产负债表表现了企业体或公司资产、负债与股东权益的对比关系,能够确切反应公司营运状况。资产负债表编制原理是"资产=负债+所有者权益"这一平衡公式。资产负债表除用于企业内部管理外,也可让投资者和交易相对人在最短时间内了解企业经营状况。资产负债表是企业经营活动的静态体现。

就报表基本构成而言,资产负债表主要包含了报表左边算式的资产部分,与右边算式的负债与所有者权益部分。左边部分应当等于右边部分即资产总额=负债总额+所有者权益总额。资产部分反映企业目前控制的资源,而右边部分则反映了这些资源的来源:或来源于负债,或来源于所有者投资。具体样式见表一。

表一 资产负债表②

会企01表

编制单位: ___年_月_日　　　　　　　　　　　　　　　　单位:元

资产	期末余额	年初余额	负债和所有者权益（或股东权益）	期末余额	年初余额
流动资产:			流动负债:		
货币资金			短期借款		
交易性金融资产			交易性金融负债		
应收票据			应付票据		
应收账款			应付账款		
预付款项			预收款项		
应收利息			应付职工薪酬		
应收股利			应交税费		

---

① 〔德〕罗伯特·霍恩、海因·科茨、汉斯·G.莱塞著:《德国民商法导论》,楚建译,中国大百科全书出版社1996年版,第293页。

② 本表来源于《〈企业会计准则第30号——财务报表列报〉应用指南》(2014)。

（续表）

资产	期末余额	年初余额	负债和所有者权益（或股东权益）	期末余额	年初余额
其他应收款			应付利息		
存货			应付股利		
一年内到期的非流动资产			其他应付款		
其他流动资产			一年内到期的非流动负债		
流动资产合计			其他流动负债		
非流动资产：			流动负债合计		
可供出售金融资产			非流动负债：		
持有至到期投资			长期借款		
长期应收款			应付债券		
长期股权投资			长期应付款		
投资性房地产			专项应付款		
固定资产			预计负债		
在建工程			递延所得税负债		
工程物资			其他非流动负债		
固定资产清理			非流动负债合计		
生产性生物资产			负债合计		
油气资产			所有者权益(或股东权益)：		
无形资产			实收资本(或股本)		
开发支出			资本公积		
商誉			减:库存股		
长期待摊费用			盈余公积		
递延所得税资产			未分配利润		
其他非流动资产			所有者权益(或股东权益)合计		
非流动资产合计					
资产总计			负债和所有者权益(或股东权益)总计		

(2) 利润表

利润表(income statement)，又称损益表，是用以反映会计主体在一段会计期间经营成果的会计报表。该期间通常是每年的1月1日至12月31日。与资产负债表不同，利润表是一张动态报表。利润表可以反映企业的收入的实现情况、费用耗费情况以及企业生产经营活动的成果。因此，利润表是经营者进行经营决策，投资者进行投资决策和交易者进行交易决策的重要依据。其作用如下：第一，利润表可以作为经营成果的分配依据。第二，利润表能综合反映生产经营过程，是经营者进行经营管理的重要工具和进行经营决策的重要依据。经营成果自身即可以作为考核相关人员的工作业绩。通过对收入、成本费用、利润进行分析,可以为进一步的经营决策提供依据。第三,利润表可用来分析企业的投资价值。利润表可以看出一个企业的获利能力、并预测企业未来的现金流量。这些都为投资决策提供依据。

利润表的编制。第一步,以营业收入为基础,减去营业成本、营业税金及附加、销售费用、管理费用、财务费用及其他损失收益等得出营业利润(或亏损);第二步,以营业利润为基础,加减营业外收入和支出后,计算出利润(亏损)总额;第三步,以利润总额为基础,减去所得税费用后得出税后净利润。利润表还应当列示每股收益信息。具体模式见表二:

表二 利 润 表[①]

会企 02 表

编制单位: ＿＿＿年＿月 单位:元

项目	本期金额	上期金额
一、营业收入		
减:营业成本		
营业税金及附加		
销售费用		
管理费用		
财务费用		
资产减值损失		
加:公允价值变动收益(损失以"—"号填列)		
投资收益(损失以"—"号填列)		
其中:对联营企业和合营企业的投资收益		
二、营业利润(亏损以"—"号填列)		
加:营业外收入		
减:营业外支出		
其中:非流动资产处置损失		
三、利润总额(亏损总额以"—"号填列)		
减:所得税费用		
四、净利润(净亏损以"—"号填列)		
五、每股收益:		
(一)基本每股收益		
(二)稀释每股收益		

---

① 本表来源于《〈企业会计准则第 30 号——财务报表列报〉应用指南》(2014)。本表并没有反映利润分配的情况。

会计核算是一个相互联系、密切配合的完整的方法体系。从会计凭证到会计账簿再到会计报表,反映经济业务变成会计语言的加工、分类和汇总的过程。会计核算的主要任务是要将会计主体所发生的经济业务经过会计处理,最终转换为可以阅读和计量的会计信息。

三、商业账簿法的内容

（一）规范对象

在我国,商人均有设置会计账簿的义务。部分商人有编制资产负债表和利润表的义务。我国法律要求公司和合伙企业"建立企业财务、会计制度"①,应当包括编制资产负债表和利润表的义务。至于独资企业,法律并没有类似要求,表明其义务应当限于设置会计账簿,而没有编制会计报表的义务。② 在我国,上市公司的会计报告有公告之义务(非上市公司,有限责任公司应当将会计报告送交各股东;股份有限公司的会计报告应当置备公司供股东查阅)。③

比较法上,《德国商法典》第 242 条规定:"商人应在其营业的开始和每个营业年度的结束,编制表现其财产和债务关系的决算。商人应为每个营业年度的结束编制该营业年度的费用和收入的对照表(损益表)。资产负债表和损益表(利润表)共同构成年度决算。"④在德国,符合条件的企业有义务公布他们的年度决算。⑤ 瑞士法对独资和合伙企业以营业额大小为标准区别对待之。《瑞士债务法》第 957a 条第 1 款规定:"下列各条关于会计和财务报告义务的规定,适用于:1. 上一营业年度的营业额在五十万法郎以上的独资企业和合伙;2. 法人。"第 957a 条第 2 款规定:"下列组织,仅须就其收支和财产状况,编制账册:1. 上一营业年度的营业额在五十万法郎以下的独资企业和合伙;2. 无须登记于商事登记簿的社团和财团;3. 依民法典第 83b 条第 2 款规定无须设立审计人的财团。"

---

① 《公司法》第 163 条;《合伙企业法》第 36 条。
② 《个人独资企业法》第 21 条规定:"个人独资企业应当依法设置会计账簿,进行会计核算。"
③ 《公司法》第 165 条。
④ 关于编制要求,《德国商法典》第 246 要求年度结算应当完整包括财产、债务、递延项目、费用和收入;资产方的项目不得与负债方的项目结算,费用不得与收入结算,土地权利不得与土地负担结算。第 247 条规定资产负债表"应单独列示固定资产和流动资产、自有资本、债务以及递延项目"。第 248 条规定了禁止在资产负债表上列示的项目:"设立企业和筹措自有资本的费用,不得作为资产项目列入资产负债表。对于固定资产中非以有偿方式取得的无形财产,不得设置资产项目。订立保险合同的费用不得作为资产列示。"第 249 条以下项目对准备金、递延项目、财产和债务的估价原则等作出了规定。
⑤ 德国《营业报告及年终决算公开法》规定,资合公司达到下列 3 项条件中两项即负有公布义务:一是资产达到规定数额;二是年度经营总额达到规定数额;三是劳工人数超过 5000 人。参见范健著:《德国商法:传统框架与新规则》,法律出版社 2003 年版,第 279 页。

(二) 商业簿记的基本要求和原则

1. 基本要求

有义务设置商业账簿的商人应当对营业资产和营业行为时时簿记。[①] 易言之,只要有营业资产变动和营业行为发生,就要进行簿记。簿记基本要求如下:簿记信息清晰明了,便于使用者理解和使用。[②] 正如德国商法所规定的:"簿记必须使具有鉴定能力的第三人能够在适当的时间内了解经济业务和企业的状况。对经济业务必须能够在其发生和处理上进行追踪。"[③]

《德国商法典》对商人的簿记义务规定的还是相当详细的。法律以浅显的语言明确宣示的商人的义务,有利于提醒当事人遵守相关义务。相比之下,我国在法律层面对此没有任何规定。《会计法》仅是会计管理法。相关规定均由财政部发布,权威性大打折扣。建议我国将众多的会计准则加以提炼,制定一部《商业账簿法》,这样有利于明确当事人的义务。

2. 簿记原则

簿记原则用以保证会计信息质量,大致可以分为正常簿记原则和真实完整原则。

第一,正常簿记原则。[④] 在德国,该原则体现为清晰性、明确性[⑤]、完整性[⑥]、一致性、持续性[⑦]和谨慎性要求。[⑧] 正常簿记原则的基本要求在我国的会计准则中也有所反映。[⑨] 例如,谨慎性是指在有不确定因素的情况下作出判断时,保持必要的谨慎,不抬高资产或收益,也不压低负债或费用。[⑩] 对于可能发生的损失和费用,应当加以合理估计。谨慎性还包括只有收入和费用在其实现时才能确认,可预见的风险和损失要在其实现前确认等。

第二,真实完整原则。真实完整是指会计核算应当以实际发生的交易或者事项为依据进行会计确认、计量和报告,如实反映符合确认和计量要求的各项会计要素及其他相关信息,做到会计信息真实可靠、内容完整。[⑪] 相比正常簿记原

[①]《企业会计准则——基本准则》第 19 条规定:"企业对于已经发生的交易或者事项,应当及时进行会计确认、计量和报告,不得提前或者延后。"

[②]《企业会计准则——基本准则》第 14 条。

[③]《德国商法典》第 238 条第 3 款。

[④] 〔德〕C.W.卡纳里斯著:《德国商法》,杨继译,法律出版社 2006 年版,第 360 页。该原则体现于《德国商法典》第 238、243、246 条中。

[⑤] 清晰性和明确性要求参见《德国商法典》第 238 第 1 款第 2 句、第 238 第 1 款第 3 句、243 第 2 款。

[⑥] 完整性要求参见《德国商法典》第 246 条。

[⑦] 一致性和持续性是对资产负债表的要求,分别参见《德国商法典》第 252 条第 1 款第 1 项和第 6 项。

[⑧] 谨慎性参见《德国商法典》第 252 条第 1 款第 4 项。

[⑨] 除下面所提到谨慎性原则,《企业会计准则——基本准则》还提到了相关性和及时性等原则。

[⑩]《企业会计准则——基本准则》第 18 条。

[⑪]《企业会计准则——基本准则》第 12 条。

则,真实完整原则更为根本。不真实或有遗漏的会计信息不但无意义,还有可能误导相关使用者。《德国商法典》第264条第2款要求资合公司的年度决算要符合真实性原则。但该原则仅适用于资合公司。这就存在着一个巨大的法律漏洞。[1]

(三)商业账簿的保存

各国对于商业账簿的保存均有要求,但保存时间的长短不一。例如,西班牙要求保存5年,法国、德国、日本、意大利等国要求至少保存10年,荷兰则规定为30年。我国未做统一的规定,但普通商业账簿至少要保存10年。[2]

---

[1] 〔德〕C. W. 卡纳里斯著:《德国商法》,杨继译,法律出版社2006年版,第364页。《德国商法典》第264条第2款规定:"资合公司的年度决算应在符合通常簿记原则的情况下,反映该资合公司符合真实情况的财产、财务和收益状况。"

[2] 赵中孚主编:《商法总论》(第四版),中国人民大学出版社2009年版,第205页。

第八章 商人人格的消灭

商人人格的消灭标志着商人生命的终结。作为重要的权利关系的连接点，商人一旦进入"死亡通道"，其人格与行为即受到许多限制。解散、清算和破产即是处理与商人人格消灭相关事宜的制度。

第一节 解 散

解散，指能够导致商人人格消灭的事实。[1] 已经成立的商人，因发生法律、协议或章程规定的事由而解散。[2]

一、解散形式

商人解散有四种方式。第一，自愿解散。主要包括以下几种：1) 协议或章程规定营业期限届满或者规定的其他解散事由出现[3]；2) 决定或决议解散[4]；3) 合并分立。第二，法定解散。于合伙企业，一种为合伙人已不具备法定人数满 30 天，另一种为合伙协议约定的合伙目的已经实现或者无法实现[5]；于独资企业，为投资人死亡或者被宣告死亡，无继承人或者继承人决定放弃继承。[6] 第三，强制解散，指依法被有关部门吊销营业执照、责令关闭或者被撤销。[7] 第四，司法解散。公司经营管理发生严重困难，继续存续会使股东利益受到重大损失，通过其他途径不能解决的，适格股东可以请求法院解散公司。[8] 司法解散应当遵循穷尽一切救济原则。

---

[1] 〔日〕前田庸著：《公司法入门》（第12版），王作全译，北京大学出版社2012年版，第590页。
[2] 《民法典》第69条规定了包括公司在内的法人解散的原因："有下列情形之一的，法人解散：（一）法人章程规定的存续期间届满或者法人章程规定的其他解散事由出现；（二）法人的权力机构决议解散；（三）因法人合并或者分立需要解散；（四）法人依法被吊销营业执照、登记证书，被责令关闭或者被撤销；（五）法律规定的其他情形。"《民法典》第106条规定了包括独资企业和合伙企业在内的非法人组织解散的原因："有下列情形之一的，非法人组织解散：（一）章程规定的存续期间届满或者章程规定的其他解散事由出现；（二）出资人或者设立人决定解散；（三）法律规定的其他情形。"
[3] 《合伙企业法》第85条；《公司法》第180条。
[4] 《个人独资企业法》第26条；《合伙企业法》第85条；《公司法》第180条。
[5] 《合伙企业法》第85条。
[6] 《个人独资企业法》第26条。
[7] 《个人独资企业法》第26条；《合伙企业法》第85条；《公司法》第180条。
[8] 依据《公司法》第182条规定，适格股东是指持有公司全部股东表决权百分之十以上的股东。

二、解散程序

商人解散应当遵循一定的法定程序。以公司为例,解散时需经股东会特别决议通过①,并需要将解散决议通知或公告。第一,通知。应当通知每一位商人成员。《日本商法典》第407条规定:"公司解散时,除破产情形外,董事应从速向股东通知其事。"第二,公告。公司如若发行无记名股票的,应当将解散事宜公告。《日本商法典》第407条对此作了规定。破产因有法院宣告,故无通知、公告之必要。②

第二节 清 算

商人清算,指商人解散时,清理债权债务和分配剩余财产的程序。除因分立合并解散不需清算之外,因其他原因解散的,必须要经过清算程序。③ 商人清算事关投资者与债权人利益,必须遵循法定的程序。

一、清算人④

清算人,指在清算程序中具体执行清算事务并承担清算责任的人。⑤ 除股份有限公司外,清算人由全部或部分投资人或法院指定的人担任。⑥ 股份有限公司的清算人则由董事或者股东大会确定的人员组成。⑦ 清算人拥有清理财产、了结现务、清理债权债务、分配剩余财产、代表参加诉讼等职权。⑧

公司清算人的清算责任。依我国法律规定,公司清算人应当忠于职守,依法履行清算义务。清算人不得利用职权收受贿赂或者其他非法收入,不得侵占公司财产。清算人因故意或者重大过失给公司或者债权人造成损失的,应当承担赔偿责任。⑨

---

① 《公司法》第43、103条。
② 张国键著:《商事法论》,台湾三民书局1980年版,第324页。
③ 《民法典》第70条规定:"法人解散的,除合并或者分立的情形外,清算义务人应当及时组成清算组进行清算";《民法典》第107条规定:"非法人组织解散的,应当依法进行清算。"
④ 《个人独资企业法》和《合伙企业法》称清算人,《公司法》称清算组,本书统一称清算人。
⑤ 陈本寒主编:《商法新论》,武汉大学出版社2009年版,第282页。
⑥ 《个人独资企业法》第27条;《合伙企业法》第86条;《公司法》第183条。
⑦ 《公司法》第183条。
⑧ 《合伙企业法》第87条;《公司法》第184条。
⑨ 《公司法》第189条。本书认为,该条规定的责任为共同侵权责任,所有清算人共同负连带责任。

二、清算程序

清算程序开始的效力。第一,清算期间,商人不得开展与清算目的无关的经营活动。第二,清偿债务前,商人及其投资人不得转移、隐匿财产。① 在申报债权期间,公司清算人不得对债权人进行清偿。②

通知公告程序。清算人应当在规定时间内书面通知债权人,无法通知的,应当予以公告。债权人应当在接到通知之日起规定时间内,未接到通知的应当在公告之日起规定时间内,向清算人申报其债权。③

债务清偿顺序。依法律规定,第一顺序为职工债务,包括所欠职工工资和社会保险费用;第二顺序为所欠税款;第三顺序为普通债务。④ 债务清偿后仍有剩余的,应当将财产分配给投资人。

解散后未清偿责任。第一,个人独资企业财产不足以清偿债务的,投资人应当以其个人的其他财产予以清偿。⑤ 个人独资企业解散后,原投资人对个人独资企业存续期间的债务仍应承担偿还责任,但债权人在五年内未向债务人提出偿债请求的,该责任消灭。⑥ 第二,合伙企业不能清偿到期债务的,债权人可以依法向法院提出破产清算申请,也可以要求普通合伙人清偿。合伙企业依法被宣告破产的,普通合伙人对合伙企业债务仍应承担无限连带责任。⑦ 清算人在清理公司财产、编制资产负债表和财产清单后,发现公司财产不足清偿债务的,应当依法向法院申请宣告破产。公司经法院裁定宣告破产后,清算人应当将清算事务移交给人民法院。⑧

三、注销登记

清算结束后,清算人应当编制清算报告,清算报告经批准或确认后,到登记机关办理注销登记。至此,商人人格消灭。⑨

---

① 《个人独资企业法》第 30 条;《合伙企业法》第 88 条;《公司法》第 186 条。
② 《个人独资企业法》第 27 条;《合伙企业法》第 88 条;《公司法》第 185 条。
③ 《公司法》第 185 条。
④ 《个人独资企业法》第 29 条;《合伙企业法》第 89 条;《公司法》第 186 条。
⑤ 《个人独资企业法》第 31 条。
⑥ 《个人独资企业法》第 28 条。
⑦ 《合伙企业法》第 92 条。
⑧ 《公司法》第 187 条。
⑨ 《民法典》第 72 条;《个人独资企业法》第 32 条;《合伙企业法》第 90 条;《公司法》第 188 条。

第三节 破　产

一、总论

（一）破产法的本质与意义

如果说公司法和合伙企业法是市场主体的出生和运行法，那么破产法就是市场主体的再生和死亡法。一个健全完善的市场经济法律体系，应当具备这样一个市场退出法律机制。市场主体是债权债务的联结点，如果一个债务累累的企业不宣告其死亡，那么与其有关系的市场主体将受到非常严重的影响，进而这种影响可能进一步波及整个市场。为此，应当像摘除癌细胞一样将这些将死企业摘除，以避免其不利影响进一步的扩散。破产法是商人法的一部分。

不过，破产法最初的存在意义则是为了公平受偿。建立良好的债务清偿秩序是经济流转、市场信用和金融安全的保障。[1] 与一般债权清偿先到先得不同，破产清算采取所有的无财产担保债权一律按比例清偿。现代破产法加入和解和重整程序，更主要的目的也是为了债务能够更好地清偿，从而更好地满足债权人的利益。破产法的基本原理和主要内容是，当债务人不能够清偿到期债务时，启动和解、重整或者清算程序，以处理相关债权债务关系。破产法也是商行为法的一部分。

（二）破产法的内容和性质

破产法律规范分为实体规范和程序规范。实体规范，包括破产原因，破产财产的范围，以及破产财产的分配等规范；程序规范，包括破产申请和受理、管理人、债权人会议、债权人委员会、债权申报、破产宣告、和解、重整、破产清算、破产程序的中止和终结等规范。

破产法是从商业习惯中产生而来的。不能简单地将破产法认定为民事诉讼法的特别法。民事诉讼程序之于破产制度，更多的是一种保障程序。破产制度无论是实体还是程序部分，更多的是私法性质的。例如，有关别除权、抵销权等实体的规定，完全是民法相关制度的特别规定；而和解、重整、债权人会议、管理人等制度的设置，也主要是私法性质，体现了债权人的意思自治。例如，法院对和解协议认可的前提条件是该协议经债权人会议通过。[2]

---

[1] 覃有土主编：《商法学》，中国政法大学出版社1999年版，第185页。
[2] 《企业破产法》第98、99条。

二、破产实体法

(一) 破产一般

传统法上,破产意味着必然到闭清算。破产(bankrupt)一词源于意大利语"banca rotta",意思为砸烂板凳。商人在市场有自己的板凳,砸烂板凳意味着支付不能,经营失败。① 现代破产具有多种含义:第一,破产是一种支付不能的状态。第二,破产意味着自身的消灭。破产清算程序完结之后,破产人的生命也随之完结,丧失了作为私法主体的资格。第三,破产是一种公平偿还程序,具有法律强制性。第四,广义的破产还包括和解和重整程序。根据我国《企业破产法》的内容,可以定义破产如下:破产,指债务人支付不能时,债权人或债务人可以适用的和解、重整或清算程序。②

破产制度具有重要意义:第一,债权保护。破产制度强制债务人以其最大的偿债能力,即以其全部资产清偿债务,从而最大限度地满足债权人的利益。当然,这种保护是十分有限的。在我国,和解程序中普通债权平均清偿比例为30.48%,重整程序的普通债权平均清偿比例为28.78%,破产清算程序中的普通债权平均清偿比例仅为14.01%。③ 第二,公平受偿。既然破产财产远远不能偿还所有债权,那么债权受偿的公平性便显得十分重要。这也是为了避免债权人因为受偿而展开竞争。第三,淘汰作用。在市场中,市场主体是交易即债权债务的联结点。如果一个联结点出现问题,就有可能影响到其他的联结点,以至于最终影响到整个市场网络。为了避免更坏结果的出现,有必要在市场主体出现支付不能时及时将其清除出去。此外,破产制度还有集中受偿的作用。如果众多的债权人纷纷对支付不能的债务人提起民事诉讼,法院将难以应付。破产制度的作用在于其可以将同一个债务人的所有债务合并到一起解决,这对于债务人、债权人和法院都是一种最佳的选择。

(二) 破产原因

破产原因,是债务人在何种条件下可以申请破产或被申请者申请破产,法院据以启动破产程序的法律事实。破产原因还是破产程序启动、变更、终结的依据,也是对债务人进行债务清算和破产预防的法律事实。不同的债务人的破产原因是不同的:一般法人,为支付不能;清算中法人,为债务超过。我国法律规定的破产原因则兼具上述原因:一要企业法人不能清偿到期债务,二要资产不足以

---

① 覃有土主编:《商法学》,中国政法大学出版社1999年版,第185页。
② 覃有土主编:《商法学》,高等教育出版社2008年版,第521页。
③ 中债资信评估有限责任公司:《基于国内破产企业的债务清偿情况研究(专题报告)(2013年第14期)》,载中国经济网,http://finance.ce.cn/rolling/201404/09/t20140409_2627094.shtml,最后访问日期:2018年1月20日。

清偿全部债务或明显缺乏清偿能力。①

（三）破产能力

破产能力又叫破产资格，即破产制度可以适用于哪些人。破产能力是法院宣告债务人破产的必要条件之一。我国目前采有限破产主义，只有企业法人才能适用破产制度。银行等金融机构自身并没有申请破产的资格，该资格由国务院金融监督管理机构拥有。②

（四）破产债权

破产债权，指通过破产清算程序才能获得清偿的债权。法律特征如下：第一，成立于破产宣告之前。第二，为可强制执行之债权。如果债权已过诉讼时效，则不为破产债权。第三，必须依破产程序进行申报、确认和清偿。破产债权并非民法上债权的简单移植，它融入了一些特殊的因素。民法债权之实现，不受债务人财产状况限制，债务人只有将债务完全履行之后，债务才能消灭，否则将承担不履行、不适当履行等违约责任；破产债权通常不可能全部实现，尽管如此，破产程序结束，债权债务关系也随之消灭。③

破产债权原则上为破产宣告之前成立的无财产担保债权，或者虽有财产担保但债权人放弃优先受偿权的债权。其他破产债权如下：第一，出票人被宣告破产，付款人或承兑人不知事实而向持票人付款或承兑而产生的债权；第二，清算人解除合同所产生的债权；第三，受托人在债务人破产后，为债务人利益处理委托事务而产生的债权；第四，债务人发行债券所形成的债权；第五，保证人的预先追偿权；第六，债务人作为保证人而产生的债权；第七，破产宣告前的损害赔偿责任。④ 总之，法院受理破产申请时对债务人的债权均属于破产债权。

下列并不属于破产债权：第一，行政、司法罚款、罚金等；第二，破产受理后未支付的各种滞纳金；第三，债权人参加破产程序的费用；第四，开办单位对债务人未收取的管理费、承包费等；第五，超过诉讼时效的债权。⑤

（五）债务人财产

债务人财产，指破产申请受理时属于债务人的全部财产，以及破产申请受理后至破产程序终结前债务人取得的财产。⑥ 已作为担保物的财产属于债务人财

---

① 《企业破产法》第2条。因某些原因，"资产不足以清偿全部债务"被采纳。这一规定犹如"第22条军规"一样本身是不可执行的。债务人究竟有多少资产需要清算才能知道。但显然只有启动破产程序才有可能启动清算程序。规定"明显缺乏清偿能力"在于消解"资产不足以清偿全部债务"之规定。但"明显缺乏清偿能力"也给法官任意解释破产原因提供了空间。
② 《企业破产法》第134条。
③ 顾培东主编：《破产法教程》，法律出版社1995年版，第173页。
④ 《企业破产法》第50—55条。
⑤ 覃有土主编：《商法概论》，武汉大学出版社2010年版，第243页。
⑥ 《企业破产法》第107条规定："法院受理破产申请时对债务人享有的债权称为破产债权。"

产。债务人财产在破产宣告后转为破产财产。

1. 撤销和无效

撤销权,又称否认权,指管理人对债务人在破产受理前的法定期间内所进行的有违公平受偿的行为向法院申请撤销的权利。① 撤销权,其实质是要对一定期间内的不当行为和个别清偿进行撤销,使之恢复正常。个别清偿如被撤销,追回财产计入破产财产;个别清偿债权,则计入破产债权。

不当行为之撤销:(1)时间:临近破产(1年);(2)情形:a. 无偿转让财产的;b. 以明显不合理的价格进行交易的;c. 对没有财产担保的债务提供财产担保的;d. 对未到期的债务提前清偿的;e. 放弃债权的。② 个别清偿之撤销:(1)时间:6个月;(2)情形:具备破产原因仍然进行个别清偿。③ 如果个别清偿使债务人受益,则不属于撤销权范畴。

撤销权最早来源于罗马法上的"废罢诉权"制度,为"债权人对于债务人所为的有害债权之行为,得请求撤销的权利也"。④ 在我国,对一些债务人来说,"破产已不是一种威胁,而是一种诱惑"。⑤ 在英国,将"制定撤销不公平的损害债权人整体利益的转移与交易的规则"看作是最重要的目标。⑥ 美国学者麦克拉兰(MacLachlan)认为,撤销权是破产法对商法的最重要的贡献,此不仅促进了破产债权的公平清偿,而且也减少了对债权人从智力竞争中获取利益的刺激,促进其进行合理的商业活动。⑦

无效与撤销不同,无效为当然无效,而撤销则需要管理人主动提出。涉及债务人财产的下列行为无效:(1)为逃避债务而隐匿、转移财产的;(2)虚构债务或者承认不真实的债务的。⑧

2. 收回和取回

收回,指破产受理之后,管理人对债务人的财产的收回。应当收回的财产如下:第一,债务人的出资人尚未履行的出资;第二,债务人的董事、监事和高管获取的非正常收入和侵占的企业财产。

取回,指法院受理破产后,权利人通过管理人对债务人占有的权利人的财产

---

① 王欣新著:《破产法》,中国人民大学出版社2007年版,第19页。
② 《企业破产法》第31条。
③ 《企业破产法》第32条。
④ 史尚宽著:《债法总论》,台湾荣泰印书馆1986年版,第456页。
⑤ 世界银行著:《中国国有企业的破产研究:改革破产制度的必要性和途径》,中国财政经济出版社2001年版,第1页。
⑥ 沈达明、郑淑君著:《比较破产法初论》,对外贸易教育出版社1993年版,第129页。
⑦ 石静霞著:《跨国破产的法律问题研究》,武汉大学出版社1999年版,第268页。
⑧ 《企业破产法》第33条。上述行为还可能导致刑事责任。

的收回。① 取回包括两种情况:一是一般取回,仅限于取回原物。法院受理破产申请后,债务人占有的不属于债务人的财产,该财产的权利人可以通过管理人取回。如果原物已被出卖或灭失,权利人只能以直接损失额作为破产债权要求清偿(可构成代位权利的除外)。二是特别取回,法院受理破产申请时,出卖人已将买卖标的物向作为买受人的债务人发运,债务人尚未收到且未付清全部价款的,出卖人可以取回在运途中的标的物。但是,管理人可以支付全部价款,请求出卖人交付标的物。②

3. 抵销

抵销,指破产债权人在破产宣告时,对破产人也负有债务的,可以向管理人主张相互抵销。与民法上的抵销有所不同:第一,不论债权债务种类是否相同;第二,不论债权是否到期;第三,不论是否附条件或附期限。

禁止预谋抵销:(1)债务人的债务人在破产申请受理后取得他人对债务人的债权的;(2)债权人已知债务人有不能清偿到期债务或者破产申请的事实,对债务人负担债务的;但是,债权人因为法律规定或者有破产申请 1 年前所发生的原因而负担债务的除外;(3)债务人的债务人已知债务人有不能清偿到期债务或者破产申请的事实,对债务人取得债权的;但是,债务人的债务人因为法律规定或者有破产申请 1 年前所发生的原因而取得债权的除外。③ 此外,股东不得将其破产债权与其欠付的注册资本金相抵销。

4. 别除

别除,指基于担保物权及特别优先权产生的优先受偿权的行使不受破产清算与和解程序的限制。作为例外,重整程序中的别除权受到限制。由于受到担保物性质的影响,有担保物的债权的清偿率也并非是 100%。数据显示,有财产担保债权的平均清偿比例为 53.26%。④ 别除权只适用于对债务人的特定财产享有的担保权,包括抵押权、质权、定金和留置权。特别优先权、典权、让与担保所有权、共有债权和中途停运(止付)权也应当属于别除权的基础。⑤ 保证并不属于别除范围,但债务人作为保证人的,被保证债权可以作为破产债权参加破产财产分配。担保物仍属于破产财产,有财产担保的债权仍属于破产债权。因此,有财产担保的债权人仍应当申报债权。法院受理破产申请前 1 年内,债务人对

---

① 《企业破产法》第 38 条。
② 《企业破产法》第 39 条。
③ 《企业破产法》第 40 条。
④ 中债资信评估有限责任公司:《基于国内破产企业的债务清偿情况研究(专题报告)(2013 年第 14 期)》,载中国经济网,http://finance.ce.cn/rolling/201404/09/t20140409_2627094.shtml,最后访问日期:2018 年 1 月 20 日。
⑤ 覃有土主编:《商法学》,高等教育出版社 2008 年版,第 552 页。

原来没有财产担保的债务事后提供财产担保的,管理人有权请求法院予以撤销。①

（六）破产费用和共益债务

破产费用包括:(1)破产案件的诉讼费用;(2)管理、变价和分配债务人财产的费用;(3)管理人执行职务的费用、报酬和聘用工作人员的费用。② 共益债务包括:(1)因管理人或债务人请求对方当事人履行双方均未履行完毕的合同所产生的债务;(2)债务人财产受无因管理所产生的债务;(3)因债务人不当得利所产生的债务;(4)为债务人继续营业而应支付的劳动报酬和社会保险费用以及由此产生的其他债务;(5)管理人或相关人员执行职务致人损害所产生的债务;(6)债务人财产致人损害所产生的债务。③

破产费用和共益债务随时清偿。债务人财产不足以清偿所有破产费用和共益债务的,先行清偿破产费用;债务人财产不足以清偿所有破产费用或共益债务的,按照比例清偿;债务人财产不足以清偿破产费用的,管理人应当提请法院终结破产程序。④ 在债权人或债务人提出破产清算申请时,即发现破产人财产不足以支付破产费用、无财产可供分配的,法院在确认其属实之后,应当受理破产案件,并作出破产宣告,同时作出终结破产程序的裁定。⑤ 这样可使当事人的债务关系得以合法终结,使债务人企业依法退出市场。

（七）破产免责

破产免责,是指在破产程序终结后,依照破产法的规定,对于债务人未能依破产程序清偿的债务,在法定范围内免除其继续清偿的责任。⑥ 历史上,债务人要以人身担保债务。罗马《十二铜表法》即规定,如果债务人不能偿还债务,其可能被债权人处死或出卖。

破产免责属于破产救济政策之一。其作用在于鼓励债务人继续积极参与经济活动,为个人和社会创造财富。⑦ 如果破产人陷入永久的债务危机之中,他自然没有动力继续创造财富。目前各国基本上都实行破产免责。1999年德国新《支付不能法》也改变了过去破产不免责主义,把免责作为《支付不能法》的重要目标之一。该法第1条规定:"支付不能程序的宗旨是采取变价债务财产并分配所获价金的方式,或采取在支付不能方案中主要为维持企业的目的而另行作出规定的方式,使一个债务人的各个债权人共同受清偿,向正当债务人提供免除剩

---

① 《企业破产法》第31条。
② 《企业破产法》第41条。
③ 《企业破产法》第42条。
④ 《企业破产法》第43条。
⑤ 同上。
⑥ 王欣新著:《破产法》,中国人民大学出版社2002年版,第236页。
⑦ 王欣新著:《破产法》,中国人民大学出版社2007年版,第421页。

余债务的机会。"

破产免责并不是毫无原则的。第一,并不是所有的破产人都可以享受免责。在美国,一些债务人是不能免责的。例如,故意隐藏、延误、欺诈债权人或管理破产财产的官员,转让、转移、毁坏、隐藏或授权转让、转移、毁坏破产的;已经有过一次免责,且前次破产中清偿无担保债务比例不足70%的,不予免责。第二,并不是所有债务都能被免除。例如,英国立法规定,因欺诈违反信托义务而产生的债务;刑事罚金;过失侵权或人身损害产生的损害赔偿等债务不能免除。① 只有诚实的破产人才能免责。否则,不但不能免责,破产人还可能要承担包括刑事责任在内的法律责任。

三、破产程序法

(一)破产程序概述

破产程序,是处理破产活动的商事程序。理论上,其性质有如下学说:第一,执行程序说。该说认为破产程序的最终目的与普通诉讼并无差异,债权申报相当于起诉,而为债权人利益对债务人所有财产的扣押、管理、分配等,与强制执行性质相同。此为德国通说。② 第二,非讼程序说。该说认为破产程序中债务人申请扣押自身财产在诉讼程序并不存在,清算程序也非简单的强制执行程序。石川明认为,破产有清算和执行两种因素,但该执行具有非讼性质。因此,破产程序应当为非讼程序。③ 这也是我国台湾地区的通说。第三,特殊程序说。该说认为破产程序多有准用民事诉讼法的,但破产程序主要依破产法运行,且具有破产法所特有的制度。该说为我国大陆通说。④

本书认为,破产程序为商事程序。该程序与普通的诉讼程序并不相同。破产程序更多地体现了一种商业习惯。商法尽管主要为实体法,但由于注重效率,其内容也不乏程序法。

(二)破产申请

破产申请,指申请人向法院请求裁定债务人适用破产程序的行为。破产申请是启动破产程序的前提,法院不能主动适用破产程序。债务人、债权人以及依法负有清算责任的人在不同的条件下有权申请破产:

第一,债务人。债务人可以提出重整、和解和破产清算申请。债务人申请往往基于以下情况:一是资产不足以清偿债务;二是经营陷入困境,无力回天。出现上述两种情况债务人希望能够破产以解脱自己。但在我国,还有另外一层原

---

① 王欣新著:《破产法》,中国人民大学出版社2007年版,第422页。
② 刘清波著:《破产法新论》(修订版),台湾东华书局1984年版,第4页。
③ 〔日〕石川明著:《日本破产法》,何勤华、周桂华译,中国法制出版社2000年版,第19页。
④ 叶林、黎建飞主编:《商法学原理与案例教程》,中国人民大学出版社2006年版,第279页。

因,那就是假破产,真逃债。申请破产也可以认为是私法主体集中清理其债务的一项权利。具备破产的原因并不是必须申请。债务人不会因其到达破产界限而不申请破产就要受到法律的处罚。

第二,债权人。债权人可以申请重整和破产。条件是债务人不能清偿到期债务。至于证明"资不抵债"和"资产明显不足以清偿债务",并不是债权人能够完成的任务。债权人一般缺乏提出破产申请的动力。申请债务人破产的积极性不高。债权人希望能够通过执行程序获得债权的优先清偿。个中原因乃是实践中的破产清偿率较低。①

第三,清算人。企业法人解散资产不足以清偿债务的,依法负有清算责任的清算人应当向法院申请破产清算。对于清算人来说,此种申请是一项义务。

尽管债务人、债权人及对企业负有清算责任的人均有权向法院提出破产申请。但实践中,绝大部分破产案件都是由债务人提出。通过对某法院受理的破产案件调查显示,该院受理的 10 件破产案件中,有 9 件都是由债务人或债务人的破产清算组向法院提出破产申请,而由债权人提出破产申请的只有 1 件。这也是当前法院审理破产案件的普遍情况。②

(三) 破产受理

破产受理,指法院对破产申请予以接受,进而开始破产程序的司法行为。破产受理是破产程序开始的标志。以法国、德国为代表的大陆法国家,通常采破产宣告开始主义;英美法国家则采破产受理开始主义。后者应当优于前者。破产受理与破产宣告之间必定有一期间。司法早介入,更有利于保护债权人的利益。破产受理在破产法中具有重要的意义。

我国对于破产申请采审查受理制,而不是当然受理制。所以,债权人、债务人作为申请人向法院提出破产申请,破产程序并不是当然开始。只有满足破产受理的形式和实质要件,法院才可以受理。破产受理的效力如下:第一,债务人财产自动冻结的效果,即个别清偿无效。第二,管理人接管破产企业。③ 第三,其他效力。(1)对未履行完毕的合同有权决定解除或者继续履行;(2)有关债

---

① 这里以对一家法院受理的 10 件破产案件的分析结果加以说明。"在 10 件案件中,因破产财产不足支付破产费用而终止破产程序的有 5 件,其他 5 件当中,劳动债权得到清偿的有两件,税款得到清偿的有 1 件,仅有两件普通债权得到了清偿,分别为 20.38% 和 69.1272%,但这两件案件的普通债权之所以能够得到清偿,是因为在破产清算阶段,破产企业的出资人补交了未到位的出资,其中一件补交了 92292.19 元,另一件补交了 1830150.34 元,否则,破产财产也分别只有 11.17 元和 4600 元,尚不足以支付破产费用。"杨巍:《新破产法实施后破产案件审理的调查报告》,载中国清算网,http://www.yunqingsuan.com/news/detail/3565/page/1,最后访问日期:2018 年 2 月 19 日。

② 杨巍:《新破产法实施后破产案件审理的调查报告》,载中国清算网,http://www.chinaqingsuan.com/news/detail/3565/page/1,最后访问日期:2018 年 2 月 19 日。

③ 《企业破产法》第 17 条。

务人财产的保全措施应当解除,执行程序应当中止;(3)已经开始而尚未终结的有关债务人的民事诉讼或者仲裁应当中止;在管理人接管债务人的财产后,该诉讼或者仲裁继续进行;(4)有关债务人的民事诉讼,只能向受理破产申请的法院提起。①

(四)管理人

管理人,指由法院指定,代表并独立于债权人和债务人的,管理破产企业的机构。管理人具有独立性、专业性、全程性和有责性的特征。管理人由法院在管理人名册中指定,向法院报告工作,并接受债权人会议和债权人委员会的监督。② 管理人不得无正当理由辞去职务,管理人辞去职务应当经法院许可。管理人职责③如下:第一,接管目标企业。第二,代表债务人参加诉讼、仲裁程序。第三,提议召开临时债权人会议。管理人的报酬属于破产费用,由法院确定,债权人会议有异议可向法院提出。

过去管理人的职责由政府任命的清算组来承担。这就造成了破产受理以后到破产宣告之间,债务人的财产无人管理的空白状态。这非常不利于债权人的权利保护。管理人制度有利于改变这一状况。

(五)债权人会议

债权人会议,指由债权人组成的以代表债权人整体利益和意思的机关。债权人会议由全体债权人组成。债权人会议不具有诉讼能力。但债权人会议的存在,能够在破产程序中部分实现债权人意思自治。债权人会议第一次由法院召集。此后,法院、债权人委员会、一定比例的债权人、管理人均可以召集债权人会议。无论债权性质、有无担保、额度大小,均可以参加债权人会议。但不同性质的债权人,其表决权是不同的。债权人会议的职权,一是核查债权;二是监督管理人;三是决定继续或停止债务人的营业;四是通过有关和解、重整和破产的方案。④

(六)债权申报与确认

债权应当在规定期间内申报并经债权人会议核查和法院确认。债权申报期限,自法院发布受理破产申请公告之日起计算,为30日—3个月。⑤ 在法院确定的债权申报期限内,债权人未申报债权的,可以在破产财产最后分配前补充申报;但是,此前已进行的分配,不再对其补充分配。为审查和确认补充申报债权的费用,由补充申报人承担。职工债权不必申报,由管理人调查后列出清单并予

---

① 《企业破产法》第18、19、20、21条。
② 《企业破产法》第24条。
③ 《企业破产法》第25条。
④ 《企业破产法》第61条。
⑤ 《企业破产法》第45、56条。

以公示。《企业破产法》对连带债权、保证人的债权、未到期的债权、附条件的债权、附期限的债权等也做出了规定。① 管理人应当依法编制债权表,并提交第一次债权人会议核查。债权表由法院裁定确认,其确认具有与生效判决同等的法律效力。管理人、债务人、债权人对债权表记载的债权有异议的,可以向受理破产申请的法院提起诉讼。②

（七）和解

和解,指支付不能的债务人与债权人之间,就债务的延期、减免或分期偿还等达成协议,以避免破产清算为目的的制度。和解并非我国法律所独有。美国《破产法典》第13章即规定"有固定收入的自然人的债务的调整"制度。

债务人可以依照法律规定,直接向法院申请和解;也可以在法院受理破产申请后、宣告债务人破产前,向法院申请和解。③ 我国破产法没有规定债权人可以申请和解,应当解释为不允许债权人提出。

和解协议应当经债权人会议通过且经法院裁定认可,并予以公告后方可生效。和解协议草案经债权人会议表决未获得通过,或已经债权人会议通过的和解协议未获得法院认可的,法院应当裁定终止和解程序,并宣告债务人破产。④ 和解协议的效力如下:第一,对债务人和全体和解债权人均有约束力⑤;第二,和解债权人对债务人的保证人和其他连带债务人所享有的权利,不受和解协议的影响。⑥

和解协议的终止。和解协议没有强制执行的效力。债务人不履行和解协议时,债权人只能向法院申请终止和解协议,宣告其破产,而不能提起对和解协议的强制执行程序。法院裁定终止和解协议执行的,和解债权人在和解协议中作出的债权调整的承诺失去效力。⑦

（八）重整

重整,指支付不能的债务人的财产不立即进行清算,而是在法院的主持下由双方达成协议,制订重整计划,规定在一定的期限内,债务人按一定的方式全部或部分地清偿债务,同时债务人可以继续经营其业务的制度。

重整程序是一种再建型的债务清偿程序。其理论根据可以概括为营运价值论、利益与共论和社会政策论。⑧ 第一,营运价值论。企业的营运价值显然高于

---

① 《企业破产法》第50—55条。
② 《企业破产法》第57、58条。
③ 《企业破产法》第95条。
④ 《企业破产法》第99条。
⑤ 《企业破产法》第100条。
⑥ 《企业破产法》第101条。
⑦ 《企业破产法》第104条。
⑧ 覃有土主编:《商法学》,中国政法大学出版社1999年版,第260—262页。

其清算价值。重整可以使企业避免经营财产的贬值。企业的无形财产在清算过程中通常无法得到变现,有形财产的价值在清算过程中也会流失。美国国会破产法修订小组的报告指出:"企业重整的前提是被用于由其设计的工业生产的资产,其价值远远高于同样的资产被零散出售时的价值。"①第二,利益与共论。实证表明,通过重整程序,债权人所得到的清偿比例要远高于破产清算程序。如果成功,对于债务人和债权人意味着是双赢。第三,社会政策论。债务人通过重整,可能摆脱困境、恢复生机,并且对有挽救希望的企业,保留职工的就业机会,有利于经济发展和社会稳定。重整制度具有对象的特定化、原因的宽松化、程序启动的多元化、重整措施的多样化、重整程序的优先化、担保物权的非优先化和参与主体的广泛化等特点,这就给了债务人企业一个自我拯救、重新开始的机会。重整平衡了债权人与债务人之间的利益关系。

法院受理破产申请后、宣告债务人破产前,债务人、债权人和持有一定投资比例的出资人可以直接向法院申请对债务人进行重整。② 重整期间(法院受理至审查批准的期间),由管理人负责管理财产和营业事务,或法院批准,由债务人在管理人的监督下自行管理财产和营业事务。重整期间具有以下效力:第一,别除权暂停行使;第二,债务人或管理人为继续营业而借款的,可以为该借款设定担保③;第三,出资人不得请求投资收益分配;第四,债务人的董事、监事、高管不得向第三人转让其持有的债务人的股权。但是,经法院同意的除外。④

重整计划草案制定后同时向法院和债权人会议提交。⑤ 债务人或管理人未按期提出重整计划草案的,法院应当裁定终止重整程序,并宣告债务人破产。⑥ 重整计划采取分组表决的方式。表决既采取人数决,也采债权多数决。这样做是为了充分地体现各个利益相关方的意志。⑦ 各表决组均通过重整计划草案时,重整计划即为通过。通过的重整计划要经过法院批准。法院批准后,重整程序结束。重整计划具有如下效力:第一,经法院裁定批准的重整计划,对债务人和全体债权人均有约束力;第二,债权人对债务人的保证人和其他连带债务人所享有的权利,不受重整计划的影响,可以依据原合同约定行使权利;第三,按照重整计划减免的债务,自重整计划执行完毕时起,债务人不再承担清偿责任。⑧

重整计划由债务人负责执行。自法院裁定批准重整计划之日起,在重整计

---

① 覃有土主编:《商法学》,中国政法大学出版社 1999 年版,第 260 页。
② 《企业破产法》第 70 条。
③ 《企业破产法》第 75 条。
④ 《企业破产法》第 77 条。
⑤ 《企业破产法》第 81 条。
⑥ 《企业破产法》第 79 条。
⑦ 《企业破产法》第 82 条。
⑧ 《企业破产法》第 92、94 条。

划规定的监督期内,由管理人监督重整计划的执行。债务人不能执行或不执行重整计划的,经管理人或利害关系人请求,法院应当裁定终止重整计划的执行,并宣告债务人破产,同时债权人在重整计划中作出的债权调整承诺失去效力。[1]

(九) 破产宣告与清算

1. 破产宣告

破产宣告,指法院根据申请或依职权,在确认债务人无法消除破产原因时宣告债务人破产,并进入破产清算的裁定。[2] 破产宣告意味着债务人的死亡进入不可逆程序。债务人财产也变成了破产财产。破产宣告是破产清算的前提。破产受理后,无人提出和解和重整或和解和重整失败,可以作为宣告破产的原因。

2. 破产财产的分配

破产财产的清偿顺序:第一,破产费用和共益债务;第二,职工债权。破产人所欠职工的工资和医疗、伤残补助、抚恤费用,所欠的应当划入职工个人账户的基本养老保险、基本医疗保险费用,以及法律、行政法规规定应当支付给职工的补偿金。第三,社保费用[3]和税款;第四,普通破产债权。[4]

3. 破产财产分配方案

破产财产分配方案由管理人制定。债权人会议通过破产财产分配方案后,经法院裁定认可后,由管理人执行。债权人会议表决"破产财产的分配方案"时,经2次表决仍未通过的,由法院裁定。[5] 对债务人的特定财产享有担保权的债权人,未放弃优先受偿权利的,对通过"和解协议和破产财产的分配方案"的事项不享有表决权。上述表决权的行使充分体现了债权人自治原则。只有债权人表决出现僵局时,司法才进行干预。

4. 破产财产分配方案的实施

破产财产分配方案由管理人执行:第一,对于附生效条件或解除条件的债权,管理人应当将其分配额提存。管理人依照规定提存的分配额,在最后分配公告日,生效条件未成就或解除条件成就的,应当分配给其他债权人;在最后分配公告日,生效条件成就或解除条件未成就的,应当交付给该债权人。第二,债权人未受领的破产财产分配额,管理人应当提存。债权人自最后分配公告之日起满2个月仍不领取的,视为放弃受领分配的权利,管理人或法院应当将提存的分配额分配给其他债权人。第三,破产财产分配时,对于诉讼或仲裁未决的债权,管理人应当将其分配额提存。自破产程序终结之日起满2年仍不能受领分配

---

[1] 《企业破产法》第93条。
[2] 程淑娟著:《商法》,武汉大学出版社2011年版,第145页。
[3] 仅包括社会统筹部分。
[4] 《企业破产法》第113条。
[5] 《企业破产法》第65条。

的,法院应当将提存的分配额分配给其他债权人。①

(十) 破产程序的终结

破产程序因下列原因而终结:第一,因破产财产分配完毕或无财产可供分配而终结;第二,因和解、重整程序完成而终结。前一种终结债务人的主体资格消灭,而后一种则继续存在。

破产清偿程序后的遗留事务。第一,自破产程序终结之日起 2 年内,下列情形,债权人可以请求法院按照破产财产分配方案进行追加分配:(1)发现在破产案件中有可撤销行为、无效行为或债务人的董事、监事和高管利用职权从企业获取非正常收入和侵占企业财产的情况,应当追回财产的;(2)发现破产人有应当供分配的其他财产的。第二,破产人的保证人,在破产程序终结后,对债权人依照破产清算程序未受清偿的债权,依法继续承担清偿责任。②

---

① 《企业破产法》第 117、118、119 条。
② 《企业破产法》第 123、124 条。

第三篇 商行为法

第九章 商行为法的一般理论

第一节 商行为的内涵

一、商行为定义

商行为,指营利性营业行为[①]和法律规定为商行为的行为。这一定义有以下特性:

第一,商行为为商主体实施。为商行为的,均可以称之为商主体。商行为的主体非常广泛。一部分商行为是商人所为,另一部分的商行为则非为商人所为。例如,由非营利法人和自然人所为的营业行为;由非商人的普通投资者所为的证券投资行为。在商主体这一层面上,无论是商人还是非商人,双方都是平等的,都平等的适用商法。商人为商人法之构成元素,而商主体则为商行为法构成元素。

第二,商行为目的为营利。这里的营利并非指将营利分配给投资者,而是指商主体在营业活动中或法定商行为中直接获利。营利性以是否具备营利目的判定,无论行为最终是否营利。营利的主观性表明了商行为具有期待性和风险性。期待性是指营利性仅是商主体的主观追求;风险性是指营利目的与营利实现具有或然性。[②] 营利性是商行为的特征,但并不意味着其他行为就不具有营利性。例如,许多自然人投资住宅的行为具有营利性,但并非是商行为。

第三,商行为或为营业行为,或为法定商行为。商行为区分营业商行为和法定商行为。营业,反复为同种类之商事行为,偶然所为之商事行为,则不得称为

[①] 董安生、王文钦、王艳萍编著:《中国商法总论》,吉林人民出版社1994年版,第125页。
[②] 郑曙光、胡新建著:《现代商法:理论基点与规范体系》,中国人民大学出版社2013年版,第154页。

营业。① 营业一般具有独立性、连续性、反复性、公开性和同一性的特征。营业商行为应从广义理解,不仅营业行为为营业商行为,那些与营业相关的行为也为营业商行为。②

法定商行为范围需要商法规定。在我国,单行商法法律文件如《证券法》《票据法》《保险法》《海商法》所规定的证券行为、票据行为和保险行为即为法律规定的商行为。在有《商法典》的国家,法定商行为通常规定于《商法典》之中。③

商行为法充分地贯彻了效率与安全价值并体现规范、外观和严格责任原则。对于复杂交易,商行为法表现出技术性。证券、保险、银行等交易类型极端技术化。复杂的交易只有程序化才能保证交易的效率和安全。④ 对于简单交易,商行为法表现出简便性。历史上,正是商法冲破了罗马法形式主义的羁绊。此外,在时效方面,商行为法多采用短期时效主义。这一切都是为了实现效率和安全的价值追求。

二、商行为判定

商行为的判定,有主观主义、客观主义和折中主义之分。第一,主观主义,以商人身份作为判断商行为的前提条件,即商行为是商人所为之行为。主观主义以德国商法为代表。《德国商法典》第 343 条规定:"商行为是指属于经营商人的营业的一切行为。"严格地说,德国并不是完全采主观主义。《汇票本票法》和《支票法》也属于商法的范围,但票据行为显然不能依主观主义判定。第二,客观主义,商行为依行为的特性进行判断。客观主义以法国商法为代表。⑤ 然《法国商法典》并未给出商行为的定义。该法典共有 648 条,只是到第 632、633 条时,才对主要的商行为进行了列举。⑥ 第 632 条是陈旧而令人失望的。⑦ "要成为商

---

① 刘清波著:《商事法》,台湾商务印书馆 1995 年版,第 14 页。
② 日本、韩国商法区分营业性商行为和附属性商行为(《日本商法典》第 502、503 条,《韩国商法典》第 46、47 条)。本书认为两种行为没有必要区分。
③ 《日本商法典》第 501 条。
④ 陈醇著:《商行为程序研究》,中国法制出版社 2006 年版,第 30 页。
⑤ 客观主义基于两个目的:第一,废除商人特权阶层;第二,实践营业自由理念。王延川著:《现代商法的生成:交易模型与价值结构》,法律出版社 2015 年版,第 46 页。
⑥ 《法国商法典》第 632 条规定:"下列行为,法律视为商行为:旨在以原状或加工并交付使用后重新出售的动产购买行为;旨在重新出售的不动产购买行为,但买受人目的在于建造一座或若干座楼房并整体或分块出售的行为除外;购买、认购或出售不动产、营业资产、房地产公司的股份或份额的中介活动;动产租赁业;制造企业、行纪企业、行纪代理企业、陆地或水上运输企业;供货企业、代理行、商务代办处、拍卖机构、公开演出机构;汇总、银行及居间业务;共有银行的业务;批发商、零售商和银行经营者之间的债;各种人之间的汇票。"第 633 条列举了海商行为。
⑦ 沈达明编著:《法国商法引论》,对外经济贸易大学出版社 2001 年版,第 27 页。

人,应当完成'商事行为'。"①法国商法上的商人(商主体)不是一个客观的存在,而是一个依附于商行为而时有时无的人。意大利商法对商行为也采客观主义。1942年《意大利民法典》第2082条规定:商行为是指企业主"以生产、交换,或者提供服务为目的的、从事有组织的职业经济活动。"②客观主义陷入逻辑上的循环论证。③ 第三,日本商法试图以折中主义来解决这个问题。《日本商法典》第501条采客观主义,列举了绝对商行为,任何主体实施这些行为均为商行为④;第502条采客观主义,列举了营业性商行为,凡从事该条所列举的行为被作为营业实施时为商行为⑤;第503条采主观主义,规定了附属商行为:"1. 商人为其营业所进行的行为为商行为。2. 商人的行为,推定为其营业所实施的行为。"

在我国,法定商行为多单独立法,而营业商行为特别是商事合同则统一规定于民事法律文件之中,不存在像法、德、日、韩等国的法律适用选择问题。但商行为的判定依旧具有重要意义。因为这事关商法价值和原则的适用。对商行为或商人的界定,于法律调整具体的法律行为具有一定的意义。《德国商法典》第346条有关商业习惯和惯例的规定和第362条有关商人对要约缄默的规定,即建立在商行为或商人内涵的界定基础上。本书认为,商行为的判定应当主要以营业为标准,并辅之以法定标准。可以称之为新客观主义。具体标准如下:第一,营业行为为商行为,即营业商行为。学理上和法律上可以对营业内涵进行探讨。但是否为营业,一般是事实自明,无需多少专业判断。唯与民事行为模糊之处,可由法官自由判断之。第二,法律规定为商行为的非营业行为为商行为,即法定商行为。例如,票据行为、保险行为等,所有人为之,均为商行为。此外,法

---

① 作者继续论述道:"因为,这一规则是由《商法典》第1条作出的规定。我们期待从法典的第2条即可以看到有关'商事行为'的定义,然而,实际上一直到最后,也就是一直到法典的第632条及随后条款,才能看到有关的规定,而且这些规定还不是什么定义,只是对一些主要的商事行为进行列举。"〔法〕伊夫·居荣著:《法国商法》,罗结珍、赵海峰译,法律出版社2004年版,第45页。

② 民法典中有商行为的规定,也反映了《意大利民法典》仅具有形式意义。

③ 商波评述道:"其法律混乱远不上于此,尤为甚者,人们发现其推理竟采取循环论证方式:什么是商人?商人就是从事商业行为的人。如何判断什么是商业行为?根据商人所从事的行为。这种不完善的、形式上的推理,要比先有鸡还是先有蛋的争论更具有形而上学的投机性,不会得出条理清楚的法律推理。"〔法〕克洛德·商波著:《商法》,刘庆余译,商务印书馆1998年版,第17页。

④ 《日本商法典》第501条规定:"下列行为,为商行为:1. 以获利转让的意思,有偿取得动产、不动产或有价证券的行为或者以转让取得物为目的的行为;2. 缔结自他人处取得动产或有价证券的供给合同以及为履行该合同而实施的以有偿为目的的行为;3. 交易所中的交易行为;4. 有关票据及其他商业证券的行为。"

⑤ 《日本商法典》第502条规定:"下列行为,被作为营业实施时为商行为。但专以取得工资报酬为目的制造物品或者从事劳务的行为,不在此限。1. 以出租的意思,有偿取得或承租动产、不动产或者以出租其取得或承租物为目的的行为;2. 为他人实施制造或加工的行为;3. 供电或供气的行为;4. 运输行为;5. 工程或劳务承包;6. 出版、印刷或摄影行为;7. 以招徕顾客为目的的服务业经营场所中进行的设施利用交易;8. 兑换及其他银行交易;9. 保险;10. 保管行为;11. 居间或行纪行为;12. 商行为代理;13. 信托行为。"

律应当规定,商人所为行为,推定为商行为,商人证明不是商行为的除外。例如,商人可以证明为员工购买的福利用品的行为不是商行为,而是消费行为。如此,商人可以受到《消费者权益保护法》的保护。对商行为的主体适用商法是对其适用更为严格的要求和标准而非赋予其特权。"即使在商人特别法意义上理解商法,它也很少导致商人的特权,而恰恰相反,一般会导致对他们适用更为严格的要求和标准。"[1]

三、商行为法的特征及意义

现代的物质文明和精神文明孕育于商业交易之中。现代财富是由交易实现并创造的,没有交易,劳动创造价值将成为空谈。同样地,社会生活进一步商化,现代各种文明无不以交易为底色。交易文明从各个方面塑造社会生活。现代生活的节奏越来越快,现代人的关系越来越诚信,但又越来越冷漠。交易文明冲破了世故的藩篱,但也侵蚀了传统生活的宁静和温情。而这一切或多或少地与商法作为交易规则之法有关。

交易在商法上的表现是商行为。商行为是发生于"那些精于识别自己的利益并且毫无顾忌地追求自身利益的极端自私和聪明的"[2]的商主体之间。商法必须满足商主体的逐利心。商主体的利益的满足同时也是交易社会功能的实现。财富的创造、实现和转移正是通过交易,通过每一个交易人的交易增值实现的。因此,商行为法是营利之法。此也决定了商行为法的众多特征。一者,商行为法要求效率。商行为要尽量标准化、要式化、技术化,尽量减少谈判的内容和交易条款的模糊。二者,商行为法要特别强调安全。"任何交易都不过是无数交易者所组成的买卖长链中的一环。不论在哪儿出现一次障碍,整个链条都会发生震荡。"[3]三者,强调对规则的信守。商行为奉行严格责任,制裁不守规则者。

以交易文明为底色的现代社会规律而又确定。然而,规律的近义词是机械,交易文明使人们的生活机械而又了无生趣。人只是社会机械的一个部分。个人的一生不断行进在高利益之诱惑的征途中。交易文明奠定了现代文明,但另一方面,它似乎又埋葬了我们的理想和乐趣。这一切,对交易文明的缔造者之交易规则——商行为法来说,既是幸运的,也是悲哀的。

---

[1] 〔德〕C. W. 卡纳里斯著:《德国商法》,杨继译,法律出版社 2006 年版,第 3 页。
[2] 〔德〕古斯塔夫·拉德布鲁赫著:《法学导论》,米健等译,中国大百科全书出版社 1997 年版,第 72 页。
[3] 同上书,第 74 页。

第二节　商行为的性质

商行为的性质争议很大。一种观点认为,商行为包含事实行为和法律行为[①];另一种观点认为,商行为是民事法律行为的延伸,即商事法律行为,其独特之处仅在于商法律行为的营利性。[②] 本书认为,商行为既有法律行为,也有准法律行为。

一、基本理论

(一) 法律行为

法律行为,是旨在产生特定法律效果的私人意思表示,该法律效果之所以依法律秩序而产生,是因为人们希望产生这一法律效果。[③] 法律行为是法律效果意定的行为,或者更通俗地说,法律行为是"我之所欲,法律认可"的行为。[④] 这里"意",是指"意思表示"。通过法律行为制度,立法者相当于赋予了私法主体于个人事务的立法权。正如《法国民法典》第 1134 条所规定的:"依法成立的契约,在缔结的当事人之间有相当法律的效力。"[⑤]法律行为是私法自治的工具。法律行为的目的在于"使个体以意思自治的方式通过制度规则来形成、变更或者消灭法律关系,也即旨在实现私法自治原则。"[⑥]法律行为的灵魂是意思自治,完全否定意思自治的行为并不是法律行为。要说明的是,法律行为是法律事实而非法律关系(如债权关系、物权关系等),尽管法律关系的内容依法律行为的内容而形成。

法律行为以意思(Wille)和表示(Erklärung)为元素。意思为内部元素,从

---

① 董安生、王文钦、王艳萍编著:《中国商法总论》,吉林人民出版社 1994 年版,第 126 页。
② 赵中孚主编:《商法总论》(第四版),中国人民大学出版社 2009 年版,第 147 页;徐学鹿著:《商法概论》,中国商业出版社 1986 年版,第 135—137 页;苏惠祥主编:《中国商法概论》(修订版),吉林人民出版社 1996 年版,第 74 页。
③ 《德国民法典第一草案立法理由书》I,第 126 页。转引自〔德〕维尔纳·弗卢梅著:《法律行为论》,迟颖译,法律出版社 2013 年版,第 26 页。
④ 法律行为的效力效力根源,有意思说、信赖说和规范说。规范说认为法律行为之所以产生法律效力,是因为实证法的赋予。朱庆育教授认为:"法律行为具有自身的规范品格,效力源自行为人的自由意志,即法律行为一经作出便可以发生行为人意欲的法律效力,除非其间存在影响效力实现的法律障碍。"实证法只是消极为法律行为效力实现提供制度保障。朱庆育著:《民法总论》,北京大学出版社 2013 年版,第 228 页。本书认为,规范说固然不可取,但也不应完全忽视实证法的认可作用。事实上,法律之所以愿意保障,乃是因为法律先认可法律行为效力的。"除非其间存在影响效力实现的法律障碍"之谓也从反面表明法律对法律行为实现保障之前已经认可了法律行为的效力。
⑤ 梁慧星著:《民法总论》(第四版),法律出版社 2011 年版,第 160 页。
⑥ 〔德〕维尔纳·弗卢梅著:《法律行为论》,迟颖译,法律出版社 2013 年版,第 27 页。

心理学角度可以分解为行为意思、表示意思和效果意思。① 行为意思,是指有意实施行为的意识。② 无意思能力之人的行为不具有行为意思。受强制的意思也不具有行为意思。表示意思,是指行为知道其行为能够被理解为法律上的表示的意识。行为人表示的法律规范之外的意思,如邀请他人出游的意思,非为表示意识。③ 表示意思仅要求行为人知道自己的意思具有法律意义即可。效果意思,是旨在通过表示引起特定法律效果的意思。效果意思,应当与表示的内容相联系。④ 表示为外部元素。如无法律具体要求,表示须为明示。明示可以口头,也可以书面。表示须有内容。内容分为要素、偶素和常素。要素欠缺,则表示不存在。如缺乏价款与数量条款,则买卖表示不存在。偶素欠缺则不影响表示存在。如交货的方式和地点欠缺,不影响买卖表示的存在。表示内容有时也包括常素。常素则为法律规定的内容,不具备不影响表示的存在。意思与表示一致,法律行为当然有效。否则,情况比较复杂。一般情况下,第一,缺乏行为意思,如无意识或受强制,则意思不存在,表示无意义,法律行为无效。行为意思有瑕疵,如受欺诈,则法律行为可撤销。⑤ 第二,缺乏表示意思或效果意思,如错误,若表示存在,则法律行为可撤销。第三,表示不存在,意思也不存在,法律行为当然也不存在。之所以将意思表示拆解成如此多的元素,在于应对复杂的生活实践。

  法律行为的状态一般可区分为有效、不生效、无效、效力待定、可撤销五种。法律行为多数是有效的,行为人也因此而建构正常的法律关系并进而从事各种社会实践。法律行为因意思表示存在瑕疵或违反强制性法律秩序而无效或可撤销。无效或撤销通常意味着之前以此所建构的"法律关系"要恢复原状。⑥ 但是,私法对社会生活的介入是间接的,即往往"民不告,官不理",法官不能主动去判定一个法律行为有效还是无效。一个行为无效,如果主体之间一直相安无事,那么私法和司法机关也不会主动去干预。

  法律行为前面不宜冠以"民事"。法律行为以意思自治为灵魂,仅应存在于私法领域,不存在所谓的行政法律行为、经济法律行为和刑事法律行为等。法律

---

  ① 〔德〕汉斯·布洛克斯、沃尔夫·迪特里希·瓦尔克著:《德国民法总论》(第33版),张艳译,中国人民大学出版社2012年版,第375页。称元素而非要素,意谓其中有元素并非不可或缺。朱庆育教授质疑复合式概念的正当性,本书认为可以以元素替代要素解决。朱庆育著:《民法总论》,北京大学出版社2013年版,第194页。
  ② 朱庆育著:《民法总论》,北京大学出版社2013年版,第192页。
  ③ 〔德〕汉斯·布洛克斯、沃尔夫·迪特里希·瓦尔克著:《德国民法总论》(第33版),张艳译,中国人民大学出版社2012年版,第375页。
  ④ 〔德〕维尔纳·弗卢梅著:《法律行为论》,迟颖译,法律出版社2013年版,第54—55页。
  ⑤ 通说只认可行为意思有欠缺,不认可可能存在瑕疵。朱庆育著:《民法总论》,北京大学出版社2013年版,第193页。王泽鉴教授也认为遭胁迫的行为,也有行为意思。王泽鉴著:《民法总则》(增订版),中国政法大学出版社2001年版,336页。
  ⑥ 例外是,无效的婚姻法律行为需要诉请法院,并非当然无效。

行为可分为一般法律行为和特别法律行为。特别法律行为包括商事法律行为、劳动法律行为等。

（二）准法律行为和事实行为

准法律行为，是指有意思表示，但法律效果法定的行为。准法律行为与法律行为都是表示行为，但前者效果法定，后者效果意定。民法中的准法律行为非常少见。

事实行为，是指无意思表示，法律效果法定的行为。没有意思表示是事实行为与准法律行为最大的区别。人们在生活中有很多的意思表示，但并不是均具有法律意义的。从事事实行为不需要意思能力。一个没有意思能力的自然人创作作品的行为是事实行为。事实行为在民法中非常普遍，表现为生产、种植等原始取得行为，如拾得行为、侵权行为等。

商法中不存在典型的事实行为。有人将商人的无因管理行为、不当得利行为和危险行为等列入商行为中的事实行为。[1] 这并不是十分恰当的。这些大多是民事行为，基本与交易效率和交易安全无关，不能因为商人所为便变成了商行为。同理，有人将包括客户名单、生产销售系统、经营管理技能的形成，知识产权的开发获得，产品制造等也视为商行为中的事实行为[2]，同样不妥。至于商人内部的管理行为，一般并不是法律所调整的对象。有的虽然是法律所调整的对象，但也是劳动法等法律部门所研究的对象。

二、商事法律行为

商法本质是交易法，与交易有关的商行为大多属于法律行为。在《公司法》等商人法中，有关公司设立、运作等行为大多数也是法律行为。商事法律行为反映了商法的私法性质。与一般法律行为相比，商事法律行为的目的在于逐利。商事法律行为遵循商法的价值与原则。正因如此，商法律行为具有一些特殊性。

（一）行为主体："强而智"

相比一般法律行为的行为主体，商事法律行为的行为主体被假定为"强而智"。一方面，在商法实践中，一般不会考虑商事主体的具体地位和智力上的差别，商法把他们假定为一个精明的人，一个可以独立自主的人。商事主体，是"以个人主义的典型商人为形象，根据商人纯粹追逐利润和自私自利的特性而刻

---

[1] 张民安、龚赛红著：《商法总则》，中山大学出版社2004年版，第210页。
[2] 叶林、黎建飞主编：《商法学原理与案例教程》，中国人民大学出版社2006年版，第94页。

画"①,"所有附着于他人的性格均被剥去,纯粹地作为营利主义的斗士决定输赢"。② 传统民法上的人像是纯朴的,是"弱而愚"的。另一方面,商法对第三人的关注优先于对行为能力欠缺者的保护。"商法对交易之关注远胜于对人之关注。若认可民法之能力制度重在保护能力欠缺者之利益与自由,则商法对能力制度之处理,完全可谓之对交易之保护。于是,当逢及对第三人保护与对无能力人保护冲突时,民法规则优先选择后者而商法规则优先选择前者。"③之所以如此,是商事法律行为主体是强者,自己可以保护自己。

(二) 意思表示:法律参与

商法直接参与法律行为人的意思表示的形成。一方面,商法会主动规定意思表示的形式和内容。例如,在证券交易中,商法会对证券交易的时间、地点、程序和交易内容(例如,每手含多少证券)都会详加规定。真正交易者能决定的,仅是交易的数量和价格。商法如此这样规定极大促进了交易效率和保障了交易安全。商法律行为法律制度具有程序法的特点。相应地,民法在法律行为方面,充分尊重行为人意思自治,很少主动规定意思表示的形式和内容,而较多地规定完备性规则或纠纷解决规则;另一方面,商法会禁止行为人做什么。例如,商法会设定了一些行业准入门槛,像规定何人可以从事金融业,何人可以从事证券业等等。平等在商法中主要指交易地位的平等,而不是交易资格的平等。商法中的禁止性规定可以分为效力规定和取缔规定。效力规定直接影响法律行为的效力。取缔规定尽管不影响法律行为的效力,但由于会受到相应处罚,通常也会影响到行为人的意思内容。民法基本不存在法律行为的禁止性规定,而是通过转介条款将公法中的禁止性条款引入以控制法律行为的内容。概言之,商法具有主动性,而民法则具有被动性。

商法主要是通过对表示内容中常素进行规定的方式参与意思表示的形成。如前所述,表示内容分为要素、偶素和常素。其中,要素、偶素由当事人自由约定,常素则由法律规定。一般法律行为中也会有常素的存在,但该常素主要规定完备性规则或纠纷解决规则。商事法律行为中的常素则往往直接规定交易中的一般条件并不允许变更以替代行为人之间的意思自治。

尽管同为法律行为制度,商法上的法律行为制度比起民法上的法律行为制度要规范得多。这反映了规范原则对商行为法的影响。商法中的法律行为与民法中的法律行为相比,自治的条件约束更多,目的是将当事人的意思自治限制在

---

① 〔德〕古斯塔夫·拉德布鲁赫著:《法学导论》,米健等译,中国大百科全书出版社1997年版,第72页。
② 梁慧星主编:《为权利而斗争》,中国法制出版社2000年版,第351页。
③ 李绍章:《能力制度之商法处理特性》,载北大法律信息网,http://article.chinalawinfo.com/article_print.asp? articleid=46612,最后访问日期:2018年2月20日。

一定的范围,或遵守一定的程序。商法显然给商人和市场设置了更多的条条框框,但是,这些条条框框对于促进交易效率和保障交易安全显然是有帮助的。打个比方,在民法眼中,人们行走只要不妨碍他人,可以不走道路,可以不按交通规则走;而商法则是交通规则,他规定了人们在哪儿走,如何走。两种走路,更有效率的显然是后者,后者也更安全。民法中的法律行为的目的是方便生活,而商法中的法律行为制度才是冷冰冰的营利工具。

(三) 解释基础:强调外观

商法上的意思表示解释采外观原则。交易的意思通常以外观表象推定,而不考察商主体交易人的真实意思。此以票据行为最为典型。票据行为,以文义解释为准,而不考察行为人的真实意思以及意思是否是本人所表示。《德国商法典》第362条商人对要约的缄默的规定也体现了外观原则。该条规定:"由一个商人的营利事业经营产生为他人处理事务,并且处理此种事务的要约由某人到达该商人,而该商人与此人具有交易关系的,该商人有义务不迟延地作出答复;其沉默视为对该要约的承诺。处理事务的要约由某人到达一个商人,并且该商人已经向此人请求处理此种事务的,适用相同规定。"该条完全体现了商法对于效率和安全价值的追求。由于意思表示解释采外观原则,因此,在商事法律行为领域,很难存在可撤销、效力待定等法律行为。①

商法上的法律行为中的意思表示元素构成发生了很大变化。如前所述,意思表示由内部元素(行为意思、表示意思、效果意思)和外部元素(形式、内容)构成。一般法律行为,除了表示意思,其他诸要素同时具备方能生效。商事法律行为的要求则没有如此严格。一些情况下,意思表示缺乏效果意思也不会造成商事法律行为不生效。另一些情况下,意思表示的形式可以以缄默方式做出。还有一些情况下,法律甚至不强调意思表示的行为意思。在证券集中交易中,无意

---

① 樊涛、王延川著:《商法总论》,知识产权出版社2010年版,第212页。《法国民法典》第1112条规定:"凡足以使有理智的人产生恐惧,使之担心人身或财产面临重大而紧迫之危害的言行,均构成胁迫。关于此问题,应当考虑有关的人的年龄、性别及条件。"《意大利民法典》第1435条规定:"胁迫应当具有使一个明智的人感到不安并担心其人身或财产受到不法行为严重威胁的性质。胁迫涉及年龄、性别和个人的状况。"据此,有学者认为胁迫规则似乎仅仅限于自然人,而不适用于法人。董安生、张保华:《缺失的合同效力规则——论关联交易对传统民法的挑战》,载《法学家》2007年第3期。本书认为,商行为在特殊情况下也可能存在可撤销、可变更等情况。一者,商行为存在单方商行为,此时,显然不可能允许非商主体一方撤销;二者,发生重大违背意思自由的情况下,不宜以商主体是强者,完全不保护意思不自由者。不过,我国最高人民法院《关于贯彻执行〈中华人民共和国民法通则〉若干问题的意见(试行)》第69条"以给法人的荣誉、名誉、财产等造成损害为要挟,迫使对方作出违背真实的意思表示的,可以认定为胁迫行为"的规定显然不当扩大了胁迫的内涵。

识的键盘操作也不会影响交易生效。这些均是外观原则运用的体现。①

（四）法律适用：重视习惯

商法律行为法律制度尊重交易习惯。《德国商法典》第 346 条规定："在商人之间，在行为和不行为的意义和效力方面，应注意在商业往来中适用的习惯和惯例。"这与商法本身即是在对传统商业习惯的吸纳中发展起来的有关。值得一提的是，商业习惯还影响着立法规定。上述商人对要约的缄默视为承诺的规定即来源于商业习惯。② 其理由"首先在于商人交易的特殊稳定性需要；其次在于人们基本上可以预期商人知悉商事惯例，所以对他们适用较高的信赖构成标准。"③意思表示解释也要遵循商业习惯。存在商业习惯时，商业习惯一般要优先于外观原则的应用，但是法律明确规定的除外。"强制性法律永远优先。"④例如，票据的文义主义属强制性法律规范，即不得为商业习惯替代。

上述种种无不反映了商事法律行为对效率和安全的追求。为贯彻效率与安全的价值，商法还有一系列的规定。商法强化了商事法律行为的有效性。例如，公司设立协议常不因瑕疵而被撤销。再如，票据行为具有无因性，不因其原因行为无效而无效，每个票据行为是独立的，也不因其他票据行为无效而无效。票据行为的抗辩也会自动切断，以确保票据行为的有效。

作为法律行为中一种类型，商法律行为当然也应当适用立法机关刚刚通过的《民法典》。《民法典》总则编第六章分四节用了 28 个条款对法律行为制度作了较为系统的规定。囿于立法技术与立法者的局限，第六章规范的法律行为是以民事生活中的法律行为为基准，未能对商事生活的法律行为的特殊需求予以充分照应。因此，第六章规范商法律行为时应当区别各具体条款予以斟酌适用。具体地说：第一，第一节"一般规定"和第四节"民事法律行为的附条件和附期限"可以统一适用于商法律行为。这些一般规定为法律行为的一般规则，共用于各具体类型的法律行为。第二，第二节"意思表示"除第 142 条之外，若存在特别的商事法律规定和存在特别的商业习惯，应当优先适用商事法律和商业习惯。至

---

① 有学者以抽象原则（无因性）解释商法中的现象。"在票据制度中，无因性成为票据流通各个环节中的常态要求，成为制度设计的基础。如果脱离了无因性理论，我们无法理解票据流通。在证券发行和交易、货物远程交易关系之中，离开了无因性规则就无法构建相关法律制度和理论体系。"童列春著：《商法基础理论体系研究》，法律出版社 2014 年版，第 25 页。本书认为，抽象原则在商事领域中更有说服力，但并不意味着在民事领域中无法适用抽象原则。

② 《商法典立法纪念材料》第 97 页，转引自〔德〕C. W. 卡纳里斯著：《德国商法》，杨继译，法律出版社 2006 年版，第 568 页。

③ 〔德〕C. W. 卡纳里斯著：《德国商法》，杨继译，法律出版社 2006 年版，第 568 页。

④ 同上书，第 559 页。

于第 142 条①有关法律行为解释的规定,则不应简单适用于商法律行为意思表示的解释。商法律行为意思表示的解释,应当区别具体情况,遵循外观原则以促进交易效率和保障交易安全(外观原则不排斥商业习惯的运用)。第三,第三节"民事法律行为的效力"更应区别具体条款予以适用。例如,第 143 条②基本无适用余地。该条要求法律行为有效以"意思表示真实"为前提,而商法律行为在许多情形下意思表示未必真实或至多为推定的真实,此时并不能判定意思表示无效。再如,《民法典》第 144、145 条③在适用于商法律行为时也存在一些例外。例如,票据上存在无行为能力人和限制行为能力人签章的,虽然该签章无效,但并不影响其他签章的效力,也意味着不影响票据自身效力。④ 第 146—151 条⑤有关法律行为效力的规定基本不适用。如前所述,商法律行为基本不应因错误、欺诈或虚假意思表示而导致无效或可撤销。《民法典》对于商事法律行为调整的不足突显《商法通则》制定的必要性。

三、商事准法律行为

商法上有众多的准法律行为。商法有很多强行性规范,其中的一些强行性规范,即为规定一些商行为的法律效果。商法中的这种规定很多。例如召开股东会或董事会的通知,《票据法》的行使追索权的通知等。需要指出的是,这些行为并不是事实行为。原因是这些行为有相应的意思表示。

---

① 《民法典》第 142 条规定:"有相对人的意思表示的解释,应当按照所使用的词句,结合相关条款、行为的性质和目的、习惯以及诚信原则,确定意思表示的含义。无相对人的意思表示的解释,不能完全拘泥于所使用的词句,而应当结合相关条款、行为的性质和目的、习惯以及诚信原则,确定行为人的真实意思。"
② 《民法典》第 143 条规定:"具备下列条件的民事法律行为有效:(一)行为人具有相应的民事行为能力;(二)意思表示真实;(三)不违反法律、行政法规的强制性规定,不违背公序良俗。"
③ 《民法典》第 144 条规定:"无民事行为能力人实施的民事法律行为无效";《民法典》第 145 条规定:"限制民事行为能力人实施的纯获利益的民事法律行为或者与其年龄、智力、精神健康状况相适应的民事法律行为有效;实施的其他民事法律行为经法定代理人同意或者追认后有效。相对人可以催告法定代理人自收到通知之日起一个月内予以追认。法定代理人未作表示的,视为拒绝追认。民事法律行为被追认前,善意相对人有撤销的权利。撤销应当以通知的方式作出。"
④ 《票据法》第 6 条规定:"无民事行为能力人或者限制民事行为能力人在票据上签章的,其签章无效,但是不影响其他签章的效力。"
⑤ 《民法典》第 146—151 条规定依次如下:"行为人与相对人以虚假的意思表示实施的民事法律行为无效。以虚假的意思表示隐藏的民事法律行为的效力,依照有关法律规定处理";"基于重大误解实施的民事法律行为,行为人有权请求人民法院或者仲裁机构予以撤销";"一方以欺诈手段,使对方在违背真实意思的情况下实施的民事法律行为,受欺诈方有权请求人民法院或者仲裁机构予以撤销";"第三人实施欺诈行为,使一方在违背真实意思的情况下实施的民事法律行为,对方知道或者应当知道该欺诈行为的,受欺诈方有权请求人民法院或者仲裁机构予以撤销";"一方或者第三人以胁迫手段,使对方在违背真实意思的情况下实施的民事法律行为,受胁迫方有权请求人民法院或者仲裁机构予以撤销";"一方利用对方处于危困状态、缺乏判断能力等情形,致使民事法律行为成立时显失公平的,受损害方有权请求人民法院或者仲裁机构予以撤销。"

商法上的准法律行为,多与信息公开有关。现代市场经济越来越复杂,信息越来越不对称,法律的作用就在于要尽量地让商人能公开一些必要的信息,以减少商业误判。除了商业登记行为之外,商法的准法律行为还有通知和公告两种:第一,通知,对个别人的公示行为。通知有针对投资人的,也有针对债权的人。《公司法》中通知的规定比较多。[1] 针对债权人的通知通常与公告并用。第二,公告,对不特定的人的公示行为。公告在《公司法》应用非常普遍。公司合并或减资、召集股东会、清算都要预先予以公告。[2] 公告的形式有店面公告[3],媒体公告则为主要形式。公告既可以与通知并用,也可以与登记并用。[4] 商人公开发行证券通过公告进行信息披露已经成为各国商法的惯例。例如,公司发行证券要进行初始披露和持续披露,披露的信息包含资产负债、重大经营决策等。证券发行后,上市公司还应当持续披露年度报告、中期报告和临时报告等(《证券法》第79—81条)。

商法中的准法律行为规范要比民法中普遍得多,遍布各种商事法律性文件之中。这反映了商法调整的特点,即法律效果强制与自治相结合。商主体可以通过一定的意思表示达到法定的法律效果,这种效果的内容是确定的,是不容双方当事人商量的,这有利于法律关系的确定。相比于法律行为,法律效果来的显然更为确定和有效率。这反映了商业实践对于确定性和效率的追求。

第三节 商行为的类型

学理上和立法上给商行为进行分类可以辩明概念的准确性和完整性,最终为法律适用提供帮助。商行为按不同的标准可以做如下分类。

一、单方商行为和双方商行为

单方商行为,又称为"混合交易"行为,指一方为商主体,一方为民事主体的商行为;双方商行为则是双方都是商主体的商行为。双方商行为,法律对双方主体的规制是对等的,法律假定他们是平等且同样聪明的,法律不会单独考虑一方的利益。近现代商法中的绝大部分商行为法都是规范双方商行为的。例如商事

---

[1] 《公司法》第41、71、72、81、90、102、110、173、175、177、184、185等条。例如,《公司法》第175条规定:"公司应当自作出分立决议之日起十日内通知债权人,并于三十日内在报纸上公告。"
[2] 《公司法》第7、81、85、90、102、134、136、154、165、173、175、177、184、185、188条等。
[3] 例如,《公司法》第7条规定:"公司营业执照应当载明公司的名称、住所、注册资本、实收资本、经营范围、法定代表人姓名等事项。"
[4] 例如,《公司法》第188条规定:"公司清算结束后,清算组应当制作清算报告,报股东会、股东大会或者人民法院确认,并报送公司登记机关,申请注销公司登记,公告公司终止。"

合同、票据、证券、海商、保险等。[①] 单方商行为最典型的为经营者与消费者之间的商行为,运输商与旅客之间的交易行为,银行与顾客之间存贷行为等。单方商行为反映了民法和商法在生活实践中的交叉调整问题。在德国和日本法上,单方商行为统一适用商法。例如,《日本商法典》第 3 条规定:"当事人一方所为行为是商行为时对双方适用"商法;"在当事人一方为数人的场合,其中一人所为行为是商行为时,对其全体适用"商法。法国和英美法则认为应当分别对待,即对商主体一方适用商法,而对民事主体则适用民法。[②] 本书认为,单方商行为实质上是民事行为和商行为混合而成的行为,因此法国和英美法上的做法更合理。需要指出的是,按照本书的理解,商主体与商人不同,商主体是实施商行为的人。然而在有些行为中,可能非常复杂。例如普通股民,可能在进行证券交易时,他是商主体,而在和证券商之间的服务关系时,他却是一个民事主体。再如投保人,他可能既是民事主体又是一个商主体。《保险法》要求他履行高于民法的诚信义务,这实际上是把他当作商主体看待的。然而,他作为一个金融消费者,又是一个民事主体。适用法律时,应当看到一个行为人的不同身份。

二、营业商行为和法定商行为

营业商行为,指基于营业而实施的商行为。同一行为,非基于营业,则不是商行为。例如,同样是买卖旧车行为,私人间的偶然买卖,为民事行为,而私人向旧货经营商所购,则为单方商行为。营业商行为包括基本商行为和附属商行为。附属商行为是为直接从事的营业行为服务的行为,如为售买货物而进行的包装等行为。营业商行为以营业作为判断,是一种客观主义判断标准,并不是传统理论上相对商行为以商人作为判断标准。

法定商行为,指并不基于营业,而是法律规定为商行为的商行为。[③] 如票据行为。本书所主张的法定商行为不会与营业商行为部分重叠。那种"营业行为为商行为,非营业行为非为商行为的行为"不是法定商行为。法定商行为采客观主义加法定主义的判断标准。

三、普通商行为和特殊商行为

普通商行为,指商事合同等与民法上的法律行为相近的商行为,其特点是可以与相应的民法上的法律行为统一规定,法律仅就商行为的特别之处作出规定即可。以商事买卖为例,许多国家有统一的买卖法,或单独立法,或规定于合同

---

① 赵中孚主编:《商法总论》(第四版),中国人民大学出版社 2009 年版,第 156 页。
② 董安生、王文钦、王艳萍编著:《中国商法总论》,吉林人民出版社 1994 年版,第 129—130 页。
③ 相当于理论上的绝对商行为。

法之中，或规定于民法典之中。也有一些国家，如德国、日本等，商事买卖单独规定于《商法典》之中，但是，由于与民事买卖相近，大多规定比较简约。例如，《日本商法典》只有5条规定。这些都说明这些普通商行为与民法上的法律行为非常类似。

特殊商行为，指商行为本身非常特殊，以至于必须单独立法以反映其特殊之处的商行为。例如，票据行为、证券交易、拍卖、期货交易等等。这些交易为了进一步促进交易效率和保障交易安全，已经不能适用一般合同法的规则，而需要单独立法。如果将其纳入一般合同法中，将有可能使得合同法基本原理受到冲击。

普通商行为与通用商行为不同。一些商行为仅为部分商人可能从事但其为普通商行为，如融资租赁行为。并不是所有商人都从事融资租赁行为。通用商行为则通用于大部分的商人。例如票据行为，尽管其为特殊商行为。交互计算也是一种通用商行为。

交互计算是在各国商法中普遍规定的商行为。交互计算，通过双方约定，以结算结果和结算后所确定的余额以实现债务了结。借助于定期结算，交易双方商业往来中的债权和债务得以定期清算，避免了单方面独立的债权和债务的生效。[1] 一些国家对于交互计算的概念、方法、原则、效力等，有明确的规定。[2] 交互计算的法律性质是抵销。[3]

---

[1] 范健、王建文著：《证券法》，法律出版社2007年版，第57页。
[2] 《德国商法典》第355条规定："某人因与商人有交易关系，致使计算由此种关系产生的双方的请求权和给付连同利息，并且定期以计算和确认一方或另一方产生的盈余的方法进行结算的（继续的计算，交互计算），在决算时应取得盈余的人，可以自决算之日起，请求该盈余的利息，即使在计算中已包含利息，也不例外。以无其他规定为限，每年进行一次决算。如无其他规定，继续计算也可以在一个计算期继续期间随时终止，并具有使在计算后应取得盈余的人可以请求支付盈余的效力。"
[3] 《韩国商法典》第二编第三章标题即为"抵销"。

第十章 商行为的法律规制

第一节 法律调整商行为的模式

一、调整模式与法律行为

法律行为作为一种制度,自身糅合了法定主义和意定主义调整模式。这里所说的法定或意定仅指对法律行为内容的法定或意定。所谓法定主义,是指法律行为的内容直接由法律规定;所谓意定主义,是指由法律行为的内容由行为人意思自治。对法律行为,民法与商法基于价值的不同,其调整模式有很大差别。民法强调意思自治,尊重主体的意志,法律只需要承认主体的意志即可,不需要对法律行为的内容进行特别的规制,各种各样的反映意思的内容一般都是具有法律意义的。商法强调对意思自治进行限制,目的是追求交易效率与交易安全。例如,关于交货方式、交货时间的确定,期货交易都有明确的法律规定,不取决于交易人的意思自治。但无论如何,法律行为是意思自治的工具,这意味着,其核心内容总是要意定而不能法定的。

二、商行为的法律规制模式

民法中的合同法律行为主要采意定主义模式。但在商法中,合同之债以及其他交易类法律行为则采法定主义和意定主义相结合的方式。实践中交易类法律行为许多内容是由法律或交易习惯直接规定。例如,在证券交易中,交易要素的绝大部分都由法律或交易规则确定,交易人仅能就交易与否和交易数量有决定权。显然,此项交易的大部分内容是由法律规定的,不取决于意思自治。尽管交易的多数内容由法律或交易规则规定,但核心要素还是由交易双方决定的。正因如此,交易被看做是法律行为而不是事实行为。

商法中的交易关系之所以可以采取部分法定主义,原因在于,商法中的交易目的是营利,因此要的是效率和安全。而其他有关交易人本身的个性需要都是不重要的。摒弃了交易人个性需要,也就在很多方面不需要由交易各方进行意思自治,从而减少相应的交易成本。这就使得法定主义有了适用的空间。但是,交易中的法定主义绝不是全部,它的核心部分一定是实行意定主义,否则,它就不能称为交易。

商法强调效率和安全,无论从意思形成、意思内容均对商行为有较多的规制。当然,不同的商行为根据商业活动的不同的需要,法律会采取不同的模式规制。

(一)商行为的法定主义规制

1. 积极内容规制

积极内容规制,指法律、交易习惯直接参与交易人意思的形成,直接确定交易内容。例如,《公司法》第 25 条直接规定了公司章程的必要记载事项。公司制定章程就必须包括这些事项,不得变更。再如,票据行为的内容和效力都是由法律直接规定的。还比如,《德国商法典》第四编第六章对仓储营业合同的内容进行了详细的规定,其中不乏积极强行规制性条件。例如,该法第 475c 条规定仓单应该包含事项有:"(1)签发仓单的地点和日期;(2)寄托人的名称和地址;(3)仓库营业人的名称和地址;(4)寄托的地点和日期;(5)货物种类的通常名称和包装的种类,对于危险货物,载明其依危险货物规定规定的名称或其他公认的名称;(6)货件的数量、标志和编号;(7)货物的毛重或以其他方式注明的数量;(8)在混合储藏的情形,对此的记载。"再如,第 47 条规定:"仓库营业人因仓库营业合同而负有储藏和保管货物的义务。寄托人负有支付约定的报酬的义务。"这些都是强制性规范,他们参与了意思表示的形成,合同内容的确定。商法中的许多交易内容由交易习惯确定。例如,各种类型的交易所都会制定相应的交易规则,这些交易规则具有强制效力。正如前述,交易习惯为商法的渊源之一。

商业交易中,有许多交易是反复的、定型的交易,此时没有必要对这些交易一事一议。制定标准的合同条款有利于减少谈判成本。同时,许多标准合同事先要经过行业协会和监管部门的审查,实质上已经反映了这不仅仅是标准合同提供方一方的意志。这种经过审查的标准合同,有些合同甚至是监管部门提供的指引,可以起到保护交易相对人的作用。但是,也必须避免标准合同固化标准合同提供方利益的情况出现。

2. 消极内容规制

消极内容规制,指通过内容不违反法律和公序良俗这一管道直接否定法律行为的内容。此种规制是对第三人利益、对社会公共利益、经济秩序和社会公德的保护,其作用在于补充积极规制的不足,行为人不能以意思表示变更。[1] 这种规制主要体现了公法的需要。我国台湾地区学者苏永钦先生引述德国学者论述道:"如何把公法规范适度地延伸到私法关系中,以调和现代社会管制与自治的矛盾,是依赖体系思考而传统又以公私法的区隔为基本体系架构的大陆法国家

---

[1] 赵中孚主编:《商法总论》(第四版),中国人民大学出版社 2009 年版,第 155 页。

的一项重大的考验——不论对立法或司法。"①最终立法与司法将"不违反法律"这一生效要件认为是私法为公法开辟了一条公法进入私法的管道。应当说,这是避免私法被公法过度侵扰的一个不错的选择。在这里,公法的条款在进入私域之内欲干预私人生活其必须要经过法律行为生效条款的检验。并且,其实施方式也是私法式,即以有效或无效的方式发挥公法规范的作用,而不是那种公法强烈而直接地对个人发挥作用。此外,不同于单行立法直接课以严格责任或惩罚性赔偿等条款,通过"不违反法律"这种转介条款以实现法律对社会生活的规制让"公私法体系运作仍如一'无缝之网(seamless)'"。②

(二) 商行为的意定主义规制

意定主义规制模式主要体现为私法对合同之债所采取的规制方式。民法是生活之法,要解决人们的个性需要、发展需要,此时不得不屈服于个人意志。曾经有一些国家和地方,试验过由国家安排人们的生活需要。于是,人们的意志被忽视,人们的个性被扼杀。人们穿同样的衣服,服从同一个意志。这样的社会不可持续,必然崩溃,因为它没有创造力,最终必然窒息,直到灭亡。更重要的是,这种社会制度忽略了人才是最终目的这一终极思想。民法同样也是营利之法。依本书界定,商事关系由民法与商法共同调整,民法负责自由的一面,商法负责限制自由的一面,但目的都是为了营利。商行为也是如此。商行为的意定主义规制自由的一面由民法负责,但商法同时也会对这些自由有所限制。

意定主义规制模式分为自由意定主义规制模式和推定意定主义规制模式。自由意定主义规制模式,指交易内容中的具体条款是由交易各方自由协商确定的。完全的自由意定主义规制模式主要适用于原始商品经济之中,其规则由传统的民法规定,在此模式下,交易中的所有内容是交易双方一对一的逐一确定。这是一种非常古典的贸易形式,实践中并不多见。更多的意定主义规制模式是推定意定主义规制模式。例如,《合同法》第363条规定:"在技术咨询合同、技术服务合同履行过程中,受托人利用委托人提供的技术资料和工作条件完成的新的技术成果,属于受托人。委托人利用受托人的工作成果完成的新的技术成果,属于委托人。当事人另有约定的,按照其约定。"在这种模式之下,交易人对于不重要的交易条款可以不进行协商,而由法律推定。推定解决了合同的不完备性。根据现代学者的研究,合同的不完备性是常态。交易双方不可能事无巨细,将交易细节都一一确定,他们没有这种能力,也没有这个必要。如果没有推定条款的存在,交易人将就所有的交易细节进行商谈,其耗费成本之高足以影响到交易人的交易兴趣。

---

① 苏永钦著:《以公法规范控制私法契约》,载《人大法律评论》2010年卷。
② 同上。

商行为的意定主义规制主要通过推定条款来实现。推定条款,指没有约定依法定的条款,例如前述《合同法》第 363 条。再如《公司法》第 34 条规定:"股东按照实缴的出资比例分取红利;公司新增资本时,股东有权优先按照实缴的出资比例认缴出资。但是,全体股东约定不按照出资比例分取红利或者不按照出资比例优先认缴出资的除外";第 42 条规定:"股东会会议由股东按照出资比例行使表决权;但是,公司章程另有规定的除外。"第 71 条股权对内对外转让:有限责任公司的"股东向股东以外的人转让股权,应当经其他股东过半数同意。……公司章程对股权转让另有规定的,从其规定。"这些推定条款的内容反映了商法对效率与安全的追求。

第二节 商事合同的法律规制

一、商事合同的一般理论

商事合同,指商主体在营业活动中所订立的合同。商事合同应当以是否为营业所为作为判断标准。商事合同是营业活动的法律形式,非为营业活动所为的合同,如朋友之间的借贷活动,虽有利息收入,似以营利为目的,也不得定性为商事合同。特征如下:第一,商事合同是基本的商法律行为类型,接近于民事法律行为,合同以协商成立。当然,商法在调整商事合同时有更多的强制性规定,目的在于促进交易效率和保障交易安全。第二,商事合同一般至少有一方为商主体。如果双方都是商主体,自然为商事合同;如果只有一方是商主体,另一方是消费者,则商法调整的目的是加强商主体之义务。商事合同以当事人双方均为商主体最为典型。商事合同的外延可涵盖普通商事合同、票据转让、证券交易、海商、保险等。① 除普通商事合同外,其他的商事合同规则本书在其他部分中已有特别论述。

(一)商事合同的立法体例

我国目前在合同法上采民商合一的立法体例,商事合同与民事合同都统一规定在《民法典》合同编之中。但是,这种合一只是一种简单的拼合。《民法典》合同编规定的有名合同共有 18 个,其中纯粹的商事合同有:"供用电、水、气、热力合同""借款合同""融资租赁合同""保理合同""建设工程合同""运输合同""技术合同""仓储合同""物业服务合同""行纪合同""中介合同";纯粹的民事合同有:"赠与合同""租赁合同""承揽合同""保管合同";② 民商合一的合同有:"买卖

---

① 赵中孚主编:《商法总论》(第四版),中国人民大学出版社 2009 年版,第 156 页。
② 关于民事合同的类型,参照《德国民法典》上的类型:买卖、赠与、租赁、借贷、雇佣、承揽、委任、寄托、合伙、保证、和解等。

合同""委托合同""合伙合同"。该类合同商主体适用之,为商事合同,普通人适用之,为民事合同。多数有名合同泾渭分明。我国《民法典》合同编存在两头都不讨好的窘境:既做不到真正合一,又无法突显商法和民法各自的价值和原则,并造成法律适用上的困难。

商事合同规则与民事合同规则的区别是明显的,不应当因为统一规定就失去其特色。但在我国,一些商事规则令人遗憾地被放弃了。[①] 例如,在民法上,契约的成立必须经过要约和承诺,如果受要约人未对要约做出明示的或默示的承诺,契约就不会存在。但是,"如果受要约人是商人,而其业务涉及对他人事务的管理,那么在其不打算接受要约时,必须做出明确的表示,对要约的沉默将构成承诺。据此,如果一个客户指示其经纪人买进某种证券,而经纪人既未答复也未买进,那么该经纪人就要对此承担契约上的责任。"[②]

立法者显然也意识到了商主体与非商主体注意义务的区别。但在多数情况下他们无计可施,因为统一的合同法并没有区别商主体和非商主体。不过,在几个有限的有名合同中,利用当事人的特殊性,立法者不失时机的区分双方的注意义务。例如,《民法典》第 823 条规定:"承运人应当对运输过程中旅客的伤亡承担损害赔偿责任,但伤亡是旅客自身健康原因造成的或者承运人证明伤亡是旅客故意、重大过失造成的除外。"在这里,具有商主体身份的承运人不能因非商主体的旅客的一般过失而减轻责任。旅客的注意义务相比降低了。值得说明的是,合同的有偿与否不能作为确立合同当事人商主体身份的标志。《民法典》第 897 条规定:"保管期内,因保管人保管不善造成保管物毁损、灭失的,保管人应当承担赔偿责任。但是,无偿保管人证明自己没有故意或者重大过失的,不承担赔偿责任。"在这里,无偿承担较低的注意义务仅是基于公平的考量。类似的规定还包括第 929 条有关无偿委托合同的规定。此外,《民法典》第 172 条规定:"行为人没有代理权、超越代理权或者代理权终止后以被代理人名义订立合同,相对人有理由相信行为人有代理权的,该代理行为有效。"根据该条的规定,无论是商事领域的表见代理还是民事领域的表见代理的构成要件都不强调外观形成的可归责性。事实上,民事领域的表见代理是需要考虑诱因原则的。

鉴于商事合同与民事合同遵循基本相同的规则,因而合一似乎是现实的选择。但是,合一并不意味着抹杀差别。第一,制定《商法通则》,统一规定商主体

[①] 这种情况说明民事法律的商化不足或商化过度。张谷:《中国民法商法化举隅》,载《金融法苑》2005 年第 1 期。

[②] 〔德〕罗伯特·霍恩、海因·科茨、汉斯·G.莱塞著:《德国民商法导论》,楚建译,中国大百科全书出版社 1996 年版,第 237 页。

和商行为的定义,以解决上述商化不足或商化过度的问题。① 第二,合一的同时也要明确商事合同的名分,在统一的合同法中保持商事合同相对的独立性。合一与否,并不影响特殊商事合同(票据转让、证券交易、海商、保险等)的单独立法。

(二)商事合同的法律规制

商事合同通常为简单商事交易的法律行为。应当说,近现代民事合同规则正是在吸收商事合同规则的基础之上发展起来的。罗马法上的民事合同注重繁琐形式而排斥意思自治,与近现代民事合同的理念完全不同。现代法上,商事合同与民事合同在理念和制度上都比较接近。尽管如此,鉴于商事活动自身和主体的特殊性,商事合同的一些地方还是需要法律进行特别调整。

1. 注意义务的提高

商事合同规则赋予了商主体的特别的注意义务。《德国商法典》第347条规定:"因在其一方为商行为的行为而对他人负有注意义务的人,应对通常商人之注意负责。《民法典》关于债务人在一定情形只对重大过失负责任或只对其通常在自己事务上应尽之注意负责的规定,不因此而受影响。"这是因为,"商人自身保护的能力更强以及对他们保护的必要性也因此降低,特别是考虑到他们的交易和法律的经验。"②作为一般条款的具体化,《德国商法典》第377条规定:"买卖对当事人双方均为商行为的,买受人应在出卖人交付后不迟延地对商品进行检查,但以此举依通常的营业为可能为限,并在出现瑕疵时,不迟延地向出卖人进行通知。买受人不进行此项通知的,商品视为被承认,但瑕疵在检查时不能辨识的,不在此限。在以后出现此种瑕疵的,必须在发现后不迟延地进行通知;否则,即使存在此种瑕疵,商品仍视为被承认。为保持买受人的权利,及时寄发通知即可。出卖人恶意不告知瑕疵的,不得援用此种规定。"《民法典》也有类似规定,其中,第620条规定:"买受人收到标的物时应当在约定的检验期间内检验。没有约定检验期间的,应当及时检验";第621条规定:"当事人约定检验期间的,买受人应当在检验期间内将标的物的数量或者质量不符合约定的情形通知出卖人。买受人怠于通知的,视为标的物的数量或者质量符合约定。当事人没有约定检验期间的,买受人应当在发现或者应当发现标的物的数量或者质量不符合约定的合理期间内通知出卖人。买受人在合理期间内未通知或者自标的物收到之日起两年内未通知出卖人的,视为标的物的数量或者质量符合约定,但对标的物有质量保证期的,适用质量保证期,不适用该两年的规定。出卖人知道或者应当知道提供的标的物不符合约定的,买受人不受前两款规定的通知时间的限

---

① 参见第二章第四节相关内容。
② 〔德〕C. W. 卡纳里斯著:《德国商法》,杨继译,法律出版社2006年版,第589页。

制。"在这里,出卖人原则上被优待,而买受人的义务则被加重,目的是为了"实现商事买卖中被期望的法律关系的快速声明和清算。"①不过,上述规定在德国仅适用双方商行为。由于《民法典》合同编统一适用于民事合同与商事合同,如果上述规定适用于消费者当事人,对其所施加的注意义务稍显严苛。

商主体注意义务的提高建立在"强而智"人像的假定之上。这意味着有时不需要对商主体给予伦理意义上的公平对待。《德国商法典》第 348 条规定:"商人在经营其营业中约定的违约金,不得依《民法典》第 343 条的规定减少。"我国《合同法》为了统一民事合同与商事合同,牺牲了商事合同的这一规定。《民法典》第 585 条规定:"约定的违约金低于造成的损失的,当事人可以请求人民法院或者仲裁机构予以增加;约定的违约金过分高于造成的损失的,当事人可以请求人民法院或者仲裁机构予以适当减少。"近年来的趋势是,法院多不支持商事合同当事人的违约金的调整要求。这是外观原则在商事合同领域适用的体现,当事人的真实意思以合同文义为准,且不得反言。商事合同,应当效率安全的价值优先。正如前述,此时不需要对商主体给予伦理意义上的公平对待。

2. 商事合同形式与内容的限制

在德国,商事合同放宽了对某些合同形式的要求。《德国商法典》第 350 条规定:"对于保证、债务约定或债务承认,以保证在保证人一方、约定或承认在债务人一方为商行为为限,不适用《民法典》第 766 条第 1 款、第 780 条和第 781 条第 1 款的方式规定。"据此,只要属于商行为,口头做出保证表示、债务约定或者债务承认是有效的。② 与德国法不同的是,我国法律规定,合同形式可以采取书面、口头和其他形式③,这意味着口头形式的要求并不限于商事合同。事实上,我国通常对民事合同的形式不做要求,而对商事合同则更多地要求采用书面形式。《民法典》合同编明确要求采书面合同的有第 668 条借款合同,第 736 条融资租赁合同,第 789 条建设工程合同,第 796 条委托监理合同,第 851 条技术开发合同和第 863 条技术转让合同等。相对应的,民事合同中的借贷合同和租赁合同并未要求采取书面形式。我国法律与德国商法规定的差别的原因是德国普

---

① 〔德〕C. W. 卡纳里斯著:《德国商法》,杨继译,法律出版社 2006 年版,第 681 页。
② 并不是在所有情况下,对内容和形式的限制都能促进效率和保障安全。罗马法上对买卖形式上的要求恰恰阻碍了交易的效率。罗马法上的要式买卖(又译"曼兮帕蓄",manlipation)非常复杂。当事人亲自到场,由一已达婚龄的市民为司秤人,并由已达婚龄的市民五人在场作证。买卖时,由司秤人持秤,买受人一手持标的物/象征物,一手持铜块说:"依照罗马法律,此物应归我所有,我是以此铜块和秤买来的。"说完,以铜块击秤,随即交给出卖人,买卖成立。拟诉弃权买卖形式则更复杂。买卖双方亲自到裁判官前,买受人充原告,出卖人充被告,假意诉讼。原告手持标的物/象征物说:"依罗马法,此物为我所有。"裁判官则问被告:"你对原告的主张有无异议?"出卖人不提出异议或是默不作声,裁判官便裁定物归原告所有。周枏著:《罗马法原论》,商务印书馆 2001 年版,第 107—108 页。
③ 《民法典》第 469 条。

通人的诚信不如商主体,因此对普通人采书面主义,而对商主体采自由主义以促进交易效率。在德国,"普通人经常(错误地)认为只要他'不留下字迹',就不必承担责任,对于商人却正好相反,原则上存在着'义不容辞的惯例':对自己所说过的言辞和握手承诺的事情负责"①。德国奉行民商分立,在立法技术比较容易实现对商主体和非商主体的区别对待。

我国商事合同反而更多的采书面主义。法律如此要求,多是因为这些合同相对复杂,需要以书面形式明确,以保障交易安全。有一种意见认为,《合同法》上的此类规范是倡导性规范,违反并不影响合同的成立与生效。② 这一意见是值得商榷的。第一,此类规范表述非常清晰肯定,如果违反不产生任何法律后果,那么此类规范将没有任何意义。第二,此类规范意在保存证据以减少争议,不但有保障交易安全功能,而且也有规避未来的疑案风险的价值。但是,不加区别地认为凡违反该类规范,合同均予以恢复原状也不可取。本书认为,对于此类合同,已经履行的,不得主张合同无效;没有履行的,未履行方可以不继续履行。据此,强制性规范对合同效力的影响仍在,只不过在已经履行的情况下,因禁止反言规则抑制,当事人不得主张无效。

法律明确规定一些商事合同应当包含的内容。例如,我国保险法律要求保险应当具备如下事项:(1) 保险人的名称和住所;(2) 投保人、被保险人的姓名或者名称、住所,以及人身保险的受益人的姓名或者名称、住所;(3) 保险标的;(4) 保险责任和责任免除;(5) 保险期间和保险责任开始时间;(6) 保险金额;(7) 保险费以及支付办法;(8) 保险金赔偿或者给付办法;(9) 违约责任和争议处理;(10) 订立合同的年、月、日。③ 鉴于保险合同均为监管机关批准的标准合同,缺少上述条款的保险合同实际上是不存在的。我国保险法律还以强制性条款定义了一些术语的内涵。不但规定了合同的内容,法律还对一些术语进行了定义。例如,投保人、被保险人、受益人、保险利益、保险金额等,保险法都明确进行了定义。其中,受益人是指人身保险合同中由被保险人或者投保人指定的享有保险金请求权的人;保险金额是指保险人承担赔偿或者给付保险金责任的最高限额。④ 我国《海商法》也对一些术语进行了定义。⑤ 这些定义直接构成了保险合同或海商合同内容的组成部分。商法以这种方式限制了意思自治的运用,从而提高了交易效率和保障了交易安全。

---

① 〔德〕C. W. 卡纳里斯著:《德国商法》,杨继译,法律出版社 2006 年版,第 593 页。
② 王轶:《论倡导性规范——以合同法为背景的分析》,载《清华法学》2007 年第 1 期。
③ 《保险法》第 18 条。
④ 同上。
⑤ 《海商法》第 42 条。

二、商事买卖合同

(一) 定义与特征

商事买卖合同,一般指货物买卖合同,指出卖人为取得价金之对价而同意转让其标的物所有权的合同。本书定义对《民法典》买卖合同的定义作了修正。《民法典》第595条规定:"买卖合同是出卖人转移标的物的所有权于买受人,买受人支付价款的合同。"该条的问题是没有突出债务合同的承诺性质。[①] 同时,处分即转移标的物的所有权的权利属于所有权自身内容而不属于债务自身的内容。仅依据一个承诺本身是不能导致所有权转让的,导致所有权转让的依据,必须是所有权自己所涵盖的权能。《民法典》第240条规定:"所有权人对自己的不动产或者动产,依法享有占有、使用、收益和处分的权利。"其中,处分即包括所有人对物的转让。也就是说,《合同法》第132条"出卖的标的物,应当属于出卖人所有或者出卖人有权处分"中规定的处分权指的是所有权的权能。作为债权法一部分的合同法实际上是不能规定这一问题的。商事买卖合同表现以下一些特征:第一,买卖主体一方至少为商主体。第二,买卖标的多为种类物。第三,买卖链条由短变长。第四,买卖目的从实际利用到转卖营利。第五,买卖条件从任意到定型。[②] 买卖合同被称为合同之母,其对其他合同或多或少有一定的指导意义。[③] 以下就商事买卖合同一些特别的问题加以探讨。

(二) 买卖标的

我国《民法典》将买卖标的限定为"物"。两个界定:第一,物既包括动产,也包括不动产。事实上,还要更进一步理解,如与物有关用益物权也属于"物"的范围。英国法以及国际公约将商事买卖的标的限定为货物。货物即动产。《英国1979年货物买卖法》第61条将货物定义为"包括权利财产和金钱以外的一切动产。"1980年《联合国国际货物销售合同公约》也做了类似的规定,其中第2条又进一步对货物进行了限定,将"购供私人、家人或家庭使用的货物的销售"排除在公约调整范围之外。[④] 第二,物包括将来物。在英国,货物包括"正制造中和

[①] 如果单从文义上看,该条更像是一个物权合同。
[②] 周林彬主编:《商法与企业经营》,北京大学出版社2010年版,第216—217页。
[③] 《民法典》第646条规定:"法律对其他有偿合同有规定的,依照其规定;没有规定的,参照买卖合同的有关规定。"
[④] 《联合国国际货物销售合同公约》第1条规定:"(1) 本公约适用于营业地在不同国家的当事人之间所订立的货物销售合同;……。"第2条规定:"本公约不适用于以下的销售:(a) 购供私人、家人或家庭使用的货物的销售,除非卖方在订立合同前任何时候或订立合同时不知道而且没有理由知道这些货物是购供任何这种使用;(b) 经由拍卖的销售;(c) 根据法律执行令状或其他令状的销售;(d) 公债、股票、投资证券、流通票据或货币的销售;(e) 船舶、船只、气垫船或飞机的销售;(f) 电力的销售。"

卖方在买卖合同订立后将占有的货物。"① 从文义上看,《合同法》似乎不包括将来物。《合同法》第 132 条规定:"出卖的标的物,应当属于出卖人所有或者出卖人有权处分。"《合同法》第 51 条也将出卖他人之物的合同规定为效力待定合同。② 但是,避开将来物的买卖是不可想象的。因此,相关不和谐的制度,也经立法与司法的共同努力而基本消解。将来物的交易并不是期货交易,甚至不是远期交易。将来物交易使得买卖合同构造非常复杂,一定程度上,它脱离了人们的经验范围。尽管《民法典》中的买卖合同的买卖标的没有包括所有财产,但如果法律对某种标的的买卖没有特别规定的,也可以参照适用。

(三) 法律规制

商事买卖的法律规制,区分为积极规制和消极规制。前者是通过强制性规范的形式实现;后者是通过任意性规范实现。商事买卖合同中的任意性规范尊重意思自治,但就规范本身,也体现了效率与安全的价值。这里着重讨论商事买卖的积极规制。

《合同法》在积极规制方面是较为普遍的。③ 主要包括以下几个方面:第一,规定合同解除的条件。④ 例如,因标的物质量不符合质量要求,致使不能实现合同目的的,买受人可以拒绝接受标的物或者解除合同。买受人拒绝接受标的物或者解除合同的,标的物毁损、灭失的风险由出卖人承担。⑤ 第二,规定出卖人义务。⑥ 例如,出卖人就交付的标的物,负有保证第三人不得向买受人主张任何权利的义务,但法律另有规定的除外。⑦ 例如,出卖人应当按照约定的质量要求交付标的物。出卖人提供有关标的物质量说明的,交付的标的物应当符合该说明的质量要求。⑧ 第三,规定买受人的义务。⑨ 例如,出卖人多交标的物的,买受人可以接收或者拒绝接收多交的部分。买受人接收多交部分的,按照合同的价格支付价款;买受人拒绝接收多交部分的,应当及时通知出卖人。⑩ 再如,试用买卖的买受人在试用期内可以购买标的物,也可以拒绝购买。试用期间届满,买

---

① 董安生主编:《新编英国商法》,复旦大学出版社 2009 年版,第 230 页。
② 《合同法》第 51 条规定:"无处分权的人处分他人财产,经权利人追认或者无处分权的人订立合同后取得处分权的,该合同有效。"
③ 涉及《合同法》第 135、136、140、148、149、150、152、153、157、158、162、163、164、165、166、167、168、169、171 条。
④ 涉及《合同法》第 148、164、165、166、167 条。
⑤ 《合同法》第 148 条。
⑥ 涉及《合同法》第 135、136、150、153、168、169 条。
⑦ 《合同法》第 150 条。
⑧ 《合同法》第 153 条。
⑨ 涉及《合同法》第 157、158、162、171 条。
⑩ 《合同法》第 162 条。

受人对是否购买标的物未作表示的,视为购买。① 第四,规定买受人的权利。② 例如,标的物毁损、灭失的风险由买受人承担的,不影响因出卖人履行债务不符合约定,买受人要求其承担违约责任的权利。③ 例如,买受人有确切证据证明第三人可能就标的物主张权利的,可以中止支付相应的价款,但出卖人提供适当担保的除外。④ 第五,其他规定。关于交付的规定,标的物在订立合同之前已为买受人占有的,合同生效的时间为交付时间。⑤ 关于孳息的规定,标的物在交付之前产生的孳息,归出卖人所有,交付之后产生的孳息,归买受人所有。⑥ 这些规定在《民法典》中都得到保留。

积极规制条款应当视为商事买卖合同的一部分。但是,积极规制条款与默示条款不同。默示条款是英美法上的概念,其相对于明示条款而言。所谓明示条款,指明确表示出合同内容的条款。明示条款需要有证据加以证明。最常见的证据是合同书,也包括摘记、口头等形式。默示条款,指"根据当事人的行为,根据合同其他明示条款或根据法律规定,不言自明、理应存在的合同条款。"默示条款应当视为合同内容的一部分。一般情况下,默示条款可以为明示条款所排除。但是,积极规制条款不得被合同条款所排除。⑦

(四) 无权处分与区分原则

许多商事买卖合同的链条非常长,合同并不能即时履行。这就产生了合同履行时出现的问题会不会影响合同成立或效力的问题。履行时可能出现的最大的问题是出卖人对标的物没有处分权。《合同法》第132条首先要求出卖人对出卖的标的物拥有处分权,然后根据《合同法》第51条规定,如无处分权将影响买卖合同的效力,买卖合同在没有经过权利人追认前为效力待定合同。这一问题非常重要。如果无权处分合同最终变为无效合同,那么买受人将无法依据有效合同主张自己的利益,这对买受人是十分不利的。⑧ 为此,最高人民法院《关于审理买卖合同纠纷案件适用法律问题的解释》(2012年3月31日最高人民法院审判委员会第1545次会议通过,以下简称《买卖合同司法解释》)第3条规定:"当事人一方以出卖人在缔约时对标的物没有所有权或者处分权为由主张合同无效的,人民法院不予支持。出卖人因未取得所有权或者处分权致使标的物所

---

① 《合同法》第171条。
② 涉及《合同法》第149、152条。
③ 《合同法》第149条。
④ 《合同法》第152条。
⑤ 《合同法》第140条。
⑥ 《合同法》第163条。
⑦ 一定意义上,可以将其理解合同明示条款。
⑧ 形成了出卖人愿意履行则予以履行,出卖人不履行也不受法律制约的局面。显然,"这就是交易法律规制的'不诚信'。"孙宪忠著:《中国物权法总论》(第三版),法律出版社2014年版,第299页。

有权不能转移,买受人要求出卖人承担违约责任或者要求解除合同并主张损害赔偿的,人民法院应予支持。"①

《买卖合同司法解释》第3条体现了区分原则。所谓区分原则,是指依据法律行为发生物权变动时,物权变动的原因与结果作为两个法律事实,它们的成立及生效分别依据不同的法律根据的原则。② 区分原则有以下优势:第一,明晰。区分原则是区分物权和债权的必然结果。债法只能提供物权变动的原因而不能提供物权变动的根据。债法仅处理相对人之间的关系,无法处理特定的物权人与不特定的义务人之间的物权关系。物权的根据还是应当来自于物权法,并且遵循与债权不同的法理。此外,导致物权变动原因的债务其本义是承诺,承诺本身并无法导致物权变动,只有依物权法所作出的具有对世效果的物权行为(处分行为)③才是物权变动的根据。第二,实用。区分原则能够对法律关系进行分解并精确分析,因此其在解决实践问题上非常实用。与此相比,债权形式主义虽也具备了区分原则的多数优点,但是,该理论无法适用所有情况,且对一些问题是束手无策的。例如,债权形式主义将履行行为看作是事实行为,这可能会造成这样一种情况:即便履行人在履行时丧失行为能力,相对人一方仍然可以取得物权。这对于履行人一方是不公正的。现代单个商事买卖常常是一个交易链条中的一节。单个商事买卖的无效可能会影响整个链条。区分原则使得交易链条不会轻易断裂,有力地保障了商事买卖的交易安全。正因如此,《民法典》明确采区分原则,不再保留《合同法》第51条,并对《合同法》第132条作了重大修改。

三、格式条款④

（一）概述

格式条款,指当事人为了重复使用而预先拟定,并在订立合同时未与对方协商的条款。⑤ 格式条款,又称格式合同(standard form contract)、标准合同、定型化契约、附合合同和一般交易条款或条件等。

格式条款具有以下特点:第一,反复性。格式条款为营业所用,要反复适用。第二,细节性。合同一般就大部分合同条款直接规定,可以进行个别协商的地方极少。第三,附合性。格式条款一般是"要么接受,要么走开"(take it or leave)。

---

① 《民法典》第215条规定:"当事人之间订立有关设立、变更、转让和消灭不动产物权的合同,除法律另有规定或者合同另有约定外,自合同成立时生效;未办理物权登记的,不影响合同效力。"该条款明确将合同生效规定于合同成立时。但是,该规定仅能适用不动产的买卖。
② 孙宪忠著:《中国物权法总论》(第三版),法律出版社2014年版,第276页。
③ 为表达这种对世效果,物权行为需要公示。
④ 格式条款既可能存在于双方商行为中,也可能存在于单方商行为之中。由于双方商行为中的当事人均有较强的自我保护能力,因此,商法更关注对单方商行为中的非商主体一方的保护。
⑤ 《民法典》第496条第1款。

格式条款的功能:第一,公示功能。作为营业所用的格式一般要进行公示,相对人在交易前对格式条款了解便可以了解到对方的交易条件,这样便可以为自己是否交易提供决策依据。第二,节约功能。格式条款可以针对不特定的多数人反复使用,节约了谈判成本。第三,保护功能。格式条款对相对人的利益也是一种保障。一者,提出格式条款的一方所提条款实质是要约,是对相对人的承诺。格式条款一方为此便不能提出高于格式条款条件的条款。二者,格式条款的适用对象是不特定的,对所有人适用同一条件,显然贯彻了公平原则。三则,格式条款多数是经自律团体或主管部门审批的,法律也对格式条款进行了大量的规定,在此过程中,保护相对人的条款得以贯彻。如此,避免在非格式合同情况下,由于当事人地位强弱不同,合同条款往往非常不利于弱势一方的当事人。

当然,格式条款是否能起到保护相对人的作用取决于法律的规制和自律组织及主管部门对格式条款的监管。否则,格式条款将成为强者欺凌弱者的工具。前面所述认为,商法认为商人皆为强者,这主要是从法律适用的角度看。从立法的角度看,商法必然会考虑不同商人地位的不同。例如,对于各个计算机厂商来说,微软公司垄断供应的地位不是其可以相提并论的。事实上,商法不厌其烦地对商事合同细节进行规定,正是为了抵销各个商人地位的差别。

格式条款的出现对民法及传统合同法的基本原理是一个重大挑战。对格式条款的性质,学说上众说纷纭,有命令行为说、规范说、规章说、事实合同说和合同说等数种。① 之所以如此,在于格式条款冲击了传统民法的基石即意思自治。传统民法的基础是自愿,法律行为要完全体现行为人的真实意思。然而,格式条款出现使得当事人的意思自治面临着极大的限制。相对人要么接受,要么走开,很难就合同细节进行商谈。此时依据传统民法,此种行为由于很难体现当事人的自由意思,可能面临无效。然而,为了交易效率和安全,商事关系中的当事人的真意在某种程度上被牺牲(消费者除外)。因此,各国对于格式条款的立场,并不否定其效力,而只是在承认其合法存在的前提下对其不合理的内容进行规范。②

格式条款主要为营业所用,营业所用合同大多数采格式条款形式。据考察,19世纪初期,在手工业界的一些商人已经将一些不断重复的交易内容,以格式条款的形式向客户提供。到了19世纪中叶以后,市场的扩大、资本的集中和大生产的日益形成导致了产品及服务的规格化和销售的系统化。③ 从降低成本和

---

① 转引自王利明著:《合同法研究》(一),中国人民大学出版社2002年版,第389—390页。
② 李永军著:《合同法》,法律出版社2004年版,第329页。
③ 〔德〕康德拉·茨威格特、海因·克茨《合同法中的自由与强制》,孙宪忠译,载梁慧星主编:《民商法论丛(第9卷)》,法律出版社1998年版,第364页。

节约交易费用的角度看,现代工商企业则普遍对众多的相对人采用格式条款。[1]因此,格式条款的产生、发展和普及有其内在的规律,其产生原因不是处于强者的商人欲借助格式条款以欺凌相对人。但任何工具的使用都可能偏离其初衷,格式条款也不例外。在经营者和消费者之间,如果法律不规制得当,格式条款很有可能成为经营者欺诈、胁迫消费者的工具。美国学者柏士纳认为:"在独占情形下,买受人无法与出卖人讨价还价,而出卖人则能有限度地去强迫买受人接受条款。"格式条款有时"具有印好的条款来规束粗心大意的购买者的目的,此极有可能有欺诈之成分。"[2]

(二) 具体规制

格式条款是典型的商事合同。对格式条款的规制是商行为法的重要组成部分之一。普通商行为的规制主要是对格式条款的规制。我国法律对格式条款条款规制的条款体现在《民法典》第 496 条至第 498 条以及《消费者权益保护法》第 26 条中。[3] 具体规制包括以下几个方面:

第一,对常见的格式条款,商法予以详尽的规定。例如,《德国商法典》对于货运营业合同,从第 407 条至第 452d 条,规定的十分详细。相关营业人在制定格式条款时,不得违反其中的强制性规定。我国《民法典》第 497 条规定:"有下列情形之一的,该格式条款无效:(一) 具有本法第一编第六章第三节和本法第五百零六条规定的无效情形;(二) 提供格式条款一方不合理地免除或者减轻其责任、加重对方责任、限制对方主要权利;(三) 提供格式条款一方排除对方主要权利。"

第二,格式条款一般要由自律团体和监管部门审核。例如,我国商业银行营业所用的格式条款,一般均是通过银行监管部门批准。在一些国家,营业类格式条款如果涉及消费者利益,一般要经消费者协会审核。但令人遗憾的是,我国一般的营业合同,并未规定要经民间自律组织或民间监管组织的审核。

第三,格式条款提出一方的提示说明义务。我国《民法典》第 496 条第 2 款规定:"采用格式条款订立合同的,提供格式条款的一方应当遵循公平原则确定当事人之间的权利和义务,并采取合理的方式提示对方注意免除或者减轻其责任等与对方有重大利害关系的条款,按照对方的要求,对该条款予以说明。提供格式条款的一方未履行提示或者说明义务,致使对方没有注意或者理解与其有重大利害关系的条款的,对方可以主张该条款不成为合同的内容。"实际上,不仅

---

[1] 詹森林:《定型化约款之基础概念及其效力之规范》,载《法学丛刊》第 158 期。
[2] 转引自王利明著:《合同法研究》(一),中国人民大学出版社 2002 年版,第 386 页。
[3] 《消费者权益保护法》第 26 条规定:"经营者不得以格式合同、通知、声明、店堂告示等方式作出对消费者不公平、不合理的规定,或者减轻、免除其损害消费者合法权益应当承担的民事责任。格式合同、通知、声明、店堂告示等含有前款所列内容的,其内容无效。"

应当"提请对方注意免除或者限制其责任的条款",还应当在交易之前将所有的格式条款进行提示说明。需要注意的是,在一些商业实践中,消费者往往没有看见格式条款,或者没有研究格式条款即付定金,然而等消费者仔细看了格式条款之后,往往后悔,不愿意签约。此时,应当允许消费者不签约,应当规定此定金仅为预付金,而不是定金,只有如此才能保护消费者的利益。

第四,格式条款解释。《民法典》第 498 条规定:"对格式条款的理解发生争议的,应当按照通常理解予以解释。对格式条款有两种以上解释的,应当作出不利于提供格式条款一方的解释。格式条款和非格式条款不一致的,应当采用非格式条款。"《保险法》第 30 条规定,对保险合同中的格式条款有两种以上解释的,"人民法院或者仲裁机构应当作出有利于被保险人和受益人的解释。"因此,格式条款解释主要有三种:其一,通常解释。通常理解,即不违背公众对该条款的理解。通常理解,便不能探究条款最初的原意。其二,对格式条款提供方作不利的解释。罗马法上"有疑义应为表意者不利益之解释"的规则。① 德国《一般契约条款法》第 8 条规定:"一般契约条款之内容有疑义时,条款利用者承受不利益。"这一规则合理之处在于,格式条款提供方有义务提供清晰明确的格式条款,相对人对此条款无能为力,提供方如果提出的条款有疑义,当然应当以对其不利的解释为准。实践中,那种"本条款解释权归我方"的做法是不合理的。其三,非格式条款优于格式条款的解释。如果一个合同中存在非格式条款,如果非格式条款与格式条款内容不一致,应当以非格式条款为准。这是显而易见的。非格式条款经双方协商,更能体现双方的真实意思。

第三节 营业行为的法律规制

营业商行为可以整体而言,也可以个别而言。本节将与营业相关的商行为作为一个整体称为营业行为。营业行为类型众多,本节仅介绍典型的几种。

一、单方营业

商法中单方商行为以消费者法中的营业行为最为典型。作为单方商行为,消费者法对经营者规定了许多单方义务:

(一)安全保障义务

产品服务本身的安全。经营者应当保证其提供的商品或者服务符合保障人

---

① 此规则为乌尔比安所提出,他认为:"在要式口约中,当就口约内容产生疑问时,应作不利于债权人的解释"。保罗也认为:"在订立买卖契约时,一项表述不明确的条款,应认为是不利于卖方的。"转引自《民法大全选译Ⅳ·契约之债》,丁玫译,中国政法大学出版社 1992 年版,第 15—19 页。

身、财产安全的要求。对可能危及人身、财产安全的商品和服务,应当向消费者作出真实的说明和明确的警示,并说明和标明正确使用商品或者接受服务的方法以及防止危害发生的方法。①

经营者发现其提供的商品或者服务存在严重缺陷,即使正确使用商品或者接受服务仍然可能对人身、财产安全造成危害的,应当立即向有关行政部门报告和告知消费者,并采取防止危害发生的措施。②

交易过程的安全。经营者不得对消费者进行侮辱、诽谤,不得搜查消费者的身体及其携带的物品,不得侵犯消费者的人身自由。

（二）质量保证义务

经营者向消费者提供商品或者服务,应当依照《产品质量法》和其他有关法律、法规的规定履行义务。经营者和消费者有约定的,应当按照约定履行义务,但双方的约定不得违背法律、法规的规定。③

经营者应当保证在正常使用商品或者接受服务的情况下其提供的商品或者服务应当具有的质量、性能、用途和有效期限；但消费者在购买该商品或者接受该服务前已经知道其存在瑕疵的除外。经营者以广告、产品说明、实物样品或者其他方式表明商品或者服务的质量状况的,应当保证其提供的商品或者服务的实际质量与表明的质量状况相符。④

经营者提供商品或者服务,按照国家规定或者与消费者的约定,承担包修、包换、包退或者其他责任的,应当按照国家规定或者约定履行,不得故意拖延或者无理拒绝。

英国普通法原来适用"买者当心"原则,如果卖主没有明示担保,且不构成欺诈,则出卖方对于产品质量瑕疵不承担责任。但后来英美法也发展出来一些例外规则,承认一定条件下出卖方对产品服务的瑕疵负默示担保责任。"特殊的消费品质量控制,是在一般规定的基础上对某些消费品的品质及生产、流通作特殊规定,凡与特别规定不符的消费品,无论其是否与一般规定相符,均不得在市场销售。"⑤

（三）信息披露义务

经营者应当向消费者提供有关商品或者服务的真实信息,不得作引人误解的虚假宣传。经营者对消费者就其提供的商品或者服务的质量和使用方法等问

---

① 《消费者权益保护法》第18条。
② 《消费者权益保护法》第19条。
③ 《消费者权益保护法》第16条。
④ 《消费者权益保护法》第23条。
⑤ 董安生、王文钦、王艳萍编著:《中国商法总论》,吉林人民出版社1994年版,第150页。

题提出的询问,应当作出真实、明确的答复。商店提供商品应当明码标价。①

经营者应当标明其真实名称和标记。租赁他人柜台或者场地的经营者,应当标明其真实名称和标记。②

(四)诚信交易义务

经营者不得以格式合同、通知、声明、店堂告示等方式作出对消费者不公平、不合理的规定,或者减轻、免除其损害消费者合法权益应当承担的民事责任。格式合同、通知、声明、店堂告示等含有上述所列内容的,其内容无效。

法律之所以向单方商行为中的非商主体一方倾斜,在于法律承认一个前提,即商主体或者在能力或者在实力上超过非商主体。现代商主体日趋强大,又在自己熟悉的领域,在实力和能力上超过多为自然人的非商主体实属正常。此时如果过分强调意思自治和合同自由,将带来实质的不平等。德国著名法学家基尔克早在1889年就指出:"毫无限制的合同自由会摧垮其自身。作为强者手中令人生畏的武器,弱者手中不称手的工具,它将成为一方压迫另一方的手段,成为智力上和经济上强势的一方进行无情剥削的工具。"③

二、银行营业④

世界上最早的股份银行出现于14世纪的热那亚。⑤ 银行主要从事存款、贷款和中间业务。这些行为有的是单方商行为,如存款行为;有的则是双方商行为,如贷款行为中对商人的贷款。

(一)传统业务

1. 存款贷款

存款方面,法律规制主要体现在对存款人的保护上⑥:商业银行办理个人储蓄存款业务,应当遵循存款自愿、取款自由、存款有息、为存款人保密的原则。对个人储蓄存款,商业银行有权拒绝任何单位或者个人查询、冻结、扣划,但法律另有规定的除外。对单位存款,商业银行有权拒绝任何单位或者个人查询,但法律、行政法规另有规定的除外;有权拒绝任何单位或者个人冻结、扣划,但法律另

---

① 《消费者保护法》第20条。
② 《消费者保护法》第21条。
③ 〔德〕卡尔·拉伦茨著:《德国民法通论》(上册),王晓晔等译,法律出版社2003年版,第80页。
④ 在德国,银行法主要分为《银行监管法》和《银行合同法》,后者属于商法,而前者则属于公法。德国学者的观点表明,"现代社会中,银行的职能已经不仅仅像传统的那样,在商事交易中发挥着重要的中介作用,而且它已经成为控制、引导、管理商事交易的重要手段或工具。"参见范健著:《德国商法:传统框架与新规则》,法律出版社2003年版,第491页。
⑤ 范健、王建文著:《商法的价值、源流及本体》,中国人民大学出版社2004年版,第96页。
⑥ 《商业银行法》第29—35条。

有规定的除外。商业银行应当保证存款本金和利息的支付,不得拖延、拒绝支付存款本金和利息。

贷款方面,商业银行应当与借款人订立书面合同。① 合同应当约定贷款种类、借款用途、金额、利率、还款期限、还款方式、违约责任和双方认为需要约定的其他事项。②

商业银行在存款贷款业务中可以将所有存款资金汇总使用,存款和贷款之间不再存在一一对应关系。资金池可使商业银行实现资产与负债之间规模、期限、风险的错配,是商业银行能够将闲散资金汇聚形成资本的根本工具。

2. 中间业务

商业银行办理票据承兑、汇兑、委托收款等结算业务,应当按照规定的期限兑现,收付入账,不得压单、压票或者违反规定退票。有关兑现、收付入账期限的规定应当公布。

(二) 资产管理

现代银行还从事资产管理业务。资产管理业务,指商业银行接受委托,为投资者从事的资金投资业务。作为资产管理人,商业银行按照约定把扣除管理费后的投资收益交还给投资者。每项资产管理产品可以有多个投资人,但就单个的资产管理产品而言,其资金的来源与运用是清晰的,不能和其他资产管理产品的资金混在一起使用。投资者自行承担投资风险。商业银行应当忠实并勤勉地为投资者提供资产管理服务。商业银行不能将不同资产管理产品的资金汇聚成"资金池"。资产管理业务与借款贷款业务的运行逻辑完全不同。③

商业银行的营业时间应当方便客户,并予以公告。商业银行应当在公告的营业时间内营业,不得擅自停止营业或者缩短营业时间。商业银行办理业务,提供服务,按照规定收取手续费。

三、中间营业

商人向其客户销售商品或提供服务,可以利用自己的雇员直接销售或提供,也可以像金融机构一样建立众多的分支机构(营业部)。但商人还可以有另外一

---

① 《商业银行法》第四章。
② 贷款业务中不乏金融监管的内容;商业银行贷款,应当对借款人的借款用途、偿还能力、还款方式等情况进行严格审查。商业银行贷款,应当实行审贷分离、分级审批的制度。商业银行贷款,借款人应当提供担保。商业银行应当对保证人的偿还能力,抵押物、质物的权属和价值以及实现抵押权、质权的可行性进行严格审查。经商业银行审查、评估,确认借款人资信良好,确能偿还贷款的,可以不提供担保。这些应当属于经济法的调整范围。
③ 二者存在完全不同的监管逻辑。借款贷款业务为表内业务,应当接受充足率、不良率、流动性等监管;资产管理业务为表外业务,不管性质为委托还是信托,都应当遵循忠实与勤勉义务。法律应当严禁两种业务混同。

种选择,即与众多的第三人合作,通过代理、行纪、经销、特许经营和居间等销售商品或提供服务。

(一) 代理

这里所称的代理是代理商的营业。代理商,指受他人之托,在代理权限内,以被代理人名义实施商行为的人。《德国商法典》第 84 条第 1 款规定:"代理商是指作为独立的经营人受托为另一企业主媒介交易或以其名义成立交易的人。独立的人是指基本上可以自由形成其活动和决定其工作时间的人。"代理商自身并不直接参与生产,其出现是商业分工的结果。代理商的特征如下:第一,以被代理人名义缔结交易或者媒介交易。第二,长期性。代理商与被代理人之间的契约关系是一种持续的完整的委托关系,不同于一般民事代理的临时性和偶然性。① 第三,独立性。代理商可以自由决定自己的商业并支配自己的工作时间。否则,它是使用人而不是代理商。代理商营业场地、营业费用、商号等,都具有独立性。代理商甚至可以同时是几个人的代理商。行纪商、居间人、经销商和特许经营商等与代理商不同,他们不限于进行单纯的媒介服务,其行为也不受以企业名义的限制。②

商法之所以对商业代理特殊规定,是基于代理商所享有的代理权具有长期性,对代理商进行特别的保护。在德国,有关代理商法的"一系列条款都不能以给代理人带来不利益的方式来适用"。一方面,代理商的代理合同可能是其主要生活收入来源,另一方面则是代理商常常处于弱者地位(这一理由德国政府曾经明确说明)。代理商的独立地位经常受到被代理人的指示权的约束。这种弱者地位在单独商号代理商表现更为明显。③

(二) 行纪

这里所称的行纪是行纪商的营业。行纪商,指受委托人委托,以自己名义从事商事交易,委托人支付报酬的人。其特征如下:第一,受他人委托,行纪行为上的盈亏由委托人承担。第二,以自己名义进行活动,对合同享有或承担直接的权利或义务。第三,以行纪为业。第四,行纪商可以自己充任买受人或出售人,并收取报酬。④ 易言之,行纪突破了民法禁止双方代理的规则。

行纪业务通常涉及三个合同:一是委托合同,委托人委托行纪商购买或销售物品,并约定向其支付佣金的行纪契约;二是买卖合同,行纪商为完成其职责而与第三人签订的买卖合同;三是行纪商将上述交易的经济利益转移给其委托人。行纪业务显而易见的风险是委托人付出了购物款但可能无法直接享有所购物品

---

① 赵中孚主编:《商法总论》(第四版),中国人民大学出版社 2009 年版,第 140 页。
② 〔德〕C.W.卡纳里斯著:《德国商法》,杨继译,法律出版社 2006 年版,第 411 页。
③ 同上书,第 411—417 页。
④ 《合同法》第 419 条。

的所有权。常见行纪业出现在进出口、艺术品和部分证券交易中。

与代理商不同,行纪商相对于委托人的地位更为强势。代理商通常服务于商人,而行纪商则通常既服务于商人,也服务于其他人。日本实践中存在着一种与特定商人建立持续性、经常性联系的行纪商(取次行纪商,行纪代理商)。① 如果行纪商与委托人之间形成了类似代理商那样的长期委托关系,也要考虑适用代理商保护规则。但这种需要保护的情况并不会经常发生。行纪人能够以自己名义,即表明行纪商的地位通常强于委托人。

（三）经销

经销,指经销商与生产商约定在规定的区域和期间内,以自己的名义并为自己的利益从事的买断生产商商品再转售给他人或消费者的营业。经销商是从代理商和行纪商发展起来的。当代理商和行纪商具有了一定市场风险承受能力并没有了商品滞销之虞后,便会将商品买断再转售给他人或消费者。由于不再承担滞销风险,生产商也愿意接受这种合作模式。

经销商和通常的转售商不同。经销商与生产商有紧密的联系,通常被生产商赋予在经销区域内的优势地位;经销关系双方是订有双方合作的条件并有确定的存续期间;经销商通常被禁止经销其他竞争性商品。② 鉴于经销关系的特殊性,法律有特别调整的必要。否则受合同法一般规则调整即可。如果经销商存在受生产商支配的情况,也应受到上述代理商保障条款的保护。不过,在代理商、行纪商、特许经营商和经销商四种中间商中,经销商的自主性是最强的。突出的表现是,经销商可以确定商品的价格。

（四）特许经营

特许经营,指拥有经营资源的商人(特许人),以合同形式将其拥有的经营资源许可其他经营者(被特许人)使用,被特许人按照合同约定在统一的经营模式下开展经营,并向特许人支付特许经营费用的营业。③ 经营资源指注册商标、企业标志、专利、专有技术等。在我国,特许人限于商人(企业)。④ 被特许人又称特许经营商,他经特许人许可,以自己名义并为自己的利益生产产品、销售商品或提供服务,为此他有权使用许可商的方案,并有义务使用和推广之,且要为此支付特许费用。⑤ 为保障被特许人的利益,法律规定特许人和被特许人应当在

---

① 刘成杰著:《日本最新商法典译注》,中国政法大学出版社 2012 年版,第 65—66 页。
② 国际商会著:《国际商会经销示范合同》,国际商会中国国家委员会译,中国财政经济出版社 2004 年版,第 14 页。经销合同通常还包括如下特别条款:经销区域、经销权限、越区销售、最低购买量、推销与宣传广告、补偿等条款。
③ 《商业特许经营管理条例》第 3 条。
④ 同上。
⑤ 〔德〕C. W. 卡纳里斯著:《德国商法》,杨继译,法律出版社 2006 年版,第 494—495 页。作者试图在委托关系框架内定义特许经营商。但委托关系与"为自己的利益"存在着一定的矛盾性。

特许经营合同中约定,被特许人在特许经营合同订立后一定期限内,可以单方解除合同。①

特许经营是重要的经营形式。最著名的莫过于"麦当劳"和"肯德基"。在中国,"真功夫餐饮管理有限公司""如家酒店集团"等采取的也是这种方式。每个特许经营商被要求以统一的理念、统一的形象、统一的标准、统一的方案出现。为此,特许经营商有权并有义务使用特许人的商号、商标、服务标记、招牌风格、广告以及其他能表征特许人特征②的人格财产化元素。否则,特许经营商将承担违约责任。德国的案例显示,某特许经营商因没有遵守加工"汉堡包"烧烤温度177摄氏度和加工"1/4磅"这种食品温度191摄氏度的规定而遭到了起诉。③特许经营商,与经销商、经销商和代理商一样,在我国缺乏详尽的法律的规定。(目前规范特许经营活动的法律规范主要是国务院于2007年制定的《商业特许经营管理条例》,但该条例主要为管理规范,商法规范较少且不明确。)商业实践已就上述经营形式形成了成熟的商业习惯,商法有必要对其通行的规则予以确认,以减少谈判成本,促进交易的效率。同时,对于弱势一方也是一种保护。

(五)居间

这里所称的居间,指居间人所从事的向委托人报告订立合同的机会或者提供订立合同的媒介服务,委托人支付报酬的营业。④《德国商法典》第93条第1款规定:"为他人承担关于购买或让与商品、有价证券、保险、货物运送、船舶使用租赁或其他商业往来标的物的合同的媒介,并以此为营业,而未由他人依合同关系平常被委托实施此种行为的人,享有商事居间人的权利并承担其义务。"居间人应当就有关订立合同的事项向委托人如实报告。居间人故意隐瞒与订立合同有关的重要事实或者提供虚假情况,损害委托人利益的,不得要求支付报酬并应当承担损害赔偿责任。⑤ 居间人的活动不受他人的约束,完全是自由独立的。法理上,居间人仅居间介绍,不受禁止双方代理的影响,此与代理商是不同的。但在实践中,很难区分媒介行为和代理行为。商业上的居间与代理最主要的区别是单个居间业务的临时性。在日本,代理商既代理交易也提供媒介服务。提供媒介服务时,代理商与居间人并无严格区分。⑥

---

① 《商业特许经营管理条例》第12条。
② 韩强:《特许经营的责任分担和风险防范》,载《法学》2002年第6期。
③ BGH NJW,1985,1894,1895。转引自〔德〕C. W. 卡纳里斯著:《德国商法》,杨继译,法律出版社2006年版,第492页。
④ 《合同法》第424条。
⑤ 《合同法》第425条。
⑥ 刘成杰著:《日本最新商法典译注》,中国政法大学出版社2012年版,第65页。

第十一章 商事交易制度

商行为法是规制商事交易的法。商事交易是商行为的商业实践形式。本书以下两章从商事交易的角度阐述商行为法。

第一节 交易市场

市场，原义指交易的场所。实际上，仅存在交易场所，交易未必能够产生，市场实质是指使交易能够顺利达成的一套交易机制。市场是应交易需要而产生的。

一、市场类型

根据不同的需要，市场呈现出四种类型：自找市场、经纪市场、自营市场和竞拍市场。①

（一）自找市场

自找市场，指交易双方自找交易对象的市场。自找市场是最原始的市场。因此，自找市场往往买方找不到卖方，而卖方找不到买方，交易双方搜索成本很高。一般来讲，每一种商品都存在着自找市场。当然，对于一些特殊商品，自找市场可能是非法的。例如，我国公开发行的证券的自找市场就是非法的。我国《证券法》明确规定，证券必须在依法设立的证券交易场所进行交易。在成熟市场，证券自找市场是合法的，往往出售那些经纪人也不愿意光顾的证券。

自找市场虽然最为原始，但也广泛存在。例如，无中介的房屋租赁市场和二手车市场等。这类市场对信息的反映最不灵敏。互联网的出现使情况出现一些改观。买方或卖方会把信息贴在一些网站所提供的信息平台之上。这样使买方或卖方信息搜索成本大为降低。

（二）经纪市场

经纪市场，指由经纪人代理交易双方进行买卖的市场。经纪人负责搜索买方和卖方，并收取佣金。经纪市场是在经纪人的搜索成本低于自找成本才有可能出现。这种情况往往是交易物品有一定的活跃度才有可能。例如，每当地产交易活跃时，便会有很多地产中介开业，相反，每当地产交易冷清时，便会有很多

---

① 参见朱锦清著：《证券法学》（第三版），北京大学出版社 2011 年版，第 51—53 页。

的地产中介歇业。经纪人为交易双方节省了时间和精力,收取一定的费用也是理所当然的。然而,需要指出的是,我国股票市场中的证券经纪人收取的佣金是不公平的。由于实现电子化的网络交易,经纪人实际上并没有提供任何服务,而因此收取高额的费用是没有任何道理的。

规模效益使得经纪人的搜索成本能够低于自找成本。之所以如此,有两个原因:第一,经纪人的初次投资降低了此后服务的边际成本。经纪人订购的专业性的资料、设备的采购以及专业人员的雇用费用等是单个人不愿意承担的。第二,经纪人可以将信息搜索过程对服务对象无用的信息转化为对别的服务对象的有用信息。这些都是在规模效应下产生的经济效益。[1]

(三) 自营市场

自营市场,指由商主体在固定场所(平台)买进、卖出或由双边报价商[2]充当交易对手方并同时连续报出买、卖双边价格所形成的市场。自营市场分为单边自营市场和双边自营市场。单边自营市场目前是基本的市场形式。在零售业,小到个体经营,大到巨型商场,目前仍然采取这样的市场形式。过去,经营者为降低消费者的搜索成本,会聚集到一地形成商业中心或在各种媒体上打出一些广告。电子商务平台的出现使经营者的聚集方式和消费者的搜索方式都发生了改变。电子商务平台减弱了自营市场的信息搜索劣势。单边自营市场正以新的形象展现。

双边自营市场中的报价商为买而卖,为卖而买,低价买进,高价卖出,以买卖差价作为提供交易服务的报酬。以证券交易为例,"当有人要卖证券时,自营商就向他报出购买价,只要对方愿意,就将他的证券买下,建立自己的库存;下次有人要买证券时,自营商又向他报出出售价,对方愿意的话,就从库存里拿出来卖给他。"[3]我国的外汇市场也属于自营市场。商业银行每天报出人民币对外币的购买价和出售价,需要购进或售出外汇的个人或企业均可以通过商业银行购买和出售外汇。2001年,我国银行间债券市场也推出了双边报价制度。报价商的存在可以使市场始终保持交易的连续性。对一种商品的报价往往不只有一家报价商。因此,这种来自于其他报价商、经纪人的竞争使得报价商报出的买进价和卖出价不会差距太大。

---

[1] 朱锦清著:《证券法学》(第三版),北京大学出版社2011年版,第51—52页。

[2] 2000年4月30日发布的《全国银行间债券市场债券交易管理办法》(中国人民银行令〔2000〕第2号)第2条规定:"双边报价商系指经中国人民银行批准的,在进行债券交易时同时连续报出现券买、卖双边价格,承担维持市场流动性等有关义务的金融机构。"

[3] 朱锦清著:《证券法学》(第三版),北京大学出版社2011年版,第52页。引文中的自营商即本书所称的报价商。

做市商(Market Marker)是报价商中的一种。① 相比一般的报价商,做市商有义务维护市场的流动性和公正有序,否则将会失去做市商资格。在证券市场,做市商的行为要受到相关法规和自治规则的约束。做市商的报价必须真实,不得虚假报价;做市商做市的价差不得超过规定的幅度;做市商要对自己做市的证券保持每日连续的双边报价。目前我国全国中小企业股份转让系统②允许证券公司充当做市商提供双向报价业务。依目前规则,在全国中小企业股份转让系统挂牌的股票采取做市转让方式的,须有2家以上做市商为其提供做市报价服务。做市商应当在全国股份转让系统持续发布买卖双向报价,并在报价价位和数量范围内履行与投资者的成交义务。③ 相关业务规则对证券公司开展做市业务的条件、做市业务人员应当具备的条件、做市商做市专用技术系统应当满足的要求、做市商应当建立健全的做市业务内部管理制度等④作出了规定。业务规则还详细规定了做市商及其做市业务人员不得从事的行为,如不得利用内幕信息进行投资决策和交易,不得利用信息优势和资金优势,单独或者通过合谋,制造异常价格波动;不得以不正当方式影响其他做市商做市;不得与其他做市商通过串通报价或私下交换做市策略、做市库存股票数量等信息谋取不正当利益;不得与所做市的挂牌公司及其股东就股权回购、现金补偿等作出约定;做市业务人员不得通过做市向自身或利益相关者进行利益输送等。⑤

(四)竞拍市场⑥

竞拍市场,指把买卖单方或双方的所有的交易指令都集中到一起进行竞争交易的市场。竞拍市场分为单向竞拍市场和双向竞拍市场。单向竞拍市场如竞拍和招标。双向竞拍市场如证券市场中的竞价交易市场。由于交易指令集中,竞拍市场的搜索成本非常低;由于有规模效应,竞拍市场的交易费用也非常低。竞拍市场由于集中竞价,还能充分发现价格。但竞拍市场由于交易者鱼龙混杂,也容易产生价格操纵问题。为此,针对竞拍市场形成了一些商业习惯,法律也对

---

① 2014年《全国中小企业股份转让系统做市商做市业务管理规定(试行)》第2条规定:"做市商是指经全国中小企业股份转让系统有限责任公司同意,在全国中小企业股份转让系统发布买卖双向报价,并在其报价数量范围内按其报价履行与投资者成交义务的证券公司或其他机构。"前述2001年银行间债券市场中出现的双边报价商并不是严格意义上的做市商。

② 全国中小企业股份转让系统(NEEQ,National Equities Exchange and Quotations),是经国务院批准设立的全国性证券交易场所,主要为创新型、创业型、成长型中小微企业发展服务。全国中小企业股份转让系统有限责任公司于2012年9月20日注册成立,为全国中小企业股份转让系统运营管理机构。股票转让可以采取协议方式、做市方式、竞价方式或其他中国证监会批准的转让方式(《全国中小企业股份转让系统业务规则(试行)》第3.1.2条,中国证监会批准,自2013年2月8日起施行)。

③ 《全国中小企业股份转让系统业务规则(试行)》第3.1.4条。

④ 《全国中小企业股份转让系统做市商做市业务管理规定(试行)》第10、11、14条。

⑤ 《全国中小企业股份转让系统做市商做市业务管理规定(试行)》第14条。

⑥ 又称之为拍卖市场。朱锦清著:《证券法学》(第三版),北京大学出版社2011年版,第51—52页。本书认为,用竞拍市场更为准确。

竞拍市场进行严格规制。竞拍市场应当严格遵守这些商业习惯和法律。

二、拍卖行和交易所

竞拍市场通常表现为拍卖行和交易所。

(一) 拍卖行

拍卖行,指主持拍卖活动的商人。拍卖自身应当具备一定的资质,其中最重要的就是应当有与从事拍卖业务相适应的拍卖师和其他工作人员。[1] 拍卖行的主要任务是以公开竞价的方式,将委托人委托的特定物品或财产权利转让给最高应价者。我国法律为拍卖行设定了一些法定义务[2]:第一,拍卖行应当向竞买人说明拍卖标的的瑕疵。为此,拍卖行有权要求委托人说明拍卖标的的来源和瑕疵;第二,拍卖行对委托人交付拍卖的物品负有保管义务;第三,拍卖行接受委托后,未经委托人同意,不得委托其他拍卖行拍卖;第四,委托人、买受人要求对其身份保密的,拍卖行应当为其保密;第五,拍卖行及其工作人员不得以竞买人的身份参与自己组织的拍卖活动,并不得委托他人代为竞买;第六,拍卖行不得在自己组织的拍卖活动中拍卖自己的物品或者财产权利;第七,拍卖成交后,拍卖行应当按照约定向委托人交付拍卖标的的价款,并按照约定将拍卖标的移交给买受人。

(二) 交易所

交易所,指制定交易规则,并提供集中竞争交易的场所或平台的商人。[3] 传统的交易所是有形的,如著名的纽约证券交易所、伦敦证券交易所,在互联网广泛使用之前,都是有形的场所;而在互联网时代,产生了一种新型的交易所,即依托网络平台而不是依托有形场所进行各种资源的交易。著名的纳斯达克即是一个利用网络形成的无形市场。我国的上海和深圳交易所也是这种网络交易所。两个交易所尽管也都有交易大厅,但该大厅早已不再进行实质的交易。

交易所不同于一般的交易场所。第一,交易所是集中交易的场所。买家和卖家在这里汇集,使得交易配对成功的机率大大提高。交易所降低了买家与卖家搜索成本。要说明的是,集中交易并不等于就是竞价交易。交易所也可以采取报价交易甚至协议交易。第二,交易所制定交易规则。交易所的该项职责被一些立法例明确规定。例如,我国台湾地区"证券交易法"第138条明确规定,证券交易所应当于其业务规则或营业细则中,将有关有价证券之上市、有价证券集中交易市场之使用、证券经纪商或证券自营商之买卖受托、市场集会之开闭与

---

[1] 《拍卖法》第12条。
[2] 《拍卖法》第18、19、20、21、22、23、24条。
[3] 无论公司制还是会员制的交易所均为商人。但我国的证券交易所实际上是非营利性的事业单位。

停止、买卖种类、证券自营商或证券经纪商间进行买卖有价证券之程序及买卖契约成立之方法、买卖单位、价格升降单位元及幅度、结算及交割日期与方法、买卖有价证券之委托数量、价格、撮合成交情形等交易信息之实时揭露等事项详细制定之。有关证券商利益事项,应当先征询证券商同业公会之意见。凡进入交易所市场进行交易的,都必须遵守该市场的交易规则。交易规则的统一化,大大降低了双方的谈判成本。第三,一些交易所具有担保交收的职责。我国台湾地区"证券交易法"第153条明确规定:"证券交易所之会员或证券经纪商、证券自营商在证券交易所市场买卖证券,买卖一方不履行交付义务时,证券交易所应指定其他会员或证券经纪商或证券自营商代为交付。其因此所生价金差额及一切费用,证券交易所应先动用交割结算基金代偿之;如有不足,再由证券交易所代为支付,均向不履行交割之一方追偿之。"第四,交易所具有一定的监管职能。由于可以制定交易规则并具有一定的监管职能,交易所不同于一般市场,已经人格化了。

根据交易所交易的对象不同,交易所可以分为商品交易所和金融交易所。商品交易所的种类繁多。在我国,已经建立了从事粮食、金属、能源等各种类型的商品交易所。金融交易所的类型则较为单一。在我国,主要类型有证券交易所和期货交易所。各个地方的产权交易中心也可以算得上广义的证券交易所。交易所可以交易现货,也可以交易期货。后者则称为期货交易所。在我国,期货交易所是单独设立的,如中国金融期货交易所等。

第二节 交易类型

一、现货交易

现货交易,指交易成交后,即开始变动交易标的权属的交易类型。最典型的现货交易是"一手交钱,一手交货"。当然,如果交易标的按商业习惯在一定期限内转移权属,也属于现货交易。例如,电子商务一般要在几天后交货,此也属于现货交易。现货交易交易的一般是实物,或权利的客体是实物。期货交易交易的是标的合约,但一般不将其归入现货交易。

现货交易根据标的物特点,可以采取协议交易,也可以采取竞价交易等等。现货交易是最基本的交易类型。其他的交易类型多是由现货交易衍生而出的。基本上,我们可以称现货交易是基础交易,而其他的交易类型为衍生交易。

二、远期交易

远期交易(Forward Transaction),指买卖双方签订远期合同,规定在未来某一时期按照规定的交易条件进行交易的交易类型。远期交易有以下特点:第一,远期交易是期货交易。第二,远期交易的目的在于管理风险。其特点是锁定交易标的未来一段时期的价格。第三,远期交易本身都是量身定做的,非标准化的,非透明的,因此,一般不在交易所进行交易。[①] 第四,远期合约本身一般不可转让,交易双方必须履行协议,因此,交易双方都可能面临违约风险。

现代远期交易起源于农产品交易。一般认为,18世纪50年代,美国芝加哥期货交易所推出的第一张远期合约"TO-arrive",就是农产品远期交易合约。该合约允许农民在未来确定的时间交割他们事先达成协议的确定数量的农产品。[②] 目前,远期交易广泛运用于金融、外汇、证券等领域。通常,合约双方约定在未来确定日期交换金融资产,以达到金融资产保值的目的。例如,外国投资人为回避汇率风险,可以同金融机构按照现在的汇率约定在未来一段时间换取外汇。这对于吸引外国投资是有利的。远期合约在外汇领域广泛运用,原因在于外贸企业都希望在一个固定汇率的环境中进行交易。一些加工企业利润非常微薄,汇率哪怕一点的变动,都有可能打乱其生产经营活动。

三、期货交易

通常认为,期货交易最早产生于美国。1848年3月13日,美国芝加哥期货交易所(CBOT)成立,它是第一个近代期货交易所。期货交易是在远期交易的基础上发展起来的。期货交易,指买卖标准化的期货合约的交易类型。其法律特征如下:第一,期货交易的是标准化的期货合约,这一点不同于远期交易。期货合约,其法律性质应当属于证券。证券实质上是指一种可自由流通的请求权。而期货合约,代表的是一种可自由转让单方的请求权,应该属于证券。但在习惯上,美国由于存在独立的期货监管机构,并不认为期货是证券。第二,期货交易的方式是集中交易,由交易所组织。第三,期货交易实行合约标准化、保证金制度和统一结算,不同于普通的买卖,因此不适用合同法。第四,期货合约到期只需要平仓即可,并不像远期合约一样需要实物交割。

期货是市场经济中重要的一种交易产品。通过期货交易,可以达成以下目的:第一,转移风险,套期保值;第二,投机以获利。期货交易是零和交易,有赢必有亏。期货市场可以起到发现商品价格的作用。

期货交易是场内交易,其交易程序与目前的场内证券交易程序很类似,一般要经过开户、委托[③]、交易、结算等几个过程。期货交易风险很大,并不是人人都

[①] 也有例外,例如伦敦金属交易所中的标准金属合约是远期合约。
[②] 上海期货交易所著:《全球衍生品市场发展趋势与中国的选择》,百家出版社2003年版,第42页。
[③] 进行期货交易的投资者,必须在一个期货经纪公司开户,委托其代理参加期货交易。目前,期货交易已经实现了网上交易,场内交易已经摆脱地理空间的限制,投资者完全可以直接进行交易。

适合参与期货交易。因此,期货交易一般都有合格投资者的要求。也就是说,只有机构投资者和具有期货投资经验并有一定经济实力的自然人才应该被允许参加期货交易。

四、信用交易

信用交易又称"保证金交易"(Margin Trading)和垫头交易,指可以仅先交部分价款的交易类型。其实"保证金交易"称为杠杆交易最为准确。保证金交易广泛应用于证券、期货、外汇、利率、黄金等交易领域。根据杠杆形成方式的不同,杠杆交易可以分为履约杠杆交易和借贷杠杆交易。

履约杠杆交易,指保证金主要是担保履约的杠杆交易。最典型的是期货交易。期货交易时,交易人只需要支付合约价值很小部分,一般是15%以下(我国股指期货为12%)。为了不积聚风险,期货交易实行当日无负债结算,因此,交易保证金应足够支付当日可能出现的亏损(期货市场一般有涨跌停制,一般为5%—10%)。当日结算后,保证金不足的,交易人要追加保证金,否则有可能被强制平仓。

借贷杠杆交易,指保证金主要是用来担保借贷的杠杆交易。此类保证金比例通常较高,一般为50%。典型是证券交易中的融资融券。融资是借钱买券,而融券则是借券卖钱。之所以借钱买券,则是觉得证券价格要上涨;之所以借券卖钱,则是觉得证券价格要下降。无论借钱还是借券,都要提供一定担保物。与一般的担保物要全部另外提供不同,融资融券的担保品只需要部分另外提供,即保证金,而其余的担保品则为交易过程中使用的资金或证券。融资融券这一特点很像按揭。[①] 按揭时,投资者的担保品也不需要另外提供,只需要将交易标的用作担保品即可。具体的操作是:(1) 融资买进,投资者支付保证金,并向券商借入剩余资金买进证券,等证券价格上涨再卖掉证券还贷付息。在整个交易过程中,保证金和证券都要作为借贷的担保。如果担保的证券价值下降不足以支付借贷,交易人必须追加保证金,或者面临被强制平仓的境地。(2) 融券卖出,投资者向券商借入证券卖出,并以卖出资金作为担保,等证券价格下降后再买进证券还物付息。融资融券卖掉的证券是借来的,其买来证券也是现货,因此,融资融券本质上仍然为现货交易。但融资融券作为杠杆交易,为现货市场提供了做空手段,使得现货市场不再是单边市场,投资者在证券市场上涨或下降时均可能赢利,有抑制市场暴涨暴跌的作用。但无疑,融资融券增加了证券市场投机

---

① 融资买进的交易方式很像楼房按揭:首付是保证金,借贷买进后房子要作为借贷的担保品。如果供不起楼款,银行可要求强制售楼。不同的是,融资买卖目的是投资,因此需要采取卖券还贷付息;而按揭的楼房是为了居住,一般采用分期付款的方式还贷。

因素。

五、期权

期权,指未来以约定价格买卖特定标的物的选择权。第一,期权是选择权,拥有期权的人不负有必须买进或卖出的义务。期货则有必须履约或平仓的义务。第二,期权是有代价,即期权费用(权利金)。期权的本质是以一定代价锁定未来的价格风险。因此,期权同样是管理风险的工具。

期权分为看涨期权和看跌期权。如果投资者预测某一投资标的将要上涨,则可以花费一定的费用购买看涨期权。例如,假设目前铜的期权执行价格为1800美元/吨。A付出10美元从B那儿买到1吨铜的买进期权。一个月后,铜上涨至1840美元/吨,则A获利30美元,B则损失30美元。如果铜价格下降到1780美元,则A损失10美元,而B获利10美元。如果投资者预测某一投资标的将要下跌,则可以花费一定的费用购买卖出期权。例如,假设目前铜的期权执行价格为1800美元/吨。A付出10美元从B那儿买到1吨铜的卖出期权。一个月后,铜下跌至1770美元/吨,则A获利20美元,B则损失20美元。如果铜价格上涨到1840美元,则A损失10美元,而B获利10美元。

期权本身是可以转让的。买进期权的价格是标的物的时价减去期权执行价。例如,石油的时价为100美元一桶,如果期权执行价为80美元,那么期权的价格应当为20美元。卖出期权的价格应当是期权执行价减去时价的差额。期权自身的交易是现货交易。

六、互换

互换(swaps),又称掉期,指交易双方按约定的条件和时间内交换现金流的交易类型。互换的标的有利率、货币、债券等。互换渊源于背对背贷款。这种贷款形式在20世纪70年代很流行,其目的在于规避布雷顿森林体系崩溃所导致的浮动汇率风险。常见的背对背贷款如下:甲国公司向乙国公司贷出一笔为期4年的英镑贷款,利率8%,而这家乙国公司反过来又向甲国公司贷出一笔等值的同样为期4年的美元贷款,利率7%。通过货币互换,两家公司就交换了货币本金和利息支付,两家公司按固定汇率以英镑换取了美元。20世纪80年代之后,货币互换、利息率互换等互换形式先后出现。

七、回购

回购,指交易成交的同时,又约定于特定时间以特定条件购回标的物的交易类型。回购交易的性质是让与担保,本质上是融资行为。让与担保在德国是一种重要的担保物权,不过在我国并不常见。一则我国并未规定让与担保是物权①,二则交易比较复杂,三则交易取决于双方的诚信,否则,交易最终可能违背双方的初衷。国际上的回购交易主要应用于证券领域。证券回购交易在1918年产生于美国②,如今是一种重要的证券交易类型,不但债券可以,其他证券也可以回购。回购发生在二级市场。发行人购回自己发行的证券并不属于这里所说的回购(我国法律通常禁止发行人购回自己的股票)。以是否转移标的物的所有权,回购交易分为买断式回购和质押式回购。

买断式回购的特点是:第一,买卖由两次交易构成,第一次交易的目的是融资,第二次是归还本金。第二,两次买卖地位互换。第一次融资方作为卖方,而第二次则作为买方。第三,标的的所有权发生转移。这就会产生一个问题,如果买卖一方因为标的价格产生较大变化而不愿意履行第二次交易的问题。有学者认为买断式回购双方设定的是一种债权义务,第二次交易是否得以履行取决于债务人是否作为。③ 其实即使将让与担保确定为物权也会存在这个问题。因为让与担保结束后的交易复归也取决于债务人的配合。违约风险的存在应当是买断式交易在如今的证券回购市场并不普遍的原因之一。另一个原因则是我国的回购市场已经对质押式回购产生了路径依赖。买断式回购也有其优点,即不会减少市场中的证券,买方买断后,证券并不会冻结,买方可以用此证券进行做空交易。

质押式回购,指融资方以证券质押以融资的行为。在有纸化的情况下,融资方融资时,要将纸质证券交付给资金融出方,待融资期限结束后,融资方还款付息,融出方则归还证券,表面上像是融资方又购回了证券。实际上质押式回购并没有转移证券的所有权,只是设定了权利人为融出方的证券质押权。因此,质押式回购并不是严格的回购交易。质押式回购的特点是:第一,证券仍然归属于融资方,不发生证券买断行为;第二,证券被作为质押物质押给资金融出方;第三,证券在质押时要进行打折,以打折后的价值作为融资数额。质押式回购的这些做法保证了双方的对等,使违约几率大大降低。一方面,证券依然归融资方所有,在无纸化的情况下,资金融出方并不实际占有证券,不会因为证券价值上升,而出现资金融出方不愿意归还证券的情况;另一方面,由于资金融出方享有证券质押权,质押价值又是按照打折的价值计算,因此一般不会出现融资方违约不归还融资的情况,除非出现质押证券的价格大幅度的下降。但是,这一情况一般是不会出现的。质押式回购缺点也很明显,那就是冻结了大量的证券,同时也就降低了证券市场的流动性。

---

① 尽管我国法律并未规定让与担保为担保物权,但这并不意味着让与担保不存在。担保并不一定仅以物权形式存在,债权也可以充当担保。例如保证。
② 范健、王建文著:《证券法》,法律出版社2007年版,第167页。
③ 周友苏主编:《新证券法论》,法律出版社2007年版,第264页。

质押式回购曾经在我国国债交易中广泛开展,一度十分火爆,但由于制度设计的缺陷,最终出现了很大的问题。经整顿的质押式回购交易的基本程序是,融资方融入资金,并将证券转移到专门的质押库质押。这一办法基本解决了原有设计的缺陷。

八、回转

回转,指交易成交而未交收前,将标的物部分或全部卖出的交易类型。回转交易在交收完成前进行,交易的是未交收的标的物,也可以看作是交易买卖合约的行为。回转交易在我国证券市场中的应用有争议,原因是我国《证券法》规定证券交易的证券,必须是依法发行并交付的证券。[1] 有人认为回购交易并不违反法律规定,认为回转交易只是"一轮证券交易的构成部分而非独立完整的交易过程。"[2] 这种解释有些牵强,但从《证券法》的立法本意来看,似乎也不无道理。回转交易的功能除了能够增加证券市场的流动性,主要是纸质证券交收期间过长,使得投资人无法回避持仓风险,即在此过程中出现的价格波动风险。在有纸化时代,证券交收要经过3至5天是很正常的事情。在无纸化的时代,回转交易似乎没有存在的必要。目前,证券可以做到即时交收,不存在交割期中价格波动风险。至于我国股票交易普遍实行的 T+1 交收,不是技术上做不到 T+0,而是限制过度投机的原因。此时,再实行回转交易,就违背了 T+1 交收制度的初衷。

第三节 交易形式

本节所称的交易形式,指交易的成交方式,即使各交易要素达成一致进而交易得以成立的方式。交易形式主要有协商、报价和竞争三种。

一、协商

协商交易形式,指交易双方一对一的就交易各个要素进行商谈,最终达成协议的交易形式。协商交易形式是最普通的也是最基础的交易形式,其特点如下:第一,一对一,没有第三方参与竞争;第二,双方可以就交易条款反复谈判,最终弥合分歧,达成一致;第三,商谈的内容是全方面的,可以就任何与交易有关的事项进行谈判。因此,协商交易形式可以应对交易标的、交易条件的变化,可以实现商人个性化的需要。协商交易形式最能反映商人的意思自治,主要适用《民法

---

[1] 《证券法》第 35 条。
[2] 周友苏主编:《新证券法论》,法律出版社 2007 年版,第 264 页。

典》合同编的规定。

理论上,所有交易都应该可以协商交易的形式成交。但在某些情况下,必须限制某些交易中的意思自治,方可实现促进交易效率和保障交易安全的需要。为此,在一些特殊领域,法律为了达到一些特殊目的,例如并购、资产重组等,就发展出一些受限制的协商交易形式。例如,证券交易中的协议交易制度和大宗交易制度。这两种受限制的协商交易制度对意思自治进行了限制,其目的是为了实现促进交易效率和保障交易安全。需要指出的是,为体现公平交易,避免利益输送,《证券法》原则上是禁止通过协商这种交易形式进行交易的。依我国《证券法》,所有的证券都应当在依法设立的证券交易场所中进行交易,公开发行的证券以在证券交易所集中竞价交易为主。①

二、报价

报价②交易形式,指由具备一定信誉和资金的交易商充当市场上的双边报价商,不断向普通投资者报出特定交易标的的买进和卖出的价格,并在该价位上接受普通投资者的买进和卖出的要求的交易形式。特点如下:第一,交易一方必定有报价商参与。报价商既是卖方的买方,又是买方的卖方。第二,报价商提供双向报价,即买进价和卖出价。第三,报价商的报价是在看到订单之前报出的,投资者则是在看到报价后才下单的。与协商交易形式不同是,交易价格是由报价商提供而不是由双方协商确定的,交易对手只有接受或拒绝,不能讨价还价。报价交易形式的交易双方不需等待交易对手出现,只要有报价商出面承担交易对手方即可达成交易。报价商是一个真正的中央对手方,与集中交易中的结算机构这个中央对手方不同的是,结算机构收取的是手续费,只是假定的交易的对手,目的是起到担保交收的作用。报价商则赚取差价而不收取手续费。因此,报价商双边报价存在着一定的风险。

报价交易形式的功能主要是活跃市场和稳定市场。报价交易促进了市场的流动性和稳定性。如果市场上的交易者不够多时,交易时常出现买进或卖出的空缺,此时竞价可能会面临无法成交的情况。而在报价交易形式中,由于会有报价商充当中间交易商,可以解决交易双方时间上和数量上的不配对和不平衡,从而为市场提供一种"即时流动性"。竞价成交容易产生市场操纵问题,交易者可以利用资金或信息优势通过连续买卖、虚假买卖等方式操纵市场价格。而报价

---

① 《公司法》第38条规定:"依法公开发行的股票、公司债券及其他证券,应当在依法设立的证券交易所上市交易或者在国务院批准的其他证券交易场所转让。"第40条规定:"证券在证券交易所上市交易,应当采用公开的集中交易方式或者证监会批准的其他方式。"

② 做市交易只是报价交易的一种。《全国中小企业股份转让系统业务规则(试行)》第3.1.2条规定:"股票转让可以采取协议方式、做市方式、竞价方式或其他中国证监会批准的转让方式。"

商一般具有较强的资金实力和市场分析能力,报出的价格通常是合理的,并承诺依照报价买卖,并且能够处理大额指令,因此,报价交易形式中操纵市场的情况通常不会出现。但是报价交易形式也存在着交易成本较高和透明度较差的问题。

报价交易形式是一种古老的交易形式。古董交易商的低进高出与报价交易很类似。当然,最典型的交易形式存在于金融证券交易领域。例如,外汇兑换就采取报价交易形式。银行的外汇买进价和卖出价总是有一些差额,银行即靠赚取差价提供兑换业务。在成熟的证券市场,报价交易形式是一种常见的交易形式。在我国,报价交易形式还不多见。目前,上海证券交易所允许通过大宗交易系统从事一级交易商从事债券的双边报价交易。[①] 全国中小企业股份转让系统和银行间债券市场也允许报价交易形式。

为了适应市场发展和科技进步,报价交易形式也有了新的变化。目前,一种趋势是将各报价商的报价通过电子系统集中显示,以供投资者选择交易对手。于是,报价商不再像过去垄断市场报价,在集中报价的情况下,报价商的报价出现竞争性,这种报价竞争类似竞价交易,提高了市场的透明性并降低了交易成本。

目前,一般的证券交易所通常会采用混合交易制度,即以竞价交易为主,以报价交易为辅助。在混合交易制度下,投资者的订单可以与其他投资者的订单直接竞价成交,也可以与报价商的报价交易。报价商的报价之间不仅要相互竞争,而且要与投资者的订单进行竞争。混合交易集中了竞价交易和报价交易的优点,是现代证券交易形式的发展趋势。但是,在混合交易制度下,由于竞争的增加,报价商的做市动力减弱,维持报价商的做市动力是一个重要的问题。为此,各交易市场通过股权安排、发行人利益补偿等盈利模式安排,激发报价商的做市动力。[②] 不过对于一些未公开上市的或退市证券等,由于投资者过少,市场流动性不足等原因,报价交易仍占主导地位。

三、竞争

竞争交易形式,指卖方或者买方通过竞争方式达成交易的方式。在这种交易形式中,卖方或者买方有很多的交易者都想达成交易。为交易公平和实现交易价值最大化,一方的交易人要通过竞争取得交易机会。竞争交易形式主要包括招标、拍卖和竞价三种交易形式。

---

① 《上海证券交易所交易规则》(2013年修订)第3.7.12条。
② 金永军、扬迁、刘斌著:《做市商制度最新的演变趋势及启示》,载《证券市场导报》2010年第10期。

(一) 招标

招标，指通过投标竞争达成交易的交易形式。具体地说，招标指在特定交易中，招标人通过事先公布的交易要求，吸引不特定的投标人按照同等条件进行平等竞争，按照规定程序并组织相应专家进行综合评审，从中择优选定中标人并达成交易的方式。招标一般适用于货物、工程和服务的采购行为中，是一种择优成交的方式，其目的是以较低的价格获得最优的货物、工程和服务。

与一般交易形式相比，招标有以下特点：第一，与拍卖相比，招标方有选择投标人的权利，而拍卖方没有选择权。第二，招标是一次性递价成交的交易形式。投标人只有一次机会，没有讨价还价的余地。投标本身是要约，投标人必须谨慎地设置自己的交易条件，一经招标人接受，立即成交。第三，招标是要式交易形式，按照规定的时间和程序进行。

招标一般分为招标[1]、投标、开标和决标几个阶段。招标方和投标方都要遵循公正、诚信原则。

(二) 拍卖

拍卖是一种历史悠久的交易形式。[2] 拍卖，指以公开竞价的形式，将特定物品或者财产权利转让给最高应价者的交易方式。[3] 拍卖作为一种独特的交易形式，可以起到发现商品的价格和实现资源的合理配置的功能。特别是那些对价格不确定的和不易定价的商品，如艺术品、文物、无形资产、抵押和罚没物品等，通常只有通过公开拍卖才能发现其价格。

拍卖应当具备两个特点：第一，卖主为一个，而买主至少两个，买方只有一个则拍卖不成立；第二，买主竞价，价高者得。拍卖一般会给出底价，然后由买方竞价成交。拍卖的成交权和价格决定权掌握在买方手中。拍卖的特点在于公开、公平和公正，有利于减少协议交易中的种种内幕交易。当然，拍卖也无法完全避免内幕交易。为此，主持拍卖的拍卖人成立要经过行政许可，并具备一定的资质；拍卖从业人员也要有相应的资质。

拍卖是程式交易，一般要遵循委托、拍卖公示和展示、拍卖实施三个阶段，每个阶段都要按照法律和交易习惯规定的程序进行。[4] 需要注意的是，拍卖不一定存在于拍卖行中，生活中也存在许多拍卖交易。此时不必严格遵循拍卖法所规定的拍卖程序。

---

[1] 招标一般有两种含义：一是指整个交易，二是指交易过程中的一个阶段。
[2] 最早见诸文字记载的是希罗多德在《历史》一书中对古巴比伦（公元前1894—前709年）新娘拍卖的描述。
[3] 《拍卖法》第2条。
[4] 《拍卖法》第四章拍卖程序。

（三）竞价

竞价，指将众多的卖方和买方集中到一个交易场所进行竞价，进而达成交易的交易形式。竞价交易形式是多对多的交易形式。竞价交易形式与普通拍卖不同。普通的拍卖只是买方竞价，而竞价交易形式则是卖方也竞价。竞价交易形式是集中的交易形式，交易对手互相是不相见，都以交易所[①]为中央对手方。交易所负责担保交收，以保障交易的进行。交易成交后，除非因意外事件、交易系统被非法侵入或不可抗力等原因不得撤销。竞价交易形式这一特点表明，法律行为制度中的可变更、可撤销在竞价交易中基本上是不适用的。竞价交易还具有无因性。前手交易的有效与否将不影响后手交易的效力。

竞价交易形式适用于买方和卖方众多的交易，符合此种特征主要是证券交易和期货交易。竞价分为集合竞价和连续竞价两种方式。

1. 集合竞价

集合竞价，是指对一段时间内接受的买卖申报一次性集中撮合的竞价方式。[②]

集合竞价将一个时间段内所有的申报进行竞价，原则上以能产生最大成交量的价格成交。[③] 所有参与集合竞价的交易以同一价格成交。价格不受个别申报价格的影响，又能反映大多数交易者的意愿，并可以减少价格操纵，价格的产生应当是公平合理的。

2. 连续竞价

连续竞价，是指对买卖申报逐笔连续撮合的竞价方式。[④] 集中交易时，众多的买方和卖方聚集于交易场所，分别报出自己的交易价格和交易数量，根据"价格优先，时间优先"的原则集合或逐对自动撮合成交。

连续竞价分为两个步骤。第一，排序。即确定竞价者的成交次序。排序遵循"价格优先，时间优先"原则。价格优先，是指较高的价格买进申报优先于较低价格买进申报成交，较低价格卖出申报优先于较高价格卖出申报成交。时间优先，是指买卖价格相同时，在先的申报优先于在后的申报成交。第二，确定成交价格。当最高买入申报价格与最低卖出申报价格相同，以该价格为成交价；买入申报价格高于集中申报簿当时最低卖出申报价格时，以集中申报簿当时的最低卖出申报价格为成交价；卖出申报价格低于集中申报簿当时最高买入申报价格

[①] 我国证券市场由证券登记机构担保交收。
[②] 《深圳证券交易所交易规则》(2011年修订)第3.4.1条。
[③] 《深圳证券交易所交易规则》(2011年修订)第3.5.2条："集合竞价时，成交价的确定原则为：（一）可实现最大成交量；（二）高于该价格的买入申报与低于该价格的卖出申报全部成交；（三）与该价格相同的买方或卖方至少有一方全部成交。"
[④] 《深圳证券交易所交易规则》(2011年修订)第3.4.1条。

时,以集中申报簿当时的最高买入申报价格为成交价。[1] 例如,如果最高买入申报为 6.22 元,最低卖出申报也为 6.22 元,那么双方以此为成交价;如果买入申报为 6.25 元,即时揭示的最低卖出申报为 6.22 元,成交价格则以最低卖出申报 6.22 元确定;如果卖出申报价格为 6.00 元,即时揭示的最高买入申报价格为 6.25 元,那么成交价则为 6.25 元。

集中交易的优点是效率高,且节约了大量交易成本。科斯认为:"为了进行市场交易,有必要发现谁希望进行交易,有必要告诉人们交易的愿望和方式,以及通过讨价还价的谈判缔结合同,督促合同条款的严格履行等等。这些工作常常是需要花费成本的。"而集中交易差不多把上述问题全都解决了。[2] 集中交易也有缺点:一是交易人数较少时,流动性往往不足,二是容易被庄家操纵。集中交易为浑水摸鱼的道德风险提供了温床。"广大投资者和监管者对集中交易中的道德风险如同雾里看花,道德风险控制成本也因此水涨船高。"[3]因此,立法应当加强对集中交易的规范(这也是集中交易规范强制性规范较多的原因)[4],集中交易的组织者也必须对交易严加监管,并辅之以大宗交易等制度以减弱集中交易之弊端。

竞价不能等同于集中交易。集中交易,可以采取竞价的交易方式,也可以报价的交易方式,还可以采取协商的交易方式。交易所完全可以多种交易形式并存。

---

[1] 《深圳证券交易所交易规则》(2011 年修订)第 3.5.3 条。
[2] Coase Ronald, The Problem of social cost, *Journal of Law & Economics*, vol.3, 1960, pp.1—4.
[3] 刘俊海著:《现代证券法》,法律出版社 2011 年版,第 147 页。
[4] 集中交易规则最初并不出于法律规定,而是源于交易所的规则。因此,上述强制性规范从一定意义上讲是商业习惯的总结,并不表明国家加强对证券交易活动的干预。

第十二章　商特别交易法

本章试图阐明商法的价值和原则在一些特别交易法中的应用。传统的商特别交易法包括但不限于证券法、票据法、保险法和海商法。其中，海商法调整海上运输关系、船舶关系。海上贸易和运输存在着巨大的风险，因此，海商法有自己独特的规则。海商法体现了极高的技术性和规范性，较之其他商行为，法律体现了更深的参与性。海商法是商法之母。商法发源于海商法，商法中许多重要的规则来源于海商法。不过，在现代社会，商业活动日趋复杂，海商法不再是商法的主体部分。我国主要是陆上国家，海商法与多数日常商事交易无关。限于篇幅和结构，这里仅介绍证券、票据和保险三种特别交易法。

第一节　证　券　法

一、证券与证券法

（一）证券

我国古代以券指契约："券，契也。……券别之书，以刀判契其旁，故曰契券。"①但并无将证券二字连在一起的用法。证券一词为日本学者所创，为英文 securities 的日译，因与汉语文义相通，故移译于中国。② 英文 securities 则衍生于拉丁文 sēcūrus，为"安全的，无危险的"之意。③ 这也说明，作为信用或者筹资工具的现代意义上的证券及证券制度发源于西方。中世纪后期的威尼斯、热那亚等城市，政府通过发行债券以筹集军饷，这样"既得到了军费收入，又避免过度征税而引起公众的不满。"军事公债是目前所知的最早的现代意义上的证券。④

传统理论认为，证券是一种表示民事权利的凭证，行使民事权利以持有该凭证为必要。⑤ 然而，证券的无纸化使得证券消失了。证券无纸化意味着作为载体的证券的消灭。证券尽管消灭了，但证券权利依然存在。为什么证券消失了，

---

① 许慎著：《说文解字》，九州出版社 2001 年版，第 250 页。
② 俞寰澄著：《民元来我国之证券交易》，转引自王志华著：《中国近代证券法》，北京大学出版社 2005 年版，第 4 页。
③ 何勤华等著：《法律名词的起源》（下），北京大学出版社 2009 年版，第 776—777 页。有关证券一词词源的进一步论述，参见该书第 776—785 页。
④ 夏雅丽著：《证券市场与股份制度研究》，科学出版社 2007 年版，第 112 页。
⑤ 谢怀栻著：《外国民商法精要》，法律出版社 2002 年版，第 333 页。

证券权利还可以独立存在呢？这要从证券的功能说起。

众所周知，权利人取得证券，"非纸张之大小，纸质之良窳，印刷之好坏，而系其权利价值。"[①]证券的功能，全在于服务于证券权利：第一，作为证券权利的载体。任何权利都是无体的。物权也是如此。不过物权的客体为有体物，因此物权可以通过其客体的占有和交付而公示其存在和变动。相比于物权，证券权利的客体是给付，其是无体的，因此证券权利无法通过占有与交付对证券权利进行公示。在信息技术尚不发达时，这一特点阻碍了证券权利像物权一样便捷地流动。于是，把证券权利承载于证券之上，就成了促成证券权利便捷流转的最佳选择。把证券权利打包于证券这个有形包裹之中，从而，证券权利便可因证券之占有而为权利人所享有，因证券之交付而移转证券权利。形式上转移的是证券，而实质上转移的是证券权利。第二，作为证券权利的公示方式。证券权利能够快速流转的最主要的原因是因为其是一种对世性的权利。而作为对世性的权利，其必须是一种公示性的权利而不能是一种秘密权利。因为，如果不公示，一方面，对世性可能损伤第三人；另一方面，第三人也无从知道权利人的权利边界，难保不侵犯权利人的权利。可以说，公示是所有对世性权利的根本特征，有无公示方法也成了一种权利能否成为对世性权利的根本标准。在电子科技不发达时，证券是证券权利公示最好的方式。证券具有便携性，将证券权利公示并承载于证券之上，使证券权利可以准用动产物权的法律规定，从而使证券权利取得极大的流动性。必须指出的是，证券权利之所以可以快速流转还是由于其自身的绝对权性质，证券不过是为证券权利的绝对性提供了一种法技术支撑。

可见，证券的功能在于可以把无体的证券权利打包于有体的证券之中，并利用证券的可交付的特点快速流转证券权利。因此，如果证券权利有一种新型的公示方式，可以做到更快捷地流通证券权利，那么自然可以不需要证券这个载体了。现代科技的发展，使得证券权利拥有全新的公示方式。证券权利完全可以登记在电子登记簿上，以登记作为权利的存在方式，以登记变更作为权利变动的方式。在现代科技条件下，登记和登记变更这种权利公示方式比占有和交付的方式更为优越。第一，登记可以避免权属争议。占有只是一种推定，而登记的确权功能显然高于占有。第二，登记可以实现更便捷的流通。登记可以实现电子化交易，其速度将大大快于交付。第三，登记转让可以摆脱存管、伪造、盗窃等问题，可以摆脱中介机构挪用证券的风险。

然而，证券虽然消失了，人们并没有忘记证券，依旧在交易中沿用证券这个术语。那么，此时的证券显然不能指证券本身，而是指原本证券的背后的东西，

---

① 曾世雄等著：《票据法论》，中国人民大学出版社2002年版，第5页。

即证券权利。经典的证券理论认为,证券有两种含义:第一,证券是凭证,即证券指承载民事权利的载体。法律上规定持有或者交付证券,即是从载体之意义上说的,因为,只有有体的东西才是可以占有和交付的。把证券视为"物"就使得证券可以顺理成章地适用《民法典》的相关规定。第二,证券指证券权利。所谓"权利即证券,证券即权利"。《民法典》(第440—443条)将以证券作为担保的物权规定为权利质权,显然是把证券看作了权利。在证券消失之后,我们所称的证券,不是证券,而是证券权利。

(二) 证券权利

传统理论认为证券权利是证券所表示的权利,没有独立的性质。也就是说,如果证券表示的是债权,那么证券权利就是债权;如果证券表示的是股权,那么证券权利就是股权。① 此说把证券权利与其基础权利等同是把证券化的目标与对象混为一谈:债权、股权等基础权利显然是证券化的对象,经历了一系列的制度构造,化成了证券化的目标——证券权利。如果二者性质是一样的,那么证券化本身还有什么意义呢? 不过,在有纸化的情况下,基础权利说尚能自圆其说。基础权利说的逻辑是,证券权利与债权、股权没有区别,自身没有独立的性质,但是没有关系,证券权利可以以证券权利载体的物质所有权为依托,借助具有绝对性的证券所有权的这个工具获得绝对性②,进而获得便捷而又安全的流动性。换句话说,基础权利说意在将债权、股权等相对性权利包括于证券所有权之中,弥补了债权、股权等相对性权利因其相对性产生的流动性缺陷。

但证券无纸化使得基础权利说难以自圆其说。证券无纸化消灭了证券,也消灭了证券所有权,证券权利再也不能依托绝对性的证券所有权进行转让。可是,少了证券所有权这个依托,为什么证券权利还能快速转让,并具有对世性的特征呢? 换句话说,是证券权利本身具有对世性,还是证券权利依附于证券所有权才具有对世性? 证券权利是因为本身即具有无涉第三人转让的性质,还是依附于证券所有权的无涉第三人转让的性质? 进而,证券权利究竟是债权、物权、股权等权利还是其本质上就是一种独立的权利呢? 是证券权利本性使然,还是因为无纸化才会出现上述问题? 传统理论显然不能回答这些问题。

本书认为,证券权利完全可以脱离证券所有权而存在。③ 证券权利是为了克服债权、股权等请求权的流动性不足而产生的。以债权为例,债权转让要以通

---

① 范中超著:《证券之死》,知识产权出版社2007年版,第44页。
② 本书认为,证券权利的绝对性是制度构造的结果,让证券给证券权利带来绝对性实在是勉为其难。
③ 据考证,历史上,证券权利是先于证券所有权而存在的。参见刘戈著:《证券登记结算中法律问题》,吉林大学2010年博士论文,第26页。

知为条件;同时,债权转让不仅转让债权本身,还转让了有关债权的抗辩。[1] 债权的这些流动性障碍使得债权转让步履维艰。因此,把债权等请求权证券化为可以自由流转的绝对权即是一种现实的选择。证券化的手段即包括废除债权转让时的通知,废除债务人的抗辩,等等,从而,债权转化为一种新型的权利,即证券权利。证券权利能够自由转让,其根本原因并不取决于证券,而取决于其自身的性质。

(三) 证券的分类

依功能可以把证券分为两大类:第一类,流通性证券,以实现权利的快速变动为主要功能。又可分为货币类证券和资产类证券。前者主要指票据,承载的经济资源固定为货币资金,主要经济功能是充当一般等价物;后者包含商品证券和投资证券,承载的经济资源不限于货币资金,主要经济功能在于实现经济资源的最佳利用与配置。第二类,履行性证券,为债务人履行义务提供方便,包括资格证券和邮票、印花等。资格证券如电影票等的法律效果在于免责,作用在于便利债务人履行债务。而邮票、印花为特殊目的而使用,功能主要不在于流通而类似于资格证券,其作用也是为了履行的方便。上述分类只具有相对意义。严格地说,流通性证券也有免责以便利履行的功能[2],但是该功能从属于证券的流通功能。同理,履行性证券也具备快速流通功能,但是流通性功能从属于证券的便利履行功能。履行性证券的流通需要一般不是很迫切。以邮票为例,因发行量不受限制,投资价值不大,故很少流通。

(四) 证券法上的证券

证券法上的证券指投资证券。学理上,流通性是证券的生命。但各国证券法上的投资证券往往并不以流通性为条件。投资证券多由商人创设,面向公众发行,往往涉及经济安全和金融安全。有学者在考察了美国证券立法与实践后认为,证券"是因投资于一项共同的风险事业而取得的主要通过他人的努力而赢利的权益(凭证)。"[3]这样就把一些投资合同也包括于证券概念之中,尽管这些投资合同可能并不具有很强的流动性。这样定义是基于监管的便利。不管是冠之以股票或债券的概念,或者投资合同的概念,或者可以流动,或者不可以流动,向大众直接募资都被认定为证券。在美国,证券的定义是一个门槛,只要发行人发行的不是证券,就可以不进行信息披露,不接受监管部门的监管。因此,发行

---

[1] 《合同法》第 82 条规定:"债务人接到债权转让通知后,债务人对让与人的抗辩,可以向受让人主张。"

[2] 所有证券均有免责之功能。"证券债务人并不负调查该证券持有人是否为真正权利人之义务。自持有人方面言之,证券持有人因持有证券,而请求履行债务之义务。"吴光明著:《证券交易法论》,台湾三民书局 2002 年版,第 51 页。

[3] 朱锦清著:《证券法学》,北京大学出版社 2004 年版,第 32 页。

人会挖空心思设计一些可能不会被认定为证券的投资产品。相应地,法律也必须将证券定义得非常宽泛,这样才有可能不给发行人以可乘之机。

证券定义的宽泛也可以避免筹资人掉入非法集资的境地。长期以来,我国将公开发行之外的众多正常的筹资活动定性为非法集资,由公安部门进行刑事处理。这样做是不恰当的。第一,扼杀中小企业正常的筹资活动。中小企业由于种种原因,很难从传统金融中获得金融支持,证券私募成为其筹资不多的渠道之一。目前民间筹资或有不规范之处,但不至于达犯罪的程度,如果加以规范引导,民间金融完全可以为中小企业提供足够的金融支持。第二,非法集资的帽子虽大,但很模糊,由于涉及犯罪,有关部门更不敢轻易认定。于是,要么任由此类行为不规范存在,要么选择性执法或运动性执法,造成执法上的不公平,破坏法治权威。由此,本书建议法律将投资证券的定义宽泛一些,并制定相关制度规范这些民间金融行为。需要指出的是,此处的证券非学理上的证券,而是融资意义上的证券。融资活动涉及公众利益和金融安全,必须对其加以监管。或许,此时并不宜叫证券,叫投资权益或许更合适。

本节讨论的范围限于投资证券。本节在讨论证券发行时并不考虑证券的流动性,在证券交易时,流动性是证券的应有之义。

(五) 证券法

证券法最初表现为习惯法。证券的发行与交易规则法律均无规定。1720年,为了应对证券欺诈,英国制定了《泡沫法案》,首开对证券市场的干预。[①] 此后一百多年,英国再也没有发行一张股票。现代证券法开始于 1933 年的《证券法》和 1934 年《证券交易法》。证券法从习惯法演变为成文法。我国《证券法》于 1998 年制定,并于 2005 年和 2019 年进行了重大修订。

本节所介绍的证券法内容包括两部分:即证券发行和证券交易法。证券法的其他部分,要么不属于商行为法,如证券公司的规定,要么属于公法的范围,如具体的行政执法和处罚等。

二、证券发行

(一) 证券发行与发行市场

证券发行,指发行人创设证券权利,并通过出售等方式由投资人取得证券权利的行为。证券发行的性质是:第一,发行是在创设证券(权利)。第二,投资人通过从发行人处购买等方式获得证券权利。只有投资人获得了证券权利,证券

[①] 一般认为,《泡沫法案》是针对南海公司的。但该法案实际上是南海公司为了打压竞争对手而游说议会制定的。法案认为民间股票是泡沫。据此,政府解散了很多公司。法案还对股份公司的设立和法人资格的取得施加了许多限制,并规定只有法人团体才能发行股票。

发行才告完成,仅保留在发行人处的证券并没有完成证券发行。在无纸化时代,证券通过交付才能完成发行;在无纸化时代,证券则要登记在权利账簿上才能完成发行。第三,从经济的意义上说,证券发行则是发行人向社会募集资金的行为。证券发行募集资金的方式主要有两种:一种发行债券,通俗地说就是向投资人借钱,既然是借钱,那么借款就是有期限的,并且到期应该还本付息;另一种方式是发行股票,通俗地说就让投资人做发行人的老板,既然是老板,那就没有还本的可能,除非出现发行人清算的情况。至于要不要付股息,则要看发行人有没有盈利。这种募集资金称之为直接融资,与通过银行贷款的间接融资不同。

发行人要通过证券市场把自己创制的证券出售给投资人。这个出售原始证券的市场被称之为证券发行市场,又叫证券一级市场。一级市场是一个无形的市场,没有固定的场所。一级市场与后面要讲的二级市场最大的不同是,一级市场交易者一方必然是发行人,而二级市场的交易者双方都是投资者。①

(二) 证券发行的监管

证券发行往往要面向公众,因此涉及公众利益和经济安全,因此,政府有必要对证券发行进行监管。监管主要采取两种方式,一种为注册制,一种为核准制。所谓注册制,即是政府对于发行人的条件不加限制,但发行人如若公开发行证券,必须要到监管部门进行注册,披露自身的相关信息;所谓核准制,即是发行人公开发行证券,除了必须要到监管部门进行注册外,还要满足法律规定的条件方可发行。

注册制和核准制都要求发行人公开信息。证券发行人和其他义务人要主动公开可能影响证券价格的一切信息。证券发行人对相关信息有主动披露的义务。证券是一种特殊的商品。人们在交易证券时并不能像交易普通商品一样亲自检查商品的品质。证券的价值完全取决于发行人的经营,如果交易人不了解发行人的基本信息,是无法真正确定证券的真正价值的。如果投资者不了解证券的价值而去购买证券,那不是投资,而是赌博。发行人还要主动披露这些信息。投资人不可能去发行人那儿实地考察,这不但是费时费力,而且由于投资者往往不是这方面的专业人士,实地考察也不太可能发现有价值的信息。因此,信息必须由发行人提供,而且这些信息还必须是原始材料经过加工后的信息,否则提供给投资者投资者也是无法看懂的。人们并不是一开始就认识了公开的重要性。一开始,人们仍然认为证券交易应该像普通交易一样卖者没有主动公开商品信息的义务。但是,层出不穷的欺诈使得人们终于认识公开的重要性。先是1900年的英国《公司法》,规定股份公司在招股时必须向股东公布招股说明书。

---

① 1949年之后,由于力行公有制经济,股票在我国一度消失。1984年,上海飞乐音响公司在改革开放后首次发行股票,股票才渐渐重新为世人所熟知。

在经历了美国1929—1933年股灾之后,美国痛定思痛,制定了以公开为核心原则的1933年《证券法》。

尽管都要求公开,但是注册制和核准制则奉行不同的哲学。注册制奉行的是披露哲学,而核准制奉行的是家长哲学。披露哲学假定人们都是理性的,在信息对称的情况下,人们都会做出理性的选择。同时,披露哲学认为,法律唯有保护投资者知情权的义务。市场经济是买者自慎(buyer beware, caveat emptor)[①],法律没有义务保护愚昧和不理性的投资者。甚至有人认为,法律没有权力侵害一个人自我愚弄的权利。家长哲学则认为,人们即使在信息对称的情况下,也未必会做出理性的选择,同时,即使信息披露得很充分,投资者面对海量的信息也未必有分析并做出正确判断的能力。因此,政府必须审核证券的内在的价值,像家长一样呵护投资者。在一个不成熟的市场,家长哲学或许有其道理,毕竟如同一个未成年的孩子需要家长照顾一样,投资者也需要政府的实质监管。但是,当市场发展到一定阶段时,家长哲学应当让位于披露哲学。

无论注册制还是核准制,信息披露都是监管的重点。披露的主要任务是填表。"表填多了,自然知道夹着尾巴做人。"[②]更重要的是,所填内容是确认发行人是否存在欺诈的重要依据。根据外观原则,如果发行所填内容与事实不符,直接可以认定欺诈,发行人没有可以抵赖的余地。

证券法有两个重点,即披露和反欺诈,二者一表一里,披露是为了反欺诈服务的。[③] 证券法对欺诈如此关注,原因是证券发行和上市可以带来点石成金的效果。亿万富翁的财富积累无不取决于在股票上市时的资产的几何式暴增。利润如此之大,诱惑自然也就如此之大。证券法如不加以规制,欺诈就难以避免了。

如果投资者自己有反欺诈的能力,那么自然不需要法律的特别保护。如此,法律可以豁免注册。毕竟,注册的成本是不菲的,豁免注册可以免去大量的文案工作、注册程序,节约时间、费用,从而提高了效率。豁免注册主要是针对非公开发行。公开发行是面向不特定的公众或者超过一定数量的特定对象进行的证券发行,与此相对,非公开发行是面对特定对象进行的证券发行。[④] 可以成为特定对象,一般是合格投资者。所谓的合格投资者,要不是机构投资者,要不是富有的或有经验的自然人。他们通常有实力也有能力保护自己的知情权,不需要法

---

① 让发行人公开证券信息并非违反买者自慎原则。买者只有了解信息的情况下才谈得上自慎,否则,那是赌博。
② 朱伟一著:《美国证券法判例解析》,中国法制出版社2002年版,第1页。
③ 公开将是欺诈的大敌。持续不断的公开,更是使得发行人不敢欺诈,一处谎言往往需要一万次的谎言去弥补,发行人总有露出破绽的时候。
④ 《证券法》第9条。

律特别的保护。按照各国法律,非公开发行,只不过不需要经过注册或核准,并不是不需要受到政府监管。公开发行监管重点是发行人自身的资质条件,而非公开发行的重点在投资者的资质条件。因此,认为非公开发行不受监管是不确切的。

(三) 公开发行

1. 公开发行的条件

在注册制下,公开发行是没有条件的,只要发行人进行注册即可。在核准制下,各种证券发行条件各有不同。其中,股票的发行条件主要有两个方面[①]:(1) 内部治理。发行人必须证明内部治理是良好的,发行人不被股东或内部人操控,具有独立的意思能力。发行人人格独立对于保障投资人的利益显然至关重要。(2) 财务条件。包括账务状况、盈利能力和财务诚信。在盈利条件方面,应对传统企业和创业企业区别对待。不应当对创业企业要求有盈利。

我国证券市场有些现象是令人难以理解的。一是,债券市场的远远低于股票市场的融资额。二是,增发的融资额远远低于首次公开募股(Initial Public Offerings,简称 IPO)的融资额。一个健康的市场应该是相反才是。由于股市更容易圈钱且不用还本付息,发行人更热衷于股票发行而不是债券发行。从资金成本的角度上看,股票融资的成本应该高于债券融资的成本。然而,由于我国上市公司鲜有为股东分红的,又不用还本,在我国股票融资的成本居然远低于债券融资的成本。增发的融资额低于 IPO 也说明许多发行人做的只是一次性买卖。许多发行人在 IPO 前,财务报表情况良好,但一上市即变脸,很难再达到再次融资的条件。我国证券市场如欲健康发展,必须要改变这种局面。证券市场的健康发展依靠的是良好的法治背景。法治清明必然会使到人们的经济行为愈加诚信。最终使得证券市场能够起到配置资源的作用,能够起到直接融资的作用。否则,这样的证券市场还不如不存在为好。

2. 发行过程

证券发行可以直接发行,也可以间接发行。直接发行,是自己销售证券给投资人的发行方式。间接发行就是请中介机构帮助自己发行。对于中小企业的非公开发行,一般采取直接发行的方式,可以省掉相应的中介费用。对于发行量很大的公开发行来说,通过中介机构间接发行是一个理性的选择。中介机构在中国叫证券商,在国外一般叫投资银行。虽然也叫银行,但经营的业务和传统银行完全不同。投资银行一般仅从事证券的发行和销售。发行人和中介机构就像生产商和销售商的关系。生产商可以销售自己的产品,但相比于销售商销售渠道没有那么广,销售方式没有那么专业,销售成本相应也会很高。例如,长虹电器

---

① 原《证券法》第 13 条。

如果发行股票,最好找中介机构销售自己的股票。原因很简单,股票是向全国销售的,长虹不可能为了一次证券销售而在全国建立自己的销售网络。[①] 建立销售网络,既有硬件投入,如建立一些营业部,也有软件投入,如客户名单。这些客户名单包括众多经纪人、机构投资者和个人投资者的名称、地址、电话号码。更重要的是,每个客户的资产状况、投资偏好等也是需要了解的。硬件投入花费很多,而客户名单却不是花钱可以得到的,需要在长期销售过程中积累,因为他们对于中介机构来说都是高度的商业机密。术业有专攻,社会分工和专业化显然可以降低销售成本。

间接发行有时是法律的规定。[②] 法律之所以这样的规定是存在监管的考量。专业的证券发行机构要受到监管部门的监管,可以促使发行行为规范化。这样,可以避免发行人因为不专业或监管不到的原因而有一些不适法的发行行为。毕竟,中介机构在提供专业服务的同时,可以起到监督发行人发行行为的作用。各国法律均规定,中介机构要把关发行人的信息披露,对发行人信息的真实性、完整性和准确性负责。[③] 但是,国内的一些券商往往与发行人相互勾结,为发行人提供专业化的造假服务。这不仅违反职业道德,也是违反法律的,理应与发行人共同为欺诈行为承担责任。根据我国《证券法》的规定,中介机构对发行人的造假承担过错责任,但是,中介机构要对自己无过错负证明责任。[④] 为此,发行人必须说明自己已经尽到尽职调查的责任。是否尽职并不是说说那么简单。中介机构要核查发行人所有公开披露信息的真实性。为此,他必须专门派人实地查阅发行的财务资料、股东会和董事会的会议记录、有无重大担保事项、了解公司是否有重大的违法事件以及诉讼等等。这些了解都不是一般的了解,调查人员必须深入到一线,亲自查找第一手资料,否则,如果发生信息造假,中介机构都不能免除相应的责任。

间接发行下,证券的销售价格是由中介机构和发行人讨价还价的方式协议确定的。发行人尽管希望可以多募集资金,但受制于市场,如果要价太高,销售状况不理想,也会影响到自己的资金的募集;中介机构尽管希望价格可以定得低点以有利于销售,但中介机构也要维护自己的信誉,如果定价过低,上市后价格又上升太高,对中介机构的信誉无疑有重大损害。毕竟,中介机构是以证券销售为业的,不是一锤子买卖。证券销售价格的确定成熟市场一般采取未来现金流折现的方式。企业的净资产、规模等不是证券定价的主要因素,定价的关键是看

---

① 国外也有利用自己销售网络进行证券发行的,例如通用汽车公司等。但这样是否值得,可以探讨。不过,理论上,法律不应该强制发行人必须进行间接销售,监管部门还是应该相信市场的选择。
② 《证券法》第 26 条。
③ 《证券法》第 29 条。
④ 《证券法》第 85 条。

企业未来的盈利能力。具体的定价方式主要有:竞价法、询价法、市盈率定价法、净现值贴现技术等。我国目前的预期利润乘一定倍数市盈率的一刀切的做法并不符合市场规律。市盈率定价法要求发行人一定要有利润,然后,利润并不见得总能反映企业的真实价值。实践中,会遇到一些企业为了上市经常拉上一些盈利的项目,而这些项目与企业的主业往往并没有多少关系。

(三) 非公开发行

非公开发行,又称私募,指向特定对象进行的证券发行。美国称之为私下发行。美国《证券法》第 4(2) 条规定:"如果证券发行人直接出售股票不涉及任何公开上市",这种证券发行可以豁免登记。非公开发行,可以不经核准或注册即可发行,这样就可为发行人节约注册成本和时间成本等。非公开发行,对于证券市场是非常重要的。其重要性不仅在于其是中小企业筹资的重要手段,而且因为一些大型企业在证券发行时往往也会采取非公开发行,或者采取公开发行加私募的方式。私募的容量往往比公开市场容量更大。国际上的许多的巨量发行无不是以公开发行加私募的方式,并且绝大部分的证券是通过私募出售的。但是,必须把非公开发行限制在一定范围内,并且限制私募证券在二级市场上的流通,否则,私募就会变成变相的公开发售。这种变相的公开发售可以成为发行人规避监管的方式。

目前,我国证券非公开发行的规则是极不完善的。根据现有的法律及非公开发行的原理,发行人从事非公开发行,应当遵守以下规则:第一,发行方式为非公开,即不得采用广告、公开劝诱和变相公开方式,不得向不特定对象发行(《证券法》第 10 条)。集会、散发传单的方式也不得采用。第二,向特定对象发行。所谓特定对象,不是指任一特定对象,而是主要指合格投资者。非合格投资者,有些国家也不是完全禁止,但有严格人数限制,如美国规定一般不得超过 35 人。第三,披露义务。尽管非公开发行不需要核准,但仍然得向投资者披露相关信息。披露可以是被动的,但披露的信息一定完整。发行人有义务证明自己的披露的信息是完整的。第四,转售限制。一定要明确投资者购买私募证券的目的是投资,而不是投机。因此,发行人必须有理由相信投资者购买证券的行为是投资而不是为了转售。发行人对此有证明责任,如果不能证明,有可能被判定为公开发行。

合格投资者的构成是非上市公司证券非公开发行的核心。法律对于证券发行行为规制的目的在于保护投资者。公开发行的股票一般可以面对公众进行发售,对投资者并无资格限制,因此需要较多的法律规制。法律对于非公开发行规制较少的前提条件是非公开发行的主要对象应当是合格投资者。豁免注册的主要逻辑不是因为非公开发行的方式,而是因为合格投资者有能力和有实力获得应当获得的信息才可以豁免注册的。不过,政府不仅关心经济发展,还关心社会稳定。因此,对于非上市非公开股票市场的投资者的准入,要慎重考虑。我国目前合格投资者应当有以下几类:第一,银行、保险机构、证券公司、基金等机构投资者。第二,私募基金。第三,现金资产达100万以上的富裕自然人(发行企业的员工除外)。第四,具有投资经验的自然人。对后两类合格投资者应当实行总量控制。

三、证券交易

证券交易是在交易场所、交易主体、交易对象、交易形式、交易规则等方面均有特殊规定的特殊交易。证券交易典型反映了商法利用各法律技术追求交易的效率和安全的极致。二级市场是一级市场的基础。表面上看,没有发行市场,就不可能有交易市场,然而实际情况是,如果没有二级市场的活跃,一级市场将寸步难行。

根据我国法律,公开发行的证券必须在依法设立的证券交易场所进行交易。① 我国各地存在的产权交易中心并不是国务院批准的,因此,并不能交易公开发行的证券。法律并不限制非公开发行的证券必须在依法设立的证券交易场所进行交易,私下交易应该也是允许。不过我国非公开发行的证券数量还是极其有限的,并且由于相关法律处于空白或规定得不合理,发行人往往冒着巨大的违法风险。但是,应当指出的是,这种私下交易切不可演变为变相的公开发行。在一些国家,场外交易并不禁止,上市证券可以在交易所进行交易,也可以在交易所之外进行交易,并且在场外交易的证券往往还大于在场内交易的证券。

(一)证券交易概述

证券交易,指交易人之间在法律认可的交易场所,依特定交易规则交易证券的行为。证券发行也是交易,但这是一次性交易,是创设证券的交易,当证券被创设后,再次转让就是交易而不是发行。当然,这也不是绝对的。例如,发行人将证券包销给中介机构,这可以算是发行,而中介再次出售证券的行为就不能称之为交易而必须仍然称为发行。同理,如果发行人通过私募途径把大量的证券卖给少数的机构投资者,投资者再次迅速在公开市场上转让算什么呢?显然也应当视为发行。美国对此类视同发行的行为严加管制是有其道理的。

证券交易是投资者之间的交易,而发行人一般是不参与的。并且,就股票而言,购回是有严格限制条件的。② 发行人不能参与自己发行的证券的交易是出于利益冲突的考虑,发行人是内幕信息持有者,参与交易对其他交易不公平,也违背募集资金的初衷。因此,证券在交易市场中的价格涨落似乎与发行人的财

---

① 《证券法》第37条。
② 《公司法》第142条。

务不直接关联。但这也不是没有任何关联关系的。一则,发行人有披露信息的义务。发行人披露的信息是交易投资决策的重要依据。二则,如果发行人欲再次发行证券,就必须妥善经营,只有拥有良好的业绩才有再次发行的可能。当然,这些对于志在圈钱的短视发行人而言是没有约束力的。三则,证券在市场上的表现关系到发行人的声誉,发行人通常不会置之不理的。

证券交易的意义同样是重大的。第一,证券只有在流通中才能显示其真实的价值。不能流通的证券的价值是被压抑的。国库券的历史即是鲜明例证。早期的国库券是难以发售的,政府主要采取摊派的方式。而如今的国库券十分畅销。何也?原因在于国库券如今可以自由流通。第二,证券只有在流通中才能显示出资产配置的价值。如果不能流通,无论发行好坏,投资人都不能用脚投票,这不利于促进公司治理和优化配置资源。第三,投资者需要避险手段和变现的工具。如果不能流通,投资者不能规避风险,自然缺少投资欲望。同样地,如果不能变现,投资者也会因为不时之需而对当前的投资瞻前顾后。证券交易对于证券发行的意义是不言而喻的,流通性大大激发了投资者的投资热情。

(二) 证券市场和证券上市

1. 证券市场

证券发行后,绝大多数的证券是允许转让的。如果转让,就需要有交易市场。证券二级市场可以分为两种,场内市场和场外市场。场内市场即交易所市场,是证券市场的主要形式。在我国,场外市场一度消失。场内市场以竞价交易为主,以报价交易为辅。场外市场以报价交易为主,以经纪交易为辅。

场内市场,即证券交易所[①],是集中交易证券的场所。证券交易所于国家经济干系重大,因此证券交易所往往需要到证券监管部门注册。在我国,证券交易所更是要经过国务院批准。随着网络技术的运用,证券交易所的形态也从传统走向现代。

传统证券交易所是一个有形商场。在这个商场里,有一个交易大厅。与普通商场不同,能够进入大厅进行交易的只有证券交易所的会员。之所以如此,在于证券交易者如此众多,不可能都进入交易所进行交易。同时,众多交易者同时涌入交易大厅也必将使得交易效率下降。会员执行三种交易形式,一种是竞价交易,一种是报价交易,偶尔还会进行经纪交易。会员手中会收到众多的交易指令,如果众多的交易可以配对,那么交易就将完成;当会员手中的交易指令无法配对时,他会找主持该种证券拍卖的专家进行交易。专家手中将所有的在会员

---

① 证券交易所在我国是一个新生的事物。在国外证券交易所已经有了几百年的历史。1613年,荷兰的阿姆斯特丹证券交易所成立;1726年,法国的巴黎证券交易所成立;1773年,英国的伦敦证券交易所成立;1792年,美国梧桐树协定签订,纽约证券交易所成立。一般认为,阿姆斯特丹证券交易所是世界上最早的证券交易所。

手中未能配对成交的某种证券的指令按照价格优先和时间优先的原则进行配对成交,如果还不能成交,那专家自己将充当做市商,买卖该种证券。还有一种情况,会员可能在找专家的路上碰到另一位会员,正好可以将手中的证券成交。传统证券交易所这种组织方式对于证券交易所、会员和专家的品质要求非常高。

现代证券交易所已经变成了无形市场。在我国,上海证券交易所和深圳证券交易所尽管仍然保留着交易大厅,但实际上不再起任何作用。而在2006年新成立的中国金融期货交易所,则根本没有交易大厅。现代证券交易所主要利用计算机和网络进行集中竞价交易。交易完全摆脱了有形市场的束缚。从某种意义上说,现代证券交易所完全可以不受席位的限制,而直接向所有交易者开放。借助于交易软件,交易者可以自己完成交易和结算。然而,我国各种证券交易所仍然基于结算的需要,只允许交易所会员参与证券交易。这种做法是不合理的。现代计算机和网络技术完全可以满足对巨量的交易一对一的结算,根本不需要分级结算。目前,与为投资者投入的微不足道的服务相比,各证券公司收取的巨量交易佣金是十分不公平的。

现代计算机和网络技术的运用使得场外市场和场内市场的界限区分已经不那么明显。纳斯达克传统上说是场外市场。然而,科技的运用让纳斯达克市场的交易效率和交易安全不次于传统交易所,甚至于某种程度上超过了传统交易所。纳斯达克尽管主要是报价交易,但由于其将各种报价通过网络实时集中比对,做市商报价的激烈程度已经类似于竞价交易。纳斯达克市场以做市交易的形式达到了集中竞价的效果。

那么,未来交易所会不会在科技进步的冲击下形将消失?这种担心不能说没有,但交易所的产生并不仅仅是为了方便交易,还有遴选证券的功能。并不是所有的证券都能在交易所上市。在交易所上市的证券总是那些公开发行的、优质的证券。交易所不会允许一些垃圾证券上市,交易所要维护自己的声誉。因此,即使以后交易所不存在,但遴选证券的功能还是需要一个市场机构存在。在这层意义上,交易所不会消失。对于监管部门,不能允许一些中小企业发行的证券以及一些垃圾证券和一些大公司的优质证券同场买卖。市场要分层次,层次即是某种声誉的象征。因此,监管部门基于交易安全的考虑,不会允许上述证券在一些大的交易场所交易,也不应当允许那些证券采取交易所所采取的集中竞价的方式进行交易。对于一些发行量不大的证券来说,集中竞价这种交易形式,极容易投机和形成市场操纵。

未来理想的多层次市场,应当是主板市场、二板市场和三板市场并行。第一,对于主板市场,主要交易一些大公司的发行的证券。主板市场可以由交易所主持,利用现代计算机技术和网络技术进行集中竞价交易。由于交易足够活跃,不需要设置传统交易所中的经纪交易和报价交易。主板交易的证券风险相对较少,可以向所有投资者开放。第二,二板市场,主要交易创业企业的证券。创业企业是一些具有高速成长性潜质的企业,他们对未来科技经济影响深远,因此必须对其加以扶持。因此,二板市场对上市的创业企业没有盈利的要求。我国的创业板在这方面的做法应当说是有问题的,我国的创业板和主板的条件没有实质的区别,实质上是类主板。二板市场风险巨大,只宜向合格投资者开放。所谓的合格投资者,主要指机构投资者和一些富裕的自然人,以及富有交易经验的自然人。二板市场风险巨大,不宜采取竞价交易,可以采取经纪交易和报价交易的方式。第三,三板市场主要交易中小公司上市的证券。中小公司的证券同样风险非常大,因此,尽管其可以向所有投资者开放,但交易不宜采用集中交易的方式,否则,难以避免证券被操纵。应当说明的是,三板交易市场交易的证券,仍旧是公开发行的证券。而对于那些非公开发行的私募证券,应当有一个独立的市场,这个市场只对合格投资者开放。

2. 证券上市

证券上市,指已发行的证券获准在证券交易所挂牌交易的情形。这里的证券上市是狭义的证券上市,理论上,只要证券一经发行,如果没有限售,已经在市场上流通。只不过这样的市场可能是场外交易市场,而证券上市特指证券在场内上市。必须说明的是,证券发行和证券上市是完全不同的。发行包括公开发行和非公开发行,且不说非公开发行一时不可能在交易所上市,即使公开发行,也不意味着立即就可以在交易所上市。当然,公开发行并上市在我国已经成为惯例,使人不再区分发行和上市。实际上,发行是创设证券,证券被创设后可以在交易场所交易,而交易所只是证券市场的一种。打个比方,发行就像菜农将菜卖给菜贩子的行为,而菜贩子买完菜后可以街边将菜卖给消费者,也可以在农贸市场卖给消费者,但只有将菜在农贸市场售卖才叫上市。当然,证券不是消费品,可以在投资者中无数次转让,而菜卖到消费者手中就基本不会再流通。

事实上,在成熟的证券市场,证券发行与证券上市是完全分开的,基本上不会出现发行并上市的情形。更重要的是,公开发行并不意味着上市,只有很少的公开发行的优质证券最终会在交易所进行交易,而且可能该种证券已经经历过多数公开发行。从监管角度看,发行主要由政府部门进行监管,而上市则由交易所进行监管。我国目前实行公开发行并安排上市,二者的监管权均在政府监管部门。我国证券公开发行条件比较严苛,实质上是将部分上市门槛前移到公开发行中去。

理论上,证券上市的审核权应当由交易所掌握。① 证券上市通常要有一定的条件,且该条件一般要高于证券发行的条件。以美国为例,其证券公开发行是

---

① 上市申请,申请人要提交许多文件,交易所审核的程序也很复杂,在此不赘。

没有门槛的,但各个交易所都有自己的上市条件。例如,纽约证券交易所对美国国内公司的上市要求是:第一,盈利能力:公司最近一年的税前盈利不少于250万美元;第二,股权分散:社会公众拥有该公司的股票不少于110万股,公司至少有2000名投资者,每个投资者拥有100股以上的股票;第三,股本规模:普通股的发行额按市场价格折算不少于4000万美元;第四,资产规模:公司的有形资产净值不少于4000万美元。我国的公司上市条件也大致如此。

证券上市的好处。第一,对于发行人来说,提高了发行人的知名度,有利证券的再次发行,也可以避免发行人被少数投资者操纵和控制。第二,对于投资者来说,为他们提供了一个相对安全的、便利的证券交易场所。当然也有不好的地方。公司的透明度太高,决策时常要受到掣肘。

(三) 证券交易过程

目前,我国证券交易主要集中在证券交易所,场外交易的交易量微不足道。下面主要介绍交易所的交易过程。

第一,开户。投资人从事证券交易,必须在证券登记机构开户(《证券法》第157条)。证券账户是证券登记机构设置的证券账簿的组成部分。证券账簿的性质类似于物权登记簿。《德国民法典》第891条规定,只有土地登记簿上的登记才是土地物权存在的依据。相应地,对于无纸化情况下的证券权利,证券账簿的登记是其存在的依据。由此,证券账户由证券登记机构管理、维护,是证券登记机构进行证券登记[①]和投资者用以归集并证明自己享有证券权利的基本工具。

第二,委托。投资人交易上市证券,不能亲自交易,必须委托证券公司代理。对于传统交易所,这种委托是必要的。毕竟,交易者不可能全都跑到交易所进行交易。目前,我国境内证券交易所只有上海和深圳两个,乌鲁木齐的交易者不可能跑到上海或者深圳进行交易。而委托经纪人进行交易就十分方便。但在现代交易所,交易都在网上进行,时间和空间的局限都被克服了,那么这种带有垄断性质的委托就没有必要了。投资者完全可以自己进行交易。当然,投资者也可以委托券商从事一些复杂的交易。例如,投资人可以利用券商的专业经验,将证券账户完全交给券商处理。此时的收费是必要且是合理的。

第三,交易。目前证券交易实行集中竞价。投资者将交易报价和数量通过证券账户由互联网传递给交易所,交易所主机自动撮合完成交易。交易报价受涨跌停板限制。交易具有无因性,不可撤销性。

第四,结算。结算由证券登记机构完成。根据目前的法律设计,证券实行所

[①] 在证券账户中登记行为也是证券登记机构的行为。正因如此,证券账户中记录的数字才可以用以公示证券权利的存在。

谓的二级结算,而资金则实行一级结算。二级结算是指证券登记机构与证券公司进行结算,而证券公司此后再与投资人进行结算。在证券无纸化的今天,二级结算是不必要的。现有技术完全可以实现证券一级结算。因为资金结算的复杂程度并不比证券结算容易多少,既然资金都可以实现一级结算,为什么证券不可以呢?有人认为二级结算可以确保结算安全,这也是没有道理的。同理,为什么资金结算不怕安全问题,而证券结算就怕安全问题了呢?

第五,过户。结算完成,证券便可以过户。过户,在无纸化的情况下,即是证券权利变更登记。证券的便利之处便在于实现了权利转移快速化。如前所述,债权转移需要通知债务人,使得债权转移的速度大大降低,所以才有了证券化的需求。在电子化广泛运用之前,交付转移权利的方式最为迅速,于是,证券化不可避免地采取了纸券的方式;而在计算机广泛运用的今天,登记转让才是最快的方式,尤其是在证券交易中,证券的无纸化使得交易、结算和权利转移均实现了自动化,大大促进了交易效率和权利转移的速度。

证券权利变更登记与传统的物权登记不同,是由投资者通过网络由登记系统自动完成的。登记机构在登记过程中并不需要人工的参与。自动化是证券权利变更登记的重要特点。

目前,深沪两市 A 股实行 T+1 制,即当日交易完成的股票于第 2 日过户。过户完成,交易即告完成。实际上这样做是没有必要的。在交易、结算和过户过程和交易标的均无纸化的情况下,证券的交易、结算和过户实际上可以同时完成。理论上可以拟制出交易、结算和过户的先后顺序,逻辑上也的确如此,但没有必要。如果能够做到即时交易,为什么非要拖几天才转移权利呢?如果出于限制交易的目的,完全可以直接规定买进的证券的锁定期,比如,当日买进的证券当日不能卖出,只能第 2 日才能卖出。目前的 T+1 制可能会产生一些解释上的问题。例如,权利未转移的证券是否可以转让的问题,出现重大技术障碍时的风险分配等。

(四)上市公司收购

1. 序说

上市公司收购,又称收购上市公司,指投资者通过股票交易持有上市公司的股份达到一定比例或者程度,导致投资者获得或者可能获得对该公司的实际控制权的行为。[1] 上市公司收购属于证券交易行为,但并不适用合同法和一般的证券交易法。之所以如此,在于上市公司收购应当遵循平等对待原则。英国《城市法典》第 1 条明确规定:"要约人必须对目标公司同类股东给予类似的待

---

[1] 叶林著:《证券法》(第二版),中国人民大学出版社 2006 年版,第 319 页。

遇。"[1]法律倾斜保护的是被收购方投资者而非收购方投资者。证券法中对普通投资者保护的规定对收购方投资者并不适用。相反,法律为了保障被收购公司及其投资者的权益,还要对收购者施加许多义务。之所以要平等对待,在于上市公司收购有特殊的交易目的,即收购目的在于取得目标上市公司的控制权。有观点认为,不应当以是否取得控制权作为界定上市公司收购的标准,理由是,其一,上市公司控制权是弹性的,对于股权高度集中的公司,持有股份达到30%也未必拥有公司的控制权,对于股权高度分散的公司,持有10%股份或许已经获得了公司的控制权。其二,法律上对触发一定比例的股权持有者均以收购规则予以约束,无论其是否拥有公司控制权,也无论其是否有控制公司的目的。这种认识是值得商榷的。法律确定的标准,例如我国《证券法》所确定的5%的比例,已经是衡量收购目的的标准。只不过这个标准是一个客观标准。由于交易目的是主观的,并不易识别,因此需要客观标准予以确定。收购目的决定了收购行为与普通的证券交易存在区别。控制权的变更可能影响到投资者的利益;控制权变更时往往会产生溢价,这种溢价也应当由目标公司所有股东享有。基于此原因,法律有必要对收购行为严格规制。

我国对上市公司收购采取鼓励的立法政策。《上市公司收购管理办法》(2006年制定,2014年修订)第1条规定:"为了规范上市公司的收购及相关股份权益变动活动,保护上市公司和投资者的合法权益,维护证券市场秩序和社会公共利益,促进证券市场资源的优化配置,根据《证券法》《公司法》及其他相关法律、行政法规,制定本办法。"该办法第33条禁止目标公司管理层采取反收购措施:"收购人作出提示性公告后至要约收购完成前,被收购公司除继续从事正常的经营活动或者执行股东大会已经作出的决议外,未经股东大会批准,被收购公司董事会不得通过处置公司资产、对外投资、调整公司主要业务、担保、贷款等方式,对公司的资产、负债、权益或者经营成果造成重大影响。"上市公司收购可以优化资源配置,可以促进公司治理。我国法律对上市公司收购的态度是支持的。鼓励收购的立法政策与我国市场经济尚处于初级阶段的情势相吻合。国外有关收购的立法政策各有不同。美国更注重收购所带来的负面效果。他们更倾向于对中小投资者的保护以及反垄断。美国有关收购联邦证券立法的核心《威廉姆斯法》规定了收购要约的规则和程序,并规定了收购者在发出要约前应当披露相关内容;《反托斯法》则通过禁止导致市场垄断的公司合并以保护目标公司和双方的顾客。美国各州出于就业和税收的考虑,更倾向于保护公司的管理层,允许管理层采取各种反收购措施。[2] 英国的收购立法政策相对开放一些。英国主要

---

[1] 冯果主编:《证券法》,武汉大学出版社2014年版,第158页。
[2] 同上书,第154页。

是从股东而不是管理层的利益出发。英国《收购与兼并城市法典》要求被收购公司董事在被收购时所采取的所有行动都要以协助股东会作出是否接受要约的决定为出发点。法典禁止收到善意收购要约时董事会做出未经股东会批准的反收购措施。英国判例法也限制董事会反收购措施。①

2. 上市公司收购具体制度

上市公司收购的具体制度可以分为两个阶段：第一阶段，权益披露阶段。在这一阶段，持有或支配上市公司有表决权股份达到一定比例但尚未拥有上市公司控制权的投资者应当依法对其所拥有的权益向监管部门和公众进行披露报告；第二阶段，正式收购阶段，即投资者持有上市公司股份达到较高比例导致其可能控制公司时，其进一步的收购行为要采取要约收购的形式。具备法定豁免情形的，也可以采取其他形式。

（1）权益披露阶段

权益披露，指投资者支配上市公司一定比例股份后的公示报告义务。在我国，投资者及其一致行动人通过证券交易所的证券交易拥有权益的股份达到一个上市公司已发行股份的 5% 时，应当在规定时间内（3 日）履行报告义务并在公告前暂停证券交易。上述投资者及其一致行动人拥有权益的股份达到一个上市公司已发行股份的 5% 后，通过证券交易所的证券交易，其拥有权益的股份占该上市公司已发行股份的比例每增加或者减少 5%，同样需要报告和公告，并在公告前及公告后规定期间（2 日）内暂停交易。② 通过协议转让方式，通过行政划转或者变更、执行法院裁定、继承、赠与等方式拥有权益的股份变动达到上述规定比例的，也应当按照上述规定履行报告、公告义务。

报告分为简式报告和详式报告。投资者及其一致行动人不是上市公司的第一大股东或者实际控制人，其拥有权益的股份达到或者超过该公司已发行股份的 5%，但未达到 20% 的，应当编制简式权益变动报告书；投资者及其一致行动人拥有权益的股份达到或者超过一个上市公司已发行股份的 20% 但未超过 30% 的，应当编制详式权益变动报告书。③

在权益披露阶段，投资者可以利用法律允许的各种转让形式交易，竞价交易、报价交易、协议交易（含大宗交易）都是允许的。

（2）正式收购阶段

正式收购阶段，指投资者持有的有表决权的股票已达到控制临界点的收购阶段。我国法律规定的这个临界点是投资者拥有目标公司股份已达 30%。在

---

① 冯果主编：《证券法》，武汉大学出版社 2014 年版，第 154—155 页。
② 《上市公司收购管理办法》第 13 条。
③ 《上市公司收购管理办法》第 16、17 条。

这一阶段,投资者要采取要约收购形式进行收购;在法律有豁免的情况下,投资者也可以采取协议收购形式进行收购。要约收购和协议收购不仅在形式上而且在意思自治的强弱程度上也有很大的不同。①

A. 要约收购

要约收购,指收购方向目标公司股东公开发出收购要约,受要约方仅能接受或拒绝的收购。法理上,要约收购应当是正式收购阶段的常规收购形式。在许多国家,要约收购是唯一的收购形式。

要约收购有以下特点:第一,要约的公开性。众所周知,作为交易方式的合同具有相对性和私密性,交易双方并没有义务公开自己的要约和承诺。公开的理由是,公司收购经常伴随着一些违法和侵权行为。公开是防范违法、侵权行为的最佳手段。第二,要约的平等性。要约收购,受要约人众多。要约收购当事人是一对多。收购方只有一个,而受要约人一方有众多的特别是普通投资者。一般交易不必贯彻平等对待原则,要约收购则不同,它必须贯彻平等对待原则。其要约有公开的必要。第三,要约的附合性。为促进交易效率和保障交易安全,要约收购时,受要约人对收购要约,只能接受或拒绝,不能私下协商。法律抑制意思自治的原因,在于减少谈判成本。要约收购一般发生在目标公司的股权分散的情况下。

在我国,要约收购的触发条件是:通过证券交易所的证券交易,投资者持有或者通过协议、其他安排与他人共同持有一个上市公司已发行的有表决权股份达到30％时,继续进行收购的,应当依法向该上市公司所有股东发出收购上市公司全部或者部分股份的要约。② 但是,法律豁免的除外。法律豁免的理由主要是,超过规定比例并未导致控制权变化,或者投资者并无变更控制权的意图。

要约收购本质上是一种格式交易。投资者的股权达到规定比例,其继续交易即要按照法律规定的条件进行。这些限制条件限缩了投资者的意思自治,其目的在于给予目标公司股东以平等对待。限制规定主要如下:第一,要约应当公告,且格式必须符合法律规定。第二,交易双方不得就交易条件进行谈判,收购方不得随意变更收购条件,收购期限应当符合法律规定。

B. 协议收购

协议收购,指收购方与目标公司股东通过协商方式达成协议的收购。协议收购在许多国家的收购实践中并不存在。我国上市公司多从国有企业改制而

---

① 《证券法修订草案》第108条规定:"投资者可以采取要约收购、协议收购、认购股份及其他合法方式收购上市公司。"此处区分标准是不统一的。认购股份是以支付对价的方式对收购进行区分的。

② 《证券法修订草案》第119条。

来,一股独大是普遍现象。在这种情况下,如果不允许协议收购,上市公司收购将很难进行。以控制权临界点作为区分,未达到临界点的以协商形式成交的交易,称之为协议转让或协议交易,已达到临界点,称之为协议收购。依我国法律规定,超过目标公司30%部分的转让,应当采取要约收购方式;有法定豁免情形的,可以采取协议收购方式。与普通的协议交易相比,协议收购主要多了披露报告的义务。该披露报告与权益披露阶段的披露报告义务并不完全相同。① 协议收购期间,收购人负有不改选目标公司董事会的义务。② 被收购公司不得为收购人及其关联方提供担保;被收购公司不得公开发行股份募集资金,不得进行重大购买、出售资产及重大投资行为或者与收购人及其关联方进行其他关联交易,但收购人为挽救陷入危机或者面临严重财务困难的上市公司的情形除外。不得不指出,我国法律虽然以豁免全面要约收购为例外,但实践中最常见的收购却是以非要约收购最为普遍。个中缘由是,我国上市公司多是一股独大,收购方很难通过要约收购获得足够筹码。

  收购人应当发出全面要约收购,即向所有股东发出收购要约,除非存在豁免情形。豁免情形主要有③:存在主体资格、股份种类限制;收购人与出让人能够证明本次股份转让是在同一实际控制人控制的不同主体之间进行,未导致上市公司的实际控制人发生变化;上市公司面临严重财务困难,收购人提出的挽救公司的重组方案取得该公司股东大会批准,且收购人承诺规定时间内④不转让其在该公司中所拥有的权益;因上市公司按照股东大会批准的确定价格向特定股东回购股份而减少股本,导致投资者在该公司中拥有权益的股份超过收购临界点。实践中,财务重组是最重要的豁免理由。财务重组对普通投资者是利好消息,为减轻收购方的财务负担,豁免其全面收购义务也是合理的。财务重组实际上是我国最主要的上市公司收购方式。之所以如此,主要有两个理由,一是此时收购重组,成本最为低廉;二是我国的核准制使得壳资源较为稀缺,一股独大又决定了收购方的选择并不太多。

  收购人将受到持续监管。上市公司收购行为完成后,收购人应当在规定时间就上市公司的重大投资、资产买卖、关联交易、主营业务调整以及重要人事调

---

  ① 根据《上市公司收购管理办法》第48条的规定,以协议方式收购上市公司股份超过30%,收购人拟申请豁免的,应当在与上市公司股东达成收购协议之日起3日内编制上市公司收购报告书,提交豁免申请,委托财务顾问向中国证监会、证券交易所提交书面报告,通知被收购公司,并公告上市公司收购报告书摘要。收购人自取得中国证监会的豁免之日起3日内公告其收购报告书、财务顾问专业意见和律师出具的法律意见书;收购人未取得豁免的,应当自收到中国证监会的决定之日起3日内予以公告。
  ② 确有充分理由改选董事会的,来自收购人的董事不得超过董事会成员的1/3(《上市公司收购管理办法》第52条)。
  ③ 《上市公司收购管理办法》第61、62、63条。
  ④ 《上市公司收购管理办法》第66条规定为3年。

第二节 票 据 法

一、票据法总论

(一) 票据的意义和功能

票据是出票人签发的由自己或他人无条件支付一定金额的有价证券。票据因其是产生最早、最典型有价证券,被誉为"有价证券之父"。据考证,最早的票据即汇票产生于12世纪欧洲的香槟集市。[②] 为解决商人外出需要携带大量货币的不便,商人开始将自己的货币交给本地的保管人,领取货币证书,然后持该证书到另一地的保管人处领取货币。16世纪时,保管人既可向该证书上指明的收款人给付,也可以向收款人指示的人给付。指示应在证书上记载,即为背书。

票据的功能有以下几点:第一,支付工具。票据可以替代现金流通。票据金额可以不受限制,也可以不受伪钞的困扰。安全性甚至超过现金。然而,此作用现在已为信用卡、电子汇兑所替代。第二,信用工具。票据有扩大人的信用作用,因此可称为人的信用证券化。主要情形有延期付款和贴现。第三,票据还可以起到减少货币发行的作用。有利于减弱现钞对通胀的影响。此功能为票据能存活至今的主要原因。[③] 第四,结算工具。国际贸易主要以其作为结算工具。现代票据交换制度即因应而建立。

(二) 票据法

《票据法》是最典型的商事单行法。《票据法》对效率与安全的追求,以及对规范和外观原则的体现都是商事单行法中最充分的。《票据法》是商业习惯的总结。票据从商业实践中产生,但其本身则是法律技术的完美构造物。我国《票据法》制定于1995年。

---

① 《上市公司收购管理办法》第72条规定:"在上市公司收购行为完成后12个月内,收购人聘请的财务顾问应当在每季度前3日内就上一季度对上市公司影响较大的投资、购买或者出售资产、关联交易、主营业务调整以及董事、监事、高级管理人员的更换、职工安置、收购人履行承诺等情况向派出机构报告。"

② 〔比利时〕亨利·皮郎著:《中世纪欧洲经济社会史》,乐文译,上海人民出版社2001年版,第47—48页。孟德斯鸠认为是犹太人发明了汇票。参见〔法〕孟德斯鸠著:《论法的精神》,张雁深译,商务印书馆1963年版,第67页。还有一种说法是,票据是由公证人发明的。11世纪晚期和12世纪,欧洲创立了一种公证人体系,公证人起草契约,相互交换的公证契约似乎已是汇票的前身,而经公证的付款约定则可能是本票的前身。参见〔美〕哈罗德·J.伯尔曼著:《法律与革命》,贺卫方等译,中国大百科全书出版社1993年版,第432页。

③ 一些学者认为票据终究会随着现代科技的发展而消亡。本书认为,票据的信用功能是无可替代的。票据将长久存在。

二、票据的种类

票据的种类和内容都是法定的。在我国,票据有汇票、本票和支票三种。[①]

(一) 汇票

汇票是出票人签发的,委托付款人在见票时或者在指定日期无条件支付确定的金额给收款人或者持票人的票据。[②] 汇票分为银行汇票和商业汇票。汇票是他付票据。汇票必须记载下列事项:(一) 表明"汇票"的字样;(二) 无条件支付的委托;(三) 确定的金额;(四) 付款人名称;(五) 收款人名称;(六) 出票日期;(七) 出票人签章。汇票上未记载前款规定事项之一的,汇票无效。[③]

典型的汇票流通过程如下:(1) A 签发以 B 为付款人和以 C 为收款人的汇票;(2) C 于到期日前可以要求 B 付款,如 B 不付款,则可以要求 A 付款;(3) C 也可以将汇票转让给 D,D 受让汇票后可以再次转让,也可以要求 B 付款,如 B 不付款,则可以任意要求 A 和 C 付款。

(二) 本票

本票是出票人签发的,承诺自己在见票时无条件支付确定的金额给收款人或者持票人的票据。我国《票据法》仅承认银行本票。[④] 本票是自付票据。本票必须记载下列事项:(一) 表明"本票"的字样;(二) 无条件支付的承诺;(三) 确定的金额;(四) 收款人名称;(五) 出票日期;(六) 出票人签章。本票上未记载前款规定事项之一的,本票无效。[⑤]

典型的本票流通过程如下:(1) A 签发以自己为付款人和以 C 为收款人的汇票;(2) C 于到期日前可以要求 A 付款;(3) C 也可以将汇票转让给 D,D 受让汇票后可以再次转让,也可以要求 A 付款,如 A 不付款,则可以要求 C 付款。从形式上看,本票与借据十分相似。[⑥] 但由于法律构造的不同,借据的流通性与本票不可同日而语。

(三) 支票

支票是出票人签发的,委托办理支票存款业务的银行或者其他金融机构在见票时无条件支付确定的金额给收款人或者持票人的票据。[⑦] 支票是他付票据。支票必须记载下列事项:(一) 表明"支票"的字样;(二) 无条件支付的委托;(三) 确定的金额;(四) 付款人名称;(五) 出票日期;(六) 出票人签章。支

---

① 《票据法》第 2 条。
② 《票据法》第 19 条。
③ 《票据法》第 22 条。
④ 《票据法》第 73 条。
⑤ 《票据法》第 75 条。
⑥ 董安生主编:《票据法》,中国人民大学出版社 2000 年版,第 230—231 页。
⑦ 《票据法》第 81 条。

票上未记载前款规定事项之一的,支票无效。①

支票的流通过程类似于汇票。但支票的到期日通常非常短(通常 15 天),所以其流通价值是不高的。

三、票据行为②

票据行为,是以发生票据上的权利义务关系为目的的一种要式法律行为。上述票据种类和内容法定仅是票据静态方面的,在动态方面,即票据行为方面,也是严格法定的。票据行为一般按顺序包括:出票、背书、承兑、付款或追索。汇票包括上述全部票据行为;本票则没有承兑(出票人为付款人不需要承兑这一程序);支票的付款为金融机构,加上期限较短,也没有承兑这一程序。下面依次阐述这几种行为:

(一) 出票

出票是创制票据的行为。出票指出票人签发票据并将其交付给收款人的票据行为。③ 在我国,出票人必须与付款人具有真实的委托付款关系,并且具有支付票据金额的可靠资金来源。目的是为了避免签发无对价的票据用以骗取银行或者其他票据当事人的资金。④

出票行为的性质。第一,创造说,又称单方行为说,即出票即意味着创制完成,就应当承担票据责任。大陆法国家多采之。但也有其弊端:汇票遗失或被盗,出票人不能因此免责;出票人如果是限制行为能力,出票行为也无法得到追认。第二,合同说,认为出票行为是合同行为。英美法国家多采。合同说的特点是:一是汇票遗失或被盗,出票人可以免责。二是出票行为可能无效或者被撤销,相对人不享有票据权利;三是限制行为能力人的出票行为可以被追认。这些做法或许有利于出票人,但对票据的流通性和安全性实际上是有所影响的,善意第三人也得不到保护。第三,外观说,该说除了认为持有票据的善意第三人应当被保护之外与合同说没有差别。该说被认为兼顾了出票人与善意第三人的利益,在德国为通说。根据《票据法》第 6 条,我国实质上采取了创造说。本书认为该说是合理的。实际上外观说并不能兼顾出票人与善意第三人的利益。例如,A 制作完成的票据被 B 盗取,B 背书转让给 C。此时在无法向 B 追责的情况下,C 的利益和 A 的利益即不能兼顾,如果保护 A 则就无法保护 C。不过,根据票据流通和安全之功能,应当保护 C 的利益。

---

① 《票据法》第 84 条。
② 《票据法》与其他法律有一个显著的特点,即票据法整篇充满了术语和术语的定义。这一点充分反映了票据权利和票据行为的法定性。
③ 《票据法》第 20 条。
④ 《票据法》第 21 条。

出票人签发汇票后,即承担保证该汇票承兑和付款的责任。出票人在汇票得不到承兑或者付款时,应当向持票人清偿票据法上规定的金额和费用。①

(二) 背书

背书,指在票据背面或者粘单上记载有关事项并签章的票据行为。持票人可以将汇票权利转让给他人或者将一定的汇票权利授予他人行使。出票人在汇票上记载"不得转让"字样的,汇票不得转让。持票人行使票据权利时,应当背书并交付汇票。② 以背书转让的汇票,背书应当连续。持票人以背书的连续,证明其汇票权利;非经背书转让,而以其他合法方式取得汇票的,依法举证,证明其汇票权利。③ 可见,背书连续是证明持票人是权利人的充分方法。所谓充分,即只要以此证明,便不必求诸其他方法。以背书转让的汇票,后手应当对其直接前手背书的真实性负责。④

背书人以背书转让汇票后,即承担保证其后手所持汇票承兑和付款的责任。背书人在汇票得不到承兑或者付款时,应当向持票人清偿票据法上规定的金额和费用。

(三) 承兑

承兑,指汇票付款人承诺在汇票到期日支付汇票金额的票据行为。⑤ 设计承兑是为了让付款人确认债务。否则,可能会损害付款人。因为在承兑前,付款人并未在票据上签名。

汇票未按照规定期限提示承兑的,持票人丧失对其前手的追索权,但可以对票据出票人行使追索权。⑥ 付款人承兑汇票后,应当承担到期付款的责任(《票据法》第 44 条)。

(四) 付款

持票人获得付款的,应当在汇票上签收,并将汇票交给付款人(《票据法》第 55 条)。付款人及其代理付款人付款时,应当审查汇票背书的连续,并审查提示付款人的合法身份证明或者有效证件。付款人及其代理付款人以恶意或者有重大过失付款的,应当自行承担责任(《票据法》第 57 条)。付款人依法足额付款后,全体汇票债务人的责任解除(《票据法》第 60 条)。

(五) 追索

汇票到期被拒绝付款的,或在到期日前,汇票被拒绝承兑的,承兑人或者付

---

① 《票据法》第 26 条。
② 《票据法》第 27 条。
③ 《票据法》第 31 条。
④ 同上。
⑤ 《票据法》第 38 条。
⑥ 最高人民法院《关于审理票据纠纷案件若干问题的规定》第 19 条:"票据法第四十条第二款和第六十五条规定的持票人丧失对其前手的追索权,不包括对票据出票人的追索权。"

款人死亡、逃匿的,承兑人或者付款人被依法宣告破产的或者因违法被责令终止业务活动的,持票人可以对背书人、出票人以及汇票的其他债务人行使追索权(《票据法》第 60 条)。

汇票的出票人、背书人、承兑人和保证人对持票人承担连带责任。持票人可以不按照汇票债务人的先后顺序,对其中任何一人、数人或者全体行使追索权。持票人对汇票债务人中的一人或者数人已经进行追索的,对其他汇票债务人仍可以行使追索权。被追索人清偿债务后,与持票人享有同一权利(《票据法》第 68 条)。持票人为出票人的,对其前手无追索权。持票人为背书人的,对其后手无追索权(《票据法》第 69 条)。票据追索权具有连带性、飞越性、变向性和转移性等特征。[1]

四、票据基本原理

(一) 票据存在的理由

票据是出票人发行的由付款人无条件支付一定金额的有价证券。票据是消除债权转让时各种风险的工具。金钱之债以借据体现。债权人转让债权时,除移交借据外,还必须将转让事实通知债务人;通知可由债权人或债务人做出,不通知则对债务人不产生效力。金钱之债如以票据体现,即由债务人签发票据交给债权人。债权人转让债权时,仅需要背书将票据交给受让人即可。相比较而言,显然票据更容易流通。

作为相对权,债权在交易中存在各种风险。一方面,债务人要检查债权人的身份,因疏忽导致的错误给付债务人不能免责;债务人还必须检查已被通知的受让债权人身份;债务人的负担随着债权转让的次数其负担也不断增加;另一方面,债权人从无权利人处受让的债权得不到保护;债权让与时,新权利人可能会因转让没有通知债务人而无法向债务人主张债务;债权人实现债权必须要先证明自己的身份,多次让与会让举证变得异常困难。由于存在上述问题,加上可能存在的潜在的抗辩(随着债权不断的让与不断的累加抗辩),债权相比于物权,往往并不那么受欢迎。

债权票据化,可以摆脱上述问题,从而使票据变成一种快捷安全的交易工具。一方面,债务人只要向持有票据的人给付就可以免责,不管票据流转了多少次(实践中还要检查背书的连续);另一方面,债权人可以从无权利人处善意取得债权;债权人仅需要出示证券即可证明自己身份。票据转让时,由于具有文义性和法定性,权利瑕疵被排除,第三人也可以放心接受。

---

[1] 梁宇贤著:《票据法新论》,中国人民大学出版社 2004 年版,第 195—196 页。

（二）保障票据安全流通的法技术

票据法是调整票据行为的法律。票据行为作为一种典型的商行为，指行为人依据票据法，从事有关票据上的出票、背书、承兑、付款、追索等行为的总称。商法对票据行为规范的目的，在于使得票据成为一种可信赖商业信用工具。票据的主要任务是为行为人提供信用。可以把票据理解成为可以转让的格式欠条。但是这个欠条可以不经债务人的同意或通知债务人自由流转。票据可以自由流通并不是法律简单允许它自由流转那么简单。票据的自由安全的流通有一系列的法技术予以支撑。票据法在设计上尽可能顾及票据的流通性和安全性。例如，票据行为独立性、票据行为与原因关系相分离、以背书代替转让通知及付款仅形式审查（认票不认人）等。①

1. 严格法定

票据是一个法律的构造物。票据之所以能够产生如此高的信用，在于其严格的法定性。如果不依法定，将导致票据或票据行为无效。不仅种类法定，而且内容也法定，甚至票据行为也法定。从出票、背书、承兑、付款到转让，票据所有的行为无不被严格法定。票据的这种法定性，是商法规范原则最淋漓尽致的体现，是对私法意思自治最大范围的限制。票据和票据行为除了金额、收票人等少数地方可以体现意思自治之外，其他地方都被严格的限定。票据作为证券的一种，被称为完全证券，原因也在于此。在票据法中，商法价值之效率和安全完美地结合起来。安全性是为流通性服务的，而流通性又加强了安全性。②

2. 外观原则

票据也是外观原则的完美体现。票据权利的创设、内容、变动和票据行为都必须以外观体现，否则，不发生票据法上的效力。这些不再详述。这里仅讨论票据的文义性和票据审查的形式主义。

票据文义性包括意思表示的文义性以及对意思表示进行文义解释。文义性一方面将意思表示的方式限制到文义性一种，另一方面又把意思表示的解释仅限于文义，从而使意思表示变得外观而明确。作为一种公示，文义性是"权利冲突消除的制度化体现。"③

为票据行为时，通常仅做形式审查。例如，承兑人和付款人认票不认人，并不管票据持有人是不是真实的持有人。票据上的背书人也是如此，其不负有检

---

① 曾世雄等著：《票据法论》，中国人民大学出版社 2002 年版，第 16 页。
② 有学者声称，票据流通与安全处于对立地位。"票据愈适于流通，交易安全相对减低。票据流通与交易安全如此相互对立互为消长。票据法之立法必须在此二原则中寻求其平衡点。"参见曾世雄等著：《票据法论》，中国人民大学出版社 2002 年版，第 17 页。本书认为此看法不妥。票据如无安全性，其流通性必将大打折扣。
③ 梅夏英：《民法上公示制度的法律意义及其后果》，载《法学家》2004 年第 2 期。

查票据上的签章真实性的义务。形式主义去除了票据行为人繁杂的审查义务，并使行为人不至于动辄得咎。这样行为人便可放心地参与到票据流通活动中去。

3. 多重担保

作为票据核心制度之一，《票据法》规定了严厉的多重担保制度，凡参加票据关系的当事人均对其后手的票据权利的实现提供连带责任担保。票据流转的次数越多，签名越多，票据也就越有保证。即使是变造或者伪造的证券，经过背书人的签名，也会变为真实的证券。多重担保制度大大降低了票据违约风险。票据之所以称之为货币证券，替代了货币的部分功能，与这一制度是分不开的。

例：甲拥有一张以乙为债务人的借据。甲将其转让给丙，丙会思量乙有无支付能力，如果乙受让后转让给戊，戊也会思量相同的问题。显然，借据对于第三人来说是不受欢迎的。如果借据变成了票据，情况会发生很大的不同。对戊来说，其不用思量太多，只要甲、乙、丙三人中有一人有支付能力，那么戊的债权即是有保障的。

4. 票据行为无因性

即使其他原因导致债权无效，该债权证券化后的票据也仍然有效。此即票据设立的无因性（设立中的无因性与转让中的无因性是不同的。前者强调的是设立的权利是否因其原因而无效或被抗辩；后者强调的是转让时，受让人是否能够有效获得受让权利。二者的相同之处都在于保护交易安全，保障受让人的地位）。票据的原因关系与票据关系分离，原因关系的变动不影响票据关系。原因关系为债权债务关系，而票据关系则为原因关系证券化而来。此种分离关系可以追溯到《德意志普通商法典》关于指示证券的规定："指示证券的债务人以根据证券或对直接请求人所有的抗辩为限，可以行使抗辩。"但该规定并未能使原因（causa）与证券权利彻底分离（原因行为之意思表示与证券内容的意思表示并未分离），为此，德国新商法把上述规定修改为："关于证券上记载的意思表示的效力，债务人对证券的正当持有人，只能以由证券内容持有的，或对直接持有人所有人异议为限，可以行使异议。"这样，证券权利就与其原因（债权负担）彻底分离，证券权利也成为了无因权利，受让人的安全地位也得到了充分保障。[①]

5. 票据行为独立性

曾世雄先生以"左右切割，上下切割"形象的说明了票据行为的独立性和无因性。[②] 独立性意指各票据行为互相独立，一行为无效并不影响其他有效行为。

---

① 〔日〕我妻荣著：《债权在近代法上的优越地位》，王书江、张雷译，中国大百科全书出版社1999年版，第29—30页。这种分离应当适用大部分的证券权利，然而，在我国，即使是票据，也不能做到真正的无因性。

② 曾世雄等著：《票据法》，中国人民大学出版社2002年版，第37—38页。

第一,票据上无行为能力人或限定行为能力人的签名,不影响其他人的票据行为的效力。我国《票据法》第 6 条规定:"无民事行为能力人或者限制民事行为能力人在票据上签章的,其签章无效,但是不影响其他签章的效力。"第二,票据之伪造或票据上签名之伪造,不具有法律效力,但不影响其他真正签名之效力。《票据法》第 14 条规定:"票据上的记载事项应当真实,不得伪造、变造。伪造、变造票据上的签章和其他记载事项的,应当承担法律责任。票据上有伪造、变造的签章的,不影响票据上其他真实签章的效力。票据上其他记载事项被变造的,在变造之前签章的人,对原记载事项负责;在变造之后签章的人,对变造之后的记载事项负责;不能辨别是在票据被变造之前或者之后签章的,视同在变造之前签章。"第三,被保证的债务无效,保证人仍负担义务。

6. 抗辩切断

债权转让后,其抗辩负担并不会消失,如果权利连续让与,那么累加抗辩将会很多,这肯定会降低交易人的交易兴趣,权利的流动性将消失殆尽。因此,法律明确切断给付人抗辩权就变得尤其重要。为此,《票据法》第 13 条规定:"票据债务人不得以自己与出票人或者与持票人的前手之间的抗辩事由,对抗持票人。"不过,"票据债务人可以对不履行约定义务的与自己有直接债权债务关系的持票人,进行抗辩。"上述规定大大促进了票据权利的流通。①

上述法技术体现了票据法的独特法律思维。这种法律思维对民法上的公平、正义等价值的追求作了一种完全技术性、非理性的制度安排。第一,基于文义性,票据上并无所谓的虚假记载。票据上的记载事项都是真实的。即便是伪造或变造的,也往往以假当真。第二,基于无因性,票据上并无公平、欺诈、胁迫等可言。原因关系与票据关系相分离。即使票据关系之外的原因关系存在着某种不公平,票据关系依然有效。当然,票据关系中的不公平、欺诈等可以在原因关系中找回。第三,基于流通性,票据行为往往都是独立的,一行为的无效并不导致下一行为的无效。第四,票据上权利和义务不讲究对等。合同行为要符合对价原则,但票据完全不考虑这一点。《票据法》第 13 条规定:"汇票的出票人必须与付款人具有真实的委托付款关系,并且具有支付汇票金额的可靠资金来源。不得签发无对价的汇票用以骗取银行或者其他票据当事人的资金。"该对价的规定,只能解释为民法条款,并不具有票据法上的效力。票据法上的这些独特思维都是为票据自由流通和交易安全服务的。

---

① 另见《德国民法典》第 792 条第 1 款第(三)项和第 796 条。与德国法相比,我国的抗辩切断制度仅明确规定于票据。但债券显然也适用抗辩切断制度。

五、我国票据实践之检讨

目前票据的信用功能基本没有得到发挥。在我国,几乎所有的汇票都是银行承兑商业汇票,且多是先承兑后流通。在现代支付工具日益多样化和快捷化的今天,如果票据仅专守于支付工具功能,则必将很快走向死亡。票据必须依托其信用工具功能才能继续前行。信用工具功能也是其他支付方式所不能替代的。

商业承兑汇票本应当发挥巨大作用的。一是可以作为信用工具,从而降低财务费用;二是可以遏制货款拖欠。票据设有多重担保,收回货款更有保证。应当大力发展商业承兑汇票:第一,金融监管机构应当积极宣传商业承兑汇票的知识。商业承兑汇票其信用状况总要好于口头信用和挂账信用。许多当事人并不知道商业承兑汇票为何物。第二,建立票据交换市场,增加票据的流通性。票据的流通性与安全性是一致的。票据不断流通,票据关系参与人越来越多,票据信用也就越有保证。第三,健全社会诚信机制。只有营造良好的信用文化,才能提升当事人自身的品牌和信誉,并以此促进社会信用的好转。

第三节 保 险 法

一、保险与保险法

(一)保险的意义和功能

保险的英文表述为 insurance;德文表述为 Die Versicherung。汉语中的"保险"是在 19 世纪 70 年代由日文"保险"一词演变而来(最初音译为"燕梳")。作为一种制度,保险指运用集合力量,在合理的计算的基础上建立共同基金,对因特定危险事故所造成的财产损害给予补偿或者对人身伤亡或健康损害等约定事件的出现而给付的一种经济保障制度。现代社会是风险社会。保险并不能保证危险不发生,但能保证对危险发生后遭受的损失予以补偿。

商法中所说的保险,则是人们自愿支付较少费用以锁定较大风险的风险预防措施。商事保险,从法律性质上看属商行为。它是商事保险公司以营利为目的的活动,并以当事人自愿、合意为形成要件。商事保险体现了社会的互助合作精神,将单个风险分散于社会大众,最终有利社会安定。一般认为,保险的基本功能是消化损失、分散危险。[①] 但实际上,商业保险还有一个作用是锁定风险。

---

① 叶林、黎建飞主编:《商法学原理与案例教程》,中国人民大学出版社 2006 年版,第 509 页。

只有风险锁定,那么商业经营中的成本控制才有可能。可见,保险一定意义上是对风险的经营。

（二）保险构成要素

保险由以下要素构成:第一,存在风险。风险具有客观性、不确定性和将来性的特征。第二,互助合作。保险必须存在众多的投保人。只有"众多投资人的参与才能达到集合资金分散或分担风险的目的。"[1]互助合作将保险与保证区分开来。保证是一对一的风险转嫁,不符合互助合作。第三,风险可测。损失预测应当建立在"大数法则"之上。[2] 第四,损害填补。必须对因危险事故造成的损失给予合理、充分的补偿,否则保险将失去其意义。

（三）保险法及其特征

保险法最早可追溯到公元前罗马法中共同海损的规定。现代意义上的保险法形成于 14 世纪以后的海上保险法。1435 年,西班牙《巴塞罗那法令》中规定有海上承保规则和损害赔偿手续,被誉为"世界上最古老的海上保险法典"。[3] 1805 年英国人在广州设立的"广州保险会社"是中国最早出现的保险公司。

我国《保险法》制定于 1995 年,最近的一次修订是 2015 年。《保险法》包括保险业法和保险行为法,既是组织法,又是活动法。从保险行为的角度,保险实质是一种众人集资以相互担保的制度。因此,对投保人之严格要求,实质也是为了保障其他投保人的利益。保险行为法是商行为法的一部分。一方面,该保险保障了交易活动的顺利进行。另一方面,保险行为法是由概念和技术性规则构建而成的,它们既体现了商法规范和外观主义的基本原则,又反映对效率和安全的追求。本节内容主要阐述保险行为即保险合同法。

二、保险合同

保险合同具有自愿性、有偿性、双向性、损益性、射幸性和互助性。作为商行为,保险行为既具有双方商行为的特征,也具有单方商行为的特征。一方面,它对投保人有最大诚信的要求,这体现了保险行为的双方商行为的属性。另一方面,它也具有单方性,要求保险人有比投资人等有更高的注意义务。商事保险行为主要以保险合同的形式出现。

---

[1] 程淑娟著:《商法》,武汉大学出版社 2011 年版,第 306 页。

[2] "大数法则"认为,一些现象就个别来看是无规则的,但是通过大量的试验和观察以后,就其整体来看却呈现出一种严格的、无偶然性的规律。根据大数法则,风险单位数量愈多,实际损失的结果更接近预期的损失额。叶林、黎建飞主编:《商法学原理与案例教程》,中国人民大学出版社 2006 年版,第 511 页。

[3] 程淑娟著:《商法》,武汉大学出版社 2011 年版,第 308 页。

(一) 保险合同的基本原则

1. 最大诚信原则

最大诚信原则是对投保人单方面的要求。投保人对于保险标的所掌握的信息要远远多于保险人。投资人可以利用其非常明显的信息优势地位获得不正当的利益。例如，许多财物，保险人无法在承保前做到实际勘查（实际勘查也提高交易成本），保险人只能根据投保人告知的情况决定是否承保及承保的条件。这说明，保险合同是建立在最大诚信的基础之上，一旦投保人一方失信，交易基础将不复存在。违反最大诚信原则的保险合同，通常是无效的。

最大诚信原则体现于如下规则：保证义务、投保人的告知义务、危险增加的通知义务、出险后的通知义务等。以保证义务为例，保险人可以以违反保证为由自违反保证之日起解除保险合同。

2. 倾斜保护原则

在保险法律关系中，保险人掌握着对保险法律和保险条款的信息优势，保险人对此有着天然的履约优势。对此，有必要如同消费者保护一样，对保险人相对方给予倾斜保护。倾斜保护的方式是加重保险人一方的义务。在这一点上，保险行为又体现了单方商行为的特征。倾斜保护主要体现于如下规则：弃权与失权、保险人的说明义务、免责条款的明确说明义务、如实履行保险给付义务、格式条款的倾向性解释等。这里着重介绍弃权与失权。

(1) 弃权

弃权，指保险合同的一方当事人在明知的状态下放弃其在合同中的某项权利，通常指保险人故意抛弃合同解除权与抗辩权而言的。构成弃权，须具备如下条件：第一，当事人须有弃权的意思表示。该意思表示既可以是明示的，也可以是默示的。例如，投保人违反最大诚信原则未能如期缴纳保险费，保险人享有解除保险合同的权利。但是，如果并未当即解除合同，或继续收取保险费，就表明保险人放弃了解除合同的权利[①]。第二，当事人一方知道权利的存在。例如，投保人本拥有解除合同的权利，但却因为不知晓而未能行使该项权利，不视为弃权。

有违公共利益权利的不得放弃。例如关于保险利益的抗辩权不得抛弃。权利放弃但事实不能改变以至于影响保险合同效力的，不能放弃。例如，被保险人年龄不符合（如投保婴儿险，但实际上被保险人已经过了婴儿期），导致合同无效，这种合同解除权不能放弃。除上述情况之外，当事人可以放弃任何基于合同产生的权利。

---

① 《保险法》第16条。

（2）失权

失权，也称禁止反言、禁止抗辩，指保险人作了错误的说明，投保人基于合理信赖从而为或不为某行为，则保险人须受其说明的约束，而失去相应抗辩的权利。构成要件：1）保险人对重要事实做了虚假陈述。2）投保人或被保险人对虚假陈述予以合理信赖。3）投保人或被保险人基于合理信赖而行为。或有主张，要件应当包括保险人能预见的到错误陈述会对相对人的行为有所影响。本书认为，保险人作为商主体，法律应当对其适用外观原则。只要其做了虚假陈述，而不应当再考虑其是否应当预见到应当承担责任。更重要的是，可预见规则不符合倾斜保护原则。如不保护投保人和被保险人，那就意味着他们的损失将得不到补偿。相比于保险人，投保人和被保险人一方显然更值得受到保护。

例如，保险人诱使投保人或被保险人相信他可以做保险单上禁止他做的事情，可以不做保险单上他要做的事情，那么保险人日后不得以投资人或被保险人的上述行为或不作为为由，主张已经订立的合同无效。①

3. 保险利益原则

保险利益，指投保人或者被保险人对保险标的具有的法律上承认的利益。人身保险的投保人在保险合同订立时，对被保险人应当具有保险利益。财产保险的被保险人在保险事故发生时，对保险标的应当具有保险利益。具备保险利益的保险行为才具有法律效力，或者保险人才承担保险责任，此为保险利益原则。并不是投保人或者被保险人所具有的利益都具有保险利益。保险利益原则具有区分保险与赌博和防止道德危险发生的作用。《英国1906年海上保险法》第4条规定："任何游戏或赌博的海上保险契约均为无效。"②若无保险利益，也极易发生道德危险。在财产保险可能表现为因钱毁财，在人身保险则可能表现为谋财害命。③

财产保险的保险利益，指投保人对保险标的所具有的某种合法的经济利益。一般来说，财产保险利益在保险合同订立时可以不存在，但在事故发生时则必须存在。若保险利益在合同订立时存在，但在保险事故发生时丧失，则投保人或被保险人对于合同标的已无利害关系，自然无损失和补偿可言，故保险合同失效。人身保险利益，指投保人对于被保险人的生命、身体和健康所具有的利害关系。④人身保险利益须于合同成立时即存在。合同成立后，保险利益存在与否，在所不问。

---

① 覃有土主编：《商法学》，高等教育出版社2008年版，第419页。
② 徐卫东主编：《保险法学》（第二版），科学出版社2008年版，第94页。
③ 同上。
④ 《保险法》第53条。

4. 近因原则①

保险责任的成立要求符合因果关系要件。与侵权法中因果关系要件不同,保险责任中的因果关系要件采取的是近因原则。所谓近因原则(Proximate Cause),即是保险责任仅填补由承保危险直接促成的损害。所谓近因,指对损失的发生具有决定性作用的、最直接、最有效的原因,而不是指在时间上最接近损失的原因。② 近因原则确立于海上保险。不过如今这一原则适用于所有的保险。

分析是否是近因时,可以使用排除法。近因是损失发生的必要条件。若无此条件,则不会发生损失,这个条件就是近因。如果该原因只是增加了损失的程度或扩大了损失的范围,则其不能构成近因。

近因原则强调只有保险事故的发生与损失结果的形成具有直接因果关系,保险人才承担补偿损失。近因原则主要保障了保险人的利益。保险业是以大数法则为理论、以风险精算为基础的经营风险的行业。换句话说,保险人对风险可测是保险业的基础,而做这一点必须实行近因原则。否则,保险人无法对漫无边际的损失进行测算,也就谈不上对风险进行经营。

5. 损失补偿原则

损失补偿原则体现了保险制度的基本功能,即经济补偿功能。英国大法官希莱特曾言:"补偿是掌握保险法的基本原则。"③保险制度对于投保人来说,应当贯彻非营利原则,否则很容易导向博彩。保险金额不得超过保险价值。超过保险价值的,超过部分无效。④

损失补偿原则主要包含两个内容:其一,补偿充分性。发生保险责任范围内的损失可以获得全面而充分的赔偿。当然,充分性取决于投保的保险金额。其二,赔偿数额不得超过实际损失。损失补偿原则衍生出了代位权和委付制度。补偿原则不适用于人身保险。财产保险中的定值保险、重置成本保险、比例承保等,也不适用这一原则。⑤

(二)保险合同主体

保险合同的主体,指在保险合同中享有权利和承担义务的人。与一般商事合同不一样,保险合同的主体分为两类:一是保险合同的当事人,即投保人和保险人。保险人,指与投保人订立保险合同,并承担赔偿或者给付保险金责任的保

---

① 遗憾的是近因原则没有纳入我国《保险法》之中。
② 徐学鹿著:《商法学》(修订版),中国人民大学出版社2008年版,第515页。
③ 覃有土主编:《商法学》,高等教育出版社2008年版,第420页。
④ 《保险法》第55条。
⑤ 覃有土主编:《商法学》,高等教育出版社2008年版,第420页。

险公司。① 保险人仅指依法定程序设立并取得经营资格的保险组织。投保人，指与保险人订立保险合同，并按保险合同负有支付保险费义务的人。② 投保人要对保险标的有保险利益③且为具有权利能力和完全行为能力人；二是保险合同的关系人，即被保险人和受益人，他们并不是保险合同的签订人。被保险人，指其财产或者人身受保险合同保障，享有保险金请求权的人，投保人可以为被保险人。④ 理论上，被保险人也应当对保险标的拥有保险利益。受益人，指人身保险合同中由被保险人或者投保人指定的享有保险金请求权的人，投保人、被保险人可以为受益人。⑤ 理论上，受益人也应当对保险标的拥有保险利益。如果保险合同中未指定受益人或者受益人无法确定，被保险人死亡时，保险金应当作为被保险人的遗产处理。作为遗产与受益人直接领取保险金的法律意义是不一样的。因为在继承遗产时可能还需要偿还被继承人生前债务。

（三）保险合同的订立

保险合同订立有固定的程序。一般经过投保人申请、双方协商和保险人同意承保三个阶段。承保即承诺，意味着保险合同成立。

保险合同的内容一般记载于保险单之中。双方协商的内容也是有限的。与一般商事合同相比，保险合同多是经过监管机构审批或备案的标准合同。《保险法》要求保险合同应当具备如下条款：(1) 合同主体的具体情况；(2) 保险标的。(3) 保险责任和责任免除。(4) 保险期间和保险责任开始时间。(5) 保险金额。(6) 保险费以及支付办法。(7) 保险金赔偿或者给付办法。(8) 违约责任和争议处理。(9) 订立合同的年、月、日。这些规定既是基于保护当事人利益的需要，也是基于促进交易效率和保障交易安全的需要。⑥

（四）保险合同的有效与无效

保险合同的有效要件主要有三项：(1) 主体适格，有权利能力和行为能力；(2) 意思表示真实、一致；(3) 内容不违反法律和社会公共利益。保险合同的一个突出特点是其效力突破了合同的相对性。保险合同对保险合同的关系人也有约束力。

保险合同的无效，指合同当事人不受合同约束的情形。《民法典》中关于无效合同的规定在保险合同中都适用。其他情形则有：(1) 承保危险不存在；

---

① 《保险法》第 10 条。
② 同上。
③ 投保人是否以具有保险利益为必要条件，争议很大。肯定说参见覃有土主编：《保险法概论》，北京大学出版社 2001 年版，第 121 页；否定说参见江朝国著：《保险法基础理论》，瑞兴图书股份有限公司 1999 年版，第 141 页。
④ 《保险法》第 12 条。
⑤ 《保险法》第 18 条。
⑥ 同上。

(2) 无保险利益。订立合同时,投保人对被保险人不具有保险利益的,合同无效。① 投保人为无民事行为能力人投保以死亡为给付保险金条件的人身保险无效(父母为其未成年子女投保的人身保险除外)。② 以死亡为给付保险金条件的合同,未经被保险人同意并认可保险金额的,合同无效。③ 在财产保险合同中,保险金额不得超过保险价值。超过保险价值的,超过部分无效,保险人应当退还相应的保险费④;(3) 格式条款内容违反法律规定。免除保险人依法应承担的义务或者加重投保人、被保险人责任的以及排除投保人、被保险人或者受益人依法享有的权利的格式条款无效。⑤ 保险合同一经被确认无效后,尚未履行的不再履行,已经履行的应当恢复原状。此外,对保险合同中免除保险人责任的条款,保险人在订立合同时应当在投保单、保险单或者其他保险凭证上作出足以引起投保人注意的提示,并对该条款的内容以书面或者口头形式向投保人作出明确说明;未作提示或者明确说明的,该条款不产生效力。⑥

(五) 保险合同的履行

1. 投保人义务

投保人的义务既有法定义务,也有合同约定义务。主要内容如下:第一,交付保险费的义务;第二,防险义务,即防止或者避免出现保险事故的义务⑦;第三,危险程度增加的通知义务⑧;第四,保险事故发生后的通知义务和出险施救义务。

投保人及时履行保险事故的通知义务和施救义务,有利于保险人迅速了解和调查事故真相,获取相关证据,履行赔偿义务,便于理赔顺利进行;还可以及时协助被保险人抢救保险标的,采取必要措施防止损失扩大或保全保险标的未损部分,减轻事故造成的损失。当然,在保险事故发生后,被保险人为了防止或者减少保险标的的损失所支出的必要的、合理的费用,应由保险人承担;保险人所承担的数额在保险标的损失赔偿金额以外另行计算,但最高不超过保险金额的数额。

2. 保险人义务

保险人义务主要如下:第一,条款说明义务。保险业务是一项专业性很强的业务,保险人更熟悉条款内容的真实含义,同时,保险合同多是由保险人事先拟

---

① 《保险法》第 31 条。
② 《保险法》第 33 条。
③ 《保险法》第 34 条。
④ 《保险法》第 55 条。
⑤ 《保险法》第 19 条。
⑥ 《保险法》第 17 条。
⑦ 《保险法》第 43、44、45 条规定。
⑧ 《保险法》第 52 条。

订的格式合同,投保人没有参与合同全部条款的议定,而且投保人因缺乏相关专业容易对合同内容产生误解。由此,为了真正体现公平合理和最大诚信原则,保险人对合同条款予以说明,有利于投保人更正确理解合同,真正做到自愿投保。为了强调说明义务,更好地维护投保人的利益,《保险法》第17条还规定,有关保险人责任免除条款,保险人应该在订立合同时向投保人明确说明,未明确说明的,该条款不产生效力。第二,补偿或支付保险金的义务。既包括为防止或减少保险责任范围内的损失而采取的必要措施所支出的合理费用,也包括对保险标的损失的赔偿或者约定事项出现时的给付。第三,保密的义务。

3. 理赔

理赔,指基于被保险人或者受益人提出的索赔请求,保险人根据合同及有关索赔资料,审理保险赔偿,审核确定保险索赔责任,以决定是否支付保险金的行为。财产保险中,保险事故发生后,如果保险人支付了全部保险金额,并且保险金额等于保险价值的,受损保险标的的全部权利则归于保险人;保险金额低于保险价值的,保险人按照保险金额与保险价值的比例取得受损保险标的的部分权利。于此情形,保险人可以基于自己已获得的权利对这些财产予以处理。

(六) 保险合同的变更

保险合同有效期内,投保人和保险人经协商同意,可以变更保险合同的有关内容。[①] 保险合同变更必须经投保人和保险人协商同意并采取法定的形式。变更主要分为三种:第一,主体变更。财产保险合同的主体变更多因保险标的的所有权转移而发生。主体变更主要是投保人变更:其一,投保人无须征得保险人的同意转让合同。[②] 其二,经保险人同意变更合同。多数变更要征得保险人同意。主体变更不包括保险人的变更。第二,内容变更。如保险金额和保险期间的变更等。合同内容的变更,必须得到保险人的同意。第三,效力变更。保险合同的中止即是效力变更的一种形式。保险合同生效后,投资人未支付首期之后的保险费会导致保险合同暂时失去效力。[③] 我国《保险法》仅在人身合同中规定了合同的中止和复效。

(七) 保险合同的终止

合同的终止,指合同权利义务关系归于消灭。导致保险合同终止主要包括

---

① 《保险法》第20条。

② 例如,《海商法》第229条规定:"海上货物运输保险合同可以由被保险人背书或者以其他方式转让,合同的权利、义务随之转移。合同转让时尚未支付保险费的,被保险人和合同受让人负连带支付责任。"该种变更采取背书方式,类似证券转让。要说明的是,海上货物运输保险合同的性质与证券的性质非常相似,可以看作是证券化的合同。

③ 《保险法》第36条。

保险合同解除、保险合同期间届满、保险人已支付全部保险金、保险标的非因保险事故而全部灭失、保险合同失去保险标的等情形。

保险人解除合同必须要依法律规定或合同约定。[①] 投保人则享有自由解除合同的权利。[②] 而这体现了对投保人倾斜保护的原则。但投保人行使该权利也不是没有代价的。一般要求提前通知,并支付手续费。[③] 保险人法定解除的情形主要有:第一,投保人违背最大诚信原则。例如,订立保险合同,保险人就保险标的或者被保险人的有关情况提出询问的,投保人应当如实告知。投保人故意或者因重大过失未履行上述如实告知义务,足以影响保险人决定是否同意承保或者提高保险费率的,保险人有权解除合同[④];未发生保险事故,被保险人或者受益人谎称发生了保险事故,向保险人提出赔偿或者给付保险金请求的,保险人有权解除合同,并不退还保险费。投保人、被保险人故意制造保险事故的,保险人有权解除合同,不承担赔偿或者给付保险金的责任,并不退还保险费[⑤];投保人申报的被保险人年龄不真实,并且其真实年龄不符合合同约定的年龄限制的,保险人可以解除合同,并按照合同约定退还保险单的现金价值。[⑥] 第二,投保人、被保险人不履行对保险标的的安全所尽的合同义务。投保人、被保险人未按照约定履行其对保险标的的安全应尽责任的,保险人有权要求增加保险费或者解除合同。[⑦] 第三,危险程度增加。在合同有效期内,保险标的的危险程度显著增加的,被保险人应当按照合同约定及时通知保险人,保险人可以按照合同约定增加保险费或者解除合同。[⑧] 因保险标的转让导致危险程度显著增加的,保险人自收到前款规定的通知之日起30日内,可以按照合同约定增加保险费或者解除合同。[⑨] 第四,合同中止后逾期未复效。人身保险合同自合同效力中止之日起2年内双方未达成协议的,保险人有权解除合同。[⑩] 第五,保险人履行保险标的部分损失赔偿义务之后。[⑪]

---

① 《保险法》第15条。
② 《保险法》第50条的规定,货物运输保险合同和运输工具航程保险合同,保险责任开始后,合同当事人不得解除合同。
③ 《保险法》第47、54条。
④ 《保险法》第16条。
⑤ 法律另有规定除外,《保险法》第43条。
⑥ 《保险法》第32条。
⑦ 《保险法》第51条。
⑧ 《保险法》第52条。
⑨ 《保险法》第49条。
⑩ 《保险法》第37条。
⑪ 《保险法》第58条。此处原《保险法》第42条规定为合同终止。现改为解除更符合法理。

四、财产保险和人身保险

(一) 财产保险

财产保险是以财产及其有关利益为保险标的的保险。① 基本特征如下:第一,保险标的是特定财产及其有关利益。财产保险的保险标的应取广义,责任和信用也属于广义的财产。第二,补偿性。保险责任成立的前提,是保险标的因保险事故而遭受损失。保险金额不得超过保险价值。超过保险价值的,超过部分无效,保险人应当退还相应的保险费。②

1. 代位追偿、物权代位和委付

(1) 代位追偿

代位追偿,指负有从属(secomdary)责任的一方履行了责任之后,取得代替权利人向主要(primary)责任人行使权利的地位,并行使这种权利的行为。③ 保险法中的代位追偿包括三种权利:第一种是保险人起诉第三者责任方的权利。因第三者对保险标的的损害而造成保险事故的,保险人自向被保险人赔偿保险金之日起,在赔偿金额范围内代位行使被保险人对第三者请求赔偿的权利;第二种是保险事故发生后,被保险人已经从第三者取得损害赔偿的,保险人赔偿保险金时,可以相应扣减被保险人从第三者已取得的赔偿金额;第三种是对得到保险赔付之后又获得第三者责任方赔偿的,保险人就此赔偿拥有请求权。④

代位追偿制度是由英国 1877 年 Simpson v. Thomsom 和 Burnard v. Rodocan-achi 等案例建立起来的。据法官 Lord Cairns 和 Lord Blackburn 的解释,代位追偿是为了避免被保险人获得超额补偿。⑤ 补偿性原则是保险法的基本原则。其根据在于,保险之于被保险人,是一种避险工具而非盈利工具(保险人可以盈利)。保险的构成要素之一是众人协力。为了以最小成本规避风险,超额补偿应该被避免。代位追偿显然有利于降低保险费率。这样更能体现众人协力的保险之本质。

(2) 物权代位

物权代位,指保险标的发生损失后,保险人依约定赔付后,即可取得该保险标的的全部或部分权利。物权代位的条件是保险事故已经发生且保险人已经支付了全部或部分保险金额。⑥

---

① 《保险法》第 12 条第 4 款。
② 《保险法》第 55 条。
③ 陈欣著:《保险法》,北京大学出版社 2000 年版,第 198 页。
④ 《保险法》第 60 条。我国《保险法》没有规定第三种权利,但根据补偿性原则,保险人应当具备这种权利。
⑤ 陈欣著:《保险法》,北京大学出版社 2000 年版,第 199 页。
⑥ 《保险法》第 59 条。

保险人取得保险标的物的权利是根据法律的规定,因此并不需要被保险人同意。物权代位是与作为债权代位的代位追偿不同的权利。

(3) 委付

委付,指投保人或被保险人将保险标的物的所有权利转移给保险人,从而获得请求支付保险金额的权利,或者在保险标的物发生推定全损时,由被保险人将保险标的的所有权转让给保险人,而向保险人请求赔付全部保险金额的行为。① 委付是海上保险制度。委付与物上代位不同,一是委付可以发生于保险赔付之前,而物权代位只能发生在保险赔付之后;二是委付涉及保险标的物的全部,不论保险金额与保险价值的大小。

2. 财产保险的类型

依照财产保险标的的不同,可分为:(1) 财产损失保险,是财产保险业务中最主要、最具代表性的业务形式,以补偿投保人或被保险人有形财产及其相关利益的损失为基本保障内容,其保险标的是除农作物、牲畜以外的一切动产和不动产。(2) 责任保险,是保险人依约代被保险人承担对第三人的赔偿责任的财产保险。责任保险的适用主体和范围都十分广泛。所有的可能造成他人财产损失与人身伤亡的单位、家庭或个人都可以投保。一般包括以下类型:个人责任保险、雇主责任保险、公众责任保险、产品责任保险和职业责任保险。(3) 信用保险,指对信用放款和信用货款的保险。信用保险的主要险种有国内商业信用保险、投资保险和出口信用保险。信用保险和保证保险的承保风险都是信用风险,保险标的都是无形的经济利益。但在信用保险中,其投保人与被保险人只能是同一人,而保证保险的投保人则是义务人。② (4) 保证保险,指对第三人所造成的经济损失承担赔偿责任保险。保证保险的本质是一种担保。如果因被保证人的行为导致第三人损害的,由保险人代替被保证人负赔偿责任。

(二) 人身保险

人身保险,是以人的寿命和身体为保险标的的保险。③ 人身保险具有以下特征:第一,保险标的为人的寿命和身体。保险利益则是由上述人格衍生出来的利益。保险并非生命或身体本身。人们起初购买人身保险是基于对死亡之后的准备,与生命的价值无关。不过,与生命相关的赚钱能力,可以予以保险。例如,足球运动员可以为其脚购买保险。其保险形式上是脚,实质上是脚的赚钱能力。第二,定额给付性。有人将人身保险称为给付性保险。由于保险标的难以进行货币化估量,人身保险的保险金额只能是定额的。保险金额是依被保险人对保

---

① 施天涛著:《商法学》(第四版),法律出版社 2010 年版,第 648 页。
② 范健主编:《商法》,高等教育出版社 2007 年版,第 494 页。
③ 《保险法》第 12 条。

险的需求程度和投保人的缴费能力来加以确定。第三,储蓄性、投资性和保障性。人身保险,一则可以保障因为家庭成员死亡所致的家庭损失,也是对其他成员的一种补偿;二则可以储蓄资金,以备将来之需;三则可供保险人进行投资。

人身保险的主要类型如下:(1)人寿保险,是指以人的生命为保险标的的人身保险。根据保险金给付条件的不同,又可分为:第一,死亡保险,是以被保险人在保险期限内死亡作为支付保险金条件的人寿保险。第二,生存保险,是以被保险人在约定的保险期限内的生命维系作为支付保险金条件的保险。在保险期间内被保险人死亡的,所缴保险费不予退还。第三,生死两全保险,若死亡,支付死亡保险金;若生存,支付生存保险金。两全保险是死亡保险和生存保险的结合,具有储蓄及投资性质。(2)健康保险,又称疾病保险,是以被保险人因患病、生育所造成的医疗费用支出和工作能力丧失、收入减少为保险事故的人身保险。[①] 健康保险包括医疗保险和残疾收入补偿保险。(3)意外伤害保险,是对被保险人因意外伤害而致伤致残或死亡时给付保险金的人身保险。意外伤害保险的伤害原因是由于被保险人自身以外的意外事件;身体内在原因如疾病所导致的则为医疗保险的范畴。被保险人因长期操劳或磨损所致的伤害也非意外伤害保险的投保范围。

---

① 范健主编:《商法》,高等教育出版社2007年版,第507页。

参 考 文 献

一、中文著作

1. 董安生、王文钦、王艳萍编著:《中国商法总论》,吉林人民出版社1994年版。
2. 董安生主编:《新编英国商法》,复旦大学出版社2009年版。
3. 施天涛著:《商法学》(第四版),法律出版社2010年版。
4. 王保树主编:《中国商事法》(新编本),人民法院出版社2001年版。
5. 王保树著:《商法总论》,清华大学出版社2007年版。
6. 赵万一著:《商法基本问题研究》,法律出版社2002年版。
7. 朱羿锟著:《商法学:原理·图解·实例》,北京大学出版社2012年版。
8. 顾功耘主编:《商法教程》,上海人民出版社2001年版。
9. 覃有土主编:《商法学》,中国政法大学出版社1999年版。
10. 覃有土主编:《商法学》,高等教育出版社2008年版。
11. 雷兴虎主编:《商法学教程》,中国政法大学出版社1999年版。
12. 陈本寒主编:《商法新论》,武汉大学出版社2009年版。
13. 徐学鹿著:《商法概论》,中国商业出版社1986年版。
14. 苏惠祥主编:《中国商法概论》(修订版),吉林人民出版社1996年版。
15. 范健、王建文著:《商法的价值、源流及本体》,中国人民大学出版社2004年版。
16. 范健、王建文著:《传统框架与新规则》,法律出版社2003年版。
17. 范健、黎建飞主编:《商法》,高等教育出版社2007年版。
18. 范健、王建文著:《商法基础理论专题研究》,高等教育出版社2005年版。
19. 叶林主编:《商法学原理与案例教程》,中国人民大学出版社2006年版
20. 樊涛、王延川著:《商法总论》,知识产权出版社2010年版。
21. 樊涛著:《中国商法总论》,法律出版社2016年版。
22. 王延川著:《现代商法的生成:交易模型与价值结构》,法律出版社2015年版。
23. 沈达明编著:《法国商法引论》,对外经济贸易大学出版社2001年版。
24. 赵中孚主编:《商法总论》(第四版),中国人民大学出版社2009年版。
25. 徐强胜著:《商法导论》,法律出版社2013年版。
26. 任先行、周林彬著:《比较商法导论》,北京大学出版社2000年版。
27. 张国键著:《商事法论》,台湾三民书局1980年版。
28. 张国键著:《商事法概要》,台湾三民书局1986年版。
29. 刘清波著:《商事法》,台湾商务印书馆1995年版。
30. 童列春著:《商法基础理论体系研究》,法律出版社2014年版。
31. 徐金海著:《商法源流论》,中国经济出版社2011年版。

32. 周林彬主编:《商法与企业经营》,北京大学出版社2010年版。
33. 陈醇著:《商行为程序研究》,中国法制出版社2006年版。
34. 张民安、龚赛红著:《商法总则》,中山大学出版社2004年版。
35. 谢怀栻著:《外国民商法精要》,法律出版社2002年版。
36. 李永军著:《民法总论》,法律出版社2006年版。
37. 梁慧星著:《民法总论》(第四版),法律出版社2011年版。
38. 梁慧星主编:《为权利而斗争》,中国法制出版社2000年版。
39. 周枏著:《罗马法原论》,商务印书馆2001年版。
40. 郑玉波著:《民法总则》,中国政法大学出版社2003年版。
41. 胡长清著:《中国民法总论》,中国政法大学出版社1997年版。
42. 何勤华主编:《法国法律发达史》,法律出版社2001年版。
43. 金观涛、唐若昕著:《西方社会结构的演变》,四川人民出版社1985年版。
44. 卓泽渊著:《法的价值论》,法律出版社2006年版。
45. 张强著:《商法强制性规范研究》,法律出版社2014年版。
46. 钟瑞栋著:《民法中的强制性规范》,法律出版社2009年版。
47. 王焜著:《积极的信赖保护:权利外观责任研究》,法律出版社2010年版。
48. 龙卫球著:《民法总论》(第二版),法律出版社2002年版。
49. 朱庆育著:《民法总论》,北京大学出版社2013年版。
50. 王利明著:《民法总则研究》,中国人民大学出版社2003年版。
51. 王利明主编:《民法学》,中国人民大学出版社2004年版。
52. 王利明著:《合同法研究》(一),中国人民大学出版社2002年版。
53. 刘凯湘著:《民法总论》,北京大学出版社2011年版。
54. 江平主编:《法人制度论》,中国政法大学出版社1994年版。
55. 江平主编:《新编公司法教程》,法律出版社1994年版。
56. 苏永钦著:《走入新世纪的私法自治》,中国政法大学出版社2002年版。
57. 郑玉波著:《民法总则》,中国政法大学出版社2003年版。
58. 王伯琦著:《民法通则》,台湾中正书局1979年版。
59. 王泽鉴著:《民法总则》(增订版),中国政法大学出版社2001年版。
60. 王泽鉴著:《债法原理》(第一册),中国政法大学出版社2001年版。
61. 黄茂荣著:《债法总论》,中国政法大学出版社2003年版。
62. 史尚宽著:《债法总论》,中国政法大学出版社2000年版。
63. 刘得宽著:《民法诸问题与新展望》,中国政法大学出版社2002年版。
64. 潘静成、刘文华著:《经济法》,中国人民大学出版社1999年版。
65. 杨紫烜著:《国家协调论》,北京大学出版社2009年版。
66. 李昌麒著:《经济法理念研究》,法律出版社2009年版。
67. 史际春、邓峰著:《经济法总论》,法律出版社1998年版。
68. 张守文著:《经济法理论的重构》,人民出版社2004年版。
69. 杨紫烜主编:《经济法》,北京大学出版社1999年版。

70. 沈四宝、王军、焦津洪编著:《国际商法》,对外经济贸易大学出版社2002年版。
71. 高在敏主编:《商法》(第二版),法律出版社2016年版。
72. 谢振民著:《中华民国立法史》,张知本校订,中国政法大学出版社2000年版。
73. 李永军著:《合同法》,法律出版社2004年版。
74. 陈若鸿著:《英国货物买卖法:判例与评论》,法律出版社2003年版。
75. 林诚二著:《民法理论与问题研究》,中国政法大学出版社2000年版。
76. 彭万林主编:《民法学》(第六版),中国政法大学出版社2007年版。
77. 郑玉波著:《公司法》,台湾三民书局1996年版。
78. 周友苏主编:《新证券法论》,法律出版社2007年版。
79. 刘俊海著:《现代公司法》(上),法律出版社2015年版。
80. 刘俊海著:《现代证券法》,法律出版社2011年版。
81. 王志华著:《中国近代证券法》,北京大学出版社2005年版。
82. 夏雅丽著:《证券市场与股份制度研究》,科学出版社2007年版。
83. 朱伟一著:《美国证券法判例解析》,中国法制出版社2002年版。
84. 叶林著:《证券法》(第二版),中国人民大学出版社2006年版。
85. 冯果主编:《证券法》,武汉大学出版社2014年版。
86. 朱锦清著:《证券法学》,北京大学出版社2004年版。
87. 陈甦主编:《证券法专题研究》,高等教育出版社2006年版。
88. 陈洁著:《证券法论》,社会科学文献出版社2006年版。
89. 范健、王建文著:《证券法》,法律出版社2007年版。
90. 刘宗胜、张永志著:《公司法比较研究》,中国人民公安大学出版社2004年版。
91. 梁宇贤著:《票据法新论》,中国人民大学出版社2004年版。
92. 曾世雄等著:《票据法论》,中国人民大学出版社2002年版。
93. 顾培东主编:《破产法教程》,法律出版社1995年版。
94. 王欣新著:《破产法》(第二版),中国人民大学出版社2007年版。
95. 史尚宽著:《债法总论》,台湾荣泰印书馆1986年版。
96. 沈达明、郑淑君著:《比较破产法初论》,对外贸易教育出版社1993年版。
97. 石静遐著:《跨国破产的法律问题研究》,武汉大学出版社1999年版。
98. 刘清波著:《破产法新论》(修订版),台湾东华书局1984年版。
99. 徐卫东主编:《保险法学》(第二版),科学出版社2008年版。
100. 张保红著:《证券权利研究》,武汉大学出版社2014年版。
101. 邹海林主编:《中国商法的发展研究》,中国社会科学出版社2008年版。
102. 邹海林、张辉著:《商法基础理论研究的新发展》,中国社会科学出版社2009年版。
103. 郑曙光、胡新建著:《现代商法:理论基点与规范体系》,中国人民大学出版社2013年版。
104. 全先银著:《商法上的外观主义》,人民法院出版社2007年版。
105. 高在敏著:《商法的理念与理念的商法》,陕西人民出版社2000年版。
106. 苗延波著:《中国商法体系研究》,法律出版社2007年版。

107. 郭晓霞著:《商行为与主体制度研究》,中国人民公安大学出版社 2010 年版。
108. 苏号朋主编:《美国商法:制度、判例与问题》,中国法制出版社 2000 年版。

二、译著

1. 〔法〕克洛德·商波著:《商法》,刘庆余译,商务印书馆 1998 年版。
2. 〔法〕伊夫·居荣著:《法国商法》,罗结珍、赵海峰译,法律出版社 2004 年版。
3. 〔法〕孟德斯鸠著:《论法的精神》(下册),张雁深译,商务印书馆 1997 年版。
4. 〔法〕布瓦松纳著:《中世纪欧洲生活和劳动》,潘源来译,商务印书馆 1985 年版。
5. 〔德〕C.W.卡纳里斯著:《德国商法》,杨继译,法律出版社 2006 年版。
6. 〔德〕罗伯特·霍恩、海因·科茨、汉斯·G.莱塞著:《德国民商法导论》,楚建译,中国大百科全书出版社 1996 年版。
7. 〔德〕卡尔·拉伦茨著:《德国民法通论》(上册),王晓晔等译,法律出版社 2003 年版。
8. 〔德〕卡尔·拉伦茨著:《法学方法论》,陈爱娥译,商务印书馆 2004 年版。
9. 〔德〕K·茨威格特·H.克茨著:《比较法总论》,潘汉典等译,贵州人民出版社 1992 年版。
10. 〔德〕迪特尔·梅迪库斯著:《德国民法总论》,邵建东译,法律出版社 2000 年版。
11. 〔德〕古斯塔夫·拉德布鲁赫著:《法学导论》,米健等译,中国大百科全书出版社 1997 年版。
12. 〔德〕马克斯·韦伯著:《经济通史》,姚曾廙译,上海三联书店 2006 年版。
13. 〔德〕马克斯·韦伯著:《论经济与社会中的法律》,张乃根译,中国大百科全书出版社 1998 年版。
14. 〔德〕维尔纳·弗卢梅著:《法律行为论》,迟颖译,法律出版社 2013 年版。
15. 〔德〕汉斯·布洛克斯、沃尔夫·迪特里希·瓦尔克著:《德国民法总论》(第 33 版),张艳译,中国人民大学出版社 2012 年版。
16. 〔德〕科斯洛夫斯基著:《资本主义伦理学》,王彤译,中国社会科学出版社 1996 年版。
17. 〔德〕贡德·弗兰克著:《白银资本:重视经济全球化中的东方》,刘北成译,中央编译出版社 2001 年版。
18. 〔德〕道格拉斯·诺思、罗伯特·托马斯著:《西方世界的兴起》,厉以平、蔡磊译,华夏出版社 2009 年版。
19. 〔德〕鲍尔、施蒂尔纳著:《德国物权法》(上册),张双根译,法律出版社 2004 年版。
20. 〔德〕格茨·怀克、克里斯蒂娜·温德比西勒著:《德国公司法》,殷盛译,法律出版社 2010 年版。
21. 〔比利时〕亨利·皮郎著:《中世纪欧洲经济社会史》,乐文译,上海人民出版社 2001 年版。
22. 〔葡〕曼努埃尔·德·安德拉德著:《法律关系总论》,吴奇琦译,法律出版社 2015 年版。
23. 〔冰岛〕拉恩·埃格特森著:《经济行为与制度》,吴经邦等译,商务印书馆 2004 年版。
24. 〔英〕梅因著:《古代法》,沈景一译,商务印书馆 1996 年版。

25. 〔英〕巴里·尼古拉斯著:《罗马法概论》,黄风译,法律出版社2000年版。
26. 〔英〕施米托夫著:《国际贸易法文选》,赵秀文译,中国大百科全书出版社1993年版。
27. 〔英〕梅里曼著:《大陆法系》,顾培东、禄正平译,知识出版社1984年版。
28. 〔英〕坎南著:《亚当·斯密关于法律、警察、岁入及军备的演讲》,陈福生、陈振骅译,商务印书馆1962年版。
29. 〔英〕保罗·戴维斯著:《英国公司法精要》,樊云慧译,法律出版社2007年版。
30. 〔英〕亚当·斯密著:《国民财富的性质和原因的研究》,郭大力、王亚南译,商务印书馆1974年版。
31. 〔英〕戴维·米勒、韦农·波格丹诺编:《布莱克维尔政治学百科全书》,邓正来译,中国政法大学出版社1992年版。
32. 〔美〕伯纳德·施瓦茨著:《美国法律史》,王军译,中国政法大学出版社1989年版。
33. 〔美〕哈罗德·J.伯尔曼著:《法律与革命》,贺卫方等译,中国大百科全书出版社1993年版。
34. 〔美〕小艾尔弗雷德·D.钱德勒著:《看得见的手——美国企业的管理革命》,重武译,商务印书馆1987年版。
35. 〔美〕艾伦·沃森著:《民法法系的演变及形成》,李静冰等译,中国政法大学出版社1992年版。
36. 〔美〕泰格、利维著:《法律与资本主义的兴起》,纪琨译,学林出版社1996年版。
37. 〔美〕本杰明·卡多佐著:《司法过程的性质》,苏力译,商务印书馆1998年版。
38. 〔美〕罗科斯·庞德著:《普通法的精神》,法律出版社2001年版。
39. 〔美〕罗斯科·庞德著:《法理学》(第1卷),邓正来译,中国政法大学出版社2004年版。
40. 〔美〕弗兰克·伊斯特布鲁克、丹尼尔·费希尔著:《公司法的经济结构》(中译本第二版),罗培新、张建伟译,北京大学出版社2014年版。
41. 〔美〕保罗·海恩、彼得·勃特克、大卫·普雷契特科著:《经济学的思维方式》,马昕、陈宇译,世界图书出版公司2008年版。
42. 〔美〕罗尔斯著:《正义论》,何怀宏、何保钢、廖申白译,中国社会科学出版社1988年版。
43. 〔美〕保罗·戴维斯、莎拉·沃辛顿著:《现代公司法原理》(第九版),罗培新、赵渊、胡改蓉、张天颖译,法律出版社2016年版。
44. 〔日〕我妻荣著:《中国民法债编总则论》,洪锡恒译,商务印书馆1936年版。
45. 〔日〕我妻荣著:《债权在近代法上的优越地位》,王书江、张雷译,中国大百科全书出版社1999年版。
46. 〔日〕前田庸著:《公司法入门》(第12版),王作全译,北京大学出版社2012年版。
47. 〔日〕石川明著:《日本破产法》,何勤华、周桂华译,中国法制出版社2000年版。
48. 〔日〕金泽良雄著:《经济法学概论》,满达人译,甘肃人民出版社1985年版。
49. 〔日〕近藤光男著:《日本商法总则·商行为法》,梁爽译,法律出版社2016年版。

50. 〔日〕松波仁一郎著:《日本商法论》,秦瑞玠等译,中国政法大学出版社2005年版。

51. 〔日〕山本为三郎著:《日本公司法精解》,朱大明、陈宇、王伟杰译,法律出版社2015年版。

52. 〔奥地利〕凯尔森著:《法与国家的一般理论》,沈宗灵译,中国大百科全书出版社1996年版。

三、论文

1. 张谷:《商法,这只寄居蟹》,载《清华法治论衡》2005年第2期。
2. 张谷:《中国民法商法化举隅》,载《金融法苑》2005年第1期。
3. 苏永钦:《以公法规范控制私法契约》,载《人大法律评论》2010年卷。
4. 钱玉林:《商法的价值、功能及其定位》,载《中国法学》2001年第5期。
5. 赵旭东:《商法的困惑与思考》,载《政法论坛》2002年第1期。
6. 李勇军:《论商法的传统与理性基础》,载《法制与社会发展》2002年第6期。
7. 王志华:《中国商法百年》,载《比较法研究》2005年第2期。
8. 李康宁:《论商法部门与商法公法化》,载《天津师范大学学报(社会科学版)》2004年第2期。
9. 史际春、陈岳琴:《论商法》,载《中国法学》2001年第4期。
10. 史际春、姚海放:《再论商法》,载《首都师范大学学报(社会科学版)》2003年第1期。
11. 谢鸿飞:《民法典与特别民法关系的建构》,载《中国社会科学》2013年第2期。
12. 赵万一:《从民法与宪法关系的视角谈我国民法典制定的基本理念和制定架构》,载《中国法学》2006年第1期。
13. 李茂管:《法学界关于公法与私法划分问题的争论》,载《求是》1995年第22期。
14. 曹兴权:《认真对待商法的强制性:多维视角的诠释》,载《甘肃政法学院学报》2004年第5期。
15. 范健:《德国商法的历史命运》,载《南京大学法律评论》2002年秋季号。
16. 张秀全:《商法基本原则研究》,载《现代法学》1999年第5期。
17. 胡鸿高:《商法价值论》,载《复旦学报》2002年第5期。
18. 于娟:《商法价值指向与经济法价值向度相关度考察》,载《求索》2010年第2期。
19. 叶林:《企业的商法意义及"企业进入商法"的新趋势》,载《中国法学》2012年第4期。
20. 税兵:《法人独立责任辨析》,载《四川大学学报(哲学社会科学版)》2005年第2期。
21. 甘培忠:《我国独资企业立法的几个问题》,载《中外法学》1999年第5期。
22. 赵旭东:《独资企业立法研究》,载《政法论坛》1995年第1期。
23. 李建伟:《从小商贩的合法化途径看我国商个人体系的建构》,载《中国政法大学学报》2009年第6期。
24. 叶林、石旭雯:《外观主义的商法意义》,载《河南大学学报(社会科学版)》2008年第3期。
25. 刘洪华:《论有限责任公司股东资格的认定》,载《暨南学报》2012年第4期。

26. 丁南:《论民商法上的外观主义》,载《法商研究》1997年第5期。
27. 詹森林:《定型化约款之基础概念及其效力之规范》,载《法学丛刊》第158期。
28. 梅夏英:《民法上公示制度的法律意义及其后果》,载《法学家》2004年第2期。
29. 费方域:《两权分离、代理问题和公司治理》,载《上海经济研究》1996年第8期。
30. 范健:《德国商号法律制度评析》,载《法律科学》1994年第1期。
31. 熊光进:《德国商号制度及其改革》,载《河北法学》2002年第1期。
32. 刘保玉、郭栋:《权利外观保护理论及其在我国民法典中的设计》,载《法律科学》2012年第5期。
33. 单飞跃:《中国经济法部门的形成:轨迹、事件与特征》,载《现代法学》2013年第4期。
34. 王丽萍:《对契约自由及其限制的理性思考》,载《山东大学学报》2006年第6期。
35. 朱庆育:《法典理性与民法总则——以中国大陆民法典编纂为思考对象》,载《中外法学》2010年第4期。
36. 王轶:《民法典的规范类型及其配置关系》,载《清华法学》2014年第6期。
37. 王轶:《论倡导性规范——以合同法为背景的分析》,载《清华法学》2007年第1期。
38. 何晓行:《公司经理制度研究》,载《天府新论》2009年第3期。
39. 王保树、钱玉林:《经理法律地位之比较研究》,载《法学评论》2002年第2期。
40. 韩强:《特许经营的责任分担和风险防范》,载《法学》2002年第6期。
41. 李德智:《论公司有限责任制度》,载《现代法学》2005年第5期。
42. 王利明:《公司的有限责任制度的若干问题》,载《政法论坛》1994年第2期。
43. 顾敏康:《公司法定代表人的比较研究》,载《华东政法学报》1998年第1期。
44. 杨继:《中国股份公司法定代表人制度的存废》,载《现代法学》2004年第6期。
45. 谢非:《德国商业登记法律制度的沿革》,载《德国研究》2000年第3期。
46. 王明锁:《论商事账簿及其法律关系的性质》,载《法学杂志》2011年第3期。
47. 梁治平:《法律史的视界:方法、旨趣与范式》,载《中国文化》2002年第19、20期。
48. 郭富青:《商法外观主义与商事裁判思维》,载王保树主编:《中国商法年刊》,法律出版社2013年版。
49. 张民安:《法国商事登记制度研究》,载王保树主编:《商事法论集》(第11卷),法律出版社2006年版。
50. 帅天龙:《清末的商事立法》,载徐学鹿主编:《商法研究》(第一辑),人民法院出版社2000年版。
51. 卜元石:《德国商法的改革》,载《德国研究》1999年第1期。
52. 〔德〕卡斯腾·施密特:《德国商法改革法》,王彦明、涂长风译,载《法制与社会发展》1999年第6期。
53. 〔德〕康德拉·茨威格特、海因·克茨:《合同法中的自由与强制》,孙宪忠译,载梁慧星主编:《民商法论丛》(第9卷),法律出版社1998年版。
54. 〔德〕沃尔夫岗·塞勒特:《从德国商法典编纂历史看德国民商法之间的关系》,载范健等主编:《中德法律继受与法典编纂》,法律出版社2000年版。
55. 〔美〕丹尼斯·特伦:《商法与经济法》,载《法学译丛》1986年第4期。

四、外文文献

1. Frederick Pollock & Frederic W. Maitland, *The History of English Law*, Vol 1, Cambridge 1978.

2. Tony Orhniai edited, *Limited Liability and the Corporation*, Croom Helm, London & Camberra, 1982.

3. Nancy R. DeRusso, Are Traditional Agency Principles Effective for Internet Transactions, given the Lack of Personal Interaction?, *Albany Law Review*, Vol. 63 No. 2 (1999).

4. Richard A. Posner, The Rights of Creditors of Affiliated Corporations, *The University of Chicago Law Review*, Vol. 43, No. 3 (1976).

5. Menachem Mautner, The Eternal Triangles of the Law: Toward a Theory of Priorities in Conflicts Involving Remote Parties, *Michigan Law Review*, Vol. 90, No. 1 (1991).

6. Frank H. Easterbrook and Daniel R. Fischel, Limited Liability and the Corporation, *The University of Chicago Law Review*, Vol. 52, No. 1 (1985).

五、本书所引外国法律

1.《德国商法典》,杜景林、卢谌译,法律出版社2010年版。

2. 杜景林、卢谌著:《德国民法典评注》,法律出版社2011年版。

3.《瑞士债务法》,戴永盛译,中国政法大学出版社2016年版。

4.《法国商法典》,金邦贵译,中国法制出版社2000年版。

5.《日本最新商法典译注》,刘成杰译注,中国政法大学出版社2012年版。

6.《韩国商法》,吴日焕译,中国政法大学出版社1999年版。

后　记

一

　　与商法基础理论结缘并不在我的计划之中。我长期从事民法和证券法的研究,虽对商法基础理论有所思考,但并未有更多涉猎。2012年秋天,我临时帮一位同事代教商法总论的课程,未曾想从此便与商法总论结缘。

　　商法基础理论十分薄弱,那些困扰诸多学者的问题同样困扰着我——"我们教着商法,写着商法,眼观商法的兴旺和繁荣,我们热衷商法的事业和发展,同时我们也在怀疑着商法。我们知道它的过去,但却说不清它的现在,也看不透它的未来,我们似乎被笼罩在商法的烟雾中。"①带着这些困扰,我将几年来所思所想汇集下来,于是就有了这本书。

二

　　撰写书稿时常常为自己的主观化的论述而惴惴不安。然而读了梁治平教授在《法律史的视界:方法、旨趣与范式》一文中对教科书所作的批评,心中不安有所释然。梁文指出:"教科书最一般的特点,是它的缺乏个性。一望而知的套路,一成不变的方法,现成的结论,固定的表述,所有这些,借助于一套有效的复制技术和机制而造就一个庞大的家族。"②撰写教科书理应注重逻辑而非简单重复前人或许错误的通说。有鉴于此,撰写书稿时力求注重全书的逻辑自洽,而不是屈从于现成的结论。逻辑比通说更重要。

　　法国著名商法学家伊夫·居荣曾言:"在这个商法变化多端之时期,比起试图了解那些往往昙花一现之技术细节来说,还是更应尽力探求制定基本规则之理由,而那些条文细节只要查询数据库即可轻而易举地掌握。"③本书力求专注于商法总论的基本原理的论述而不拘泥于一些法律的规范细节。为方便阅读,本书力求正文行文的简约,大量的资料与引证则保留在注释之中。书稿未有如一般教科书列举众多的实例和问题,一方面固然是因商法基础理论方面本来可供列举的实例就很少,另一方面则是希望能使读者在阅读时更连贯,并不被那些

---

① 赵旭东:《商法的困惑与思考》,载《政法论坛》2002年第1期,第102页。
② 梁治平:《法律史的视界:方法、旨趣与范式》,载《中国文化》2002年第19、20期,第163页。
③ 〔法〕伊夫·居荣著:《法国商法》,罗结珍、赵海峰译,法律出版社2004年版,第2页。

有趣的实例转移注意力而忽视法律思维的培养。

三

感谢家人的理解与支持。父母年事已高,万事自理,用意不言自明:生怕耽误子女的工作。父母的养育之恩没齿难忘。妻子不仅承担了众多繁重的家务,而且也承担了本书的校对工作,还提出了不少修改意见。女儿总能给我带来欢乐,看到她健康成长为人生最大幸事。

感谢我的博士导师董安生先生。董先生是我研习商法和证券法的领路人。先生的学识令我受益良多,先生的关心与帮助,不敢丝毫有忘。

感谢北京大学出版社的李倩编辑。李编辑认真负责的工作使得本书能够顺利出版。

商法基本理论极难驾驭。以本人绵薄愚钝之力,完成商法的体系的建构,乃是奢望。吾道不孤,希冀学界勠力,共建商法的理论根基。

张保红

2019 年 2 月